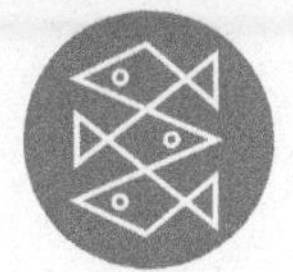

Simon Stone (*1984 in Basel) wuchs in Cambridge/England und Melbourne/Australien auf und wurde schon mit 16 Schauspieler. Nach seinem Abschluss an der Melbourne University arbeitete er außerdem als Autor und Theaterleiter. Mit der erfolgreichen Inszenierung und Überschreibung von *The Wild Duck* (Belvoir Theatre, Sydney 2011) gelang ihm international der Durchbruch. 2014 inszenierte Simon Stone zum ersten Mal in Deutschland am Theater Oberhausen (*Die Orestie*). 2015 wurde er mit seinem Film *The Daughter* (basierend auf *The Wild Duck*) zum International Film Festival nach Toronto und zu den Filmfestspielen von Venedig eingeladen. Im selben Jahr wurde er Hausregisseur am Theater Basel. Seit 2016 wurde er dreimal zum Theatertreffen eingeladen: *John Gabriel Borkman* (Burgtheater Wien/Theater Basel/Wiener Festwochen), *Drei Schwestern* (Theater Basel) und *Hotel Strindberg* (Burgtheater Wien/Theater Basel). Er gewann zahlreiche Preise, u.a. 2017 den Olivier Award for Best Revival für seine Lorca-Adaption *Yerma* (Young Vic, London/The Armory, New York). Mit seiner Adaption von *Drei Schwestern* wurde er 2017 in der Kritikerumfrage von *Theater heute* zum Autor des Jahres gewählt. 2018 bekam er den Kunstpreis der Akademie der Künste Berlin in der Kategorie Darstellende Kunst.

www.fischertheater.de

SIMON STONE
STÜCKE

Deutsch von
Martin Thomas Pesl
und Brangwen Stone

Mit einem Nachwort
von Caroline Peters

Herausgegeben
von Brangwen Stone

FISCHER Taschenbuch

Originalausgabe
Erschienen bei FISCHER Taschenbuch
Frankfurt am Main, Dezember 2019

Quellenhinweise am Schluss des Bandes
Aufführungsrechte: S. Fischer Verlag GmbH, Frankfurt am Main
Umschlaggestaltung: Sanaz HazeghNejad · sanaz.eu
Szenenfoto: Sandra Then
aus: HOTEL STRINDBERG (Koproduktion Burgtheater Wien/Theater Basel)

Satz: Pinkuin Satz und Datentechnik, Berlin
Druck und Bindung: GGP Media GmbH, Pößneck
Printed in Germany
ISBN 978-3-596-70517-7

INHALT

DIE WILDENTE

nach Henrik Ibsen
Koautor: Chris Ryan

Deutsch von Brangwen Stone

Personen

WERLE
GREGERS
HJALMAR
EKDAL
GINA
HEDVIG

Uraufführung: Belvoir Street Theatre, Sydney, 12. Februar 2011

MONTAG

8:59 Uhr

WERLE Ich könnte dir ein belegtes Brötchen machen.

GREGERS Seit wann kannst du das?

WERLE Ich habe schon immer belegte Brötchen gemacht.

GREGERS Ich habe noch nie miterlebt, dass du ein belegtes Brötchen gemacht hast.

WERLE Möchtest du jetzt eins, oder nicht?

GREGERS Nein, danke.

WERLE Bist du müde?

GREGERS Nein.

WERLE Die Klimaanlage im Flieger trocknet mich immer aus.

GREGERS Ja.

WERLE Möchtest du ein isotonisches Sportgetränk?

GREGERS Nein, danke.

WERLE So mach ich das. Trinke zwei davon und dann bin ich wieder fit.

GREGERS Mir geht's gut, danke. Rauchst du immer noch?

WERLE Ich versuche, damit aufzuhören.

GREGERS Du versuchst?

WERLE Anna mag es nicht. Sie ist um meine Gesundheit besorgt.

GREGERS Stimmt was nicht?

WERLE Kommt drauf an, wie man es sieht.

GREGERS Was soll das heißen?

WERLE Mach dir darüber keine Sorgen.

GREGERS Mach ich mir auch nicht. Was soll es heißen?

WERLE Nur. Du weißt schon. Es klappt nicht alles wie früher.

GREGERS Was, also … untenrum?

WERLE Wie bitte?

GREGERS Entschuldige, ich dachte, du meintest –

WERLE In dem Bereich ist alles in Ordnung.

GREGERS Entschuldige, ich –

WERLE Mir ist klar, was du meintest, und darum geht's nicht.

GREGERS Okay.

Pause.

WERLE Ich hatte nicht erwartet, dass du kommen würdest.

GREGERS Ich hatte nicht erwartet, dass ich kommen würde. Aber ich glaube, Mama hätte gewollt, dass ich komme.

WERLE Das weiß ich zu schätzen.

GREGERS Wie würde es denn aussehen, wenn der eigene Sohn nicht zu deiner Hochzeit auftaucht?

WERLE Hör zu. Gregers. Ich habe darüber nachgedacht. Und ich habe beschlossen, du solltest die Firma übernehmen.

GREGERS Was?

WERLE Ich wäre aber immer noch das Aushängeschild.

GREGERS Wieso das jetzt?

WERLE Keine Angst. Wir würden nicht viel miteinander zu tun haben. Ich habe vor, eine Weile zu verreisen.

GREGERS Wieso?

WERLE Was meinst du wieso?

GREGERS Du bist ein Megalomane. Wieso würdest du mich das Geschäft übernehmen lassen?

WERLE Es wird Zeit. Du bist mein Sohn.

GREGERS Stirbst du?

WERLE Was? Nein.

GREGERS Was ist los mit dir? Du hast gesagt, es sei was mit dir los.

WERLE Gregers …

GREGERS Was ist los?

WERLE Nichts.

GREGERS Papa.

WERLE Okay. Ich werde blind.

…

GREGERS Wie weißt du das?

WERLE Mitten in meinem beschissenen Sichtfeld gibt es ein riesengroßes schwarzes Loch, und alles andere ist verschwommen.

GREGERS Seit wann denn?

WERLE Seit einem Jahr. Makuladegeneration.

GREGERS Okay.

WERLE Der Arzt hat gesagt, ich sei in einem halben Jahr wahrscheinlich total blind.

GREGERS Scheiße. Kann ich irgendwie helfen?

WERLE Du könntest ein paar Schritte nach links gehen.

GREGERS Sorry?

WERLE Du stehst mitten im Loch …

Gregers geht ein paar Schritte nach links.

Das ist besser. Die Welt sieht so aus, als ob jemand daran seine Zigarette ausgedrückt hat.

GREGERS Ich dachte, das sei dein neuer Look.

WERLE Was?

GREGERS Die Sonnenbrille. Ich dachte, du würdest versuchen, cool zu sein.

WERLE Nein … Hast du dich verändert?

GREGERS Wie bitte?

WERLE Ich kann nur deinen Umriss erkennen. Wie siehst du jetzt aus?

GREGERS Oh. Hm. Ich glaube, ich bin ein bisschen gealtert.

WERLE Echt?

GREGERS Ja. Ich habe jetzt eine zerfurchte Stirn.

WERLE Du solltest dir nicht so viele Sorgen machen.

GREGERS Ja. Das versuch ich ja.

WERLE Sonst noch was?

GREGERS Ach du weißt schon. Die Lachfalten. Von denen gibt es aber weniger. Ich habe eine neue Narbe.

WERLE Ach ja?

GREGERS Ja, am Arm.

WERLE Was ist denn passiert?

GREGERS Ich habe damit ein Fenster eingeschlagen.

WERLE Zeig mal.

GREGERS Okay.

Gregers hält seinen Arm ganz nah an Werles Gesicht.

WERLE Nicht schlecht.

GREGERS Du wirst für eine Weile verreisen?

WERLE Ich dachte, ich könnte noch ein bisschen was von der Welt sehen. Ein letzter Blick. Verlängerte Flitterwochen sozusagen.

GREGERS Wie alt ist sie denn?

WERLE Achtundzwanzig.

GREGERS Heilige Scheiße.

WERLE Beruhig dich.

GREGERS Heilige verdammte Scheiße.

WERLE Okay.

GREGERS Achtundzwanzig.

WERLE Ja. Achtundzwanzig.

GREGERS Sie könnte deine Enkeltochter sein.

WERLE Das ist mir auch eingefallen.

GREGERS Bald siehst du sie nicht mal mehr.

WERLE Meine anderen Sinne habe ich noch.

GREGERS Ich freue mich darauf, sie kennenzulernen.

WERLE Verlieb dich bloß nicht in sie.

GREGERS Da besteht keine Gefahr.

WERLE Das ist mein Ernst. Sie ist sehr hübsch.

GREGERS Mach dir keine Sorgen, Papa. Ich werde deine Verlobte nicht ficken.

WERLE Sie wird heute Abend da sein.

GREGERS Heute Abend?

WERLE Hast du was vor?

GREGERS Ehrlich gesagt, ja. Ich werde mit Hjalmar zu Abend essen.

WERLE Hjalmar Ekdal?

GREGERS Ja.

WERLE Wieso isst du denn mit ihm zu Abend?

19:30 Uhr

HJALMAR Wow.

GREGERS Ja.

HJALMAR Das ist ja komisch.

GREGERS Ja.

HJALMAR Wusstest du, dass ich deine Nummer immer noch auf meinem Handy gespeichert hatte?

GREGERS Echt?

HJALMAR Als ich deinen Namen auf dem Display gesehen habe, hatte ich fast einen Herzinfarkt. Ich habe ja schon seit, wie viele Jahre sind es denn –?

GREGERS Achtzehn Jahre.

HJALMAR Achtzehn? Mensch.

GREGERS Ja.

HJALMAR Ich kann's ja nicht fassen, dass du immer noch die gleiche Nummer hast.

GREGERS Ich kann's ja nicht fassen, dass du immer noch das gleiche Handy hast.

HJALMAR Nein, das ist schon mein viertes Handy seitdem, ich habe die Kontakte einfach immer wieder übertragen.

…

GREGERS Ich hoffe, du hattest keine anderen Pläne für heute Abend.

HJALMAR Ach, nein, nein.

GREGERS Bevor du irgendwas sagst, ich lade dich ein.

HJALMAR Das ist nicht notwendig.

GREGERS Nein, ich werde die Firmenkreditkarte benutzen, es als Geschäftsessen von der Steuer absetzen.

HJALMAR Okay. Vielen Dank.

GREGERS Du siehst gut aus.

HJALMAR Tu ich das?

GREGERS Ja, das tust du.

HJALMAR Ich fühle mich wie ein Fünfzigjähriger.

GREGERS Du hast gesagt, du hättest Kinder?

HJALMAR Ein Kind.

GREGERS Das ist ja sehr erwachsen von dir.

HJALMAR Ich weiß.

GREGERS Wie alt ist –

HJALMAR Sie. Hedvig. Sie ist fünfzehn.

GREGERS Fünfzehn. Das war sicher –

HJALMAR Ja, ich war noch ziemlich jung.

GREGERS Wie ist das passiert?

HJALMAR Wir hatten Sex. Nein, im Ernst, es war keine Absicht.

GREGERS Der Sex?

HJALMAR Nein, das Kind.

GREGERS Aber es ist schön?

HJALMAR Ja, unglaublich.

GREGERS Ja.

HJALMAR Der größte Glücksfall meines Lebens.

GREGERS Hast du eine Foto von ihr? Vom Bumserfolg?

HJALMAR Sie wird nicht gerne fotografiert.

GREGERS Liegt wahrscheinlich am Alter.

HJALMAR Ja.

GREGERS Sie müsste in der …

HJALMAR Sie ist im letzten Schuljahr.

GREGERS Echt?

HJALMAR Sie hat ein Jahr übersprungen.

GREGERS Ekdal-Gene.

HJALMAR O Gott, hoffentlich nicht. Wenn die letzten zwei Generationen irgendwelche Anhaltspunkte bieten.

GREGERS Wie geht's deinem Vater?

HJALMAR Ganz okay. Ist jetzt schon seit einer Weile aus dem Gefängnis raus. Er lebt bei uns. Arbeitet ein bisschen für deinen Vater.

GREGERS Echt?

HJALMAR Ja. Ich glaube, sie haben ihn irgendwo in der Buchhaltungsabteilung versteckt.

GREGERS Hjalmar, es tut mir leid, was ihm passiert ist. Dieser schreckliche Betrugsfall.

HJALMAR Gott, nein. Es tut mir leid, dass dein Vater wegen diesen beschissenen Landkarten da reingezogen wurde. Aber ich freue mich, dass du es mir nicht mehr übelnimmst.

GREGERS Dir übelnehmen?

HJALMAR Ja, dass du nach so vielen Jahren bei mir angerufen hast, da fällt mir ein Stein vom Herzen.

GREGERS Wieso denkst du, dass ich es dir übelgenommen habe?

HJALMAR Das Ganze war eine totale Katastrophe. Als dein Vater gesagt hat, du würdest nicht mehr mit mir reden wollen –

GREGERS Das hat er dir gesagt?

HJALMAR Ich … Ich schätze es wirklich, dass du dich bei mir gemeldet hast. Wirklich.

GREGERS Sicher.

HJALMAR Mensch. Siebzehn Jahre.

GREGERS Achtzehn Jahre.

HJALMAR Achtzehn.

GREGERS Und du bist jetzt verheiratet und hast ein Kind. Wie heißt deine Frau schon wieder?

HJALMAR Gina.

GREGERS Stimmt. Das hattest du gesagt.

HJALMAR Eigentlich kennst du sie ja schon.

GREGERS Ja?

HJALMAR Sie hat früher für deinen Vater gearbeitet.

GREGERS Gina …

HJALMAR Ja, Gina Hansen. Sie war etwa zwei Jahre lang seine Haushälterin.

21:49 Uhr

Ekdal, sehr betrunken, mit Ente unter seinem Arm.

EKDAL Die Kellnerin hatte Cankles. Wisst ihr, was ein Cankle ist? Hm?

GREGERS Nein.

HJALMAR Hey, Papa, komm, lass uns –

EKDAL Komm, schau dir das an. Das ist ein Cankle. Eine Kombination von *ankle*, also Knöchel auf Englisch, und *calf*, also Wade. Das Bein geht quasi nahtlos in den Fuß über. Eine Einheit. Wie alt bist du denn jetzt? Ende dreißig?

GREGERS Ja.

EKDAL Hjalmar ist auch Ende dreißig.

GREGERS Ja.

EKDAL Wie waren sie denn?

GREGERS Was?

EKDAL Deine Dreißiger.

GREGERS Ähm … sie waren okay.

EKDAL Ich habe meine Dreißiger geliebt. Leute sprechen immer von ihren Zwanzigern, aber ich war in meinen Zwanzigern total durch den Wind. Ich wusste in meinen Zwanzigern nicht, wo mir der Kopf steht, aber dann kamen die Dreißiger. Man entspannt sich mehr. Alles gleicht sich aus. Aber dann die Vierziger. Tja, das steht auf einem ganz anderen Blatt. Lass uns nicht über die Vierziger reden, vergessen wir mal die Fünfziger, wir freuen uns einfach mal auf die Sechziger. Ich glaube, das wird ein gutes Jahrzehnt sein.

HJALMAR Komm, wir holen dir ein Glas Wasser, Papa.

EKDAL Was hatte sie denn? Frau Cankles? Hat uns einfach rausgeschmissen.

HJALMAR Nichts. Sie hat einfach ihre Arbeit gemacht

EKDAL Oh. Ihre Arbeit. Jeder macht seine Arbeit. Jeder hat viel zu tun. Jeder arbeitet in seinem eigenen Edelrestaurant.

HJALMAR Wir sollten jetzt gehen.

EKDAL Ich glaube, du musst fahren.

HJALMAR Das ist okay.

EKDAL Ich sollte ihn nach Hause fahren. Damit er was trinken konnte. Hast du was getrunken?

HJALMAR Ja.

EKDAL Was Feines? Er hat gesagt, es würde vielleicht was Feines sein.

HJALMAR Papa.

EKDAL Was war es denn? Französisch?

GREGERS Das war es in der Tat.

EKDAL Mmm.

HJALMAR Komm schon, Papa.

EKDAL Es überrascht mich, dass sie ihr erlauben Röcke zu tragen. Klar, man kann seine Angestellten nicht auf der Basis ihrer Knöchel aussuchen, aber man könnte sie wenigstens mit einer Hose verhüllen.

HJALMAR Mensch, Papa.

EKDAL Es war sehr schön, dich zu sehen … ähm …

GREGERS Gregers.

EKDAL Wir haben früher zusammen Fußball gespielt.

GREGERS Das stimmt.

EKDAL Es tut mir leid. Ich habe nicht gemerkt, dass ich zu viel getrunken habe. Ich bin normalerweise sehr vorsichtig. Aber ich hab's nicht gemerkt, bevor es zu spät war. Kann ich dir meinen Autoschlüssel geben?

HJALMAR Klar.

EKDAL Ich bin total besoffen. Die Ente kommt in den Kofferraum.

HJALMAR Ja. Es tut mir leid, den Abend so abrupt zu beenden.

GREGERS Kein Problem.

HJALMAR Das ist mir total peinlich. Hier lang, Papa. Vielleicht können wir uns ja noch mal treffen, bevor du gehst?

23:21 Uhr

Gregers packt seine Tasche.

WERLE Es war eine komplizierte Zeit, Gregers. Sie war krank. Unsere Beziehung war schwierig. Ich bereue die Affären. Sehr. Als deine Mutter krank wurde, habe ich versucht, ihr zu helfen. Aber es hat nichts gebracht. Für ein paar Jahre habe ich mich damit zurechtgefunden. Aber irgendwann wollte ich wieder glücklich sein.

GREGERS Und warst du glücklich?

WERLE Ja. Kurz. Aber sie hat immer einen Weg gefunden, mich wieder in ihr Unglück reinzuzerren. In den letzten Monaten ihres Lebens habe ich mir vorgemacht, es könnte wieder so sein wie früher, als wir jung waren. Es ging ihr eine Weile lang besser. Sie war in der Klinik gewesen, und die neuen Medikamente haben gut funktioniert. Ich habe aufgehört, mich mit anderen Frauen zu treffen. Ich war wie ein verliebter Teenager. Es war idiotisch von mir, dass ich es nicht vorausgesehen habe. Ich hatte einen Fehltritt, und das werde ich mir immer vorhalten, aber du bist ein Narr, wenn du glaubst, sie hätte sonst keinen anderen Grund dazu gefunden. Es war nicht das erste Mal, dass sie es versucht hat.

GREGERS Das hast du mir nie gesagt.

WERLE Ich wollte dich nicht beunruhigen.

GREGERS Ich glaube, du wolltest nicht, dass ich mitbekomme, was du treibst.

WERLE Das stimmt nicht. Du warst ein empfindlicher Junge. Du hättest das nicht verkraftet.

GREGERS Du behandelst mich aber immer noch wie einen Sechsjährigen, der Angst im Dunkeln hat.

WERLE Du warst damals viel niedlicher.

GREGERS Ich wusste damals noch nicht, was für einen Vater ich habe. Weißt du, dass Mama mich angerufen hat, bevor sie sich umgebracht hat?

WERLE Wirklich?

GREGERS Sie hat mir gesagt, was los war.

WERLE Wieso hast du mir das nicht gesagt?

GREGERS Mensch, Papa, weil ich nicht wollte, dass es wahr war. Was war so besonders an ihr?

WERLE Gregers.

GREGERS Hat es sich gelohnt?

WERLE Natürlich nicht … Ich nehme an, das bedeutet, dass du die Firma nicht übernimmst?

GREGERS Nein.

WERLE Oder zur Hochzeit kommst.

GREGERS Nein.

WERLE Lohnt es sich zu versuchen, deine Meinung zu ändern?

GREGERS Nein.

WERLE Dann alles Gute.

GREGERS Danke.

WERLE Gregers?

GREGERS Ja?

WERLE Du hast Hjalmar aber nichts davon erzählt, oder?

GREGERS Nein.

WERLE Du hast es auch nicht vor, oder?

23:57 Uhr

HJALMAR Du erinnerst dich doch noch an Gregers?

GINA Natürlich.

GREGERS Schön, dich wiederzusehen.

GINA Ja.

GREGERS Entschuldige. Es ist fast Mitternacht.

HJALMAR Das ist völlig in Ordnung.

GREGERS Es war zu spät, noch ein Hotelzimmer zu bekommen.

HJALMAR Kein Problem. Du kannst im Gästezimmer schlafen.

GREGERS Tut mir leid, dass ich hier so hereinplatze, Gina.

GINA Nein, nein. Wir waren noch wach.

GREGERS Danke, das ist sehr nett von euch.

HJALMAR Gott, du bist sicher müde.

GREGERS Eigentlich bin ich putzmunter. Liegt vielleicht am Jetlag.

GINA Hjalmar, könntest du bitte das Schlafsofa ausklappen?

HJALMAR Mach ich.

GINA Bediene dich gerne jederzeit an den Sachen im Kühlschrank.

GREGERS Danke.

GINA Wenn sonst nichts ist, gehe ich jetzt wieder ins Bett.

GREGERS Danke noch mal. Gute Nacht.

GINA Gute Nacht.

HJALMAR Gute Nacht, Schatz. Ich komme gleich nach.

GINA Gregers?

GREGERS Ja?

GINA Was war denn mit deinem Vater?

HJALMAR Gina.

GINA Sorry, ist das unhöflich von mir?

GREGERS Nein, überhaupt nicht. Seine Verlobte hat bei ihm übernachtet, und die Dinge sind gerade etwas angespannt mit der Hochzeitsplanung. Da dachte ich mir, ich mache mich für eine Weile aus dem Staub. Keine Angst, ich suche mir morgen ein Hotel.

DIENSTAG

7:44 Uhr

GINA Das ist Hedvig.

GREGERS Hallo Hedvig.

HEDVIG Hallo. Wo hast du meine Jacke hingetan, Mama?

GINA Ich hab sie nirgends hingetan.

HEDVIG Du musst sie irgendwo hingetan haben, weil ich sie nicht finden kann.

GINA Vielleicht hast du sie verlegt?

HEDVIG Ich verlege sie nicht. Du räumst auf und tust Sachen an dumme Orte.

GINA Wenn du sie ausziehen würdest, wenn du nach Hause kommst, und sie dann sofort in deinen Schrank hängen würdest, dann müsste ich nicht –

HEDVIG Mama, ich habe keine Zeit, hier zu stehen und mit dir darüber zu streiten, was das beste System ist –

HJALMAR Hey. Griesgram. Wir haben Besuch.

HEDVIG Papa, ich brauche meine verdammte Jacke.

HJALMAR Hey.

GINA Hedvig.

HEDVIG Ich muss noch vor der ersten Stunde zur Bibliothek, und jetzt habe ich nur noch eine halbe Stunde, und ich kann nicht ohne verdammte Jacke in die Schule.

HJALMAR Also, wir versuchen das jetzt noch mal. Das ist Gregers. Er ist ein alter Schulfreund von mir.

HEDVIG Übernachtest du hier?

GREGERS Letzte Nacht habe ich hier übernachtet.

HEDVIG Wieso?

GINA Hedvig.

HEDVIG Was?

GINA Du solltest frühstücken.

HEDVIG Wieso?

GINA Du bist gerade sehr kurz angebunden.

HEDVIG Ich habe ihn bloß gefragt, warum er hier übernachtet hat.

GINA Er heißt Gregers.

HEDVIG Ich weiß, wie er heißt. Ich bin nicht taub.

HJALMAR Gregers wohnt bei uns, weil ich ihn ganz lange nicht gesehen habe und ihn eingeladen habe.

HEDVIG Wie lange bleibst du?

GREGERS Also eigentlich wollte ich heute –

HJALMAR Bleib doch noch eine Nacht. Wir könnten heute Abend zusammen essen. Dann kannst du alle kennenlernen.

GREGERS Ich lasse euch mal besser in Ruhe.

HJALMAR Du störst uns nicht.

GREGERS Also, wenn es euch wirklich nichts ausmacht …

HJALMAR Es macht uns nichts aus, oder, Gina?

GINA Nein. Nein, überhaupt nicht.

HJALMAR Siehst du?

GREGERS Das wäre schön.

HEDVIG Ich habe heute Abend keine Zeit zum Abendessen.

HJALMAR Wieso nicht?

HEDVIG Ich hatte vor, zur Unibibliothek zu gehen.

HJALMAR Ist der Abgabetermin für die Hausarbeit nicht schon heute?

HEDVIG Das ist die Hausarbeit für Geschichte. Am Freitag muss ich noch eine Hausarbeit für Deutsch abgeben.

GINA Wieso musst du denn zur Unibibliothek?

HEDVIG Weil ich die Bücher, die ich für die Hausarbeit brauche, in der Schulbibliothek nicht kriegen kann.

HJALMAR Kannst du nicht morgen hin?

HEDVIG Morgen habe ich Feldhockey.

HJALMAR Ach so. Hockey. Ich könnte dich doch von der Schule abholen und zur Uni fahren. Dann wären wir alle rechtzeitig zum Abendessen zu Hause?

HEDVIG Okay.

GINA Du hast doch heute Nachmittag ein Fotoshooting mit einem Paar.

HJALMAR Das kannst du doch übernehmen, oder nicht?

GINA Ja, könnte ich, aber eigentlich wollte ich unsere Steuererklärung machen.

HJALMAR Aber Gregers Werle ist ja nicht jeden Tag da.

GREGERS Mach dir nicht zu viel Mühe.

GINA Wir kriegen es schon hin.

HJALMAR Prima. Hast du das gehört, Papa?

EKDAL Hä?

HJALMAR Abendessen. Heute Abend.

EKDAL Wir essen jeden Abend.

HJALMAR Aber heute kommt Gregers zum Abendessen.

EKDAL Heute kommt wer?

HJALMAR Gregers. Als Gast.

EKDAL Wer?

HJALMAR Gregers Werle. Er steht direkt vor dir.

GREGERS Hallo.

EKDAL Bist du Haakons Sohn?

GREGERS Genau.

EKDAL Ich habe dir beigebracht, wie man Fußball spielt.

GREGERS Ja, das stimmt.

EKDAL Bist du immer noch scheiße?

GREGERS Ja.

HJALMAR Hey, Papa, erinnerst du dich noch daran, wie er diesen Fallrückzieher versucht hat?

GREGERS Danke, Hjalmar, du weckst gerade eine schmerzliche Erinnerung. Sie werden nie erraten, wo ich letztes Jahr war, Herr Ekdal.

EKDAL Hä?

GREGERS Bei unserem Sägewerk.

EKDAL Das Sägewerk?

GREGERS Wo Sie früher immer waren.

EKDAL Im Wald?

GREGERS Genau.

EKDAL Ich habe da früher gejagt. Habe in der ersten Jagdsaison neun Wildschweine erlegt. Wie geht es dem Wald?

GREGERS Nicht mehr viel davon übrig, um ehrlich zu sein.

EKDAL Was meinst du, es ist nicht mehr viel davon übrig?

GREGERS Das meiste ist abgeholzt worden.

EKDAL Baume zu fällen war noch nie eine gute Idee. Das verstehen Leute heutzutage. Es ist aber zu spät. Er wird Vergeltung üben.

GREGERS Wer?

EKDAL Der Wald.

HJALMAR Papa hat einige ziemlich merkwürdige Theorien über die Welt.

GREGERS Hjalmar sollte dich mal hinbringen.

EKDAL O nein. Ich werde da nie wieder hin. Das ist ein unheilverkündender Ort.

GREGERS Aber die Jagd vermissen Sie doch sicher?

EKDAL Die Jagd vermissen? Ich habe hier alles, was ich brauche.

GREGERS Was meinen Sie?

EKDAL Soll ich's ihm sagen?

HJALMAR Papa.

GREGERS Was denn?

EKDAL Komm schon, Sohn.

HJALMAR Okay.

EKDAL Kannst du ein Geheimnis bewahren?

GREGERS Klar.

HJALMAR Es ist nicht gerade legal.

EKDAL Es schadet doch keinem?

GREGERS Wovon sprecht ihr?

HEDVIG Von Opas Wald.

GREGERS Wald?

HEDVIG Oben.

EKDAL Es war früher ein Dachboden.

HEDVIG Aber jetzt ist es ein Wald.

HJALMAR Aber du darfst keinem davon erzählen. Sonst sitze ich ganz schön in der Scheiße.

EKDAL Es hat mit ein paar Hasen angefangen. Jetzt gibt es auch ein paar Hühner und Tauben.

GREGERS Da oben gibt es auch Tiere?

HEDVIG Sie haben Bäume und Gras und einen kleinen Teich. Es ist wirklich wie im Wald.

GINA Außer dass alles aus Plastik ist.

HEDVIG Die Tiere wissen nicht, dass alles aus Plastik ist.

GINA Ich glaube, die Hasen haben es wahrscheinlich in dem Moment rausgekriegt, wo sie versucht haben, am Gras zu knabbern.

GREGERS Es klingt schön.

HJALMAR Es hält Papa bei Laune.

EKDAL Und wir haben vergessen, unseren Neuzugang zu erwähnen.

GREGERS Ja, ich wollte eigentlich danach fragen. Die Ente.

HEDVIG Meine Ente.

GREGERS Sie gehört dir?

EKDAL Keine gewöhnliche Ente.

GREGERS Nicht?

EKDAL Keine gekaufte Ente. Das ist eine besondere Ente.

GREGERS Echt?

EKDAL Siehst du es nicht?

GREGERS Was?

EKDAL Hat er Grütze zwischen den Ohren?

HJALMAR Papa.

EKDAL Es ist eine Wildente.

HEDVIG Es ist meine Wildente. Dein Vater hat sie mir geschenkt.

GREGERS Mein Vater?

HEDVIG Er hat sie abgeschossen.

GREGERS Mein Vater hat diese Ente abgeschossen?

EKDAL Weißt du, was Enten machen, wenn sie aus dem Himmel geschossen werden, Gregers? Sie fallen ins Wasser und tauchen dann bis nach ganz unten – so tief wie nur möglich – und klammern sich an den Wasserpflanzen fest. Und sie verstecken sich da unten, warten auf ihren möglichen Tod, wollen nur nicht erwischt werden. Aber diese Ente hat ihren Meister gefunden. Der Golden Retriever deines Vaters ist ihr nachgetaucht und hat sie rausgefischt.

GREGERS Und so habt ihr sie bekommen?

EKDAL Nicht sofort, nein. Zuerst hat dein Vater sie nach Hause genommen und hat versucht, sich um sie zu kümmern, aber es ging ihr nicht gut, und schließlich hat er Peterson gesagt, er soll sie beseitigen.

HJALMAR Peterson hatte Mitleid mit ihr. Hat sie Papa gegeben. Für seinen Wald.

GREGERS Es scheint ihr ja ganz gutzugehen.

EKDAL Auf jeden Fall. Sie wird immer dicker. Der Flügel ist fast geheilt. Ich erwarte aber nicht, dass sie wieder in der Wildnis leben können wird, ich glaube, sie hat jetzt total vergessen, wie es da draußen ist.

GREGERS Von jetzt an nur noch Plastikbäume. Es sah ziemlich komisch aus, als Sie gestern Abend mit dieser Ente unter dem Arm aufgetaucht sind, Herr Ekdal. Ich dachte vielleicht, die ist zum Essen gedacht.

HJALMAR Ah –

EKDAL Was ist denn gestern Abend passiert?

HJALMAR Nichts, Papa, nichts.

EKDAL Was redet der da?

HJALMAR Weißt du noch, wie du uns gestern Abend vom Restaurant nach Hause gefahren hast?

EKDAL Daran erinnere ich mich nicht.

HJALMAR Doch hast du.

EKDAL Ich habe die Ente mitgebracht?

HJALMAR Red keinen Unsinn, Papa, warum hättest du die Ente mitgebracht? Das wäre doch seltsam.

EKDAL Also, wir haben uns gestern Abend schon gesehen?

GREGERS Nur kurz.

EKDAL Entschuldige. Ich hab's vergessen. Wie merkwürdig.

18:15 Uhr

EKDAL Du darfst deiner Mutter nicht davon erzählen.

HEDVIG Werde ich auch nicht. Versprochen.

EKDAL Sie wird mich kastrieren, wenn sie davon was hört.

HEDVIG Ekelig.

EKDAL Was ist das?

HEDVIG Ein Gewehr.

EKDAL Was für ein Gewehr?

HEDVIG Ein großes Gewehr?

EKDAL Was für ein großes Gewehr?

HEDVIG Weiß ich nicht.

EKDAL Das ist eine Flinte.

HEDVIG Okay.

EKDAL Eins nach dem anderen. Die innere Weite des Laufes nennt man Kaliber. Das ist eine Kaliber 12.

HEDVIG Okay.

EKDAL Siehst du, dass sie zwei Läufe hat?

HEDVIG Ja.

EKDAL Wie heißt das wohl?

HEDVIG Doppellauf?

EKDAL Fast. Das ist eine doppelläufige Schrotflinte. Aber es gibt zwei Arten doppelläufige Flinten. Die Doppelflinte, mit zwei nebeneinanderliegenden Läufen, und die Bockflinte, mit zwei übereinanderliegenden Läufen. Welche ist die hier?

HEDVIG Das ist eine Doppelflinte.

EKDAL Genau. Verschiedene Flinten haben auch verschiedene Abzugssysteme.

HEDVIG Abzugssysteme?

EKDAL Hast du je von einer Vorderschaftrepetierflinte gehört?

HEDVIG Wie in *Terminator 2*?

EKDAL Die in *Terminator 2* hatte eine Hebelmechanik, aber ja, du hast verstanden, worum es geht. Wie ein Gewehr neu geladen wird, nachdem ein Schuss abgefeuert wird.

HEDVIG Was für ein Abzugssystem hat diese Flinte?

EKDAL Das ist ein Repetiergewehr, das man nicht absetzen muss, um neu zu laden.

HEDVIG Wieso hast du keine Vorderschaftrepetierflinte?

EKDAL Dazu bräuchte ich einen grünen Waffenschein, statt einen gelben, und müsste einmal im Monat offizielles Schießtraining machen. Das ist mir zu viel Aufwand.

HEDVIG Aber du warst doch früher ein Soldat?

EKDAL Ja, früher. Aber jetzt nicht mehr.

HEDVIG Wieso muss man mehr Training machen, wenn man eine Vorderschaftrepetierflinte haben möchte?

EKDAL Die sind sehr leicht nachzuladen. Deshalb sind vollautomatische Waffen auch verboten. Es ist damit viel zu leicht Amok zu laufen.

HEDVIG Also ein Massaker?

EKDAL Genau. Wenn du mit dieser Waffe hier in ein Einkaufszentrum gehen würdest, um Amok zu laufen, könntest du nicht sehr viele Leute umbringen. Weil du immer wieder nachladen müsstet.

HEDVIG Verstanden.

EKDAL Also, wie gesagt, ist das ein Repetiergewehr. Man öffnet es so. Das hier ist der Verschluss, und hier tut man die Patronen rein.

HEDVIG Die Kugeln?

EKDAL Das sind nicht Kugeln. Das sind Schrotpatronen.

HEDVIG Die Hülle ist aus Plastik.

EKDAL Genau. Das ist die Patronenhülse. Innen drin sind viele kleine Kügelchen. Wie heißen die wohl?

HEDVIG Ich weiß es nicht.

EKDAL Schrot. Daher der Name.

HEDVIG Oh.

EKDAL Heutzutage wird Schrot aus Tungsten hergestellt, aber als ich jung war, haben wir noch Bleischrot benutzt, aber das ist jetzt illegal.

HEDVIG Wieso?

EKDAL Hast du von Bleivergiftungen gehört?

HEDVIG Ja.

EKDAL Blei macht dein Nervensystem kaputt.

HEDVIG Bleistifte hatten früher auch Blei drin.

EKDAL Nein, hatten sie nicht, das ist ein weitverbreiteter Irrtum. Die Mine in Bleistiften war schon immer aus Graphit und nicht aus Blei.

HEDVIG Aber Herr Paris hat gesagt –

EKDAL Herr Paris ist ein Idiot. Zieh deine Ohrenschützer an.

Sie ziehen ihre Ohrenschützer an. Jetzt müssen sie lauter sprechen, um einander hören zu können.

Und deine Schutzbrille.

Sie setzen ihre Schutzbrillen auf.

Die erste Sicherheitsregel lautet: Finger weg vom Abzug, bis die Waffe auf ein Ziel gerichtet ist und du bereit bist zu schießen. Finger weit weg vom Abzug. Richte die Waffe nach unten oder nach oben, damit du niemanden umbringst, wenn ein Schuss aus Versehen abgefeuert wird. Das ist die Sicherung. Die darfst du erst entsichern, wenn du zum Schießen bereit bist. Aber verlass dich nicht auf sie, bloß weil sie an ist. Sie ist eine mechanische Vorrichtung, und mechanische Vorrichtungen können versagen. Also nie, auch wenn die Sicherung an ist, mit der Waffe rumalbern. Nun. Das Schießen.

HEDVIG Endlich.

EKDAL Hab es nie eilig, eine Schusswaffe abzufeuern, Hedvig. Waffen können sehr viel Schaden anrichten. Wenn du nicht vorsichtig mit einer Waffe umgehst, kann sie unbeabsichtigte Schäden verursachen.

HEDVIG Sorry.

EKDAL Kein Problem. Also. Identifiziere dein Ziel. Setze die Flinte so an der Schulter an.

HEDVIG Okay.

EKDAL Wenn du zum Schießen bereit bist, entsicherst du die Waffe. So. Und dann drückst du so ab.

Er drückt ab.

HEDVIG O Gott. Das ist ja heftig.

EKDAL Möchtest du mal?

HEDVIG Okay.

EKDAL Ich sichere die Waffe wieder. Bitte schön.

HEDVIG Die ist ja schwer.

EKDAL Ja, das ist sie. Finde dein Ziel. Worauf willst du schießen?

HEDVIG Auf die rote Büchse da drüben.

EKDAL Gut. Setze die Waffe so an der Schulter an. Okay. Jetzt entsichern.

HEDVIG Mach ich.

EKDAL Nun, wenn du so weit bist, kannst du abdrücken.

MITTWOCH

17:48 Uhr

GINA Hallo.

WERLE Hallo.

GINA Ich habe gelesen, dass du heiraten wirst. Herzlichen Glückwunsch.

WERLE Danke. Lange nicht gesehen.

GINA Ich weiß. Danke, dass du gekommen bist.

WERLE Keine Ursache. Was ist los?

GINA Gregers wohnt gerade bei uns.

WERLE Ich verstehe.

GINA Was hat sich zwischen euch abgespielt?

WERLE Er hat mit mir Schluss gemacht.

GINA Mit dir Schluss gemacht?

WERLE Ich weiß nicht. Wie soll ich es denn sonst beschreiben?

GINA Also weiß er Bescheid.

WERLE Es tut mir leid, Gina. Er sagt vielleicht gar nichts.

GINA Meinst du?

WERLE Ich weiß es nicht. Ich habe ihn nie wirklich verstanden.

19:38 Uhr

GINA Mach das Licht bitte an, Schatz.

HEDVIG Mir geht's gut.

GINA Wie kannst du die Buchstaben bei dem Licht überhaupt sehen?

HEDVIG Es ist hell genug.

GINA Hjalmar?

HJALMAR Hm?

GINA Kannst du mal mit ihr reden?

HJALMAR Ich schaue fern.

GINA Sie liest im Dunklen.

HJALMAR Sieht doch okay aus. Alles okay, Schatz?

HEDVIG Könnt ihr beide still sein? Mama, ich brauche für den Freitagsausflug Geld.

GINA Wann?

HEDVIG Ähm? Am Freitag.

GINA Danke, Schlaumeier. An welchem Freitag?

HEDVIG Diesen Freitag.

GINA Ich denke schon. Hast du die Rechnung von der Druckerei irgendwo gesehen? Hjalmar?

HJALMAR Was?

GINA Die Rechnung. Von der Druckerei.

HJALMAR Die ist doch im Aktenschrank.

GINA Da ist sie nicht.

HJALMAR Ich habe sie in den Aktenschrank getan.

GINA Hier ist die Mappe mit den Rechnungen. Sie ist nicht dabei.

HJALMAR Lass mich mal gucken.

Er schaut in die Mappe rein.

Hier.

GINA Oh. Gregors Sachen sind weg.

HJALMAR Ja, er ist in ein Hotel gezogen. Er hat uns diese Schachtel Pralinen da gelassen.

GINA Du hast sie ja alle schon gegessen. Es sind nur noch die Beschissenen übrig.

HJALMAR Das sind keine Beschissenen.

GINA Klar. Was guckst du?

HJALMAR Einen Tierfilm.

EKDAL Ach so? Worüber?

HJALMAR Wale.

EKDAL Echt?

HJALMAR Die US-Armee tötet Wale.

EKDAL Wie?

HJALMAR Siebzehn Wale sind in den Bahamas gestrandet. Die US-Armee hat da Unterwasser-Sonartests gemacht. Die Wale hatten Hirnblutungen, waren desorientiert und sind an einem Strand gestorben.

HEDVIG O Gott.

GINA Hjalmar.

HJALMAR Was?

GINA Sie versucht zu arbeiten.

HJALMAR Auf den Kanarischen Inseln ist es später auch passiert.

HEDVIG Das ist ja schrecklich.

GINA Wie kommst du mit deiner Hausarbeit voran, Schatz?

HEDVIG Ich weiß nicht. Das Buch ist superlangweilig. Meine Aufgabe ist es quasi, Gründe zu erfinden, warum das Buch interessant ist, damit es dem Lehrer nicht peinlich sein muss, dass er das Buch vor vierzig Jahren toll fand.

HJALMAR Nur noch ein Jahr.

HEDVIG Was?

HJALMAR Nur noch ein Jahr, und dann musst du keinem mehr vorgaukeln, dass dich was interessiert.

HEDVIG Echt?

HJALMAR Außer wenn du kein Interesse an Jura oder Medizin hast, dann musst du halt noch fünf Jahre lang so tun als ob.

HEDVIG Wer sagt, dass ich Jura oder Medizin studieren werde?

HJALMAR Was?

HEDVIG Ich hab mir überlegt, ich gehe vielleicht auf die Schauspielschule.

HJALMAR Was zur Hölle redest du da?

HEDVIG Ich habe über meine Interessen nachgedacht, wie die Karriereberaterin an der Schule uns ja rät, und dabei ist mir aufgegangen, dass ich meine Kreativität ausleben sollte.

HJALMAR Verdammt nochmal, Gina. Sag doch mal was.

GINA Sie nimmt dich auf den Arm.

HJALMAR Tut sie das?

HEDVIG Ja, das tut sie. Du bist geistesgestört.

HJALMAR Das war überzeugend. Vielleicht solltest du wirklich auf die Schauspielschule.

HEDVIG Wirklich?

HJALMAR Nein.

EKDAL Ich war früher Schauspieler.

HEDVIG Nein, das warst du nicht.

EKDAL Doch war ich. In der zehnten Klasse. Faust. Ich habe Gretchen gespielt.

HEDVIG Du warst sicher schrecklich.

EKDAL Wieso sagst du das?

HJALMAR Weil du ein Mann bist.

HEDVIG Ich weiß immer, wenn du lügst.

EKDAL Aber vielleicht sind das ja Köderlügen?

HEDVIG Köderlügen?

EKDAL Schlechte Lügen, um dich davon zu überzeugen, dass du weißt, wann ich lüge, damit ich mit unheilvolleren Lügen davonkomme.

HEDVIG Echt?

EKDAL Das wirst du nie wissen.

HJALMAR Möchte jemand Kniffel spielen?

ALLE Nein.

EKDAL Nein.

HEDVIG Warst du je bei einer Schulaufführung dabei?

GINA In der Grundschule habe ich mal ein Monster in *Wo die wilden Kerle wohnen* gespielt.

HJALMAR Echt?

GINA Siehst du? Man lernt jeden Tag was Neues.

HJALMAR Wir sind schon seit sechzehn Jahren verheiratet und überraschen einander immer noch.

HEDVIG Ich glaub nicht, dass ich heiraten will.

GINA Wieso nicht?

HEDVIG Ich weiß nicht. Die meisten Leute lassen sich doch eh scheiden.

GINA Wir sind nicht geschieden.

HEDVIG Die Eltern von Elin haben sich scheiden lassen. Jedes zweite Wochenende muss sie bei ihrem Vater wohnen, und der lebt am Ende der Welt. Im Winter braucht sie ungefähr drei Stunden, um dahin zu kommen. Sie geht deshalb zum Psychologen. Sie wurde mit Depression diagnostiziert. Ich heirate auf gar keinen Fall.

HJALMAR Musst du auch nicht.

HEDVIG Wieso habt ihr es denn gemacht?

GINA Weil wir wollten. Wir haben uns geliebt.

HJALMAR Liebe, süße Liebe.

HEDVIG War es nicht einfach, weil Mama mit mir schwanger war?

HJALMAR Was? Wer hat dir das gesagt?

HEDVIG Opa.

HJALMAR Papa.

EKDAL War es nicht so?

HJALMAR Trotzdem. Ziemlich unromantisch.

GINA Wir hätten auch sonst geheiratet, Hedvig, du hast alles einfach ein bisschen beschleunigt.

HJALMAR Und denk nicht, dass du unerwünscht warst, oder so was.

GINA Wir haben uns sehr gefreut.

HJALMAR Das Beste in unserem Leben.

HEDVIG Okay, Leute, jetzt wird's peinlich.

HJALMAR Hedvig … Kniffel?

GINA Lass sie in Ruhe, Hjalmar.

HJALMAR Mir ist langweilig. Der Walfilm war doch nicht so interessant. Die Strandungen waren der Höhepunkt.

HEDVIG Mama?

GINA Ja?

HEDVIG Wie zum Teufel konntest du dich in Papa verlieben?

HJALMAR Weil ich wie John Stamos aussehe.

GINA Du siehst überhaupt nicht wie John Stamos aus.

HEDVIG Wer ist John Stamos?

HJALMAR Der Schlagzeuger der Beach Boys.

GINA Er war nicht der Schlagzeuger der Beach Boys.

HJALMAR Er war von 85 bis 92 der Schlagzeuger der Beach Boys. Er war auch in *Full House.*

HEDVIG Was ist *Full House?*

HJALMAR Hast du einen Freund?

HEDVIG Nein, aber wenn schon?

HJALMAR Ich würde dir sagen, du solltest ihn zum Abendessen einladen.

HEDVIG Echt?

HJALMAR Absolut. Dann würde ich ihn am Kragen packen und ihm sagen, dass er seine Finger von dir lassen soll.

HEDVIG Okay, dann sage ich dir auf gar keinen Fall Bescheid, wenn ich einen Freund habe.

HJALMAR Ich werde es rauskriegen.

HEDVIG Wie?

HJALMAR Ich werde deine Telefongespräche abhören.

HEDVIG Ähm. Nein, das wirst du nicht.

HJALMAR Ähm doch, werde ich. Ich werde deine Handyrechnung anschauen, alle Handynummern da drauf anrufen, und wenn ein Junge abnimmt, dann sage ich ihm, dass ich ihn überfahren werde, wenn er nicht aufhört, anzurufen.

HEDVIG Du bist ein Psychopath.

HJALMAR Das kannst du gerne glauben.

GINA Denkst du schon an einen?

HEDVIG Was?

GINA Schwärmst du für jemanden?

HEDVIG / HJALMAR Das sag ich dir nicht.

GINA Wieso nicht?

HEDVIG / HJALMAR Werde ich einfach nicht.

HJALMAR Hast du ihn schon geküsst?

HEDVIG / HJALMAR Das sag ich dir nicht.

HJALMAR Wieso nicht?

HEDVIG / HJALMAR Werde ich einfach nicht.

HEDVIG Sehr witzig.

GINA Ich glaube, es wäre schön, wenn du einen Freund hättest, Hedvig.

HJALMAR Ich nicht.

GINA Wir könnten ihn zum Abendessen einladen. Zusammen Filme schauen. Du könntest mit ihm über Sport reden, Hjalmar.

HJALMAR Ich mag keinen Sport.

GINA Autos.

HJALMAR Ich mag keine Autos. Außer wenn ich damit Hedvigs Freund überfahre.

GINA Dann solltest du dir ein paar Gesprächsthemen einfallen lassen.

HJALMAR Oder Hedvig könnte das mit dem Freund einfach lassen.

Hjalmars Handy klingelt.

Wo ist mein Handy?

HEDVIG Ich benutze es gerade als Duden.

HJALMAR Im Regal steht ein echter Duden. Gib mal her.

HEDVIG Mach mal eine Rolle rückwärts.

Er nimmt ab.

HJALMAR Hey. Wo bist du? Nein, wir haben schon gegessen. Okay. Klingt gut. Ja. Bis bald.

Er legt auf.

GINA War das Gregers?

HJALMAR Ja. Ich gehe mit ihm in die Kneipe.

GINA Was jetzt?

HJALMAR Das ist doch okay, oder?

GINA Ich dachte, du wolltest noch an dem Porträt arbeiten?

HJALMAR Ich schau mir die Bilder später an.

GINA Wieso kann er nicht hier einfach herkommen und hier was mit dir trinken?

HJALMAR Ich weiß nicht. Aber es ist doch manchmal auch schön, unter vier Augen zu quatschen.

GINA Ist irgendwas?

HJALMAR Glaub ich nicht.

GINA Wieso kannst du dich dann nicht einfach morgen mit ihm treffen?

HJALMAR Er wird nicht mehr lange hier sein.

GINA Hjalmar, könntest du bitte –

HJALMAR Warum bist du gerade so komisch?

GINA Okay. Dann. Bleib nicht zu lange aus.

HJALMAR Ich bleibe nicht lange aus. Liebe dich. Hey Versagerin. Viel Glück mit der Hausarbeit.

20:45 Uhr

HJALMAR Hast du jemals daran gedacht zu heiraten?

GREGERS Nicht wirklich. Ich habe mich eine Weile lang gefragt, ob ich vielleicht schwul bin.

HJALMAR Echt?

GREGERS Aber anscheinend muss man sich zu Männern hingezogen fühlen, um schwul zu sein.

HJALMAR Ja, das ist schon ein wichtiges Kriterium.

GREGERS Ja, also nicht schwul. Aber neulich ist mir aufgefallen, dass ich immer mit gutaussehenden, aber total seelenlosen Frauen ausgehe.

HJALMAR Ach ja?

GREGERS Sie erweisen sich im Endeffekt immer als viel weniger interessant, als sie am Anfang zu sein scheinen. Bei der Trennung sind wir beide immer sehr gefasst. Wir teilen unsere Habseligkeiten gerecht auf. Wir sind sehr höflich. Sogar nett. Wir versprechen, dass wir Freunde bleiben werden, rufen einander in den ersten paar Monaten noch regelmäßig an, bis wir entdecken, dass wir gar nichts gemeinsam haben.

HJALMAR Hoppla.

GREGERS Ich glaube, ich war mal verliebt. Es hat mich total überrumpelt, weil sie nicht sehr schön war. Nicht hässlich, aber auf jeden Fall nicht hübsch. Mir war es immer ein bisschen peinlich, wenn ich meinen Kollegen ihr Bild gezeigt habe. Wenn ihr Gesicht auf einem Foto eingefroren war, sah sie ein bisschen unbeholfen aus, außer Proportion. Aber wenn sie sich bewegt hat, war es total anders. Hypnotisierend. Ich musste ständig an sie denken. Während des Monats, in dem ich mit ihr zusammen war, habe ich in der Arbeit nichts auf die Reihe bekommen, hab kaum was gegessen, musste oft mitten im Date aufs Klo, um mich zu übergeben, weil ich so unglaublich nervös war. Ich kann sie immer noch riechen. Sie wurde schwanger. Ich hatte Angst. Ich hab sie verlassen.

HJALMAR Fuck.

GREGERS Ja.

HJALMAR Hast du sie seitdem gesehen?

GREGERS Nein. Sie hat mich einen Monat lang jeden Tag angerufen. Ich habe nie abgenommen. Schließlich hat sie aufgegeben.

HJALMAR Hat sie das Baby bekommen?

GREGERS Nein. Sie hat mir einen Brief geschickt, in dem stand, dass ich mir keine Sorgen machen muss, sie hätte es abgetrieben und würde es mir nicht nachtragen, und wenn ich je Lust hätte, mit ihr was zu trinken und alles zu besprechen, sollte ich mich einfach bei ihr melden. Sie war etwas ganz Besonderes. Verdammt nochmal.

…

Wie hast du denn Gina kennengelernt?

HJALMAR Ach. Das war eine interessante Zeit. Es war kurz nachdem Papa ins Gefängnis gekommen ist. Ich war völlig am Boden. Es war ständig in den Nachrichten. Wir waren bankrott. Ich hatte keinen auf der Welt, hab jeden letzten Cent meines Bafögs versoffen, bin immer wieder durchgefallen und wurde exmatrikuliert. Wusstest du, dass ich damals in einer Wohnung, die deinem Vater gehörte, leben durfte? Und einmal die Woche kam eine Putzfrau. Jeden Dienstagmorgen war es glaube ich. Und eines Morgens war die Putzfrau plötzlich Gina. Ich sollte eigentlich gar nicht da sein. Dein Vater hatte mir gesagt, ich sollte spätestens um acht Uhr raus, damit sie putzen konnten, aber ich war besoffen und ohnmächtig und war erst ein paar Stunden früher ins Bett gegangen. Sie hat mich mit einem Schrei geweckt, als sie ins Schlafzimmer kam. Es war wie ein merkwürdiger feuchter Traum. Eigentlich sollte es ja eine andere Frau sein, eine ältere polnische Dame mit einem Muttermal auf der Lippe. Und plötzlich hatte die sich in eine, ich weiß nicht, Göttin verwandelt, die mit einem Staubsauger in der Hand am Ende meines Bettes stand. Ich habe sie eingeladen, mit mir einen Kaffee trinken zu gehen. Sie sagte nein. Die Woche darauf hat sie auch nein gesagt, und die nächsten fünf Wochen auch. Aber schließlich hat die Hartnäckigkeit gesiegt. Sie war schüchtern. Sie hatte noch nie eine ernsthafte Beziehung gehabt, obwohl sie älter war als ich. Ich meine damit nicht, dass sie eine Jungfrau war, du Arschloch, aber ich musste sie schon nach allen Regeln der Kunst umwerben. Ich wusste, dass ich eine einmalige Frau gefunden hatte, und wusste, dass ich mich zusammenraffen musste, um sie für mich zu gewinnen, und langsam, aber sicher hat sie mir auch meine Selbstachtung wiedergegeben. Hedvig kam dann ungefähr ein Jahr später. Ein paar Jahre später wurde Papa aus dem Gefängnis entlassen, und wir haben eine kleine Familie aufgebaut. Wir haben eigentlich keine Freunde, und das bereue ich auch, aber das Fotostudio hält uns auf Trab. Die Arbeit macht nicht so viel Spaß. Hochzeiten. Geburtstage. Porträts. Ab und zu machen wir mal einen Fotoshooting für eine Kochzeitschrift. Spannender wird es nicht. Ich hab vor einer Weile gedacht, ich könnte wieder was Eigenes machen. Eine Ausstellung. Aber es hat nicht geklappt. Die Privatschule, auf die Hedvig geht, wird jedes Jahr teurer, und wir müssen jeden Cent zweimal umdrehen, um uns die Schulgebühren leisten zu können. Gina meint, es sei ein Fehler gewesen, sie da hinzuschicken, aber Hedvigs Noten sind super. Sie ist ein Genie. Ich weiß, ich sollte das als Vater nicht sagen. Aber sie ist ein Genie. Weißt du, als ich letztes Jahr bei einer Preisverleihung in der Aula von Hedvigs Schule saß und gehört habe, wie sie ihren Namen gerufen haben, war mir plötzlich klar, dass ich die ganzen letzten Jahre, also seit dem Prozess und seitdem Papa ins Gefängnis kam, immer zusammengezuckt bin, wenn ich den Namen Ekdal gehört habe. Aber dieses Mal nicht. Hedvig Ekdal. Sie hat mich wieder darauf stolz gemacht, ein Ekdal zu sein, das erste Mal seit achtzehn Jahren. Versteh mich nicht falsch. Ich bin meinem Vater nicht mehr böse. Er hat einen Fehler gemacht und hat dafür gebüßt. Es ist einfach gut, wieder auf irgendwas stolz sein zu können. Ab und zu bin ich enttäuscht, dass ich es zu nichts gebracht habe. Als ich siebzehn war, war ich ganz sicher, dass ich erfolgreich werden würde. Und es erschüttert mich immer noch, wenn ich feststelle, dass ich nicht erfolgreich bin. Aber wenn ich mich so fühle, dann denke ich an Hedvig, und was sie alles in ihrem Leben vollbringen wird, und es geht mir sofort viel besser.

GREGERS Hjalmar.

HJALMAR Noch ein Bier?

GREGERS Nein, danke. Hjalmar.

HJALMAR Ich hol mir noch eins. Ich trinke zu viel. Gina möchte, dass ich weniger trinke, damit dieser Bauch weggeht, aber ich schaffe es irgendwie nicht.

GREGERS Hjalmar.

HJALMAR Ja?

GREGERS Ich muss dir was sagen.
HJALMAR Ach ja?

21:41 Uhr

GINA Wo warst du so lange?
HJALMAR Ich bin spazieren gegangen.
GINA Machst du die Druckfahnen noch fertig?
HJALMAR Eher nicht.
GINA Mensch, Hjalmar.
HEDVIG Papa, kannst du noch Korrektur lesen?
HJALMAR Gerne. Leg die Arbeit auf den Küchentisch.
HEDVIG Kannst du es nicht sofort machen?
GINA Wir hatten ihnen gesagt, wir würden sie heute schicken.
HJALMAR Sie müssen halt abwarten.
GINA Was ist denn?
HJALMAR Nichts.
GINA Hjalmar, was ist los?
HJALMAR Hedvig, könntest du uns bitte kurz allein lassen?
HEDVIG Warum?
HJALMAR Ich muss mit deiner Mutter sprechen.
HEDVIG Worüber?
HJALMAR Hedvig.
HEDVIG Wieso kann ich nicht dableiben. Geht es um mich?
HJALMAR Nein.
HEDVIG Werdet ihr euch streiten?
HJALMAR Hedvig, kannst du uns bitte einfach kurz alleine lassen.
GINA Geh schon, Hedvig.
HEDVIG Fuck.
GINA Hedvig.

HEDVIG Was? Ich gehe ja schon.

GINA Nimm die Ente mit.

HJALMAR Ich wünschte, das verdammte Ding wäre tot.

HEDVIG Was?

HJALMAR Tu mir einen Gefallen, dreh der Ente den Hals um.

HEDVIG Wieso bist du so gemein?

GINA Hedvig, geh einfach mal.

21:53 Uhr

GREGERS Was ist los?

HEDVIG Wir wurden rausgeschickt. Mama und Papa streiten sich.

GREGERS Was esst ihr?

EKDAL Kaninchen.

GREGERS Ach so.

EKDAL Habe es heute Nachmittag erlegt.

GREGERS Ist das eine der –

EKDAL Erinnerst du dich noch an das männliche Kaninchen, das sich immer wieder an die weiblichen Kaninchen rangemacht hat?

GREGERS Ja.

EKDAL Das ist es.

GREGERS Mein Gott.

EKDAL Es gab zu viele männliche Kaninchen. Es bringt nichts mehr, als einen Jungen zu haben. Das ist mehr als ausreichend für die Zucht.

GREGERS Also esst ihr gerade ein Kaninchen, das heute Nachmittag noch gelebt hat.

EKDAL Ja. Ich hoffe, ich hab es geschafft, alle Schrotkugeln zu entfernen.

GREGERS Du hast es erschossen? Auf dem Dachboden?

EKDAL Genau. Es hat sich zur Wehr gesetzt. Wusste, dass ich komme. Hat ein bisschen rumgetanzt.

GREGERS Wie kommt deine Hausarbeit voran?

HEDVIG Ich weiß nicht. Ich kann mich nicht konzentrieren.

GREGERS Wieso nicht?

HEDVIG Ich weiß, worüber sie sich streiten.

GREGERS Echt?

HEDVIG Es geht um mich.

GREGERS Was meinst du damit?

HEDVIG Ich werde blind.

GREGERS Was?

HEDVIG Es wurden Tests gemacht. Mama und Papa wissen es nicht, aber ich habe die Untersuchungsergebnisse in ihrem Nachttisch gefunden.

GREGERS Welche Ergebnisse?

HEDVIG Von den Tests. Da stand Makuladegeneration. Ich habe im Internet nachgeschaut, und das bedeutet, dass ich blind werde. Es gibt eine Behandlung, aber sie ist sehr teuer, und sie können sie sich nicht leisten, und deshalb streiten sie sich gerade.

GREGERS Du wirst blind.

HEDVIG Ja.

GREGERS O nein.

21:50 Uhr

HJALMAR Stimmt es?

GINA Hjalmar.

HJALMAR Sag's mir.

GINA Das ist jetzt schon achtzehn Jahre her.

HJALMAR Hast du mit ihm geschlafen?

GINA Lass das bitte.

HJALMAR Beantworte meine Frage, Gina.

GINA Ja.

HJALMAR Bevor du mich kennengelernt hast?

GINA Ja.

HJALMAR Wieso hast du mir nichts davon gesagt?

GINA Weil ich nicht dachte, dass es von Bedeutung war.

HJALMAR Wie kommst du darauf?

GINA Du hast mir auch nicht alles über deine Vergangenheit erzählt.

HJALMAR Doch habe ich. Ich dachte, Gregers irrt sich, weil wir immer so ehrlich miteinander waren. Ich dachte, wir seien immer so ehrlich miteinander gewesen.

GINA Waren wir auch.

HJALMAR Es war peinlich. Etwas aus der Vergangenheit meiner eigenen Frau nicht zu wissen. Von jemand anderem davon zu erfahren.

GINA Es tut mir leid.

HJALMAR Du hattest eine Affäre mit einem verheirateten Mann.

GINA Ihre Beziehung war eigentlich schon vorbei.

HJALMAR Und, was, habt ihr es in ihrem Haus getrieben, während sie zu Hause war?

GINA Meistens hat er ein Hotelzimmer gebucht.

HJALMAR Jesus.

GINA Können wir damit aufhören.

HJALMAR Nein. Warum hast du mit ihm Schluss gemacht?

GINA Seine Frau hat's rausgefunden. Ihr ging es gerade nicht gut, und er hatte Angst davor, was sie vielleicht machen würde.

HJALMAR Also hat er dich als Putzfrau angestellt.

GINA Ja.

HJALMAR Und dann sind wir zusammengekommen.

GINA Ja.

HJALMAR Gregers scheint zu denken, dass du seinen Vater danach noch mal gesehen hast.

Keine Antwort.

Hast du ihn noch mal gesehen?

Gina weint.

Wann?

GINA Als du weg warst.

HJALMAR Okay.

GINA Ich war in ihn verliebt.

HJALMAR Okay.

GINA Es gab keine Auflösung. Er hat die Beziehung so abrupt abgebrochen. Hat sich geweigert, sich mit mir zu treffen, hat nicht abgenommen, wenn ich ihn angerufen habe. Ich musste ihn sehen.

HJALMAR Aber warst du zu dem Zeitpunkt nicht schon in mich verliebt?

GINA Nicht wirklich.

HJALMAR Nicht wirklich?

GINA Nein.

HJALMAR Verdammte Scheiße.

GINA Es tut mir leid. Jetzt bin ich aber in dich verliebt.

HJALMAR Ich kann's nicht fassen.

GINA Es tut mir sehr leid.

HJALMAR Gregers' Mutter hat ihn angerufen, bevor sie sich umgebracht hat. Sie hat ihm von eurer Beziehung erzählt. Wieso dachtest du, ich würde das nie rausfinden?

GINA Hjalmar –

HJALMAR Du hast alles versaut, Gina.

GINA Sag das bitte nicht.

HJALMAR Und als sie sich dann umgebracht hatte, wollte er nichts mehr mit dir zu tun haben, und ich war die zweitbeste Möglichkeit?

GINA Nein, Hjalmar.

HJALMAR Ich habe sein Geld angenommen. Ich bin ein Idiot. Ein verdammter Idiot.

GINA Nein, bist du nicht.

HJALMAR Ich dachte, du seist in mich verliebt. Aber ich war bloß –

…

Gott

…

O Gott.

GINA Hjalmar.

HJALMAR Sag mir jetzt bitte nicht, es war, weil du schon schwanger warst.

GINA Hör auf, Hjalmar.

HJALMAR Gina. War es, weil du schon schwanger warst?

GINA Hör damit auf. Ich flehe dich an.

HJALMAR Beantworte die Frage.

GINA Hjalmar.

HJALMAR Beantworte die Frage.

GINA Bitte.

HJALMAR Beantworte die verdammte Frage.

GINA Ja. Ich war schwanger.

HJALMAR Mit Hedvig?

GINA Ja.

HJALMAR Also ist sie nicht …

GINA Nein.

…

HJALMAR Lass mich los. Ich muss gehen.
GINA Hjalmar.
HJALMAR Ich muss gehen.
GINA Hjalmar.

21:58 Uhr

GREGERS Wo ist Hjalmar?
GINA Ich weiß es nicht.
GREGERS Was ist passiert?
GINA Was denn wohl?
GREGERS Das mit Hedvig wusste ich nicht.
GINA Herzlichen Glückwunsch. Du hast deine Rache bekommen.
GREGERS Das war nicht mein Ziel.
GINA Was weißt du schon davon, wie es ist, verheiratet zu sein?
GREGERS Ich habe schon mehrere Ehen erlebt, die auf Lügen basierten.
GINA Verschwinde von hier. Raus aus meinem Haus.
GREGERS Okay.
GINA Du widerst mich an.
GREGERS Das mit Hedvig tut mir leid, aber es ist nicht meine Schuld. Du hättest ihm schon vor ganz langer Zeit die Wahrheit erzählen können.
GINA Wage es ja nicht, Hedvig davon zu erzählen.
GREGERS Was? Du wirst einfach weiter lügen?
GINA Verschwinde. Verpiss dich. Raus aus meinem Haus. Halte dich aus meinem beschissenen Leben raus.

DONNERSTAG

15:15 Uhr

WERLE Kann ich dir nicht wenigstens einen Kaffee holen?

HJALMAR Ich will keinen Kaffee.

WERLE Setz dich mal kurz hin.

HJALMAR Nein.

WERLE Es tut mir leid, Hjalmar. Von dem mit Hedvig hatte ich keine Ahnung. Das ist mir auch alles neu.

HJALMAR Ich habe kein Interesse, es mit dir zu diskutieren. Ich bin nur gekommen, um die Rechnungen zu begleichen.

WERLE Ach komm doch, Hjalmar.

HJALMAR Erstens möchte ich, dass du dich von mir und meinem Vater fernhältst.

WERLE Ich verstehe, dass dich das trifft.

HJALMAR Zweitens, das Geld. Ich werde alles zurückzahlen. Mit zehn Prozent Zinsen.

WERLE Wir hatten doch vereinbart, dass es ein zinsloses Darlehen sein würde.

HJALMAR Zehn Prozent.

WERLE Geh doch nach Hause und denk noch mal drüber nach.

HJALMAR Ich gehe nicht nach Hause.

WERLE Ich denke, das solltest du.

HJALMAR Wer ist die Frau in dem Büro da vorne?

WERLE Das ist meine Sekretärin.

HJALMAR Sie sieht aus wie deine Verlobte.

WERLE Sie ist meine Verlobte.

HJALMAR Ist das nicht etwas klischeehaft?

WERLE Ich bin noch einer von der alten Garde.

HJALMAR Du hast mein Leben zerstört.

WERLE Hjalmar.

HJALMAR Du hast das Leben von meinem Vater zerstört, und jetzt hast du auch meins zerstört.

WERLE Hjalmar, geh einfach nach Hause. Tu so, als ob nichts passiert ist. Du wirst keinen Ärger mit mir haben.

HJALMAR Fick dich.

15:03 Uhr

WERLE Oh. Hallo. Ich suche die Marketingabteilung.

EKDAL Das hier ist die Buchhaltungsabteilung.

WERLE Echt? Bin ich auf der falschen Etage?

EKDAL Marketing ist im fünften Stock.

WERLE Und wo bin ich?

EKDAL Im vierten Stock.

WERLE Ich dachte, Marketing sei im vierten Stock.

EKDAL Nein. Buchhaltung. Und das Fitnessstudio.

WERLE Da gehe ich nie hin.

EKDAL Nein.

WERLE Stinkt.

EKDAL Ha. Ja. Du solltest dem mal nachgehen.

WERLE Mach ich. Ich bin mir sicher, dass Marketing beim letzten Mal hier war.

EKDAL Die Abteilung ist schon vor fünf Jahren umgezogen.

WERLE Oh. Und wie läuft die Buchhaltung?

EKDAL Weiß ich nicht. Ich bin nicht in der Buchhaltung.

WERLE Nicht?

EKDAL Nein.

WERLE Wieso bist du denn hier?

EKDAL Weil man mir ein Büro hier eingeteilt hat, als ich zurückgekommen bin.

WERLE Ach. Gut. Ja.

EKDAL Die denken auch alle, ich sei ein Buchhalter. Was ja ziemlich lustig ist, da ich kein gutes Händchen für Zahlen habe.

WERLE Stimmt, ich erinnere mich.

EKDAL Echt?

WERLE Ja.

EKDAL Du erinnerst dich daran? Als wir nur zu zweit da waren und unsere eigene Buchhaltung geführt haben.

WERLE Genau.

EKDAL Und du alles mit einem roten Stift korrigiert hast und man das Papier vor lauter Korrekturen gar nicht mehr sehen konnte. Gott, ich war ein hoffnungsloser Fall.

WERLE Du hattest andere Talente.

EKDAL Ich bin mir nicht sicher, was für welche.

…

WERLE Ekdal.

EKDAL Ja?

WERLE Es tut mir leid.

EKDAL Hä?

WERLE Es tut mir alles sehr leid.

EKDAL Was tut dir leid?

WERLE Es tut mir leid, dass es damals so ausgegangen ist.

EKDAL Hä? Es ist doch alles ganz gut geworden.

WERLE Echt?

EKDAL Ich habe Hjalmar. Ich habe Hedvig. Ich habe Gina. Ich habe die Ente.

WERLE Wie geht es der Ente?

EKDAL Super. Der Flügel ist fast total geheilt.

WERLE Ja, Peterson hat mir gesagt, dass er sie dir gegeben hat.

EKDAL Das war sehr nett von ihm.

WERLE Eine verdammt kräftige Ente.

EKDAL Eine Meisterente. Ja, es läuft alles ganz gut. Es hätte nicht besser laufen können.

WERLE Das ist ja gut.

EKDAL Und was ist mit dir?

WERLE Ich? Ich heirate am Sonntag.

EKDAL Echt?

WERLE Wusstest du das nicht?

EKDAL Nein, glaub nicht, nein.

WERLE Ach. Es stand schon mehrmals in der Zeitung.

EKDAL Die lese ich nicht.

WERLE Klar.

EKDAL Wer ist sie?

WERLE Meine Sekretärin.

EKDAL Boah. Gut gemacht.

WERLE Danke.

EKDAL Ist sie jung?

WERLE Achtundzwanzig.

EKDAL Boah. Du Glückspilz. Wusstest du, dass dein Sohn die ganze Woche bei uns war?

WERLE Ja. Tut mir leid.

EKDAL Er ist ganz in Ordnung.

WERLE Ist jetzt alles in Ordnung bei euch?

EKDAL Keine Ahnung. Ich mische mich nicht in fremde Angelegenheiten ein.

WERLE Das ist wahrscheinlich eine gute Richtlinie.

EKDAL Hör mal zu, wie wir hier quatschen. Wir sollten aufpassen. Jemand könnte uns zusammen sehen.

WERLE Ekdal, wir müssen nicht so –

EKDAL Nein, nein. Das ist besser so.

WERLE Ekdal.

EKDAL Ja?

WERLE Ich habe gelogen, als ich gesagt habe, ich sei zufällig hier. Ich weiß schon, wo meine eigene Marketingabteilung ist.

EKDAL Ja, das fand ich schon ein bisschen komisch.

WERLE Ich möchte dich um einen Gefallen bitten.

FREITAG

8:00 Uhr

HEDVIG Haben Sie mal Feuer?

WERLE Wieso?

HEDVIG Könnte ich ihr Feuerzeug kurz haben?

WERLE Weiß deine Mutter, dass du rauchst?

HEDVIG Nein.

WERLE Du solltest damit aufhören, solange es noch geht.

HEDVIG Ich weiß.

Er zündet ihre Zigarette an.

Verdienen Sie Ihr Geld damit, dass Sie Bäume fällen?

WERLE Unter anderem.

HEDVIG Ist das nicht schlecht für die Umwelt?

WERLE Meine Firma macht auch Sachen, die gut sind für die Umwelt.

HEDVIG Mein Opa hat früher das Geschäft mit Ihnen geleitet.

WERLE Ja.

HEDVIG Und dann ist er ins Gefängnis gegangen.

WERLE Ja.

Er nimmt einen Umschlag raus.

Ich habe dir was mitgebracht.

HEDVIG Was ist es denn?

WERLE Du hast doch am Sonntag Geburtstag?

Sie nimmt den Umschlag.

HEDVIG Was ist es denn?

WERLE Öffne doch den Umschlag.

...

HEDVIG Heiraten Sie am Sonntag?

WERLE Ja.

HEDVIG Warum?

WERLE Warum nicht?

HEDVIG Sie sind ziemlich alt. Werden Sie nicht bald sterben?

WERLE Ich habe vielleicht noch ein paar gute Jahre vor mir.

HEDVIG Aber Sie werden viel früher als Ihre Frau sterben.

WERLE Wahrscheinlich.

HEDVIG Ist es nicht gemein, sie zu heiraten? Sie wird Sie nach Ihrem Tod vermissen.

WERLE Du hast schon recht. Es ist ziemlich egoistisch.

HEDVIG Also warum?

WERLE Na ja, ich bin in den ganzen Jahren, seitdem meine Frau gestorben ist, sehr einsam gewesen.

HEDVIG Wann ist sie gestorben?

WERLE Wie alt bist du?

HEDVIG Ich werde sechzehn.

WERLE Also nicht lange vor deiner Geburt.

HEDVIG Vermissen Sie sie?

WERLE Ja.

HEDVIG Wieso heiraten Sie denn eine andere Frau?

WERLE Weil ich jetzt schon seit Jahren keine, ich weiß nicht, Zweisamkeit gehabt habe.

HEDVIG Meinen Sie Sex?

WERLE Wie bitte?

HEDVIG Ist okay. Ich hatte schon Sex.

WERLE Wirklich?

HEDVIG Natürlich.

WERLE Klar. Ja. Das ist Teil davon. Sex.

HEDVIG Ich mag Sex nicht wirklich.

WERLE Du wirst ihn noch mögen.

HEDVIG Werden Sie noch Kinder haben?

WERLE Nein, ich glaube nicht.

HEDVIG Wieso? Hatten Sie eine Vasektomie?

WERLE Nein. Ich hatte keine Vasektomie. Aber ich glaube nicht, dass wir Kinder haben werden.

HEDVIG Mein Vater hatte eine Vasektomie.

WERLE Echt?

HEDVIG Ja. Sie konnten sich nach mir kein weiteres Kind leisten.

WERLE Ach so.

HEDVIG Sie heiraten an meinem Geburtstag.

WERLE Ja.

HEDVIG Dann wird ihr Hochzeitstag immer an meinem Geburtstag sein.

WERLE Ja.

HEDVIG Ich werde jetzt immer an meinem Geburtstag an Sie und Ihre Frau denken.

WERLE Wirst du das?

HEDVIG Vielleicht. Ich muss los.

WERLE Okay.

HEDVIG Meine Mutter weiß nicht, dass ich hier bin. Opa hat gesagt, ich soll es ihr nicht sagen.

WERLE Ja, es wäre wahrscheinlich besser, ihr nichts davon zu sagen.

HEDVIG Ich glaube nicht, dass sie dich mag.

WERLE Sie hat schon gute Gründe dafür.

HEDVIG Ich glaube nicht, dass ich wissen will, wovon Sie sprechen.

WERLE Nein.

HEDVIG Okay … Also …

WERLE Es war nett, dich kennenzulernen, Hedvig.

16:30 Uhr

HEDVIG Was machst du hier?

GREGERS Ich dachte, ich könnte dich nach Hause fahren.

HEDVIG Mama will dich nicht sehen.

GREGERS Ich kann dich ja am Ende der Straße absetzen.

HEDVIG Wie geht es Papa?

GREGERS Okay.

HEDVIG Ich bin heute bei einem Test durchgefallen.

GREGERS In welchem Fach?

HEDVIG Physik.

GREGERS Ich dachte, du seist gut in Physik.

HEDVIG Bin ich auch.

Ich konnte mich nicht konzentrieren. Habe die Formeln alle vergessen.

GREGERS Ich bin mir sicher, dass alles okay ist.

HEDVIG Ich vergesse die Formeln nie.

GREGERS Ist das Testresultat Teil deiner Gesamtnote für das Fach?

HEDVIG Ja, fünf Prozent.

GREGERS Das geht ja noch.

HEDVIG Fünf Prozent ist viel. Wenn du fünf Prozent deines ganzen Geldes verlieren würdest, wärst du ziemlich aufgebracht.

GREGERS Ja, stimmt schon. Bist du aufgebracht?

HEDVIG Weiß nicht. Mir ist es egal.

GREGERS Es ist dir egal?

HEDVIG Nein.

GREGERS Es wird alles okay sein.

HEDVIG Kannst du das garantieren?

GREGERS Ja. Ich nehme es an.

HEDVIG Ist bei dir alles immer gut ausgegangen?

GREGERS Ähmm …

HEDVIG Deine Mutter hat sich doch umgebracht?

GREGERS Ja.

HEDVIG Das ist ja nicht gut ausgegangen, oder?

GREGERS Nein. Ist es nicht.

Stille.

HEDVIG Wie hat sich deine Mutter umgebracht?

GREGERS Ähm. Sie hat sich die Pulsadern aufgeschnitten. In der Badewanne.

HEDVIG Das habe ich mal in einem Film gesehen.

GREGERS Ja, es passiert ziemlich häufig.

HEDVIG Warst du da?

GREGERS Nein, war ich nicht.

HEDVIG Wer hat sie gefunden?

GREGERS Mein Vater.

HEDVIG Ein Junge an meiner Schule hat sich vor ein paar Jahren erhängt.

GREGERS Jesus.

HEDVIG Hat deine Mutter einen Abschiedsbrief geschrieben?

GREGERS Nein, sie hat mich angerufen.

HEDVIG Was, bevor sie es gemacht hat?

GREGERS Ja.

HEDVIG Mann.

GREGERS Ja.

HEDVIG Was hat sie gesagt?

GREGERS Ein paar Dinge. Hauptsächlich, dass es ihr leidtun würde.

HEDVIG Das war sicher ziemlich heftig für deinen Vater, seine tote Frau in der Badewanne zu finden.

GREGERS Ich schätze schon.

HEDVIG Er hat aber eine andere gefunden, oder?

GREGERS Was, eine weitere Tote in einer Badewanne?

HEDVIG Nein, ich meine eine neue Lebensgefährtin.

GREGERS Ihm hat es nie an Gefährtinnen gefehlt.

HEDVIG Was meinst du damit?

GREGERS Nichts. Er heiratet am Sonntag.

HEDVIG Ja, ich weiß.

GREGERS Billiger als ein Pflegeheim. Die Pflege ist auch eher zur Hand.

HEDVIG Vielleicht ist er ja auch verliebt.

GREGERS Vielleicht.

HEDVIG Ich war noch nie verliebt.

GREGERS Dann kannst du dich ja auf ein richtiges Vergnügen gefasst machen.

HEDVIG Warst du schon mal verliebt?

GREGERS Ja, war ich schon mal.

HEDVIG In wen?

GREGERS Eine Frau.

HEDVIG Nur eine?

GREGERS Ja.

HEDVIG Ich dachte, man verliebt sich in viele verschiedene Leute und findet dann irgendwann die richtige Person.

GREGERS Oh. Ich muss das Memo verpasst haben.

HEDVIG Und wie war das für dich?

GREGERS Schrecklich.

HEDVIG Schrecklich?

GREGERS Es war kurz schön. Und dann war es schrecklich.

HEDVIG Ich dachte, es sollte schöner als das sein.

GREGERS Nein. Schöner wird es leider nicht.

HEDVIG Das ist ja deprimierend.

GREGERS Ja. Ich weiß. Tut mir leid.

...

HEDVIG Was genau hast du Papa erzählt, was ihn dazu gebracht hat, auszuziehen?

GREGERS Ähm. Ich glaube, das sollten dir deine Eltern sagen.

HEDVIG Wieso kannst du es mir nicht sagen?

GREGERS Es tut mir leid, ich kann's einfach nicht.

HEDVIG Wieso hast du es ihm denn gesagt, wenn es so schlimm ist?

GREGERS Ich hätte nicht gedacht, dass es so ausarten würde.

HEDVIG Ist es aber.

GREGERS Ich glaube, dass Leute Anspruch auf die Wahrheit haben.

HEDVIG Ist das ein allgemeines Prinzip von dir?

GREGERS In der Tat.

HEDVIG Die Wahrheit kann aber ziemlich peinlich sein.

GREGERS Umso mehr Grund, sie mit jemandem zu teilen.

HEDVIG Es gibt Dinge, von denen ich nicht will, dass irgendjemand je davon weiß. Dinge, die ich nicht mal verraten würde, wenn ich gefoltert würde.

GREGERS Lass uns hoffen, dass es nie so weit kommt.

HEDVIG Ja. Lass uns das hoffen.

...

Ich verstehe es nicht.

GREGERS Was?

HEDVIG Alles. Warum Dinge geschehen. Warum Leute machen, was sie machen. Warum ich jetzt in dieser Situation bin.

Warum meine Ente nicht versteht, dass gerade alles auseinanderfällt. Sie frisst und schnattert einfach friedlich weiter und ist – solange sie jeden Tag gefüttert wird – total zufrieden. Ich wünschte, ich könnte auch so sein.

GREGERS Ja.

HEDVIG Ja.

…

GREGERS Hat deine Ente eigentlich einen Namen?

HEDVIG Warum hätte meine Ente einen Namen, Gregers? Sie ist doch nur eine Ente.

GREGERS Du nennst sie also weiterhin einfach »sie«?

HEDVIG Oder »du«, wenn ich sie anspreche.

GREGERS Ich glaube, du solltest dir einen Namen für sie ausdenken.

HEDVIG Wie zum Beispiel?

GREGERS Lucky.

HEDVIG Wieso?

GREGERS Weil mein Vater sie abgeschossen hat, aber sie überlebt hat.

HEDVIG Lucky?

GREGERS Lucky Luke.

HEDVIG Lucky Luke?

GREGERS Der Comic-Cowboy.

HEDVIG Du bist ja ein Trottel.

GREGERS Ich weiß.

…

HEDVIG Möchtest du mich küssen?

GREGERS Was?

HEDVIG Es ist okay.

GREGERS Wie bitte?

HEDVIG Ich hatte schon mal Sex. Ich weiß, wie es geht.

GREGERS Ähm. Hedvig.

HEDVIG Ich erzähl's auch keinem.

GREGERS Nein. Gott. Nein. Wovon redest du denn?

HEDVIG Ich dachte, du hast mich deshalb abgeholt.

GREGERS Jesus. Du bist doch erst fünfzehn. Gott nein.

HEDVIG Okay.

GREGERS Versteh mich nicht falsch. Ich mag dich sehr.

HEDVIG Es tut mir leid.

GREGERS Hedvig.

HEDVIG O Gott. Fuck.

GREGERS Es ist gerade eine verwirrende Zeit. Hedvig.

HEDVIG Fuck. Ich bin ein verdammter Idiot.

GREGERS Hedvig.

SAMSTAG

21:48 Uhr

EKDAL Möchtest du was trinken, meine Liebe?
GINA Nein.
EKDAL Hast du vielleicht Hunger.
GINA Nein.
...
EKDAL »Die Liebe erträgt alles.«
GINA Was?
EKDAL Der Pfarrer hat das bei unserer Hochzeit vorgelesen. Es ist aus der Bibel. Aus dem 13. Kapitel des ersten Briefs an die Korinther. »Die Liebe erträgt alles.«
GINA Okay.
EKDAL Ich hab sie viermal gelesen.
GINA Wie bitte?
EKDAL Die Bibel. Ich habe sie viermal gelesen, während ich im Gefängnis war.
GINA Und wie war das?
EKDAL Okay. Hat die Zeit vertrieben.
HEDVIG Opa?
EKDAL Ja?
HEDVIG Ich glaube, ich will Lucky erschießen.
EKDAL Mensch, drehen jetzt alle durch? Wieso würdest du deine Ente umbringen wollen.

HEDVIG Papa hat gesagt, er wünschte, sie wäre tot.

EKDAL Das hat er nicht so gemeint.

HEDVIG Ich glaube, er würde sich freuen, wenn ich Lucky umbringen würde.

EKDAL Hedvig. Deinem Vater geht es gerade nicht so gut. Ich würde nicht auf alles hören, was er gerade sagt.

...

Deine Oma hat mich mal wegen eines anderen verlassen. Als ich im Militär war. Ich war schon seit zwei Jahren weg. Sie hat mich angerufen. Die Verbindung war ganz schlecht, und ich konnte kaum ein Wort verstehen. Es stellte sich heraus, dass sie schon ’ne Weile was mit einem Künstler hatte, der Aktzeichnung oder irgendwas unterrichtet hat, auf jeden Fall wollte sie mit ihm durchbrennen. Ich habe sie gebeten zu warten, bis ich zurückkomme, mein Militärdienst war fast vorbei. Sie hat gesagt, das könne sie nicht. Meinte, sie warte schon zu lange. Als ich nach Hause kam, bin ich sie suchen gegangen. Sie lebten in einem kleinen Städtchen an der Küste mit ihm, er malte Landschaftsbilder. Sie waren ziemlich schlecht. Es war alles sehr schön. Er war sehr zuvorkommend, wir saßen ein paar Abende lang auf der Terrasse, und danach bin ich ins Gästezimmer gegangen und habe versucht zu hören, was in ihrem Zimmer vorgegangen ist. Eines Morgens saß ich mit ihr auf der Terrasse und habe sie gebeten, zu mir zurückzukommen, ihr gesagt, das sei kein Leben für sie, dass ich gerade eine Firma mit Haakon aufbaue, dass sie bei mir in guten Händen sein würde. Sie hat meine Hand in ihre genommen, und wir haben einander geküsst und beide geweint und beide auf das Meer geschaut. Sie hat mir gesagt, sie sei in den Künstler verliebt, und es täte ihr leid, aber sie habe mich nie wirklich geliebt. Ich reiste noch am gleichen

Tag ab und warf mich in die Arbeit. Haakon und ich waren richtige Teufelskerle. Es ging alles super. Wir haben überall Land aufgekauft. Wir haben riesige Partys geschmissen und dazu Politiker, Fernsehstars und Sportler eingeladen. Die Partys waren berühmt, jeder wollte eingeladen werden. Und eines Tages ist deine Oma zurückgekommen. Er war ihr überdrüssig geworden und hatte eine Neue gefunden. Sie konnte sonst nirgendwohin. Ich habe ihr gesagt, wir könnten das Ganze vergessen und einen Neuanfang machen. Und das haben wir auch. Dein Vater wurde ein paar Jahre später geboren. Ich hatte nur noch ein paar Jahre mit ihr, bevor sie gestorben ist. Aber es waren sehr gute Jahre.

…

Komm, Schatz.

HEDVIG Glaubst du, Papa kommt zurück?

EKDAL Ich weiß es nicht, Schatz. Ich hoffe es.

HEDVIG Ich auch.

SONNTAG

8:36 Uhr

GINA Hallo.

HJALMAR Hallo.

…

Ich bin gekommen, um ein paar Sachen abzuholen.

GINA Klar.

…

Möchtest du einen Kaffee?

HJALMAR Nein, danke.

…

GINA Ich habe deine Wäsche gewaschen.

HJALMAR Das wäre nicht nötig gewesen.

GINA Ich dachte, du hast wahrscheinlich fast keine sauberen Unterhosen mehr.

HJALMAR Ja, das stimmt. Danke.

GINA Kein Problem. Ich habe die saubere Wäsche in eine Tasche getan, damit du sie mitnehmen kannst.

HJALMAR Danke.

GINA Hedvig ist von alldem sehr verwirrt.

HJALMAR Okay.

GINA Ich hab's ihr noch nicht gesagt.

HJALMAR Was? Warum nicht?

GINA Ich dachte, vielleicht könnten wir es wieder hinkriegen, ohne ihr was sagen zu müssen.

HJALMAR Ich denke nicht.

GINA Sie weiß Bescheid über ihre Augen.

HJALMAR Wie hat sie es herausgefunden?

GINA Sie hat die Untersuchungsergebnisse gefunden.

HJALMAR Waren sie nicht in deinem Nachttisch?

GINA Ja.

HJALMAR Das ist gerade ihre geringste Sorge.

GINA Sag so was nicht. Hjalmar.

HJALMAR Ich will nicht darüber reden.

GINA Es sind jetzt schon drei Tage.

HJALMAR Du hast mich siebzehn Jahre lang angelogen, da stehen mir doch mehr als drei Tage zu.

GINA Ich habe versucht, dich zu schützen.

HJALMAR Ich will nicht darüber reden. Der Akku von meinem Handy ist leer.

GINA Ich weiß. Ich habe versucht, dich zu erreichen.

HJALMAR Das habe ich mir gedacht.

GINA Ich habe das Ladegerät in die Tasche mit der Wäsche getan.

HJALMAR Danke.

GINA Und das Foto von deiner Mutter.

HJALMAR Danke.

GINA Oh. Hjalmar.

HJALMAR Lass mich doch bitte einfach in Ruhe. Lass. Mich. Einfach. In Ruhe.

8:43 Uhr

EKDAL Ich freue mich, dass du zur Vernunft gekommen bist.

HJALMAR Was?

EKDAL Du gehörst zu uns, zu deiner Familie.

HJALMAR Ich bleibe nicht.

EKDAL Hjalmar. Hör auf, so ein Theater zu machen. Du machst dich doch lächerlich. Jeder hat doch so eine Geschichte. Sie ist so alt wie die Welt.

HJALMAR Du warst doch so ein toller Vater. Du hast mir alles ermöglicht. Wieso hast du alles mit einem dämlichen Fehler aufs Spiel gesetzt. War es Werles Idee? Du hast nie einen gierigen Eindruck auf mich gemacht. Wir hatten genug. Wir brauchten nicht mehr. Fragst du dich nie, wie unser Leben gewesen wäre, wenn du nicht in den Knast gegangen wärst?

EKDAL Natürlich frag ich mich das.

HJALMAR Wieso hast du es getan?

EKDAL Um Gottes willen, grab die alten Geschichten nicht wieder aus.

HJALMAR Du hast mich damals im Stich gelassen, Papa. Du hast mich im Stich gelassen.

Ekdal nickt.

EKDAL Es war Haakons Idee. Ich hatte die Gelegenheit, nein zu sagen. Aber ich habe nicht nein gesagt. Ich habe die Karten gezeichnet und das Fällen von Bäumen im Staatswald in Auftrag gegeben und habe dafür dann auch den Kopf hingehalten. Ich weiß, was du jetzt denkst. Aber er war gut zu uns.

8:49 Uhr

HEDVIG Wieso nimmst du die Tasche mit?

HJALMAR Ich brauchte saubere Kleidung.

…

Herzlichen Glückwunsch zum Geburtstag.

HEDVIG Danke. Mama hat mir diese Halskette gegeben.

…

HJALMAR Sie steht dir.

HEDVIG Wieso gehst du? Könntest du nicht hier bleiben und heute Nacht hier schlafen? Es tut Mama leid. Ich weiß nicht, wofür es ihr leidtut, aber es tut ihr auf jeden Fall leid. Sie schläft überhaupt nicht. Sie steht nachts auf und geht im Studio auf und ab, und ich höre sie weinen. Was hat sie getan? Keiner will mir sagen, was sie getan hat. Hat sie dich betrogen? Das hat Elins Papa gemacht. Er hat mit der Schwester ihrer Mutter geschlafen, was ja ziemlich krass ist. Mit wem hat Mama geschlafen?

HJALMAR Ich will nicht mit dir darüber reden.

HEDVIG Sie liebt dich. Das weiß ich. Es gibt doch keinen Grund, euch zu trennen. Sie wird es nicht wieder machen. Ich werde dafür sorgen. Ich weiß auch Bescheid über meine Augen. Ich mache mir keine Sorgen darüber. Ich habe von Herrn Werle einen Brief zum Geburtstag bekommen.

HJALMAR Was?

HEDVIG Ich habe ihn vor ein paar Tagen kennengelernt. Er hat mir einen Brief gegeben. Schau! Wir müssen uns keine Sorgen machen. Er bezahlt die Behandlung und wird mir einen Zuschuss überweisen, bis ich mit dem Studium fertig bin, weil er weiß, dass unser Geld knapp ist. Schau, Papa.

HJALMAR Wie hast du ihn kennengelernt?

HEDVIG Opa hat gesagt: »Herr Werle hat ein Geburtstagsgeschenk für dich.« Wir haben uns in einem Park mit ihm getroffen. Ist er mein Vater?

HJALMAR Was?

HEDVIG Ist Herr Werle mein Vater?

HJALMAR Frag doch deine Mutter.

HEDVIG Er ist mein Vater, oder?

HJALMAR Ja.

HEDVIG Dann ist ja Gregers mein Bruder, oder?

HJALMAR Halbbruder.

HEDVIG Bist du deshalb gegangen?

HJALMAR Ja.

HEDVIG Kommst du zurück?

HJALMAR Ich glaube nicht.

HEDVIG Könntest du nicht so tun, als ob du es nie herausgefunden hättest?

HJALMAR Nein.

HEDVIG Ich bin deine Tochter.

HJALMAR Nein, das bist du nicht.

HEDVIG Bin ich. Du hast mich großgezogen. Meine Biolehrerin sagte, sechzig Prozent der Persönlichkeit sei umweltbedingt.

HJALMAR Nein. Du bist seine Tochter. Du solltest dich freuen. Er ist sehr erfolgreich. Er ist reich. Er wird dafür sorgen, dass du ein gutes Leben hast.

HEDVIG Ich will nicht die Tochter von einem anderen sein.

HJALMAR Du hast keine Wahl.

HEDVIG Ich will einfach, dass unsere Familie wieder zusammen ist.

HJALMAR Es wird alles okay sein. Deine Mutter wird sich um dich kümmern.

HEDVIG Nein. Nicht Mama. Du.

HJALMAR Es tut mir leid.

HEDVIG Warum können wir nicht so tun als ob?

HJALMAR Ich will nicht mehr so tun als ob.

HEDVIG Nein.

HJALMAR Ich muss jetzt gehen.

HEDVIG Nein. Bitte. Nicht.

HJALMAR Lass mich los.

HEDVIG Papa, ich flehe dich an.

HJALMAR Ich will dich nicht mehr ansehen müssen. Geh.

8:57 Uhr

GINA Wo wirst du wohnen?

HJALMAR Ich weiß es nicht. Ich suche gerade was.

GINA Wie wirst du jetzt Geld verdienen?

HJALMAR Ich hab noch ein bisschen was übrig.

GINA Ich kann dir die Hälfte der Bezahlung für das Porträt von der Relling-Familie überweisen.

HJALMAR Nein. Ich hab ja gar nichts dazu beigetragen.

GINA Ja, aber es ist unser gemeinsames Geschäft.

HJALMAR Ja, das müssten wir irgendwann besprechen. Kommst du eine Woche lang ohne mich klar?

GINA Klar.

HJALMAR Vielleicht sollten wir eine Assistentenstelle ausschreiben.

GINA Ich denke darüber nach.

HJALMAR Vergiss nicht, dass Hedvig mittwochs vom Hockey abgeholt werden muss.

GINA Ja.

HJALMAR Und jeden zweiten Freitag hat sie Debattieren. Es steht im Kalender.

GINA Okay.

HJALMAR Okay. Dann. Gregers wartet draußen.

GINA Tschüss.

HJALMAR Tschüss.

GINA Ich wollte dich nicht ausnutzen.

HJALMAR Was?

GINA Ich dachte nicht, dass du mit mir zusammenbleiben würdest, wenn du es wüsstest.

HJALMAR Du hast mir die Entscheidung vorweggenommen.

GINA Ich habe am Anfang alles versaut. Aber seitdem war's doch ziemlich gut, oder?

HJALMAR Ja.

GINA Ich liebe dich, Hjalmar.

HJALMAR Ich liebe dich auch.

GINA Ich weiß, dass du jetzt gehen wirst, und ich werde auch nicht versuchen, deine Meinung zu ändern, aber könntest du es nicht wenigstens in Betracht ziehen, in einer Woche wiederzukommen, um zu schauen, wie es läuft?

HJALMAR Ich weiß nicht, Gina. Ich glaube nicht, dass ich das kann. Wie kann ich mir denn sicher sein, dass es nicht auch andere Lügen gab?

GINA Es gab keine anderen Lügen.

HJALMAR Wie weiß ich das?

GINA Du weißt es nicht.

HJALMAR Ich kann dir nicht vertrauen.

GINA Aber du wirst mir vertrauen können.

HJALMAR Das glaube ich nicht.

GINA Ich werde dir beweisen, dass du mir vertrauen kannst.

HJALMAR Ich glaube nicht, dass das für uns beide gesund wäre. Oder für Hedvig.

GINA Hedvig braucht einen Vater.

HJALMAR Wieso bittest du dann nicht ihren echten Vater, für sie da zu sein?

GINA Es tut mir leid, Hjalmar.

HJALMAR Ich würde meine Wut an dir auslassen.

GINA Ich würde das ertragen können.

HJALMAR Unser Leben wäre die Hölle. Ich wäre nachtragend und gemein. Ich würde versuchen, es zu vergessen, und es nicht können.

GINA Der Versuch lohnt sich doch.

HJALMAR Ich kann dir nicht verzeihen.

GINA Das erwarte ich auch nicht von dir.

…

HJALMAR Ich weiß nicht, Gina.

GINA Bitte. Denk mal darüber nach.

HJALMAR Okay. Ich denke darüber nach. Ich muss los. Ich werde dich in ein paar Tagen anrufen.

Schuss.

MONTAG, EIN JAHR SPÄTER

HJALMAR Es freut mich, dass du kommen konntest.

GINA Mich auch.

HJALMAR Wie geht's deiner Familie?

GINA Gut.

HJALMAR Wie viele Kinder hat dein Bruder mittlerweile?

GINA Drei.

HJALMAR Nette Kinder?

GINA Ein bisschen verwöhnt, aber süß.

HJALMAR Arbeitest du?

GINA Nicht wirklich. Ab und zu bittet mich Thomas, mal im Laden für jemanden einzuspringen.

HJALMAR Das ist gut.

GINA Ja, ist es. Ich überlege, ob ich vielleicht hier ein Fotostudio eröffnen soll.

HJALMAR Das solltest du.

GINA Thomas hat gesagt, er würde mir die Kaution leihen.

HJALMAR Das ist super.

GINA Ich glaube, ich gehe der Elsa auf die Nerven.

HJALMAR Elsa. Stimmt.

GINA Wo lebst du?

HJALMAR In der Stadt. In einer WG.

GINA Echt?

HJALMAR Ja. Mit zwei Männern. Beide Grafiker.

GINA Wie läuft's?

HJALMAR Gut. Sie sind beide ziemlich unordentlich.

GINA Dann passt du ja bestens rein.

HJALMAR Na ja, ich habe einen Sauberkeitsfimmel entwickelt.

GINA Willst du mich jetzt auf den Arm nehmen?

HJALMAR Nein. Hey, ich habe gerade eine Ausstellung.

GINA Echt. Das ist ja super.

HJALMAR Ja, ich musste fünfhundert Euro zahlen, um daran teilzunehmen. Aber es sind tolle Künstler dabei. Vielleicht sieht ja jemand meine Bilder.

GINA Es ist gut, dass du wieder Kunst machst, Hjalmar.

HJALMAR Ja. Das ist wichtig gewesen. Ich arbeite in einer Bar, also habe ich tagsüber Zeit.

GINA In einer Bar?

HJALMAR Ja, komischerweise trinke ich aber weniger als früher.

GINA Das macht Sinn.

HJALMAR Vielleicht. Wie lange bist du da? Du könntest ja zur Ausstellung kommen.

GINA Mein Zug fährt in etwa einer Stunde.

HJALMAR Du fährst heute schon zurück? Dauert die Zugfahrt nicht etwa fünf Stunden?

GINA Ja.

HJALMAR Langer Tag.

GINA Ja. Ich hätte die Ausstellung gerne gesehen.

HJALMAR Ein andermal.

GINA Ja. Wie geht es deinem Vater?

HJALMAR Nicht sehr gut. Er erkennt mich kaum noch. Es ist ein gutes Heim. In einer alten Villa am Stadtrand und sie gehen manchmal mit ihm im Wald spazieren. Ich besuche ihn fast jeden Tag. Ich glaube, er wird bald sterben.

GINA Das tut mir leid.

Hjalmar nickt.

Bist du mit jemandem zusammen?

HJALMAR Gott, nein.

GINA Ach so.

HJALMAR Und du?

GINA Nein. Schau uns nur an, wir sind solche Loser.

…

HJALMAR Ich glaube, ich weiß die Antwort schon, aber …

GINA Was?

HJALMAR Glaubst du, wir könnten je wieder …

GINA Nein.

HJALMAR Du glaubst nicht, wir könnten –

GINA Nein.

HJALMAR Ich denke oft darüber nach.

GINA Es tut mir leid, Hjalmar. Nein.

HJALMAR Ich weiß nicht, wie es weitergehen soll.

Er fängt an zu weinen.

Wird es je besser?

GINA Ja.

HJALMAR Das glaube ich nicht.

GINA Doch.

HJALMAR Ich will Hedvig wiederhaben.

GINA Ich auch.

HJALMAR Das werde ich mir nie verzeihen können.

GINA Lass das, Hjalmar.

HJALMAR Ich bin daran schuld.

GINA Nein.

HJALMAR Doch.

GINA Hjalmar.

HJALMAR Es tut zu sehr weh. Ich kann es nicht ertragen. Ich kann's wirklich nicht.

GINA Es wird leichter werden.

HJALMAR Ich hab nicht mal dich.

GINA Doch.

HJALMAR Versprich mir, dass wir immer Freunde bleiben werden.

GINA Ich verspreche es.

HJALMAR Ich werde dich besuchen kommen, und du wirst zu allen Ausstellungen kommen, egal, wie scheiße sie sind.

GINA Absolut.

HJALMAR Versprich es.

GINA Ich verspreche es.

HJALMAR Gut. Ich freu mich, dass das geklärt ist.

GINA Es ist schön hier, nicht?

HJALMAR Ich glaube, es hätte ihr gefallen.

GINA Ich muss langsam los.

HJALMAR Ja, solltest du.

GINA Ich kann den Weg auch selber finden, wenn du noch bleiben willst.

HJALMAR Nein, ich komme mit.

GINA Du siehst gut aus.

HJALMAR Das ist vom ganzen Bierfasstragen.

GINA Ach so.

Sie gehen. Man hört ihr Gespräch weiter durch die Lautsprecher.

HJALMAR Ich hoffe, der Baum wird nicht gefällt.

GINA Was meinst du damit?

HJALMAR Das ist unser einziger Anhaltspunkt, wenn wir den Ort suchen, wo Hedvigs Asche begraben ist.

GINA Ach so.

HJALMAR Man geht vom Baum aus sechs Schritte in Richtung See. Ich habe sie gezählt.

GINA Ach so, ich hab mich gefragt, was du machst.

HJALMAR Wie werden wir es sonst wissen?

GINA Ich dachte, wir könnten einfach ungefähr dahin, wo die Urne begraben ist.

HJALMAR Nein, ich möchte genau wissen, wo sie ist.

GINA Wir hätten auch eine Namenstafel in die Erde einlassen können.

HJALMAR Nein. Lass uns einfach hoffen, dass der Baum nicht irgendeine Baumkrankheit bekommt.

GINA Ja.

HJALMAR Da kommt ein Taxi.

Er winkt ein Taxi herbei. Wir hören, wie ein Auto näher kommt und dann anhält.

GINA Danke für heute Morgen.

HJALMAR Ich liebe dich, Gina.

GINA Ich liebe dich auch.

HJALMAR Vielleicht sehen wir uns in ein paar Monaten?

GINA Auf jeden Fall. Ich rufe dich, sobald ich zu Hause bin, an.

HJALMAR Das wäre nett.

GINA Viel Glück mit deiner Ausstellung.

HJALMAR Danke.

GINA Okay. Tschüss.

HJALMAR Tschüss.

Sie steigt ins Taxi. Man hört, wie eine Autotür geschlossen wird. Wir hören, wie das Taxi wegfährt. Hjalmar atmet tief aus. Wir hören noch eine Weile lang Straßengeräusche und Hjalmars Atem, dann verklingen die Geräusche langsam.

DIE ORESTIE

nach Aischylos

Deutsch von Brangwen Stone

Uraufführung: Theater Oberhausen (Großes Haus), 1. Februar 2014

ERSTER AKT

Antikes Griechenland. Ein Fluch liegt schon seit mehreren Generationen auf dem Haus der Atriden. Tod hat sich auf Tod gehäuft und die große Familie in Schutt und Asche gelegt. Jetzt bringt der letzte Atride, Orest, der Sohn von Agamemnon und Klytämnestra, den Fluch zu Ende.[1]

I.

K Hattest du eine tolle Woche?
O Hatte ich eine tolle Woche? Also. Die Woche hat gut angefangen. Diese Stadt ist unglaublich. Ich kann schon verstehen, warum ihr euch hier niedergelassen habt. Schade, dass ich nicht hier bleiben kann.
K Mir hat's hier nie gefallen.
O Dir gefällt nicht viel, oder?
K Doch.
O Zum Beispiel?
K Du hast mich in Verlegenheit gebracht.
O Dir fällt überhaupt nichts ein?
K Ich mag neblige Tage.

1 Diese Texte zwischen den Szenen sind Intertexte, die an den vier Seiten des schwarzen Kubus, der sich zwischen den Szenen über die Bühne senkte, während der Szenenwechsel gezeigt wurden.

O Warum?

K Alles verschwindet einfach um dich herum. Wenn der Nebel niedrig und dicht ist, kann man sich fast vorstellen, dass man nie geboren worden ist. Und Schlaftabletten. Ich mag Schlaftabletten. Früher haben mir viele Sachen gefallen.

Pause.

Ich dachte nicht, dass ich dich je wiedersehen würde.

O Ich auch nicht.

K Ich bin mir sicher, dass du mich total vergessen hattest.

O Nein. Ich habe mich an gewisse Sachen erinnert. Details. Aber ich konnte sie nicht wirklich zusammenfügen.

K Aber jetzt schon.

O Ja.

Pause.

K Es war schön, dich diese Woche kennenzulernen. Es freut mich, dass aus dir doch was geworden ist.

O Du glaubst wirklich trotz der Situation, in der wir gerade sind, dass aus mir was geworden ist.

K Den Umständen entsprechend.

Pause.

Weißt du, als Baby hast du nie geweint.

O Tu das nicht.

K Ich versuche es dir nicht auszureden, ich dachte nur, das willst du vielleicht wissen, das ganze erste Jahr dachten wir, irgendwas stimmt mit dir nicht. Ich musste dir regelmäßig die Brust anbieten, du hast uns nie mitgeteilt, wenn du Hunger hattest. Und morgens sind wir in das Kinderzimmer gekommen, und du lagst da mit offenen Augen, lächelnd, und hast ruhig auf uns gewartet.

O Hör damit auf.

K Du hast nie viel geredet, auch als du älter warst. Du hast einfach alleine in deinem Zimmer gesessen, total zufrieden, und hast Riesenstädte gebaut aus Lego, komplizierte miteinander verbundene Städte, die dein ganzes Zimmer bedeckt haben, niemand konnte reinkommen, es gab keinen Platz, aber an der Tür hattest du dir ein kleines Tor gebaut, durch das du rauskrabbeln konntest zur Essenszeit.

O Ich glaube, du erfindest das alles.

Pause.

K Lass uns miteinander reden, es gibt doch keine Eile, wir können zuerst noch ein bisschen miteinander reden. Wir haben einander doch schon seit Jahren nicht gesehen.

O Du wirst es mir nicht ausreden können.

K Ich weiß, das versuche ich auch nicht. Aber du bist mein Sohn.

O Vor sieben Jahren war dir das nicht so wichtig.

K Doch. Dein Onkel hat dich doch aufgenommen.

O Um mich zu beschützen. Vor diesen ganzen Geschichten.

K Ich habe immer gehofft, dass du da nicht reingezogen wirst. Und es hätte fast geklappt.

O Bis meine Schwester gekommen ist, um mich zu holen.

K Sie fand Schwierigkeiten schon immer anziehend.

O Und jetzt kenne ich die Geschichte.

K Die ist viel komplizierter, als du denkst.

O Sie scheint ziemlich einfach.

Pause.

K Lass uns noch ein bisschen reden.

Pause.

Hab keine Angst. Ich weiß, was in dir vorgeht.

O Ich bin die Straße auf- und abgegangen und habe den Spielplatz, zu dem ich früher mit dir gegangen bin, gesucht. Der mit dem Schiff. Und dem Mastenkorb.

K Ach so, der Spielplatz.

O Der ist nicht mehr da.

K Nicht?

O Ich glaube, nach all dem Auf- und Abgehen, dass er an der Ecke gegenüber vom Friseur war – oder? Ich glaube, er war da, wo jetzt dieser neue Wohnblock ist.

K Ach ja. Da wird er gewesen sein.

O Du erinnerst dich nicht daran, dass er abgerissen wurde.

K Ich hab's nicht mitbekommen.

O Der Spielplatz, zu dem wir früher zusammen gegangen sind, ist abgerissen worden, und du hast nichts mitbekommen?

K Tut mir leid.

O Ich habe mal einen Fünfzig-Euro-Schein da versteckt, habe ich von einem der Zwillinge geklaut, war ein Geburtstagsgeschenk, glaub ich, ich habe einen Fünfziger geklaut, und mir war plötzlich ein bisschen mulmig, weil ich so viel Geld dabei hatte, viel zu viel, um unauffällig Süßigkeiten zu kaufen, aber es gab halt keine kleineren Scheine zu klauen. Mir war mulmig, weil es so viel war, und ich habe beschlossen, es auf dem Spielplatz unter den Hobelspänen zu verstecken, bis ich rausgekriegt hatte, wie ich die Geldwäsche machen würde. Also habe ich mit diesen Kindern gespielt, erinnerst du dich noch an diese Kinderbande, die früher auf der Straße gespielt hat. Ich habe den ganzen Nachmittag mit ihnen gespielt, und als ich kurz vor Dunkelheit zurückgegangen bin, waren meine blöden fünfzig Euros weg. Blöder Ort, meine Beute zu verstecken. Ich kann's nicht fassen, dass sie den Spielplatz abgerissen haben. Gibt es denn keine Kinder mehr?

K Spielplätze bringen doch kein Geld ein, oder?

O Ich bin da früher vorbeigegangen auf dem Weg zu den Geschäften, erinnerst du dich? Samstagmorgens hast du mich früher dahingeschickt, um Brot und Kaffee zu kaufen, manchmal durften wir auch Teilchen kaufen. Ich habe den ganzen Weg nach Hause an den Kaffeebohnen geschnuppert, habe meine Nase in die Papiertüte gesteckt, den ganzen Heimweg daran geschnuppert, ich hatte noch nie was Ähnliches gerochen. Ihr wolltet mich aus dem Haus haben, um miteinander zu schlafen, nicht?

K Vielleicht. Oder um uns über irgendwas zu streiten.

O Nein. Ihr habt immer vor uns gestritten. Ich erinnere mich nicht daran.

K Manche Auseinandersetzungen haben wir geheim gehalten.

O Wo waren denn die Mädchen übrigens?

K Die waren doch beim Turnen, oder?

O Ach ja stimmt.

Pause.

Dann hattet du und Papa ja damals noch eine gute Beziehung.

K Warum sagst du das?

O Sex und Streit. Klingt doch gesund.

K Ja, kann sein.

O Ich habe mich an nichts davon erinnert. Ich war in einem Nebel, bis ich wieder hier angekommen bin.

K Da ist es am besten.

O Was?

K Im Nebel.

Pause.

O Das war keine Absicht.

K Was?

O Das mit deinem Freund.

K Aha.

O Versteh mich nicht falsch. Er hat es verdient. Aber so war das nicht geplant.

K Okay.

O Ich wollte Gerechtigkeit. Das war's. Nicht Rache.

K Aha.

O Und ein Ende dieser verfickten Geschichte.

K Sie wird nie enden.

O Doch. Heute Abend. Es wird alles vorbei sein.

K Was meinst du damit.

O Ist egal.

Pause.

Es ist, als ob ein Fluch auf uns läge. Als ob jemand Voodoopuppen von uns allen gemacht hätte und die letzten fünfzehn Jahre Nadeln in uns hineinsteckt.

Pause.

Ich weiß, was gemacht werden muss. Und ich bin bereit, es zu tun. Ich werde es tun.

Pause.

So. Bist du so weit?

K Komm, wir reden noch ein bisschen.

O Nein.

Er zieht die Pistole raus.

K Ich bin deine Mutter.

O Er war dein Mann.

K Sie war meine Tochter.

Pause.

O Aber heute Abend ist alles vorbei.

Er geht rüber und hebt die Waffe hoch.

K Ich hoffe, du hattest wenigstens eine tolle Woche.

O Tja … ich habe die Einstürzenden Neubauten verpasst.

II.

Vor einer Woche.

Sechs Jahre nach König Agamemnons Tod leiden die Bürger von Mykenae unter der brutalen Herrschaft der Tyrannen Aigisthos und Klytämnestra.

W Sind sie schon aufgestanden?

Z Noch kein Lebenszeichen.

W Wie viel Uhr ist es denn?

Z Fast Mittag.

W Sie hat heute Nachmittag einen Termin beim Arzt.

Z Ich glaub nicht, dass sie den wahrnimmt.

W Weißt du, dass sie am Montag überhaupt nicht runtergekommen sind.

Z Du meinst, sie sind einfach oben geblieben?

W Ja, ich dachte, sie seien vielleicht tot, ich habe den ganzen Nachmittag an der Tür geklopft, und als ich mich gerade entschieden hatte, die Polizei anzurufen, habe ich 'ne SMS bekommen, in der sie mich gebeten hat, ihr Frühstück zu bringen. Um halb fünf nachmittags.

Z Jesus!

W Ich schwöre, irgendwann werden die sich eine Überdosis geben.

Z Die Reichen überdosieren nie.

W Noch nie von Jimi Hendrix gehört?

Z Das war doch keine …

W Jim Morrison? Elvis Presley? Janis Joplin? Marilyn Monroe?

Z Ja, okay. Aber sie passen doch auf, oder?

W Keine Ahnung, ich kenn mich bei so was nicht aus.

Z Du hast noch nie irgendwas genommen?

W Nichts.

Z Verarschst du mich?

W Jemand hat mir mal, als ich total besoffen war, eine Vierteltablette Ecstasy zugesteckt, und ich hab's geschluckt, bevor ich mitbekommen habe, was es überhaupt war.

Z Wie war das?

W Alles ist langsamer geworden. War langweilig. Und du?

Z Ja klar, in früheren Jahren.

W Warst du ein Partylöwe?

Z Könnte man so sagen.

W Auf der Käseplatte war überall Kokain drauf. Und es gab überall im Käse Bissstellen, als ob sie einfach Stücke abgebissen haben. Und etwa fünf verschiedene halbgetrunkene Weinflaschen. Ekelhaft.

Z Tja, wenn man sich so was leisten kann …

W Und sie redet kaum noch mit mir, sie simst mir eigentlich nur noch.

Z Sie hat ein schweres Leben gehabt.

W Ja, aber manche Leute entschließen sich dann, bergauf zu gehen, statt bergab.

Z Was Familiengeschichten angeht, war das eine besonders abgefuckte …

W Und er wandert hier dauernd in seiner Unterhose rum. Weißt du, einmal …

Z Was?

W Also, das war eigentlich ein bisschen peinlich …

Z Was?

W Also, ich habe gerade im Flur staubgesaugt, und er kam aus seinem Schlafzimmer raus, und ich glaube, er war noch besoffen vom vorigen Abend, er war ein totales Wrack, auf jeden Fall war seine Unterhose ein bisschen locker, und einer seiner, du weißt schon …

Z Was?

W Einer seiner Hoden hing zur Seite raus.

Z Das ist ja lustig.

W War es für mich nicht.

Z Ach komm, ist ja nicht so, als ob du so was noch nie gesehen hättest.

W Das ist sexuelle Belästigung am Arbeitsplatz.

Z Hat er's absichtlich gemacht?

W Ich würd's ihm zutrauen. Der Typ ist ein totaler Spinner.

Z Hey, ist da noch was von dem Käse übrig?

W Nein, ich habe ihn weggeworfen.

Z Schade …

Pause.

Gestern Abend hat sie's wieder gemacht.

W Das Schlafwandeln?

Z Ja. Ich wünschte, ich könnte hören, was sie sagt. Sie spricht mit jemandem. Das Komische ist, dass sie die Augen immer auf hat. Aber sie ist nicht wach, das erkennt man an der Art, in der sie sich bewegt.

W Und sie kommt hier runter.

Z Ja, sie steht auf, geht den Flur runter, stößt nirgends an, steckt immer ihre rechte Hand raus, damit sie das Geländer ergreifen kann, und kommt jeden Abend mit der gleichen Anzahl von Schritten die Treppen runter, als sei es irgendein Tanz oder so. Und sie holt den Whiskey aus dem Schrank, holt ein Kristallglas aus dem Schrank, schenkt sich einen Drink ein, stellt die Flasche zurück, nimmt das Glas wieder hoch, geht ins Badezimmer …

W Das kannst du alles in den Kameras sehen.

Z Ja, ist ja Hi-Tech … Sie sitzt am Badrand und spricht in das Bad rein, in das Bad, wo jemand sitzen würde.

W Ich frag mich, was sie sagt.

Z Das werden wir nie erfahren.

Pause.

W Sollten wir jemandem Bescheid sagen?

Z Wem?

W Einem Verwandten oder so?

Z Es gibt doch keinen …

W Und die Elektra?

Z Sie spricht schon seit Jahren nicht mit ihrer Mutter.

W Echt?

Z Ja, seitdem der alte Chef gestorben ist.

W Hat das nicht im Badezimmer stattgefunden?

Z Ja, hat es.

W Vielleicht deswegen …

Z Ich war ja da.

W Ich hab noch nie gesehen, wie jemand gestorben ist.

Z Ich hab ja nicht gesehen, wie er gestorben ist, ich habe ihn nur tot gesehen. Sie waren beide da, Mutter und Tochter. Schlimme Sache.

W Hat ja nicht lange gebraucht, um sich einen neuen anzulachen, oder?

Z Und weißt du was? Er ist der Vetter vom alten Chef.

W Unser Chef ist der Vetter vom alten Chef?

Z Ja. Wie gesagt. Abgefuckt. Weißt du, dass die noch einen Sohn haben.

W Wo ist er denn jetzt?

Z Weiß ich nicht. Der Onkel hat ihn nach dem Tod vom alten Chef genommen. Wir wissen nicht, wo er ist.

W Abgefuckt.

III.

Elektra, stark verändert durch den Tod ihres Vaters und die Vermählung ihrer Mutter mit Aigisthos, entschließt sich, ihren lange verschollenen Bruder Orest in einem weitentfernten Land zu suchen.

O Entschuldigung.
E Nein, nein, ist okay.
O Ich hatte Probleme im Zug.
E Ist okay.
O Die verdammten Bullen sind in den Zug eingestiegen. Verfickte Geheimbullen.
E Aha.
O Ich musste jwd aussteigen.
E Das ist nicht gut.
O Ja, ich weiß. Ich dachte, du seiest vielleicht schon gegangen.
E Wo hätte ich denn hingehen sollen?
O Ist gut, nein, ich bin ja froh, dass du noch da bist.
E Hast du kalte Füße bekommen?
O Kalte Füße? Nein. Die Bullen.
E Ja.
O Ich werde mich setzen … du hast ja sowieso schon …
E Okay.
O Du hast ja schon …
E Ja …
O Wie ist denn das passiert.
E Sorry hätte ich sagen sollen.
O Nein, sorry, nein, ist einfach unerwartet.
E Sorry.

O Nein, ist okay. Total. Ich erinnere mich nur nicht daran, dass du …

E Nein, das ist nachher passiert.

O Okay.

Pause.

Sorry. Fuck. Scheiße. Sorry. Das hat jetzt nicht gut angefangen.

E Nein, ist schon in Ordnung.

O Nein, es hat nicht gut angefangen. Es gab gar keine Bullen.

E Das ist in Ordnung.

O Ich saß da und habe mir überlegt, wie ich dich begrüßen soll, und es ging nicht, mir sind die richtigen Worte nicht eingefallen, und ich bin ausgestiegen und wieder in die Stadt gegangen.

E Wieso bist du doch noch gekommen?

O Erinnerst du dich an einen Löwenbrunnen?

E Einen Brunnen?

O Ja, in Löwenform, außer dass der Löwe Flügel hat und Wasser speit. Der ist grün und hat ein verzerrtes Gesicht und –

E Du meinst den Brunnen vor dem Dom.

O Der was?

E Du beschreibst gerade den Brunnen vor dem Dom.

O Der Dom.

E Wo du getauft wurdest.

O Den Brunnen gibt es tatsächlich?

E Ja, zu Hause.

O O Gott.

Pause.

Ich bin im Einkaufszentrum am Kino vorbeigegangen, und da lief gerade dieser Film, mit den sprechenden Tieren, Mozambique, Martinique, Mali …

E Madagaskar.

O Ja, da lief Madagaskar 3, oder so, im Kino im Einkaufszentrum. Ich glaube, es war gerade Kinderwagenkino oder so was, und es gab so eine riesige aufblasbare Löwenpuppe. Ich weiß nicht, wie der Löwe heißt –

E Alex.

O Alex. Woher weißt du das?

E Alex. Ben Stiller.

O Woher weißt du das? Hast du Kinder?

E Nee, kann ich nicht. Ich babysitte viel.

O Oh, Fuck, tut mir leid. Es ist alles so verfickt surreal hier.

E Du fluchst viel.

O Ja, sorry, schlechte Angewohnheit.

E Du hast den Löwen gesehen?

O Ja, ich habe Ben Stiller gesehen, ich habe Alfred gesehen.

E Alex.

O Ich habe Alex, den Ben-Stiller-Löwen, gesehen, und zum ersten Mal hatte ich so ’ne – wie nennt man das? So ’ne Rückblende. Ich konnte plötzlich einen beflügelten Löwen sehen, diesen grünen spuckenden Löwen, und ich wusste, ich muss zurückkommen.

Pause.

Den Brunnen gibt es tatsächlich, boah.

E Ich habe dich selber aus dem Dom rausgetragen.

O Echt?

E Und du hast angefangen zu weinen, als du den Brunnen gesehen hast. Als hättest du ein Monster gesehen.

O Krass.

E Du warst ein süßes Kind.

O Ich kann mich noch an eine Frau mit Nasenpiercing erinnern. Blondes Haar. Blaue Augen. War das unsere Mutter?

E Nein.
O Oh.
E Das war unser Au-pair.
O Oh.
E Sophia.
O Oh.
E Mama war nie da.
O Oh.
E Nach der Taufe wurdest du mir sofort in die Hände gedrückt, und sie sind in einer Limousine weggefahren.
O Ein Piratenschiff.
E Hä?
O Ein Piratenschiff mit Bullaugen und Seile, an denen man runterrutschen konnte, überall Hobelspäne. Ich erinnere mich noch daran, dass es geregnet hat, und ich hab mich im Mastkorb versteckt. Heißt das Ding so – Mastkorb?
E Das war der Spielplatz um die Ecke, gegenüber vom Frisör. Du beschreibst gerade den Spielplatz.
O Und eine Frau unter einem schwarzen Schirm hat mir dabei zugesehen, als ich mich versteckt habe. Sie hat meinem Namen gerufen. Eine Frau im beigefarbenen Regenmantel unter einem schwarzen Schirm. War sie das?
E Vielleicht. Ich kann mich nicht an einen beigen Mantel erinnern.
O Sie hat meinen Namen gerufen.
E Tut mir leid, ich weiß es nicht.
Pause.
O Warum bist du gekommen?
Pause.
E Könnten wir vielleicht woanders hingehen?
O Wieso nicht hierbleiben?

E Hier am Flughafen?

O Wieso nicht?

Pause.

Ich erinnere mich an dich. Wirklich.

E Echt?

O Du hattest doch Spangen, oder?

E Stimmt.

O Mit rosa Gummizügen.

E Daran erinnerst du dich noch?

O Und wir haben dieses Computerspiel gespielt, erinnerst du dich noch an das Computerspiel mit den Bananen und den Kutschen, die durch die Minenschächte gerollt sind? Erinnerst du dich noch daran?

E Ach ja, das Spiel mit den zwei Affen.

O Ja, mit den zwei Affen. Wie hieß es denn?

E Fuck, wie hieß es denn?

O Jetzt fluchst du ja auch.

E Sorry.

O Nein, ich find's gut. Es steht dir.

E Fuck fuck fuck.

O Phantastisch!

E Du bist witzig.

O Findest du?

E Donkey Kong.

O Das war's. Donkey Kong. Das war ein tolles Spiel.

Sie lachen.

E Du siehst aus wie er.

O Wer?

E Unser Vater.

O Echt?

E Ja.

O Wie lange ist es her, dass er gestorben ist?
E Sechs Jahre und vier Monate.
O Und unsere Schwester auch. Ich war damals noch ganz klein.
E Ja, warst du.
O Wie ist es eigentlich mit unserem Vater passiert?
Pause.
E Das ist eine lange Geschichte.
O Ich habe nichts vor.

IV.

Orest erfährt von der Ermordung seines Vaters durch seine Mutter. Elektra fleht ihn an, Agamemnons Tod zu rächen. Orest vertraut sich Pylades, seinem Vetter und Pflegebruder, an.

P Im Rollstuhl?
O Ja.
P Ich habe noch nie einen Rollstuhlfahrer kennengelernt.
O Ich auch nicht.
P Jetzt kennst du einen. Es gab doch diesen Typ an der Schule. Wie hieß der noch mal?
O Ach, der Typ, der einen Tauchunfall hatte?
P Ja, wie zum Teufel hieß der noch mal?
O Carl? War's Carl? Was ist aus dem geworden?
P Ja, Carl, er kam ein paar Jahre später wieder. Deswegen haben sie doch an der Schule diese ganzen Rampen eingebaut.
O Ach, die waren für ihn? Ich habe ihn nie wiedergesehen.
P Ja, danach hat er immer mit den Schachfreaks abgehangen.
O Echt die Schachfreaks? Ich dachte, er sei einer von den Coolen gewesen.

P Ja, er war ihnen danach unangenehm.

O Das ist ja echt Scheiße, Mann.

P Wie ist es denn passiert?

O Was?

P Bei deiner Schwester.

O Sie hat nicht wirklich Klartext gesprochen, aber sie hat so darüber geredet, als ob sie es sich selbst vielleicht angetan hat.

P Was? Wie?

O Weiß nicht …

P Als ob sie versucht hat, sich umzubringen oder so was?

O Ja, vielleicht …

P Als ob sie versucht hat, von einer Brücke zu springen, die nicht hoch genug war, und sie stattdessen im Rollstuhl gelandet ist?

O Sie hat nur gesagt, es sei ein blöder Irrtum gewesen, sonst hat sie nichts gesagt.

P Ich nehme an, du kannst sie nicht einfach direkt fragen, nicht wo du ihr gerade erst wieder begegnet bist.

O Nein.

P Mann, ich verstehe schon, was in ihr vorgegangen ist, sie hat ja schließlich ihre Zwillingsschwester verloren, die waren doch eineiige Zwillinge, oder?

O Ja.

P Das ist doch, als ob man seine andere Hälfte verliert, oder? Man hört ja abgefuckte Geschichten über eineiige Zwillinge, zum Beispiel, dass einer spürt, dass der andere sich weh getan hat, obwohl er auf der anderen Seite der Welt ist, oder dass sie kommunizieren können, ohne miteinander zu reden, so irres Zeugs. Und dann verliert sie noch ihren Vater. Ich mein, ich hätt's mir auch überlegt. Ich würd's mir total überlegen.

O Was?

P Mich umzubringen. Ich weiß, man sagt, das sei der Ausweg des Feiglings, aber echt, wieso glaubt man das denn?

O Ich glaub, die meinen, es sei schwieriger, weiter zu kämpfen und zu leben.

P Ja, aber denk mal drüber nach, weiß man denn, was auf der anderen Seite ist, es ist doch eine Reise ins Unbekannte.

O Hamlet.

P Hä?

O Du hast doch gerade so quasi den »Sein-oder-nicht-sein«-Monolog zusammengefasst.

P Hamlet, Star Trek, alles dasselbe.

O Warum verdammt redest du über Star Trek?

P »boldly go where no man's gone before«

O O Gott.

P Was, ist doch ein stichhaltiger Vergleich.

O Ja.

P Du bist ein verdammter Snob. Aber ich glaub, es ist leichter, jemanden umzubringen. Ich glaube, wenn ich wütend genug wäre oder genug Kohle dafür bekommen würde, könnte ich auch jemanden umbringen.

O Auch eine Frau?

P Das wäre schwieriger.

O Oder ein Kind.

P Ich weiß nicht, Mann, ich glaub nicht, aber hör mal zu, man bringt ja nicht nur jemanden um, sondern nimmt auch sein eigenes Schicksal mit einer einzigen Tat in die eigenen Hände. Und wer weiß, wer auf der anderen Seite an der Macht ist. Vielleicht sind ja die Leute, die weiterleben, obwohl sie keinen Grund haben, die Feiglinge, hast du das bedacht?

O Der Kickerphilosoph.

P Hey, das ist keine schlechte Idee, vielleicht sollte ich mal so einen Blog anfangen oder so ’nen YouTube-Kanal, wo wir Kicker spielen und über Philosophie reden, weißt du, gleichzeitig gelassen und hochintellektuell. Ist das ’ne gute Idee?

O Nein.

P Freust du dich, dass du dich mit ihr getroffen hast?

O Weiß nicht. Mann, es wirbelt in meinem Kopf, weißt du, ich wusste nicht, was ich erwarten sollte, aber …

P Ein paar echt abgefuckte Geschichten, oder?

O Und sie scheint schon ein bisschen, ein bisschen, weißt du …

P Verkorkst?

O Ja vielleicht, ich weiß nicht, was ich glauben soll und was ich nicht glauben soll …

P Glaubst du, dass sie das ganze Lähmungsding vortäuscht?

O Nein, das nicht, nein, aber sie hat ein paar echt komische Theorien.

P Ja, zum Beispiel?

O Also, sie sagt, sie denkt, meine Mutter hat meinen Vater umgebracht.

P Das hat sie gesagt?

O Verstehst du jetzt, was ich meine?

P Wart mal, ermordet?

O Ja.

P Wie.

O Sie denkt, sie hat irgendeine Chemikalie benutzt, irgendeine Droge. Ich weiß nicht, irgendwas Unsichtbares, was den Herzinfarkt verursacht hat.

P Hast du schon mal *Breaking Bad* gesehen.

O Nee, noch nicht, soll ja gut sein, oder?

P Ein bisschen weit hergeholt, aber ziemlich cool. Ich hab die DVDs. Kann sie dir ja geben.

O Ja, wäre toll, danke.

P Aber du musst zuerst *The Wire* gucken, die Serie ist der pure Wahnsinn.

O Ja, Mann, ich hab's mal geguckt, aber ich kann einfach kein Wort davon verstehen.

P Guck doch mal die synchronisierte Version.

O Nee, das hasse ich.

P So ein verdammter Snob.

O Wieso hast du *Breaking Bad* erwähnt?

P Ja, wieso hab ich das? Er benutzt ja so was, Walter, er ist ja ein Chemielehrer, der Crystal-Meth-Dealer wird, weil er krebskrank ist.

O Hoppla.

P Ja, wie schon gesagt, es ist alles ein bisschen weit hergeholt, aber gut gemacht. Auf jeden Fall benutzt Walter so 'ne Droge, die Ricin heißt oder so, von der man keine Spur finden kann, um einen Konkurrenten oder sonst irgendjemanden umzubringen, auf jeden Fall bringt er aus Versehen ein Kind um, ich kann mich nicht mehr genau erinnern.

O Ja, auf jeden Fall ist das ihre Theorie.

P Scheiße … Glaubst du ihr?

O Nein, Mann, natürlich nicht. Meinst du das im Ernst?

P Solche Dinge kommen schon vor, weißt du.

O Ja sicher, weiß ich, aber sie ist nicht wirklich ausgeglichen.

P Bloß weil jemand paranoid ist, bedeutet das aber nicht, dass er nicht recht haben kann.

O Perlen der Weisheit vom Kickerphilosophen.

P Ich glaube, das mit diesem YouTube-Kanal hat Potential.

O Ich gehe mit ihr zurück.

P Was?

O Nach Hause.

P Du bist doch zu Hause.

O Ich muss wieder dahin.

V.

Orest beschließt, mit seiner Schwester in seine Heimat zurückzukehren. Pylades begleitet sie. Menelaos, der Onkel und Pflegevater von Orest, richtet eine königliche Abschiedszeremonie für die Prinzen aus.

M Ach komm, guck nicht so bedrückt. Ich weiß, dass ich ein sentimentaler Mensch bin, ich erinnere mich noch daran, wie ich dich von der Schule abgeholt habe, und sie haben dich in das Büro vom Rektor gebracht, und ich habe auf meine ungeschickte Art, ich war noch nie besonders redegewandt, versucht, dir zu erzählen, was passiert war, du warst mitten im Fußballtraining, du hast da gestanden mit deinen Schienbeinschonern, und ich habe versucht, dir zu erklären, dein Vater, und der Ball ist dir aus den Händen gefallen, dein Gesicht hat sich keinen Millimeter bewegt, aber der Ball ist dir aus den Händen gefallen und über den Teppich gerollt, dein stolzes kleines Gesicht hat sich nicht bewegt. Er war ein großer Mann, ein geplagter großer Mann. Ein Held.

Pause.

Ihr werdet euch melden, wenn ihr da angekommen seid, oder? Ich habe die Telefongesellschaft angerufen, und sie haben internationales Roaming eingerichtet für euch, aber du weißt ja, wie diese Arschlöcher sein können, also ruft einfach an, wenn ihr Probleme habt, und wenn das nicht geht, könnt ihr ja mailen, ich werde meine E-Mail ständig abrufen, ich hab's so eingerichtet, dass mein Handy fiepst, wenn eine Mail angekommen ist, auch nachts, wenn ich schlafe, ich habe euch so ein Datenpaket gekauft, so ein Pre-paid-Datenpaket, sollte nicht ausgehen, ladet Viber runter, weiß nicht, habt ihr das schon?, eine sehr gute App, die benutzt einfach deine Internetverbindung, also wird dein Guthaben nicht aufgebraucht, und Skype auch, manchmal ist Skype sogar besser, was denn sonst noch, ihr seid ja schon auf Instagram, ich habe mir auch ein Konto eingerichtet, könnt ihr mich bestätigen?, ich habe schon eine Anfrage geschickt, und postet bitte Fotos, mir ist es egal, wie langweilig oder bedeutungslos sie sind, dann hab ich das Gefühl, dass ich auch da bin, wie eine kleine Diashow, das gab's früher, als ich ein Kind war, ein Diaabend nach dem Urlaub, außer dass man damals warten musste, jetzt ist es ja unmittelbar, wunderbare Zeiten, oder? Hier ist eine Cashkarte, keine Kreditkarte, die internationalen Gebühren bei denen sind absurd, das ist eine Cashkarte, du kaufst im Internet die Währung, die du willst, und der Wechselkurs wird gefroren, Ich habe ein paar Wochen gewartet, die haben gesagt, dass er weitersinkt, ich habe ein paar Wochen gewartet und habe, glaub ich, dann den Tiefpunkt erwischt. Sagt mir einfach Bescheid, wenn das Geld droht auszugehen, ihr solltet aber nicht ausflippen oder so, ihr müsst jetzt zum ersten Mal richtig verantwortlich sein, also gebt das Geld nicht für Nutten aus, haha, war nur ein Witz, ihr seid ja gute Burschen, aber wenn alles mehr kostet, als ihr erwartet, dann sagt einfach Bescheid, und ich kaufe euch mehr. Also. Kondome.

P Ach Papa.

M Das ist mein voller Ernst. Kondome. Ihr habt ja keine Ahnung, was für unerhörte Geschlechtskrankheiten es da drüben gibt, und es geht da unten um euer Vermächtnis, also geht keine Risiken ein – … Boarding, Boarding, Boarding, wo ist denn eigentlich deine Schwester?

P Die ist …

M Ach Rollstuhl … Hör mal zu, pass auf dich auf. Ich weiß, wie so was ist, nach so langer Zeit, ich weiß, wie man so was über die Jahre aufbauen kann, bis man Erwartungen hat, die total unverhältnismäßig sind, und du weißt ja nicht, was dich da erwartet, also sei einfach vorsichtig.

O Ich will einfach meine Mutter wiedersehen.

M Natürlich, wer würde das nicht? Aber sie wird ja vielleicht nicht so sein wie du –

O Ich weiß. Das ist okay.

M Ein sehr trauriges Haus ist das Haus. Hat schon viele Tragödien miterlebt.

O Ich versuche nicht –

M Ich weiß, ich verstehe, du musst einfach. Aufklärung oder so was. Sonst wirst du dich ja immer fragen. Es ist ja gut, dass du gehst, ist ja gut. Aber wenn du mit jemandem reden musst. Viber. Oder Skype. Oder benutz doch einfach dein Handy, scheiß drauf, ruf mich einfach an, R-Gespräch. Und dieser Typ hier wird da sein, um sich um dich zu kümmern, wirst du doch, oder, Knallerbse.

P Wir müssen jetzt los.

M Hey. Wo bleibt meine Umarmung?

Alle drei umarmen sich.

Ich bin so stolz auf euch.

VI.

Klytämnestra und Aigisthos hören das Gerücht, dass Orest nach Mykenae kommt, und fürchten sich vor der Absicht seines Kommens. Nach einer langen und bedrohlichen Reise werden die Reisenden in Mykenae mit Glanz und Gloria von Königin Klytämnestra und König Aigisthos empfangen.

K Was für eine tolle … Ist das nicht eine tolle … Was für eine tolle Überraschung … Er fühlt sich heute ein bisschen angeschlagen, nicht, Schatz, er läuft normalerweise nicht bloß in seinen …

G[2] Mir geht's gut. Möchte jemand einen Drink?

P Es ist zehn Uhr morgens.

G Echt? Ich dachte, es sei draußen dunkel?

P Nein, es ist hell.

G Na, sieh mal einer an.

K Er leidet unter Migränen, wir lassen deshalb die Vorhänge zu. Sehr lichtempfindlich.

G Wie ein Vampir.

K Sorry, welcher von euch ist …

P Der da.

K Sorry, natürlich, sorry, natürlich natürlich natürlich. Und du hast deine Schwester mitgebracht, ist das nicht schön. Ein richtiges Familientreffen. Wie zum Teufel habt ihr euch denn … Facebook oder so was? Bemerkenswert, ein einziger Mausklick, und plötzlich hat man seine ganze Vergangenheit da vor sich. Bemerkenswert, oder, Schatz?

G Ja. Bemerkenswert.

2 Aigisthos

K Und wie geht's mit deiner …
E Gut.
K Ich habe ein paarmal versucht, dich anzurufen.
E Ja.
K Schon gut. Na dann. Doppelte Überraschung. Womit habe ich das verdient?
P Wir dachten, wir könnten vielleicht hier übernachten, wenn es nicht zu –
K Ach, wir …
G Das Gästeding ist nicht so unser Ding.
K Wegen seiner ganzen Allergien …
E Ich kann mich nicht daran erinnern, dass er Allergien hatte.
G Ich kann mich nicht daran erinnern, dass du ein Krüppel warst.
O Wenn es zu große Umstände bereitet –
K Hört mal zu, warum nicht. Es ist schon lange her, seitdem jemand bei uns übernachtet hat, würde doch Spaß machen, wir werden einen Mordsspaß haben, oder, Schatz?
G Kann ich mir nicht vorstellen.
K Ich sag dem Dienstmädchen, sie soll euch ein paar Zimmer einrichten. Garten oder Fluss?
O Hä?
K Blick.
O Ach, mir …
K Wir können euch ja beides zeigen, und ihr könnt euch dann entscheiden.
O Was weniger Umstände macht.
K Du bist doch jetzt siebzehn, oder?
O Einundzwanzig.
K Du meine Güte, wieso habe ich mich denn vertan?
O Ist ja in Ordnung.

K Nein, du bist doch mein eigener …

G Weißt du, was ich bemerkenswert finde. Dass jemand so Großes aus so einer kleinen Vagina rausgekommen ist.

K Er hat noch nicht gefrühstückt, er ist vor dem Frühstück so.

G Obwohl sie nicht mehr ganz so klein ist.

K Uni?

O Nee, ich habe mir ein paar Jahre freigenommen.

K Gute Idee. Dann kannst du ja herausfinden, was du im Leben wirklich machen willst.

O Ja.

K Das hat Zeit.

O Ja.

K Ich bin ja ganz hibbelig, wir haben nie Gäste, ich bin ganz hibbelig.

O Du hast …

K Was denn?

O Deine Nase, du hast …

Sie wischt Blut von ihrer Nase.

K Wieso denn das? Das hab ich sonst nie, muss die Aufregung sein.

VII.

O O mein Gott, diese Stadt ist ja unglaublich, ich kann's nicht fassen. Es gibt überall WLAN-Hotspots. Ich bin gerade online, schau. Ich bin mitten in der Stadt online, ohne meine Datenvolumen aufzubrauchen. Und hast du das Kunstmuseum gesehen? Das ganze Gebäude ist ein riesiger Glaswürfel. Wie kann man denn so einen großen Glaswürfel herstellen? Und es gibt ein Filminstitut, da zeigen sie nächste Woche Tarkowski-Filme.

P Wer?

O Du hast noch nie einen Tarkowski-Film gesehen? Du musst die Filme vom Tarkowski sehen. Montag, Mittwoch, Freitag, jeden Tag Doppelveranstaltungen, da gehen wir hin. Und hast du gesehen, dass die Einstürzenden Neubauten vor ein paar Wochen hier waren? Mann, ich kann nicht fassen, dass wir das verpasst haben. Es gibt fünf verschiedene Kunstmuseen, nicht nur das im Glaswürfel. Diese verdammte Stadt. DIESE VERDAMMTE STADT.

P Ich habe ihn noch nie so gesehen.

E Wo gehen wir jetzt hin? Wollen wir was essen?

O Können wir zu dem Fischlokal unten am Hafen gehen? Das ist in einer alten Lagerhalle, hört sich doch total New York-mäßig an, können wir da hin?

E Sicher, wieso nicht.

O Hat viereinhalb Sterne auf tripadvisor.

P Ich esse keinen Fisch.

O Ach komm, Mann, du kannst doch einen Salat essen. Wir können dir ja unterwegs noch ein Döner holen.

P Okay. Kann ich alles drei haben.

E Und nachher sollten wir zum Friedhof.

O Ach … Ja …

E Wir können ja morgen gehen, wenn du heute keine …

O Nein, sollten wir. Ich will zu ihm. Ich sollte zu ihm.

P Kann ich dich mal was fragen?

E Sicher.

P Du bist total davon überzeugt, dass sie ihn umgebracht hat, oder?

E Ja.

P Das klingt ja echt Tarantino-mäßig.

E Ja.

O Ich finde Hitchcock zutreffender.

P Wieso bist du so überzeugt davon?

E Die Freundin von meinem Vater hat's mir erzählt.

P Was, dein Papa hatte eine Freundin?

E Seine Ex. Mama und Papa waren eine Weile getrennt. Und als sie wieder zusammenkamen, hatte seine Ex so Träume, in denen meine Mutter ihm was in sein Glas Whiskey getan hat, während er sich gebadet hat, hat ihm was gegeben, das einen Herzinfarkt verursacht hat, ließ es natürlich aussehen.

P Klingt einfach wie die Phantasien einer wütenden Ex.

E Ja, das habe ich auch gedacht. Aber genau so ist es passiert. Er hatte im Bad einen Herzinfarkt.

P Aha.

E Und dann ist die Exfreundin auch verschwunden.

P Aha.

E Und an dem Tag haben wir alle noch zusammen zu Abend gegessen, meine Eltern, Papas Exfreundin und der Liebhaber meiner Mutter, mit dem sie jetzt verheiratet ist.

P Hoppla. Komische Idee für eine Dinnerparty.

E Ich weiß. War Mamas Idee.

P Okay. Interessant.

E Jetzt verstehst du, was ich meine.

O Hey, hast du diesen Typen vorher gesehen, er hatte ein Kleid an, habt ihr das gesehen? Diese Stadt ist so abgefuckt, ich liebe sie.

P Hey Mann, das klingt eigentlich überzeugend, was sie sagt.

O Leute. Das werden wir nie genau wissen. Lass es einfach sein.

VIII.

Klytämnestra ist aufgewühlt, denn sie hat Schuldgefühle, weil sie an der Ermordung ihres Mannes beteiligt war. Orest bekommt unerwartet die Bestätigung von Elektras Verdacht.

K kommt rein, redet leise mit sich selbst. Gießt Whiskey in ein Glas und mimt, dass sie was reinschüttet.

K Heute Abend kann ich dir vielleicht verzeihen, erst heute Abend, wenn alles fertig und abgeschlossen ist. Ich will, dass du weißt, dass du dir das selber angetan hast. Ich will, dass du weißt, dass du uns auseinandergerissen hast, sie weggerissen hast, du hast meine Liebe für dich zerstört, als du sie zerstört hast, und vielleicht kann meine Liebe für dich, heute Abend, wenn alles erledigt ist, wenn du gebüßt hast, zurückkommen, und ich werde dich wieder lieben. Ich werde dich wieder lieben.
O kommt rein.

O Ach, sorry, hallo, ich wollte mir nur ein Glas Milch holen, hallo.

K Was machst du denn hier?

O Sorry, ich wollte …

K Baby, du solltest nicht hier sein.

O Ach, sorry, ich …

K Und was geschieht, wenn er dich sieht?

O Wer?

K Wie bist du denn überhaupt hier eingedrungen?

O Ins Wohnzimmer?

K Ich mach's ja jetzt, ich geh gleich damit hoch, entspann dich doch bitte.

O Okay, sorry.

K Bald ist alles erledigt, Baby, das verspreche ich dir, und dann werden wir frei sein. Wir werden frei sein.

O Ich bin etwas verwirrt.

K Ich habe alles ins Glas gekippt, genau wie du gesagt hast. Jetzt geh doch einfach nach Hause und warte auf mich.

O Nach Hause, wohin?

K Geh wieder ins Hotel.

O Ich komme nicht mehr mit.

K Komm her, Baby, komm her.
Sie nimmt seine Hand.

O Ach, ich …
Sie küsst ihn.
Wart mal kurz …
Sie küsst ihn wieder.
Wart mal …

K Es gibt jetzt nur noch uns beide, mein Schatz, nur noch uns beide, und wenn er tot und beerdigt ist …

O Tot und was?

K Er liegt jetzt gerade in der Badewanne, hat keine Ahnung, liegt da und wartet auf mich, küss mich noch mal …
Sie küsst ihn wieder und versucht, ihre Hand in seine Hose zu stecken.

O Was zum Teufel machst du denn da?

K Ich weiß, du hast ja das Recht, wütend zu sein, ich weiß, ich habe viel zu lange gebraucht, aber es musste der richtige Zeitpunkt sein, und jetzt ist der richtige Zeitpunkt, heute Abend ist der richtige Zeitpunkt.
Pause.

O Wirst du ihn umbringen?

K Natürlich, Baby.

O Und du hast das Mittel in den Whiskey getan?
K Du hast doch gesehen, wie ich es gemacht habe.
O Und deine Kinder?
K Die werden es nie erfahren.
O Ist es dir egal, was mit ihnen passiert?
K Wenn du bei mir bist, sind mir alle anderen egal.
O Was werden wir der Polizei sagen?
K Du hast doch gesagt, es wird so aussehen, als sei es ein Herzinfarkt gewesen. Wird es nicht so aussehen, als sei es ein Herzinfarkt gewesen?
O Doch sicher, es wird wie ein Herzinfarkt aussehen.
K Ich muss jetzt gehen. Er erwartet mich.
O Ja, du musst jetzt gehen.
K Ich liebe dich, Baby.
O Ich liebe dich auch.

IX.

Orest und Pylades nehmen den falschen König Aigisthos gefangen. Nachdem er sich viele Jahre der gerechten Strafe für seine Verbrechen entzogen hat, wird Aigisthos endlich zur Rechenschaft gezogen.

G Wo hast du denn das her?
P Aus eurem Tresor.
G Wie seid ihr denn in unseren Tresor gekommen?
P Wir haben ein paar verschiedene Zahlenkombinationen ausprobiert.
O Elektras Geburtstag.
G Iphigenies Geburtstag. Wenn du irgendwas über die Familie

wissen würdest, wüsstest du, wie wichtig der Geburtstag von Iphigenie ist. Dein Alter hat deiner Mutter mal gesagt, wie morbide sie ist. Stimmt. Sie ist eine verfickte Nervensäge. Also worauf wartet ihr?

O Was meinst du?

G Macht er es für dich?

O Wovon sprichst du?

G Komm, red verdammt nochmal nicht um den heißen Brei, ihr seid gekommen, um mich umzubringen, also macht schon.

O Wir sind nicht deshalb hier.

G Meine Mutter hat immer gesagt, du solltest immer saubere Unterhosen anhaben, falls du von einem Bus überfahren wirst.

O Wenn du uns die Information gibst, die wir wollen, wenn du mit uns zusammenarbeitest, dann –

G Ich glaub, die hier habe ich schon seit Tagen an. Kannst sie wahrscheinlich von da riechen.

P Ich bring dich gerne um.

G Was für ein Tag ist denn heute?

O Mittwoch.

G Ja, Scheiße. Drei oder vier Tage. Ich hab mich wirklich gehenlassen.

P Ich bin neugierig, wie sich das anfühlen würde.

G Ich nehme an, ich darf mich nicht vorher noch duschen?

O Also ich nehme das jetzt auf.

G Was ist denn das?

O So ein Sprachnotizding.

G Auf deinem Handy?

O Ja, auf meinem Handy.

G So wie ein Diktiergerät?

O Ja, wie ein Diktiergerät.

G Und das kannst du dann direkt an irgendjemanden mailen, sofort, ist das der Gedanke?

O Genau.

G Alle sagen mir immer, ich soll mir mal so ein Smartphone zulegen. Aber wo bleibt dann die Ruhe? Die Abgeschiedenheit? Man musste früher ins Büro, wenn man seine E-Mail abrufen wollte, früher musste man pünktlich zum Rendezvous erscheinen, Tage im Voraus Verabredungen machen und sich auch daran halten, früher gab es den glücklichen Zufall noch, man ist Leuten zufällig auf der Straße begegnet, Leuten, von denen man wochenlang nichts gehört hatte, und man ist dann zusammen Kaffee trinken gegangen, jetzt ist alles und nichts spontan, früher hat man von Auslandsreisen Postkarten nach Hause geschickt, damit die Eltern wussten, dass man noch lebt, man ist früher einfach in irgendeinem Ort aufgekreuzt und hat im Lonely Planet Reiseführer nachschauen müssen, wo die Jugendherberge ist, und wenn die voll besetzt war, dann musste man um Mitternacht in dem Ort rumlaufen, um irgendeine Bleibe zu finden, kein Google Maps, als meine Eltern noch jung waren, als die noch Kinder waren, gab es normalerweise in jeder Straße nur ein Telefon, jeder ist zu dem nach Hause gegangen, der ein Telefon hatte, um zu telefonieren, und davor, nicht sehr lange davor, mussten Leute in einen nahe gelegenen Ort reiten, um rauszufinden, was in der Welt geschieht, wo ist denn die Freude, wenn alles so bequem ist? Ist man glücklich? Das glaube ich nicht. Man ärgert sich, wenn das 3G gerade nicht klappt. Man hat immer ein Handyladegerät dabei, damit man immer connected ist. Mit was? Mit was ist man denn verbunden?

O Bist du fertig?

G Ich mach mir nur Sorgen um deine Generation, mehr sage ich nicht.

O Wir können uns um uns selbst kümmern.

G Aber wo ist da die Herausforderung? Ein Mann braucht eine Herausforderung.

O Ich glaub, davon habe ich reichlich.

G Ach du armer kleiner Waisenjunge, »ich kannte meinen Papa nicht«. Ich weih dich in ein Geheimnis ein. Der Typ war ein Wichser. Du hast Glück, dass du ihn nie kennengelernt hast. Du kannst dir weiter einbilden, dass du den Tod eines Helden rächst. Aber der Typ. War ein Wichser.

O Okay, ich glaub, jetzt hältst du einfach die Klappe. Beantworte die Fragen, die wir für dich haben.

G Und das wirst du alles auf deinem Zaubertelefon aufnehmen?

O Das ist der Plan.

G Und dann bringst du es den Bullen, und die werden kommen und uns festnehmen?

O Das ist der Plan.

G Wäre vielleicht eine schöne Abwechslung, ich hab das hier alles langsam satt. Was habe ich mir denn gedacht? Dass es die große lebenslange Liebe wird?

P Hört dieser Typ je auf zu labern?

G Interessant, dass du das sagst. War nicht immer so, weißt du, wenn du mich vor sechs Jahren kennengelernt hättest, vor diesem ganzen Brimborium, hättest du einen ganz anderen kennengelernt. Leute sagen, man kann sich nicht ändern. Aber man ändert sich. Leute ändern sich. Eine der größten Änderungen in meinem Leben, eine der größten Freuden sollte ich sagen, ist ein kleines Etwas namens Vodka Orange, es bringt mich durch, sogar unüberwindliche Probleme können damit –

O Okay. Jetzt reicht's.

G Hast du dir schon überlegt, was passiert, wenn ich nicht rede. Obwohl ein langer Urlaub im Knast sehr verlockend ist, ein schöner langer Urlaub weg von dieser höllischen Beziehung, obwohl das sehr verlockend ist, frage ich mich, wieso ich diesem degeneriertem Sohn eines degenerierten Wichsers helfen soll.

P Vielleicht muss ich was machen, um dich davon zu überzeugen?

G Sicher, du Schlägertyp, was hast du vor?

P Vielleicht fange ich mit einem Zeh an, vielleicht fange ich mit einem –

Ein Schuss. G schreit.

O FUCK, WAS MACHST DU?

G Du hast mich gerade ins Bein geschossen, du Arschloch.

O Was soll das? Du solltest nicht abdrücken.

P Scheiße, Mann.

G Mein verficktes Bein.

P Tut mir leid, Mann. War nicht absichtlich, das war der Abzug, der ist viel lockerer, als ich erwartet habe.

G DU HAST MIR INS BEIN GESCHOSSEN.

P Tut mir leid, Alter, alles in Ordnung?

G NATÜRLICH IST NICHT ALLES IN ORDNUNG.

O Scheiße, was machen wir jetzt? Was verdammt sollen wir jetzt machen?

P Der überlebt das schon, er blutet ja nicht viel.

G Mir ist schwindlig, ich glaube, du hast eine Schlagader erwischt.

O Verdammte Scheiße. SCHEISSE. SCHEISSE. SCHEEEEEEEISSE…

Stille. G stöhnt vor sich hin.

P Was sollen wir denn jetzt machen?

O Halt einfach die Klappe, halt die Klappe, ich muss nachdenken.

P Mann, tut mir leid.

O Halt die Klappe. Und gib mir das Scheißding.
Nimmt die Pistole von P. Läuft auf und ab.

G Scheißdilettanten.

P Komm, wir machen einfach weiter, die werden das einsehen, er wird ge-

O Wir haben gerade einem Zeugen ins Bein geschossen. DIE WERDEN DAS NICHT EINSEHEN.

P Der Typ hat deinen Vater umgebracht.

O HAST DU SCHON MAL WAS VON UNZULÄSSIGEM BEWEISMATERIAL GEHÖRT.

P Mann, tut mir leid. Ich hab's verhunzt. Ich bin total tollpatschig. War schon immer tollpatschig, das weißt du doch. Ich hab ja gesagt, dass du die Pistole nehmen sollst.

O Finger bloß weg vom Abzug.

P Ich weiß, Mann, ich hab einen Fehler gemacht. Er hat mich ganz nervös gemacht. Du hast ja gehört, wie er mit dir geredet hat, er ist ein totales Arschloch.

O Dir ist klar, dass wir jetzt vielleicht im Knast landen.

P Wart mal, ist er noch bei Bewusstsein?

G JA, ICH BIN NOCH BEI BEWUSSTSEIN. Bringt mich in ein verdammtes Krankenhaus, bitte. Ich sage keinem, was ihr gemacht habt, bringt mich einfach schnell ins Krankenhaus.

O Nein, nein, das geht alles den Bach runter, so war das nicht geplant.

P Was machen wir jetzt, Mann?
Lange Stille.
O geht ganz ruhig zu G rüber und erschießt ihn.

ZWEITER AKT

I.

Sechs Jahre früher.

Bloß zwölf Tage nach seiner Rückkehr aus dem Trojanischen Krieg stirbt Agamemnon unter mysteriösen Umständen. Die Bürger von Mykenae trauern um den Tod ihres heldenhaften Königs.

Z[3] Herzinfarkt, was?
R So sieht es aus. Aber wir werden den Bericht vom Gerichtsmediziner abwarten müssen.
Y Wissen Sie, das ist mein erster Vorfall.
R Echt.
Y Sechs Jahre lang, nichts, und dann kommt der Chef nach Hause und plötzlich …
R Scheißpech.
Y Es ist der erste Arbeitstag von diesem Typ hier.
Z Er hat doch nicht gelitten, oder?
R Nee, Herzinfarkt. Keine schlechte Art zu sterben.
Z Er war schon … als wir angekommen … ich meine, ich habe versucht, ihn wiederzubeleben, aber …

3 Z & Y = Wachmänner, R= Sanitäter

Y Das hast du gut gemacht.

Z Das arme Schwein ist gerade aus dem Krieg heimgekehrt.

Y Ja. Du weißt, wer das war?

Z Hab ihn gegoogelt.

Y Er bekam ein halbes Dutzend Morddrohungen pro Woche. Sein Krieg war nicht besonders beliebt, und ironischerweise jetzt das.

Z Mein Herz pocht immer noch heftig.

Y Seins allerdings nicht.

Z O Gott.

Y Tut mir leid. Schlechter Witz.

Z Seine arme Frau.

Y Ja, und sie hatten sich doch gerade erst versöhnt.

Z Echt?

Y Ja, aber er hatte mit einer anderen was, er hat sie da drüben kennengelernt, sie sind mit zwei gemeinsamen Kindern zurückgekehrt. Zwillinge.

Z Echt?

Y Ja, der General und seine Frau hatten keine besonders glückliche Ehe. Ich plaudere jetzt aus dem Nähkästchen. Aber sie haben vor etwa sechs Jahren eine Tochter verloren.

Z O Gott.

Y Wusstest du, dass sechzig Prozent der Ehepaare, die ein Kind an den Tod verloren haben, sich scheiden lassen?

Z Das ist mein absoluter Albtraum.

Y Hast du Kinder?

Z Meine Freundin ist schwanger.

Y Ach so, gut gemacht. Weißt du, ob es ein Junge oder ein Mädchen wird?

Z Nee.

Y Ja, besser so. Tolle Überraschung.

Z Ja.

Y Ihr Bett ist ja eh nicht leer gewesen.

Z Wessen Bett?

Y Die Frau vom Chef.

Z Ohne Witz.

Y Ohne Witz.

Z Weiß er das?

Y Nee, glaub ich nicht. Die Macker sind doch immer erst nach Einbruch der Dunkelheit reingeschlichen und wurden von ihr vor dem Morgengrauen wieder rausgeschmissen. Ein Teamleiter hat eines Abends gedacht, er sieht auf dem Infrarot einen Einbrecher und hat Alarm geschlagen. Der arme Typ wurde fast umgebracht.

Z Scheiße.

Y In dem Jahr haben wir alle eine »Weihnachtszulage« bekommen. Aber ich plaudere ja schon wieder aus dem Nähkästchen.

Z Aber sie wollten es noch mal miteinander versuchen?

Y Ja, wegen den Kindern, glaube ich. Sie haben noch eine Tochter und einen Sohn.

Z Ja, die war hier.

Y Ja. Armes verdammtes Mädchen.

Z Wo ist der Sohn?

Y Er ist im Internat. Es ging hier alles ein bisschen drunter und drüber in der Familie, also wollten sie ihn, glaub ich, davon fernhalten.

Z Das ist ja verständlich.

Y Hast du immer noch Lust auf den Pokerabend morgen Abend?

Z Das findet immer noch statt?

Y Natürlich.

Z Ich bin nicht wirklich ein Spieler, um ehrlich zu sein.

Y Ach komm, du bluffst bloß. Wetten, du bist ein Kartentrickser. Zeig mir mal dein Pokergesicht.

Sein Gesicht ist ausdruckslos.

Wow. Nicht schlecht. Ich sag den Jungs Bescheid, dass du kommst. Sollte ein toller Abend werden.

Z Ich habe noch nie eine Leiche gesehen.

R Man gewöhnt sich daran.

Z Ich hoffe, ich muss das nicht.

Y Ja. Es ist komisch. Vor zwei Stunden saß er noch unten und hat mit seiner Familie zu Abend gegessen, und jetzt liegt er in diesem Sack. Man weiß halt nie, was auf einen zukommt.

R Okay, ich muss ihn jetzt nach unten tragen.

Y Brauchen Sie Hilfe?

R Ich rufe meinen Kollegen an.

Y Schon in Ordnung, ich fasse hier an. Es wäre mir eine Ehre.

R Sind Sie sicher?

Y fasst an einem Ende des Leichensacks an, der R am anderen Ende.

Eins. Zwei. Drei.

Sie heben ihn hoch.

Y Sind sie immer so schwer?

R Nichts ist schwerer als ein toter Mann.

Y Geh du voran.

Z Okay.

II.

Ohne Agamemnons Wissen hat sich Klytämnestra in seiner Abwesenheit Aigisthos, seinen Vetter, als Geliebten zugelegt. Klytämnestra, die Agamemnon die Opferung ihrer Tochter Iphigenie nie verziehen hat, und Aigisthos haben sich entschlossen, Agamemnon in der Nacht seiner Rückkehr zu ermorden.

A Du hast ja renoviert.
K Gefällt es dir?
A Ja, es ist toll. Interessant. Toll.
K Es gefällt dir nicht?
A Doch. Es ist anders. Interessant. Wann hast du's gemacht?
K Vor ein paar Jahren.
A Goldene Wasserhähne!
K Ja.
A Wessen Idee war das?
K Der Typ.
A Welcher Typ?
K Der Typ. Der Designertyp.
A Der Innenarchitekt?
K Ja, ja, der Innenarchitekttyp.
A Ach so.
Ich stinke.
K Es geht.
A Die Zwischenlandung war ein verfickter Albtraum.
K Willst du dich baden?
A Vielleicht später.
K Ich lasse dir ein Bad einlaufen.
A Ja, später. Warst du schon mal in Reykjavík.

K Reykjavík?

A Ja, wir wurden nach Reykjavík umgeleitet.

K Reykjavík?

A Ja, hab ich dir doch schon am Telefon erzählt.

K Ja, ja, stimmt. Reykjavík.

A Der verdammte Flughafen ist ein Witz. Das ganze Land ist ein Geysir und in der verfickten Lounge keine verfickte Dusche. Geht's dir gut?

K Wie bitte.

A Geht's dir gut?

K Ja, ja, mir geht's gut.

A Du siehst fit aus.

K Danke.

A Yoga? Machst du Yoga?

K Pilates.

A Ach so, was ist denn das?

K Wie Yoga, aber schneller. Besser für die Rumpfstabilität.

A Rumpfstabilität?

K Bauchmuskeln und Beckenboden.

A Auf jeden Fall siehst du gut aus.

K Danke.

A Sag mal, hast du irgendwas mit deinem Gesicht gemacht?

K Hä?

A Ich dachte, vielleicht hast du …

K Was, Botox oder so was …

A Nein, nein, natürlich würdest du so was nicht machen.

K Nein, das würde ich auch nicht.

A Tut mir leid.

K Ist okay.

A Ja, sieht gut aus. Sieht alles gut aus.

Pause.

Auf jeden Fall – läuft alles gut? Niemand hat dir Ärger gemacht?

K Ich kann mich um mich selbst kümmern.

A Scheiße, natürlich kannst du das.

K Du fluchst viel.

A Fuck. Sorry. So redet man beim Militär. Sorry. Fuck. Sorry. Soll ich mit dir zusammen im Zimmer schlafen.
Vielleicht sollten wir uns langsam wieder annähern. Weißt du. Wiedereingliederung.
Er lacht.

K Lustig.

A Wiedereingliederung.

K Ja.

A Ich bin wie ein Fremder, den du in dein Schlafzimmer reingelassen hast. Irgendwie sexy, oder? Ich weiß nicht mal mehr, wie du nackt aussiehst.

K Nicht mehr so wie früher.

A Unsinn, du hast doch Pilates gemacht.

K Trotzdem.

A Ich dagegen. Guck mal hier diesen Rettungsring an. Scheiße. Sorry. Aber echt. Erinnerst du dich noch an meinen Körper. Ich hatte zwar keinen Adoniskörper. Aber dir hat mein Körper doch gefallen, oder?

K Ja, klar.

A Dachte ich mir. Ich weiß nicht, ich kann echt verdammt nicht verstehen – sorry – wie das passiert ist. Ich mein, das Essen … jeden zweiten Tag hat man Dünnschiss, das Essen war verfickt … sorry sorry sorry … es war entsetzlich. Aber trotzdem habe ich diese Rettungsringe.
Vielleicht kann Frank mir einen Hamburger machen.

K Wir haben Frank entlassen.

A Was? Wieso?

K Er hat seiner Geliebten mit unserer Kreditkarte Geschenke gekauft.

A Frank hatte eine Geliebte?

K Ja, die Tochter vom Gärtner.

A Der Gärtner hat eine Tochter?

K Ja, die Kinder haben doch früher mit ihr gespielt.

A Das war die Tochter vom Gärtner? Die kann doch höchstens zwölf sein.

K Die ist jetzt zwanzig.

A Die Zeit verfliegt.

K Ja.

A Aber, wie zum Teufel hat denn Frank eine Zwanzigjährige verführt?

K Keine Ahnung.

A Ich gönn's ihm ja.

K Ich kann dir einen Burger machen lassen.

A Nee, eigentlich lass ich's besser. Ich mein, guck dir das hier an. Siehst du das. Eine ganze Handvoll. Achtung – sonst erstickst du heute Nacht noch unter mir.

K Lustig.

A Bin ich lustiger als früher?

K Weiß nicht. Ich kann mich nicht erinnern.

A Es ist wichtig, dass man lustig ist. Damit man bei der Truppe gut ankommt. Du musst nicht, wenn es zu komisch ist für dich. Ich kann auch in einem anderen Zimmer schlafen. Wir haben ja mehrere.

K Wir können ja mal abwarten.

A Scheiße, ich stinke. Hast du das ganze Haus renoviert?

K Was?

A Oder nur das Badezimmer. Ich mag es, es gefällt mir immer besser.

K Fast das ganze Haus.
A Goldene Wasserhähne …
K Willst du dich baden?
Pause.
A Ja, sollte ich. Ich stinke.
K Möchtest du einen Drink.
A Gern.

III.

Agamemnon, immer noch von seiner Mitschuld am Tod seiner Tochter Iphigenie geplagt, wird von Albträumen verfolgt. In dieser Nacht hat er eine Vision von seiner verstorbenen Tochter.

I Papa.
A O Scheiße, wo bin ich.
I Du bist zu Hause.
A Ich bin schon eingeschlafen. Scheißjetlag.
I Keine Ahnung. Ich bin gerade erst reingekommen.
A Ich hab von einer Flughafenlounge geträumt. Mitten in der Walachei. Wir sind auf der Rollbahn steckengeblieben, und die Motoren wollten nicht anspringen. Keiner wusste, warum. Irgendwas Elektromagnetisches, oder so. Wir haben die Motoren immer wieder untersucht und konnten keinen Fehler finden, aber sie sprangen trotzdem nicht an. Wochen sind vergangen. Die Truppen wurden unruhig. Sie sind in ein nahe gelegenes Dorf gegangen und haben, um die Zeit zu vertreiben, Schlägereien provoziert. Ein paar Einheimische wurden sogar umgebracht. Wir haben versucht, sie wieder in

die Reihe zu kriegen, aber sie waren wie bestellt, für einen Krieg bestellt, und nicht abgeholt. Ich und die anderen Offiziere wohnten in der Flughafenlounge. Eines Tages haben die aufrührerischen Mistkerle das Hauptquartier erstürmt. Wir mussten uns in ein Sitzungszimmer zurückziehen und die Türen verbarrikadieren. Sie haben durch die Fenster geschossen, und jemand hat nebenan ein Feuer angezündet, um uns auszuräuchern. Es wurde immer heißer und immer verqualmter. Ich konnte nichts sehen. Und dann habe ich deine Stimme gehört. Gott sei Dank. Ich habe dich vermisst.

I Ich dich auch.

A Du bist ja überhaupt nicht gealtert.

I Du aber schon.

A Ja, ich bin dick geworden. Was auch immer das hier früher unter Kontrolle gehalten hat, hat, während ich da drüben war, den Geist aufgegeben.

I Es steht dir.

A Echt?

I Du hast immer ein bisschen streng ausgesehen. Das enthärtet dich ein bisschen.

A Enthärtet mich?

I Ja, du siehst zugänglicher aus.

A Ich will aber nicht wie ein Schwächling aussehen.

I Die Gefahr wird glaub ich nie bestehen.

A Aber du hattest doch keine Angst vor mir, oder?

I Natürlich hatte ich Angst vor dir.

A Ich hab doch ständige Witze gemacht. War locker. Ich war ein lockerer Vater.

I Manchmal.

A Was zum Teufel ist mit dieser Familie passiert?

Pause.

Deine Mutter und ich versuchen, unsere Ehe wiederzubeleben.

I Freut mich.

A Und du? Wie geht es dir?

I Ich …

A Hast du dein Jurastudium abgeschlossen?

I Nein.

A Was? Du hast mir doch gesagt, dass …

I Nein, hab ich nicht.

A Hä?

I Ich bin nicht Elektra.

A Was ist denn hier los?

I Schau mich an. Erinnerst du dich nicht an dieses Kleid?

A Ja, ich … Das gehört deiner Schwester. Von der Geburtstagsfeier.

I Nein, das Kleid gehört mir.

A Nein, du hattest doch ein silbernes Kleid an. Ich erinnere mich noch ganz genau daran, weil du Rotwein darauf verschüttet hast. Du hast dich besoffen, ohne dass wir irgendwas bemerkt haben, hast von hinter der Theke Getränke gemopst, du freche Göre, und ein ganzes Glas Rotwein über dein Kleid gekippt. Deine Schwester hatte …

Pause.

Deine Schwester war …

I Papa. Ich bin es.

Pause.

A Ich habe zu viel getrunken, ich bin nicht mehr an Alkohol und heiße Bäder gewöhnt. Ich bin nicht an heißes Wasser gewöhnt.

I Lass mich dich waschen.

A Ich bin wahnsinnig. Zuerst mein verdammter Körper, und jetzt noch mein Gehirn. Nichts funktioniert mehr.

Sie wäscht sanft sein Gesicht.

I Weißt du noch, wie du mein Gesicht am Ende gewaschen hast.

A Tu mir das bitte nicht an.

I Du hast mich auf das Ende vorbereitet.

A Dieses Gespräch führe ich nicht.

I Du warst so sanft. Das hat mich überrascht. Ich hätte nie gedacht, dass du so eine Behutsamkeit in dir hast.

A Ich zähle jetzt bis fünf.

Er macht die Augen zu. Er zählt bis fünf.

I Ich bin immer noch da.

Er vergräbt sein Gesicht in den Händen. Er bricht in Tränen aus.

K kommt mit einem Glas Whiskey rein.

A *leise* Tut mir leid. Es tut mir wirklich leid.

IV.

Am Morgen nach dem geplanten Rachemord beginnt Aigisthos den Verdacht zu hegen, dass alles nicht wie vereinbart läuft.

K Ich konnte es nicht.

G Was?

K Ich konnte nicht. Ich werde es noch machen. Ich konnte es einfach noch nicht machen.

G Was ist denn passiert?

K Nichts. Nichts ist passiert. Es ist einfach nicht leicht, jemanden zu …

G Wieso hast du meine Anrufe nicht beantwortet?

K Der Akku war leer.

G Wieso hast du's nicht geladen?

K Ich war beschäftigt.

G Womit?

K Ist das wichtig?

G Ich habe dich fünfzehnmal angerufen.

K Es gab aber nur sieben verpasste Anrufe.

G Ich habe dich während der Nacht immer wieder angerufen.

K Ja, okay.

G Dein Telefon war ausgeschaltet.

K Tut mir leid.

G Was ist denn hier los, verdammte Scheiße.

K Was?

G Verbirgst du irgendwas vor mir?

K Was, nein?

G Ich saß da und habe ewig darauf gewartet, dass du Bescheid sagst, wann ich kommen soll. Wir hatten doch vereinbart, dass ich zu dir komme, wenn du anrufst.

K Ich weiß. Tut mir leid. Ich konnte nicht.

G Hast du kalte Füße bekommen?

K Was? Nein. Ich hab keine kalten Füße bekommen. Er hat geweint.

G Was?

K Ich bin ins Schlafzimmer gekommen, und er saß alleine im Bett, und er hat geweint.

G Und?

K Es war nicht der richtige Augenblick. Ich weiß nicht. Das hätte sie nicht gewollt.
Pause.

G Hast du ihn gefickt?

K Was soll das.

G Hast du?

K Lass es.

G Lass es?

K Bitte.

G Du hast ihn gefickt?

K Das hatten wir doch vereinbart.

G Was?

K Ich sollte ja so tun, als seien wir wieder ein Paar.

G Konntest du nicht einfach eine Ausrede erfinden?

K Ich habe versucht, früh ins Bett zu gehen. Ich habe versucht …

G Gestern Nacht, als ich dich immer wieder angerufen habe, warst du dabei, ihn zu ficken?

K Liebling. Bitte. Es ging nicht anders.

G Verdammte Scheiße.

K Es hatte nichts … Es war nichts …

G Was?

K Es war nicht … Es war nichts!

G Du hast kalte Füße bekommen.

K Es gab keine Gelegenheit.

G Du musst ihm doch nur einen Drink geben. Du lässt die Tablette einfach in seinen Drink fallen und gibst ihm das Glas.

K Ich habe die Tablette ja auch ins Glas getan, aber dann hat er im Bad geweint. Ich werde das bald machen.

G Wann?

K Bald.

G Heute Abend?

K Bald.

G Wieso, was passiert denn heute Abend?

K Er führt mich zum Essen aus.

G Erfinde doch eine Ausrede, damit ihr zu Hause bleibt.

K Was für eine Ausrede?

G Dass du Kopfweh oder deine Tage hast oder irgendsowas. Ja, sag ihm, du hättest deine Tage, dann kann er auch nicht mit dir schlafen.

K Ich habe ihm das gesagt, aber das hat ihn noch nie davon abgehalten.

G Du erlaubst ihm, mit dir zu schlafen, wenn du deine Tage hast? Ich darf dann nie mit dir schlafen!

K Du hast noch nie gefragt.

G Ich dachte, du findest das eklig.

K Tu ich ja auch.

G Aber du lässt ihn trotzdem ran?

K Ja.

G Manchmal verstehe ich dich nicht.

K Du steigerst dich gerade in was hinein, mein Liebling, es gibt keinen Grund, dich so aufzuregen.

G Wie viele Male?

K Was?

G Gestern Nacht? Wie viele Male?

K O Gott.

G Nur einmal?

K Die Frage werde ich nicht beantworten.

G Das heißt, es war mehr als nur einmal.

K Jetzt hör bitte damit auf, Liebling, es bringt nichts.

G Dieses verdammte Arschloch. Heute Abend. Heute Abend machst du es.

K Das geht nicht. Das weißt du.

G Mir ist es total egal, was mir passiert, ich werde ihn am helllichten Tage mitten auf der verdammten Straße abknallen.

K Sei nicht doof.

G Ich warne dich, ich werde nicht ewig Geduld haben.

K Ja, mein Schatz.

G Du weißt ja, wozu ich fähig bin.

K Ja, weiß ich, Schatz.

G Überlegst du's dir noch mal?

K Nein, natürlich nicht, ich liebe dich.

G Sicher?

K Natürlich, du Idiot. Natürlich liebe ich dich. Ich werde dich immer lieben. Ich mach's bald – versprochen.

G Zieh dich schnell aus.

K Geht nicht. Er erwartet mich doch zu Hause.

G Ich habe dich seit drei Tagen nicht mehr gesehen.

K Tut mir leid, Schatz.

G Komm. Wir machen's schnell.

K Ich kann nicht, ich bin schon zu spät dran.

G Verdammtes Arschloch.

V.

X Wie heißt der da?

E Das ist der Oskar. Der andere heißt Alfred.

X Zwillinge liegen wohl in der Familie, was?

E Ist wohl so.
Pause.
Oder vielleicht ist das der Alfred und das da der Oskar.

X Du kannst sie nicht unterscheiden.

E Ich weiß nicht mehr, welchem wir den roten Strampler angezogen haben und welchem wir den blauen angezogen haben.

X Du solltest ihnen Namenschilder oder so was verpassen, sonst verwechselt du sie ständig.

E Ist doch eh egal, bis sie Persönlichkeiten entwickeln. Die Namen sind eigentlich auswechselbar.

X Wenn sie älter sind, werden sie die Verwechslung ausnutzen, um Streiche zu spielen.

E Absolut.

X Wetten, du und deine Schwester habt das früher auch gemacht.

E Ständig.

X Aber mich habt ihr nicht ausgetrickst, oder?

E Nein, natürlich nicht.

Pause.

X O Gott, ihr habt mich ausgetrickst.

E Ähm.

X Was habt ihr gemacht?

E Erinnerst du dich noch an unseren sechzehnten Geburtstag?

X Irgendwie gefällt mir nicht, worauf das gerade hinausläuft.

E Also irgendwann haben wir unsere Kleider ausgetauscht, und ich habe dich geküsst.

X Wann?

E Spät am Abend, am Pool.

X Also warst du das, dich habe ich in den Pool geschmissen.

E Ja.

X O Gott.

E Sorry.

X Wessen Idee war das?

E Ihre. Sie wollte sehen, ob du den Unterschied bemerkst. Und es war auch so ’ne Art Geschenk.

X Und du hast einfach mitgemacht?

E Na ja, ich war neugierig.

X Dumme Kuh.

E Ich oder sie?

X Beide.

Pause.

Also haben wir uns geküsst.

E Ja.

X Mir ist ein bisschen schlecht.

Pause.

Aber wir haben nicht miteinander geschlafen, oder?

E Nein. Davor haben wir die Kleider wieder getauscht.

Pause.

X Es hat sich schon anders angefühlt.

E Was?

X Der Kuss.

E War's schön?

X Na ja, wir waren ja voll bekleidet unterm Wasser und haben einander begrapscht. War schon unvergesslich.

E Aber der Kuss selbst?

X War schön. Ich erinnere mich daran, dass es besonders schön war.

E Gut.

X setzt sich fast auf den Kinderwagen.

Das ist ja überhaupt kein Stuhl … Ist ein Kinderwagen.

Pause.

X Ist es komisch?

E Was?

X Die ganze Situation.

E Es ist okay. Ist eigentlich ganz cool, zwei neue Brüder zu haben.

X Wo ist die Mutter?

E Also Papa hat das Sorgerecht für die Kinder bekommen, und sie beantragt gerade Asyl.

X Wo wohnt sie?

E Weiß ich nicht.

X Das ist ja Scheiße für sie.

E Tja …

X Warum hat dein Vater sie verlassen?

E Ich weiß nicht, er ist nach dem Krieg zurückgekehrt, dann hatten Mama und Papa wieder was miteinander, weißt du, er ist vorbeigekommen, um mich zu besuchen, und dann sind sie, glaub ich, einfach wieder in was reinge…

X … flutscht. So ist das in der Liebe. Aber will er nicht, dass die Kinder ihre Mutter kennen?

E Ach, die sind doch noch so klein.

X Na ja, aber wenn sie älter sind, werden sie …

E Ja sicher. Ich weiß nicht, ich glaube, Mama will nichts mit ihr zu tun haben. Und wenn sie abgeschoben wird, dann kann keiner mehr was machen.

X Abgefuckte Lage.

E Ja, unsere Familie spezialisiert sich darauf.

VI.

Am Telefon.

G Ich werde euch beide umbringen. Ich schwöre, wenn du jetzt nicht sofort abnimmst, dann komme ich zu dir nach Hause und bringe euch beide um. So war das nicht geplant. So war das verfickt nicht geplant. Fickst du ihn gerade? Machst du das gerade mit ihm? Machst du das verfickt nochmal mit ihm?

Er legt auf. Er wählt noch mal.

Dieser Mann hat deine Tochter umgebracht. Er hat deine verdammte Tochter niedergemetzelt, und du überlegst dir, ob du

wieder mit ihm zusammenkommen willst? Was ist denn verfickt nochmal mit dir los?
Er legt auf. Er wählt noch mal.
Baby, warum tust du mir das an? Ich kann nicht essen, ich kann nicht schlafen, ich kann nicht verfickt nochmal … kann mir das einfach nicht aus dem Kopf schlagen, wie er dich anfasst. Ich drehe völlig durch, was tust du mir an? Wieso passiert das? WIESO VERDAMMT NOCHMAL TUST DU MIR DAS AN?
Er legt auf. Er wählt noch mal.
Hast du gerade dein Telefon ausgeschaltet? Du hast meine Telefonanrufe gesehen und dein Telefon ausgeschaltet. Jetzt reicht's. Ich komme jetzt zu dir.

VII.

Kassandra sagt Agamemnons Tod voraus.

C[4] Danke.
E Schon in Ordnung.
C Wo haben sie denn die neuen Pullis her?
E Die Krankenschwester hat sie gebracht.
C Die Krankenschwester?
E Sie haben eine Krankenschwester angestellt, um sich um sie zu kümmern.
C Oh.
Pause.
Geht es ihnen gut?

4 Kassandra

E Ja, es geht ihnen jetzt schon besser. Sie leben sich langsam ein.

C Sie leben sich ein.

E Ja, sind ja auch Babys.

C Gut.

E Ich verspreche dir, ich werde dafür sorgen, dass ihnen kein Haar gekrümmt wird.

C nickt.

Schön, dich kennenzulernen.

C Danke. Wirklich. Ich hab mir solche Sorgen gemacht.

E Wie geht es mit deinem Asylantrag voran?

C Nicht gut. Ich glaub nicht, dass ich bleiben darf.

E Aber wie wirst du dann deine Söhne sehen?

C Das ist denen, glaub ich, total egal.

E Scheiße.

Pause.

Die Kinder sehen aus wie wir, als wir noch Kinder waren.

C Wer?

E Ich und meine Schwester.

C Du hast eine Schwester?

E Ja, ich hatte eine Zwillingsschwester. Aber sie ist jetzt tot.

C Tut mir leid.

E Hat Papa dir das nicht erzählt?

C Er hat nie viel über sich selbst erzählt.

E Oder über seine Familie.

C Er hat gar nichts erzählt.

E Oh.

Pause.

C Wie geht's deinem Vater?

E Ich weiß, es ist alles ein bisschen komisch. Es ist total komisch, dass Mama und Papa wieder zusammen sind. Es funkt auch nicht so wirklich zwischen ihnen.

C Freust du dich?

E Ja, vielleicht. Ich war wütend, als er sie verlassen hat. Ich war auch auf dich wütend. Ich wollte, dass er wieder zur Vernunft kommt. Aber jetzt. Nach so langer Zeit.

C Vielleicht dauert es einfach ein Weilchen.

E Wieso bist du denn so gleichmütig.

C Bin ich nicht. Ich bin sehr zornig.

E So klingst du aber nicht.

C Manchmal trügt der Schein.
Pause.
Ich mache mir Sorgen um ihn.

E Meinen Vater? Wieso?

C Ich habe … Ich habe in letzter Zeit geträumt, dass … Er stirbt in meinen Träumen …

E Oh.

C Immer auf die gleiche Art. Er umklammert seine Brust. Er kann nicht atmen. Er ist rot im Gesicht. Er ist in der Badewanne. Jemand beobachtet ihn.

E Wer?

C Eine Frau. Dunkles Haar. Eckiges Gesicht. Dunkle Augen.

E Meine Mutter.

C Sie war es. Sie hat ihm das Getränk gegeben.

E Wie lange träumst du seinen Tod denn schon?

C Seit drei Nächten.

E Grausam.

C Du musst ihn davor warnen.

E Ich soll was?

C Bitte, sag es ihm.

E Wieso soll ich ihm von deinen …

C Es ist nicht das erste Mal. Ich hatte schon vorher Träume, die …

E Was?

C Sie werden wahr. Diese Träume. Was in meinen Träumen vorkommt, passiert danach im wirklichen Leben.

E Okay.

C Ich weiß, dass du mir nicht glauben willst. Du bist sicher eine Skeptikerin, das sind ja die meisten heutzutage, aber bitte deinem Vater zuliebe –

E Es ist im Moment sicher schwierig für dich.

C Nein, sag das bitte nicht, nein bitte –

E Es ist ja auch total logisch, dass du auf meinen Vater wütend bist.

C Ich weiß, das habe ich gesagt –

E Zornig.

C Ich weiß, dass ich das gesagt habe –

E Und solche Phantasien kommen ja oft vor –

C Nein, bitte, darum geht es hier nicht –

E Ich wurde mal von einem Typen sitzengelassen. Ich habe es erst rausgefunden, als ich eines Abends auf einer Party war. Ich bin in den Garten gegangen, und sie saßen beide da im Jacuzzi und haben rumgeknutscht. Er hat eine Freundin von mir geknutscht. Sie hatte ihre Hand in seiner Badehose, und er hat hochgeblickt, als ich rausgekommen bin. Sie hat mich aber nicht gesehen und hat weiter in seiner Badehose weitergemacht. Er hatte so einen atemlosen Ausdruck auf seinem Gesicht, als er »Tut mir leid« genuschelt hat. Ich habe wochenlang davon geträumt. Davon geträumt, wie ich in der Küche ein Messer hole und ihren Hals aufschlitze und mit dem Messer seine … der ganze Jacuzzi voller Blut.

C Das ist keine Phantasie. Ich will nicht, dass er stirbt. Deswegen sag ich dir das …

E Aber das Unterbewusste agiert oft …

C Wenn du mir jetzt keine Aufmerksamkeit schenkst, wird es nicht gut enden, das kann ich dir versprechen. Tut mir leid, das klingt wie eine Drohung. Ich bedrohe dich nicht. So was würde ich nie machen. Mache ich nicht. Ich versuche dir nur zu helfen. Versteh doch, ich versuche dir zu helfen.

E Wie hast du denn in letzter Zeit geschlafen?

C Es ist total egal, wie ich in letzter Zeit geschlafen habe. Es geht hier nicht um … Ich habe die Invasion meiner Heimat geträumt. Ich habe das Gemetzel auf den Straßen geträumt, wie die Denkmäler umgestürzt wurden, den jahrelangen Bürgerkrieg. Jede Nacht einen neuen Bombenanschlag, in genauem Detail und am nächsten Tag – oder ein paar Tage später – ist es genau so gekommen. Auch wenn du denkst, dass ich spinne, sag es ihm. Warne ihn.

E Dass meine Mutter ihn umbringen will?

C Ja.

E Ich glaube nicht, dass das gut ankommen würde.

C Für deinen Vater, bitte glaub mir.
Pause.

E Ich muss die Jungen jetzt wieder nach Hause bringen, sonst bemerkt noch jemand, dass sie weg sind.

VIII.

Aigisthos nimmt die Sache selbst in die Hand.

G Wieso habe ich dann einen Schlüssel?

Z Das weiß ich nicht, mein Herr, aber Sie sind nicht auf der Besucherliste.

G Ich bin der Vetter vom Eigentümer.

Z Das mag ja sein, aber Sie sind trotzdem nicht auf der Liste.
Pause.

G Ich schwöre, Sie werden das noch bereuen.
Pause.
Ich gehe sofort. Lassen Sie mich jetzt gehen, und wir können das Ganze einfach vergessen.
Er steht auf.

Z Bitte, mein Herr, bleiben Sie da, wo Sie sind. Ich will keine Gewalt anwenden müssen.

G Ich haue Ihnen Ihre verdammte Fresse ein.
Z zieht die Waffe.

Z Setzen Sie sich.
G setzt sich.
Sobald jemand bestätigt hat, dass Sie wirklich ein Vetter sind, können Sie sich gerne auf den Weg machen. Aber bis dahin muss ich Sie bitten, sitzen zu bleiben und sich zu beruhigen.

G Wie viel verdienen Sie denn hier?
Pause.
Egal, wie viel es ist, ich biete Ihnen das Doppelte.
Pause.
Das Dreifache.
Pause.
Sie haben keine Ahnung, wen Sie hier verarschen.

Z Vielleicht sollten wir einfach im Stillen warten.

G Ich war schon mal hier.

Z Das kann schon sein. Aber heute sind Sie nicht auf meiner Liste.
E kommt rein.

E Was ist denn hier los?

G Dank sei Gott. Kannst du ihm sagen –

E Was machst du hier?

Z Er hat sich selber reingelassen.

G Sag ihm, wer ich bin.

E Das ist der Liebhaber meiner Mutter.

G Sie macht einen Witz. Was sagst du da, verdammt nochmal. Sie macht einen Witz. Ich bin der Vetter von deinem Vater.

E Und er ist auch der Vetter von meinem Vater.

G Ich bin der Vetter von ihrem Vater. Punkt. Sie verarscht Leute gerne, stimmt's, du freche kleine … Du bist ein Störenfried, das bist du.
Zu Z Sehen Sie, ich darf hier sein.

E Darfst du das?

G Klar.

E Hast du immer noch einen Schlüssel.

G Ja.

E Zeig mal.

Z Gib ihn ihr.
G wirft E den Schlüssel zu. Sie gibt Z den Schlüssel.
Den nehmen Sie besser.

G Was verdammt …

E Sie können jetzt gehen.

Z Sind Sie sicher?

E Ja, alles in Ordnung.

G Hau ab, du Esel. Hau ab. Genau. Hau ab. Schön brav.
Z ist weg.
Wer war denn das, verdammt nochmal?

E Einer der neuen.

G Dem Typen müsste man mal die Kniescheiben kaputt schlagen. Und warum zum Teufel erzählst du ihm so was?

E Meinst du wirklich, er hat mir geglaubt?

G So ein Gerücht darf sich nicht verbreiten.

E Ist sicher schon passiert. Die Wahrheit verbreitet sich schnell.

G Wo zum Teufel ist deine Mutter?

E Fürs Wochenende weggefahren.

G Wohin?

E Zum Häuschen am See.

G Welcher See?

E Hat sie dich nie dahin mitgenommen?

A Wo ist es denn?

E Im Norden. Drei Stunden Fahrt. Fährst du jetzt hin?

G Das geht dich nichts an.

E Habt ihr noch was miteinander?

G Hast du mich gerade nicht gehört?

E Oder bist du nur ein psychotischer Exfreund?

G Ich warne dich. Halt sofort die Klappe. Ich bin schlecht gelaunt.

E Du kommst nicht sehr gut mit dieser neuen Situation zurecht.

G Ich komme ganz gut damit zurecht.

E Stellst du dir gerade vor, wie sie's miteinander treiben?

G packt sie am Hals.

Ich glaube nicht, dass du deine Aussichten bei ihr verbesserst, wenn du ihre Tochter erwürgst. Sie hat sich nicht besonders gefreut, als sie die andere verloren hat.

Er lässt sie los.

So, wie ich das sehe, solltest du dich eigentlich stark bemühen, mich bei Laune zu halten.

G Wieso denn das?

E Ich kann dein Leben zur Hölle machen, wenn ich will.

G Oh?

E Du willst sicher nicht, dass mein Vater davon erfährt, dass du seine Frau gefickt hast, während er weg war.

G Willst du mich erpressen?

E Heißt das so?

G Ich könnte dir stattdessen die Zunge abschneiden.
E Dann schreibe ich ihm einen Brief.
G Deine Hände schneide ich auch ab.
E Dann lerne ich, wie man mit den Füßen schreibt.
G Dir gehen langsam die Glieder aus.
E Es wäre vielleicht leichter, mich einfach bei Laune zu halten.
Pause.
G Was willst du denn eigentlich? Geld? Willst du Geld? Wie viel?
Was denn?
Sie lacht.
Was?

IX.

Dreiundzwanzig Minuten später.

E War nicht so schlimm, oder?
G Treib's nicht zu weit.
E Es schien dir eigentlich Spaß zu machen.
G Ich hab eine andere vor Augen gehabt.
E Wie bitte? So war das nicht abgemacht.
G Sind wir jetzt fertig?
E Nicht wenn du so eine Einstellung hast. Wir sind noch lange nicht fertig.
G Warum bist du so eine blöde Fotze?
E Weißt du, ich habe mich immer gefragt, was meine Mutter so toll an dir findet. Ist nämlich nicht sofort klar. Auf den ersten Blick.
G Was meinst du denn?

E Also du bist nicht gerade …

G Was zum Teufel sagst du da? Ich bin gutaussehend.

E Also, ekelhaft bist du nicht.

G Was verdammt nochmal ist mit dir los?

E Aber nachdem, was ich gerade erlebt habe, ist es ein bisschen verständlicher.

G Du findest nicht, dass ich gut aussehe?

E Also, wenn ich ein bisschen schiele und meinen Kopf nach links drehe.

G Spaß beiseite, du findest mich nicht attraktiv?

E Mach dir deswegen keinen Kopf. Im Bett bist du verblüffend gut.

G Du bist auch keine Cindy Crawford.

E Wer ist denn die?

Kubus geht mitten in der Szene kurz runter und dann hoch, Leuchtschrift: ***Neun Sekunden später.***
K kommt rein, spricht, während sie reinkommt.

K Was haben die gerade über einen Einbrecher gesagt …?
Sie sieht die beiden und bleibt stehen.
Stille.
Was zum Teufel geht hier vor?

E Mama, beruhig dich.

K WAS ZUM TEUFEL GEHT HIER VOR?

E Ich dachte, du kommst erst heute Abend wieder.

K Du ekelst mich an.

E Was? Ich dachte, ihr hättet Schluss gemacht. Wo liegt das Problem?

K Sofort raus.

E Das ist mein Schlafzimmer.

K SOFORT RAUS.

E Ich muss mich ja eh duschen.
Während sie rausgeht.
Aber echt, Mama. Beruhig dich doch.
Sie ist weg.

K Bist du wahnsinnig geworden?

G Wo warst du?

K Sie ist meine Tochter.

G Wieso hast du mir nicht gesagt, wo du hinfährst.

K Und deshalb fickst du einfach meine Tochter?

G Ich hatte keine Wahl.

K Wie bitte?

G Sie hat mich erpresst.

K Was?

G Sie hat gedroht, ihrem Vater alles zu erzählen.

K Blöde Fotze.

G Ja, warum ist sie eigentlich so ’ne blöde Fotze.

K Ich wusste, sie würde ein Problemkind sein. Und wie kommst du jetzt hier raus, ohne von ihm gesehen zu werden?

G Weiß nicht, vielleicht klettere ich durchs Fenster raus. Wieso hast du mir nicht gesagt, dass du wegfährst.

K Es war eine Überraschung. Er hat mir die Augen verbunden und mich ins Auto gepackt.
G macht angewiderte Geräusche.
K findet einen Dildo.
Und was zum Teufel ist das?

G O Gott.

K Du perverses Arschloch.

G Das ist nicht von mir. Ich weiß nicht, wo sie es her hat. Aber ich kann dir sagen, es war nicht ihre erste Spritztour.

K Ich bringe dich um.

G Mich? Und was hast du die letzten anderthalb Wochen gemacht?

K Ich muss schon mitspielen. Die Leute werden doch stutzig, wenn er sofort stirbt, nachdem wir wieder zusammenkommen.

G Ich habe in deinem Papierkorb drei Kondome gefunden.

K Was? Wo?

G Ich bin in dein Schlafzimmer gegangen. Ich habe drei Kondome gefunden. Mit seinem Sperma drin.

K Die Putzleute hätten die eigentlich entfernen sollen.

G Ich dachte, du versuchst, Ausreden zu finden, damit du ihn nicht ficken musst?

K Mach ich ja auch, mach ich ja auch.

G Stammen die alle aus einer einzigen Nacht?

K JETZT REICHT'S.

G ICH KANN DEN GEDANKEN NICHT AUSSTEHEN, DASS ER DICH ANFASST, ICH WILL DICH AUSKRATZEN, JEDE SPUR VON IHM VON DIR TILGEN, WIESO BRAUCHST DU SO VERDAMMT LANG?

Sie gibt ihm eine Ohrfeige. Er wird still.

K Reiß dich mal zusammen. Wir werden das regeln. Aber du musst dich zusammenreißen. Das ist nicht der Mann, in den ich mich verliebt habe.

G Wir machen es heute.

K Okay, aber du musst dich zusammenreißen. Sonst verdirbst du es für uns beide.

G Mach dir um mich keine Sorgen.

K Und lass die Finger von meiner Tochter.

X.

A Schau mal einer an. Meine zwei Mädels. Super, nicht? Super, oder? Freust du dich, dass ich wieder da bin?

E Natürlich.

A Schau dich mal an. Erwachsen. Eine richtige Frau. Jetzt hast du Brüste.

E Ich hatte schon Brüste, bevor du weg bist.

A Ja, aber sie sind jetzt größer.

E O Gott.

A Darf ich so was nicht sagen?

E Nein.

A Natürlich darf ich das. Ich darf das sagen. Du hast einen sehr schönen Busen.

E O Gott.

A Gute Gene … Wir sind eine gute genetische Paarung, oder?

K Wenn du das sagst.

A Schau sie mal an. Schau mal diese verdammte … Sie ist wie eine heutige, wie heißt sie schon wieder? Die Göttin, wie heißt sie. Die Schöne?

E Es gab viele schöne Göttinnen.

A Nein, diese griechische Göttin, die den Schönheitswettbewerb gewonnen hat.

K Ich glaub nicht, dass es in der griechischen Mythologie Schönheitswettbewerbe gab.

A Doch, es gab einen Schönheitswettbewerb. Sie haben einen armen Hund, einen Sterblichen, dazu gezwungen, zwischen drei oder vier Göttinnen die Schönste auszuwählen.

E Das war Paris.

K Paris. Schatz, er hat doch gerade gesagt, dass das alles in Griechenland stattgefunden hat.

E O Gott.

K Was?

E Paris, so hieß der Sterbliche.

K Ach so, jetzt weiß ich, was du meinst.

A Ja, und er musste die schönste Göttin aussuchen.

E Aphrodite.

A Genau. Die bist du, eine heutige Aphrodite.

E Danke, Papa.

A Hey, was für 'n Tag ist denn heute.

E Dienstag.

A Weißt du, was wir machen sollten. Ins Kino gehen – so wie früher. Weißt du noch, wie wir früher dienstagabends ins Kino gegangen sind. Zum halben Preis.

E Das Kino gibt es nicht mehr.

A Gibt's nicht mehr?

E Wurde dichtgemacht.

A Sie haben das Tivoli dichtgemacht?

E Ja.

A Wusstest du das?

K Ja.

A Wann ist denn das passiert?

K Vor ein paar Jahren.

E Es geht doch keiner mehr ins Kino. Besonders nicht Arthausfilme.

A Ach so. Streaming und so was. Ich hab davon gehört. Downloads.

E Ja.

A Verdammt schade. Ich hab dieses Kino früher geliebt.

E Weißt du noch, als wir da *Den letzten Tango in Paris* gesehen haben.

A Ein großartiger Film.

K O Gott.

E Du kannst dich nicht daran erinnern?

K Ich schon.

E Mama, ich will wissen, ob er sich daran erinnert.

A Aber der Film ist doch schon fast fünfzig Jahre alt.

E Ja, es war eine Neuauflage.

A Und wir haben dich mitgenommen ins Tivoli?

E Und du hast ewig davon erzählt, was für ein toller Film das ist, und wie ich ihn lieben würde, und dann hast du der Frau hinter dem Tresen noch erzählt, wie sehr du dich darauf freust, mir den Film zu zeigen, und sie hat dich total merkwürdig angeschaut, als sie das Popcorn in die Tüte geschaufelt hat. Weil du die Butterszene vergessen hattest.

A Welche Szene?

E Du erinnerst dich immer noch nicht.

A Butter?

E Es ist die berühmteste Szene im ganzen Film.

A Welche Butterszene? Ich erinnere mich nicht an eine Butterszene.

E Und wir saßen da im Kino, und der Film war von Anfang an sehr merkwürdig. Viele Nacktszenen und so komische französische Philosophie, und ich frage mich schon, warum du gedacht hast, dass das ein toller Familienausflug sein könnte. Ich sitze da also zwischen dir und Mama.

K O Gott.

E Und dann kommt diese Szene, sie treffen sich die ganze Zeit in einer leeren Wohnung, treffen sich nur, um miteinander zu schlafen, sie treffen sich schon seit Wochen, aber haben sich einander nicht vorgestellt, sagt er, der Typ, der von Marlon Brando gespielt wird –

A Ach so, ja, der Marlon Brando. Großartiger Schauspieler, der

Brando. Er wurde aber sehr dick, oder war das Jack Nicholson?

E Er sagt, er will nichts über ihre Vergangenheit wissen, und er will nicht, dass sie etwas über seine weiß. Es gibt keine Außenwelt, nur die zwei, die Wohnung, Sex.

A Ein ziemlich anzüglicher Film, nicht?

E Du erinnerst dich nicht mal daran?

A Ich weiß nicht. Ich erinnere mich nur daran, dass er großartig war. Der Film ist großartig, oder?

E Auf jeden Fall sind sie in der Wohnung und schlafen miteinander, und dieses Mal will er, na, du weißt schon.

A Hä?

E Er will sie anal ficken.

A Pass auf, was du sagst.

E Wie soll ich das denn sonst sagen?

A Weiß nicht, umschreib es einfach.

E Du hast mich zu dem Film mitgenommen.

A Ich habe dich zu dem Film mitgenommen?

E Und ich sitze da zwischen euch zwei.

K O Gott.

E Und Marlon Brando hat kein Gleitmittel.

A Mann, müssen wir darüber reden?

E So war die Szene. Du hast mich ja zu dem Film mitgenommen.

A Ich kann mich echt nicht daran erinnern.

E Also geht er und holt die Butter aus dem Kühlschrank oder aus seiner Einkaufstüte oder aus ihrer Einkaufstüte, ich weiß nicht mehr, aber er holt die Butter und benutzt sie stattdessen.

A Das ist ja verdammt krankhaft. Wieso redest du darüber?

E Ich saß zwischen euch beiden, und wir haben jeglichen Augenkontakt vermieden, und die einzige andere Richtung, in die ich gucken konnte, war auf die Leinwand, wo Marlon Brando dieses Mädchen mit Butter anal fickt.

K Okay, jetzt reicht's aber. Hör bitte damit auf. Du bist voll pervertiert.

A Die hätten mich an der verdammten Kasse warnen sollen. Sie haben mir erlaubt, meine Tochter in einen Porno mitzunehmen.

E Auf jeden Fall denke ich jedes Mal daran, wenn ich das Wort Tivoli höre. An unseren Familienausflug in *Den letzten Tango in Paris*.

A Kein Wunder, dass ich mich nicht daran erinnere. Ich habe eine posttraumatische Belastungsstörung. Gibt es denn kein anderes Kino?

E Doch, das große Kino im Einkaufszentrum.

A Was läuft da gerade?

E Das zweite *Die Tribute von Panem*.

A *Tribute von Panem*, was ist denn das?

E Du hast noch nie von *Die Tribute von Panem* gehört? Lebst du hinter dem Mond?

A Du weißt genau, wo ich die letzten Jahre gewesen bin.

E Da bringen Kinder einander in einer futuristischen Dystopie um.

A Klingt ja gut.

K Ich kann nicht mitkommen.

A Was, wieso nicht?

K Ich habe Kopfweh. Ich habe meine Tage.

A Du bekommst noch deine Tage?

K Ja.

A Dann müssen wir wohl aufpassen. Wir haben genügend Kinder.

K Du hast ja zwei mehr als ich.

A Hey. Sag das nicht. Ist ja nicht gut, wenn die denken, dass sie nicht dazugehören.

K Zu mir gehören sie nicht.

E Mama.

K Ich erlaube ihnen, hier zu wohnen. Das reicht doch, oder?

A Du erlaubst ihnen, nirgends zu wohnen. Das hier ist mein Haus.

K Es ist unser Haus.

A Das Haus gehört meiner Familie.

K Das Scheidungsgericht würde mir trotzdem die Hälfte davon zusprechen.

A Willst du das mal austesten?

E Hat ja nicht lange gedauert, bis ihr wieder angefangen habt, euch zu streiten?

A Es ist mir sehr wichtig, dass du die Jungen unter deine Fittiche nimmst und als deine eigene Kinder betrachtest.

K Seit wann kümmerst du dich so sehr um das Wohlbefinden deiner Kinder?

A Was soll das jetzt bedeuten?

K Du weißt genau, was das bedeutet.

E Leute. Aufhören!

A Ich dachte, das lassen wir sein? Ich dachte, das Vergangene sei vergangen.

K In Ordnung.

A Hatten wir uns nicht darauf geeinigt?

K Ja.

A Also dann.

Pause.

K Ich sollte sie kennenlernen.

A Wen?

K Du weißt schon, wen ich meine.

A Wen?

K Die Mutter deiner anderen Kinder, wen denn sonst?

A Warum?

K Wir könnten sie zum Abendessen einladen.

A Was sagst du da?

K Sie ist sicher einsam, so ganz allein in diesem fremden Land, und sie hat ihre Kinder schon lange nicht mehr gesehen.

A Was hast du vor?

K Was, soll ich keine Gastfreundschaft zeigen?

A Du benimmst dich gerade sehr merkwürdig.

E Ich finde, das ist 'ne gute Idee.

K Dein Vetter ist gerade auch im Lande. Den sollten wir auch einladen.

A Meinen Vetter? Der magere Schwanzlutscher? Den kann ich überhaupt nicht leiden.

K Wir könnten die zwei ja verkuppeln.

A Der ist doch eine Schwuchtel, oder?

K Nein, glaub nicht.

A Ich bin mir ziemlich sicher, dass er eine Schwuchtel ist.

E Nee, glaub ich auch nicht.

K Woher weißt denn du das?

E Er macht einfach den Eindruck, dass er ein Frauenheld ist. Das Gefühl bekommt man bei ihm einfach.

K Das Gefühl?

A Habt ihr euch schon mal sein Gesicht angesehen? Er sieht so aus, als hätte ihm jemand nach der Geburt einen Haken durch die Nase gezogen und ihn daran aufgehängt.

K Ich finde, er sieht gut aus.

E Ich auch. Große Nase, große …

A Der Schwanzlutscher? Ihr verarscht mich. Ich glaub, du musst wieder mal zum Optiker. Du brauchst definitiv neue Kontaktlinsen.

K Bist du eifersüchtig?

A Eifersüchtig? Fick dich.

E Hey, keine Kraftausdrücke, ja.

K Doch, bist du. Du willst sie für dich selber behalten.

A Fick dich. Mir ist es doch scheißegal, mit wem sie zusammen ist. Ich bin doch mit dir zusammen.

K Okay, dann können wir sie ja zum Essen einladen und verkuppeln.

Pause.

A Wenn's sein muss.

E Ich finde, das ist 'ne ganz tolle Idee.

K Ja, dachte ich mir.

A Wann?

K Du hast doch am Sonntag Geburtstag, oder?

A Nicht an eurem Geburtstag?

E Ist okay.

K Wir werden doch eine große komplizierte glückliche Familie sein.

E Das wird bestimmt Spaß machen.

K Aber garantiert.

XI.

Verlegenes Schweigen.
Schlussendlich.

A Das war eine Schnapsidee.

K Ich amüsiere mich köstlich. Du dich nicht?

X Ich finde es sehr nett.

A Wer ist denn der Typ?

K Red keinen Unsinn!

A Ich hab echt keine Ahnung, wer das ist.

K Das ist doch der Freund von Iphigenie. War der Freund von Iphigenie.

A Er sieht anders aus.

X Vielleicht habe ich ’ne neue Frisur.

E Nee, eigentlich ist deine Frisur genau so wie früher.

A Ach, du warst der Typ mit dem Nasenring.

E Sieht er so aus, als ob er ein Nasenpiercing hat?

X Nein.

A Weiß nicht, das kann ich von diesem Ende vom Tisch nicht sehen.

X Wer war denn der Typ mit dem Nasenring?

E Niemand, irgendein Typ, mit dem sie ein paar Wochen vor dir was hatte.

A Der war cool. Hat in einer Heavy-Metal-Band gespielt.

E Das war eine Punkband.

X Er scheint wirklich einen Eindruck hinterlassen zu haben.

A Wer hat denn dich eingeladen?

X Ach, ich …

K Ich habe ihn eingeladen.

A Warum?

K Damit E jemand hat, mit dem sie sich unterhalten kann.

E Ach danke, Mama.

K Außerdem hat Iphigenie ja auch Geburtstag.

A *an G gerichtet* Wieso sitzt du da so stumm wie ein Fisch?

G Ich hab keinen Text.

A Du warst schon immer ein richtiger Griesgram, weißt du das? Seit deiner Geburt.

G Ich glaub nicht, dass ich besonders …

A Ständig am Meckern über irgendwas. Erinnerst du dich noch an das Mal, als du in die Hose geschissen hast?

G Ich habe nie …

A Ach, tu nicht so, wir scheißen alle irgendwann mal in die Hose.

G Ich weiß nicht, was du meinst.

A Wir haben auf der Straße Fußball gespielt. Ich und mein Bruder, und ein paar andere Kinder. Dieser Typ hier ist uns immer hinterhergelaufen. Wir haben ihm erlaubt, Torwart zu sein, und ich renne über das Spielfeld, ich komme an zwei oder drei Angreifern vorbei und laufe Richtung Tor, und er steht einfach da, mit einem gelähmten Ausdruck im Gesicht, und ich trete den Ball kräftig, ein wunderschöner geschweifter Schuss, der ihn voll in den Bauch trifft. Er schreit wie ein kleines Mädchen, krümmt sich, schreit, dass er petzen wird, erinnerst du dich noch?

G Das war, glaub ich, jemand anderes.

A Und dann sehen wir, dass ihm die Kacke am Innenschenkel runterläuft. Erinnerst du dich daran? Und alle gucken und zeigen mit dem Finger und sagen ihm, dass er in die Hose geschissen hat und dass es an seinem Bein runterläuft, jetzt in seinen Turnschuh, und er steht da und schreit uns an, nein, habe ich nicht, habe ich nicht, ich habe nicht in die Hose geschissen. Ich habe nicht in die Hose geschissen.

G Das war ich nicht.

A Natürlich warst du das. Ich erinnere mich noch daran.

K Müssen wir in diesem Augenblick über Scheiße reden?

A Dein Vater hat mich dafür windelweich gehauen. Wusstest du das?

G Jetzt reicht's aber.

A Du hast dich immer hinter deinem Papa verborgen, nicht?

E Papa, lass ihn in Ruhe.

A War doch ’ne lustige Geschichte, oder? Ich versuche nur, die Stimmung ein bisschen aufzulockern. Eh ein blöder Anlass für ein Essen, wenn du mich fragst. Sie wollte euch verkuppeln.

C Wen?

A Dich und meinen grantigen Vetter hier. Als Art Trostpreis.

G Trostpreis?

A Tja, man kann halt nicht immer Erster sein. Was wirst du jetzt machen, in die Hose scheißen? Ich mach doch nur ’n Witz. Einen Witz. Witzige Witze.

C Ich werde keine neue Beziehung anfangen.

K Ach was, man sagt doch neue Liebe, neues Leben.

A Weißt du, dass sie in die Zukunft schauen kann. Zeig ihnen doch mal. Was gibt es als Nachtisch?

C Crème brûlée.

A Du warst in der Küche, oder? Hast gesehen, wie die Köche sie zubereitet haben.

E Gibt es Crème brûlée?

K Ja.

X Ich liebe Crème brûlée. Ich bin ja eigentlich Veganer, aber für Crème brûlée mach ich eine Ausnahme. Obwohl man in diesem Lande selten eine gute Crème brûlée findet. Oft ist die Schicht obendrauf einfach nicht verbrannt genug, weil sie nicht genug Zucker benutzt haben oder keinen Flambierbrenner benutzt haben, weißt du, man sollte immer so einen Flambierbrenner benutzen, wenn man Crème brûlée macht.

A Wer verdammt nochmal ist dieser Typ?

K Hör damit auf.

A Versuchst du, die zwei auch zu verkuppeln? Keine schlechte

Idee. Sie sieht ja genau gleich aus wie I. Also keine große Eingewöhnung nötig.

E Ich hab vielleicht schon jemand anderes auf dem Radar.

X Tust du das?

A Nur zu, Schatz. Man ist ja nur einmal jung. Tob dich aus.

E Du dachtest doch nicht, dass wir …

X Nein, nein, überhaupt nicht, nein. Ist mir überhaupt nicht in den Sinn gekommen.

E Wär ja ziemlich komisch.

X Absolut. Total komisch.

A Wer ist denn dieser andere Typ. Würde ich gerne wissen.

K Sie macht bloß Witze, es gibt keinen anderen Typ.

E Doch, gibt es.

K Nein, gibt es nicht.

E Doch, gibt es.

K Ich verspreche dir, es gibt keinen.

A Was ist denn mit euch beiden verdammt nochmal los?

X Ja, was ist denn los?

A Und du kannst mal die Klappe halten, du bist zu nett. Ich traue dir nicht.

X Okay.

Stille.

K Ach, ist es nicht wunderbar. Ich finde es wunderbar.

A Du bist besoffen.

K Ich bin glücklich. Darf ich nicht glücklich sein?

A Sie hat mir an Silvester erzählt, dass dieses Jahr ihr Ich-Jahr wird. Das war ihr Neujahrsvorsatz – ein Ich-Jahr. Läuft's gut, dein Ich-Jahr?

K Darf ich nicht glücklich sein?

A Nach all diesen Jahren entschließt du dich heute Abend plötzlich, glücklich zu sein?

K Also, gewisse Ereignisse ändern einfach die Lebenseinstellung eines Menschen.

A Es gibt auch gewisse Ereignisse, bei denen eine gewisse Art Mensch ewig verweilt. Morbide verweilt, zu Kosten –

K Auf Iphigenie.

Sie hebt ihr Glas an.

A Auf Elektra.

Er hebt sein Glas an. Die anderen folgen.

K Auf die, die nicht mehr bei uns sind.

A Auf die, die wir zum Glück noch bei uns haben.

K Auf die Vergessenen.

A Auf die, die nie vergessen werden.

K Auf die verlorenen Jahre.

A Auf die vielen Jahre, die uns noch bevorstehen. Auf Hoffnung. Auf Glück. Auf Familie. Auf Liebe. Auf Vergebung. Auf alles, was eine Familie zusammenhält, trotz der Komplikationen und der Grausamkeiten des Schicksals.

ALLE Auf die Familie.

Sie trinken.

K Das war ja sehr rührend, mein Liebling. Ich hatte fast vergessen, dass du zu solcher Zärtlichkeit fähig bist.

A Hau ab. Du hast dich einfach entschlossen, mir die Rolle des Bösewichts zuzuteilen. Ich bin immer noch der gleiche Mann wie früher.

K Ist natürlich alles eine Lüge.

A Bitte, nicht vor den Gästen. Du bist besoffen.

K ICH BIN GLÜCKLICH, ICH BIN GLÜCKLICH, SIEHST DU NICHT, DASS ICH EINFACH GLÜCKLICH BIN?

A Okay, du bist glücklich.

K Ich sehe endlich einen Ausweg aus dem Loch, in dem ich mich befinde. Das Loch, in das du mich reingetan hast.

A Es kann dich keiner in ein Loch reintun.

K Also, du hast mich definitiv in ein Loch getan.

A »Niemand kann dich dazu zwingen, irgendwas zu fühlen, ohne dass du dieses Gefühl erlaubst.«

K Du hast mich sehr tief vergraben, und ich habe lange gebraucht, wieder an die Oberfläche zu kommen, aber ich komme jetzt wieder an die Oberfläche.

A Weißt du, wer das gesagt hat? Eleanor Roosevelt.

X Eigentlich hat sie gesagt, »niemand kann dir ein Minderwertigkeitsgefühl aufzwingen ohne deine Bereitschaft dazu«.

K ICH BIN GLÜCKLICH, HÖRST DU?

X Es war eigentlich eine feministische Aussage, nicht …

A HALT DIE KLAPPE, WER HAT DICH EINGELADEN?

K ICH BIN GLÜCKLICH, ICH BIN GLÜCKLICH.

Pause.

A Ich glaub, sie will uns sagen, dass sie glücklich ist.

K Fick dich.

Pause.

A Weißt du noch, wie du mich früher immer gefragt hast, wie mein Leben vor dir war?

C Ja.

A Also, das war jetzt eine kleine Vorschau. Aber glaub mir, sie hat kaum an der Oberfläche gekratzt.

K Wieso hast du sie verlassen, wenn das so ist.

A Tja, meine Geliebte, eines der großen Geheimnisse des Lebens ist, wie wir uns zu einer Frau hingezogen fühlen können, die aus jedem anderen Winkel wie eine Gorgone aussehen würde, aber aus unserem spezifischen Blickwinkel engelhaft scheint, egal, was sie macht, egal, wie viel Gift sie aus dem Schlangennest spuckt, das in ihren Haaren haust, egal, wie lange man schon zu Stein verwandelt wurde durch

ihren Blick, engelhaft, schmerzlich schön, nicht schön, das ist das falsche Wort, es ist ein total anderer Sinn, einer, der noch nie benannt wurde, einer, der dein Herz schmilzt und dich machtlos zurücklässt, der dich jedes Mal wieder zurückführt, wenn du sie verlassen willst, irgendeine Art Urverbindung, erfunden und zugeteilt, bevor es den Menschen gab, und wenn irgendein Anfängergott an seinem ersten Arbeitstag euch falsch kombiniert, dir voll den falschen Partner zugeteilt hat, tja, dann musst du dieses Kreuz einfach tragen, du versuchst zu entkommen, aber es gelingt nicht, du findest jemanden, der viel besser zu dir passt in jeder Weise, auf dem Papier sollte sie die Richtige sein, es funkt, im Bett ist alles super (war es wirklich), ihr schaut einander in die Augen, und du fühlst all die Klischees, ihr könnt euch gegenseitig die Gedanken lesen, du willst für immer bei ihr bleiben (wollte ich wirklich, das verspreche ich), aber dennoch zieht der Magnet, der große gorgonische Magnet der Vorherbestimmung, dich einfach zurück, trotz all deiner guten Vorsätzen (waren sie wirklich), und jetzt steckst du bei dem blödesten Essen der Welt fest, mit einer Frau, die du hasst, aber ohne die du nicht leben kannst, aber die du so sehr hasst, aber ohne die … du einfach nicht leben kannst.
Stille.

K Wo ist denn der Nachtisch geblieben.

A Du hast Geburtstag.

E Ja, das hab ich.

A Wir verderben dir den Geburtstag.

E Ja, das tut ihr.

A Tut mir leid, Schatz.
Pause.

E Ihr könnt es ja wiedergutmachen.

A Was auch immer du dir wünschst.

E Lass sie die Kinder heute Abend mit sich nach Hause nehmen.

K Nein.

G Keine gute Idee.

E Wieso interessiert dich das?

G Ich …

K Nein, bitte, alles andere …

E Seht ihr nicht, dass wir einfach eine weitere kaputte Familie schaffen.

K Schatz, du verstehst nicht …

A Wieso nicht, lass sie doch die Kinder mitnehmen.

C Danke.

E Ich hätte gerne noch ein weiteres Geburtstagsgeschenk.

A Ja.

E Ich möchte, dass ihr dafür sorgt, dass sie eine Aufenthaltsgenehmigung bekommt.

C Das ist nicht notwendig …

E Sie bleibt hier. Und die Jungen werden zwei Eltern haben. So wie es sein sollte. Okay?

Pause.

A Okay.

E Seht ihr. Es gibt die Erlösung doch.

XII.

G Es tut mir leid.

C Nicht vor den Kindern.

G Die schlafen doch, oder?

C Sie werden aufwachen.

G Tut mir leid, ich habe ja versucht, dich davon abzuhalten, sie mitzubringen.

C Ich weiß nicht, warum ich nicht dahintergekommen bin, ich hab's gesehen. Diese Lichter von der Autobahn. Dieser Imbisswagen, an dem wir gerade vorbeigegangen sind. Die Fabrik in der Entfernung. Und dann diese Weißglut in meiner Brust, die Kälte des Bodens, die Pfütze, in die ich starre. Ich hätte dahinterkommen sollen.

Pause.

Macht sie es jetzt?

G Das hoffe ich, verdammt nochmal.

C Wieso?

G Er hatte ihre Tochter umgebracht.

C Nein. Du. Wieso machst du es?

G Ich liebe sie.

C Es gibt noch was anderes.

Pause.

G Mein Bruder. Er war in einem Regiment von ihm. Sie waren in der Provinz stationiert mitten in den Bergen, überall verdammte Rebellen. Zwei oder drei Soldaten pro Tag, Bomben am Straßenrand, Selbstmordattentate, ich habe ihn gebeten, versetze ihn doch bitte in den Stab, nimm ihn als Bodyguard, gib ihm einen Schreibtischjob, irgendwas. Er hat sich geweigert. Er hat gesagt, wenn ich für deinen Bruder, seinen eigenen Vetter, anfange, Ausnahmen zu machen, wenn ich anfange, für deinen Bruder Ausnahmen zu machen, dann muss ich für alle Ausnahmen machen, wo endet das? Drei Wochen später ist er getötet worden. Einer deiner Landesleute.

Pause.

Weißt du, wie ich es machen werde?

Sie nickt.

Er zieht die Waffe.

C Hast du Angst?

G Halt die Klappe.

Pause.

C Bitte. Nimm mich von hier weg. Irgendwo da drüben. Weg von den Kindern.

G Mir läuft die Zeit davon.

C Das geht doch. Wir machen das schnell. Da drüben.

Pause.

G Okay. Geh vor.

Sie gehen.

Lange Stille.

Pistolenschuss.

Die Babys fangen an zu weinen.

G kommt wieder rein.

Er steht vor den weinenden Babys.

Er hebt die Pistole hoch.

XIII.

Die Königin Klytämnestra erfüllt ihren lang gehegten Wunsch, sich an Agamemnon für den Mord ihrer Tochter zu rächen.

A Erinnerst du dich noch an unsere Spaziergänge früher.

K Hä?

A Am Anfang. Als wir zuerst zusammengekommen sind. Wir sind oft spazieren gegangen. Mit keinem besonderen Ziel, einfach umhergewandert, und haben geredet und geredet. So haben wir einander kennengelernt. Während wir durch die Stadt gelaufen sind.

K Du hattest noch eine Freundin.

A Hatte ich das?

K Erinnerst du dich nicht mehr an sie? Ihr wart doch drei Jahre lang zusammen, glaub ich.

A Ach Hanna, ich war noch mit ihr zusammen?

K Ja.

A Ich war nie gerne alleine.

K Aber du bist immer alleine.

A Was?

K Alleine. In deiner Schale. Entschließt dich da drinnen alleine, wie die Zukunft sein soll. So wie du sie willst.

A Du hast mir im Botanischen Garten einen runtergeholt. Weißt du noch? Durch meine Klamotten. Wir sind durch die ganze Stadt gelaufen und konnten die Hände nicht voneinander lassen. Wir haben einen Platz abseits gesucht unter einer großen Tanne, wir saßen auf einer Bank, und du hast mich durch meine Kleider gerieben, während wir über Venedig gesprochen haben.

K Venedig?

A Ja, wie still es da ist. Nur das Plätschern des Wassers. Und Gassen, in denen man sich auf langen Spaziergängen verlaufen kann.

K Das stimmt, du wolltest mit mir nach Venedig.

A Großartige Stadt, Venedig.

K Wir sind da nie hin.

A Was? Ich habe dich nie dahin mitgenommen?

K Nein.

A Aber das war doch der Plan. Dass ich Hanna verlassen würde und wir danach Venedig besuchen würden.

K Du wurdest wohl davon abgelenkt.

A Es tut mir leid, dass wir nie in Venedig waren.

K Macht nichts.

A Ich nehme dich dieses Jahr mit nach Venedig. Das hier ist lecker, was hast du denn reingetan?

K Ist bloß Whiskey.

A Schmeckt aber anders als sonst. Ist lecker.

Pause.

Was ist denn aus den Spaziergängen geworden?

K Die Kinder kamen.

A Tja, wir haben ja keine Zwillinge erwartet, oder?

K Nein.

A Verdammter Albtraum, das erste Jahr.

K Du warst nicht mal da.

A War ich. Ich bin jede zweite Stunde aufgewacht und habe sie dir gebracht.

K Ein oder zwei Male, vielleicht.

A Oft. Ich war oft da.

K Du warst die halbe Zeit auf Manövern weg.

A Willst du morgen früh spazieren gehen? Schmeckt wirklich anders als sonst. Welcher Whiskey ist denn das?

K Der mit dem grünen Etikett. Weiß nicht, wie er heißt.

A Morgen früh gehen wir spazieren. Einfach ins Blaue.

K Wir werden nie wieder zusammen spazieren gehen.

A Doch, das werden wir sicher. Man muss sich nur um die Terminplanung bemühen. Man muss sich einfach die Zeit dafür nehmen und nichts dazwischen kommen lassen. Hey, schau mich an. Ich will es noch mal versuchen. Nach all dem, was wir durchgemacht haben, will ich, dass wir endlich zusehen, dass es verheilt.

K Es ist schon zu spät.

A Ich verstehe den Schmerz, mit dem du gelebt hast.

K O nein.

A Doch. Ich habe sie auch verloren.

K Du wirst nie verstehen, wie sich das angefühlt hat.

A Wieso können wir diesen Schmerz nicht teilen? An der Beerdigung unserer Tochter hast du dich geweigert, mit mir zu sprechen. Du bist einfach weggefahren, ohne mit irgendjemandem zu sprechen. Ich habe versucht, die Kluft, die du zwischen uns gegraben hast, zu überbrücken, ich habe es versucht, aber du hast sie immer breiter und breiter gemacht, bis … wieso konnten wir keinen Weg finden, den Schmerz zu teilen –

K Du hast das gemacht. Nicht ich.

A Ich hatte keine Wahl.

K Es gab Tausende andere Möglichkeiten. Du hast die Hoffnung aufgegeben.

A ES GAB KEINE HOFFNUNG MEHR

K DOCH, ES GAB NOCH HOFFNUNG, ICH HÄTTE NOCH ZEHN JAHRE MIT IHR HABEN KÖNNEN, ZWANZIG, ABER DU HAST MIR DAS WEGGENOMMEN, ES HÄTTE IHR GUTGEHEN KÖNNEN

A ES WÄRE IHR NIE WIEDER GUTGEGANGEN

Pause.

Ich habe versucht, dich davor zu beschützen.

K ICH WAR NICHT DA, du verstehst nicht, was das mir angetan hat und mir immer noch antut, ICH KONNTE MICH NICHT VON IHR VERABSCHIEDEN.

Stille.

A Es tut mir leid.

K Heute Abend kann ich dir vielleicht verzeihen, erst heute Abend, wenn alles fertig und abgeschlossen ist.

Pause.

Ich will, dass du weißt, dass du dir das selber angetan hast. Ich will, dass du weißt, dass du uns auseinandergerissen hast, sie weggerissen hast, du hast meine Liebe für dich zerstört, als du sie zerstört hast, und vielleicht kann meine Liebe für dich, heute Abend, wenn alles erledigt ist, wenn du gebüßt hast, zurückkommen, und ich werde dich wieder lieben. Ich werde dich wieder lieben.

Pause.

A Ich kann dich nicht mehr richtig sehen. Es gibt einen feinen Nebel vor meinen Augen. O Gott, mein Körper. Ich bin nicht mehr an Alkohol und heiße Bäder gewöhnt.

K Es ist das Getränk.

A Ich kann dich nicht hören, was ist mit meinem Gehirn, ich bin todmüde.

K Es ist zu spät, mein Liebling.

A Ich bin so müde.

K Verabschiede dich jetzt.

A Was?

K Das Getränk.

A Das Getränk?

K Es ist im Getränk. Ich hab es in das Getränk getan.

A Was hast du in das … Ich kriege keine Luft, wieso kann ich nicht atmen, mein Herz, Scheiße, mein Herz …

K Verabschiede dich jetzt, mein Schatz.

A Verabschieden?

K Ich liebe dich.

A Was hast du … du verrückte verfickte …

K Schhhhh…

A Du…

K Ich liebe dich.

A Du verfickte …

K Ich liebe dich.

A Ich hoffe, du schmorst in der Hölle.

K Schhhhhhhhhhhhhh…

A Wieso ist alles weiß … Ich kann nur noch weiß sehen … alles ist weiß …

Er stirbt.

Stille.

Sie streichelt sein Gesicht.

Sie küsst ihn.

K HILFE. KANN MIR IRGENDJEMAND HELFEN.

Sie steigt in die Badewanne und hält ihn fest.

HILFE BITTE HILFE.

Sie wartet.

O GOTT HILFE

E kommt rein.

E Was ist los?

K Dein Vater, ich glaube, er, er konnte nicht mehr atmen, ich glaube, er …

E O Gott, Papa. Kannst du mich hören? Papa.

K Es gibt keinen Puls mehr, ich glaube, er ist …

E PAPA.

K Ruf einen Krankenwagen.

Z kommt rein.

Z O Gott.

E Ruf einen verdammten Krankenwagen. Papa, wach auf. Papa.

K Ich weiß nicht, was mit ihm passiert ist.

E Papa, bitte, Papa.

Usw. während der Vorhang fällt.

DRITTER AKT

Sieben Jahre früher.

Der Trojanische Krieg ist bereits seit drei Jahren im Gange. Agamemnon kehrt auf einem kurzen Heimaturlaub zurück nach Mykenae. Der sechzehnte Geburtstag der Zwillingsprinzessinnen Elektra und Iphigenie wird am Hof gefeiert.

I.

X und I tanzen.

X Gefällt es dir heute Abend?
I Aha.
X Du siehst gut aus in dem Kleid.
I Danke.
X Vielleicht kann ich es dir ja später ausziehen.
I Vielleicht.
X Hast du irgendwelche Wünsche?
I Dinge, die du mit mir machen sollst?
X Was?
I Nachdem du mir das Kleid ausgezogen hast?
X Was? Nein, für das kommende Jahr.
I Macht man das nicht an Silvester?

X Ja, aber am Geburtstag auch, wenn man will.

I Ach so.

X Du kannst mir die anderen Wünsche auch mitteilen, wenn du willst.

I Meine Güte, ich kann mir ja viele Sachen wünschen.

X Ja.

Sie tanzen weiter.

I Ich will, dass das ganze Jahre genauso ist wie jetzt.

X Die Luftballons und so?

I Nicht unbedingt die Luftballons.

X Und die Diskokugel? Ich könnte das ja organisieren, ich könnte ja ein paar Leute anstellen, die dir das ganze Jahr über folgen und überall, wo du hingehst, Luftballons verteilen. Aber die Diskokugel ist vielleicht ein bisschen schwieriger.

I Das würdest du für mich machen?

X Natürlich.

I Ich meinte nur die Stimmung. Jeder ist heute Abend glücklich und freut sich, dass er am Leben ist. Glaubst du, das kann so bleiben?

X Warum nicht?

I Echt?

X Ja sicher, warum nicht.

I Also das ist mein Wunsch.

Sie tanzen weiter.

A und K kommen rein.

A Tja, da ist ja eine von ihnen. Schau sie mal an. Schau sie mal an. Schau dir das mal an, diesen Diamant, den wir zusammen geschaffen haben.

K Hör auf, du bist ihr peinlich.

A Sie ist. Sie ist ein Juwel. Sie ist eine Krone, die Krone der Familienjuwelen.

K Es gibt zwei davon.

A Zwillingskronen. Ich löse dich jetzt hier ab, alter Junge.

X Nur zu.

X geht zur Seite, und A fängt an, mit Iphigenie zu tanzen.

A Wie geht's denn mit deiner Heavy-Metal-Band?

X Meiner was?

I Papa, das ist nicht Spinne.

A Was für eine Spinne?

I Er verwechselt dich mit jemandem.

A Um ehrlich zu sein, klingt ja das ganze Metallzeugs eh alles gleich. Dieses Schreien, Zucken und Knallen. Aber es ist ja gut, ein Mann braucht ein Hobby.

X Ich spiele nicht in einer Band.

I Er schreibt Gedichte.

X Ach bitte, sie sind nicht wirklich …

A Gedichte.

X Ich versuche mich nur daran.

A Das ist kein Hobby. Mach doch stattdessen Holzarbeit oder Karate. Mein Hobby ist Jagen. Komm doch mal mit.

X Danke, aber nein.

I Er ist Veganer.

A Was?

X Veganer.

A Dann komm doch angeln.

I Ich glaube, du hast nicht verstanden.

X Ich befürworte die Misshandlung von Tieren als Sport nicht.

A Wer zum Teufel ist dieser Typ?

K Nicht jeder ist so angetörnt vom Töten.

A Ich bin nicht angetörnt. Ganz im Gegenteil. Aber das Leben ist ein Kampf, und du musst immer bereit sein. Jagen ist ein Ritual, eine Feier des Lebenszyklus. Eine Gabe an die

Götter. Man muss den Tatsachen des Lebens in die Augen schauen.

X Man kann die Tatsachen ändern.

I Vielleicht sollten wir …

A Tatsachen, junger Mann, können nicht geändert werden. Leute haben immer getötet. Die Frage ist, wie man das Gemetzel begrenzt.

X Und das macht Ihr Krieg?

A O Gott, du bist nicht einer von diesen, einer dieser –

K Vielleicht sollten wir wieder zu unseren Gästen.

A Lass mich mal was sagen. Herr Putzmunterer-Veganer-Krieger. Dass du auf deinem bequemen Sofa in deinem bequemen zivilisierten Wohnzimmer Tierfilme gucken kannst, hat einen Preis. Und Männer wie ich zahlen diesen Preis, wir verteidigen dein Recht, Tofu zu essen und Rilke zu lesen. Wenn es in der Welt Barbaren gibt, denen die Unantastbarkeit des menschlichen Lebens total egal ist, dann gehen Männer wie ich hin und kämpfen für die zivilisierte Welt, in der du einfach rumlungerst.

K Ich glaube, das reicht jetzt.

A In meinem eigenen Haus.

I Schenk Papa keine Aufmerksamkeit, er ist eigentlich ein sehr warmherziger …

X Es gibt eine Politik, die tiefer als …

A Dieser Typ könnte eine Ohrfeige gebrauchen.

I Papa, bitte.

Pause.

A Jetzt ist nicht der richtige Augenblick, hey? Ich bin nur gekommen, um dir zu sagen, dass wir den Kuchen gleich anschneiden werden. Such mal deine Schwester, machst du das bitte?

I Komm.

X Ja, lass uns hier verschwinden.

Sie gehen.

K Sie wird dir nie verzeihen, wenn du ihre Freunde immer davonjagst.

A Ich bin ein Idiot, ich weiß. Wieso rechtfertige ich mich überhaupt vor einem Sechzehnjährigen?

K Ich glaube, er ist achtzehn.

A Achtzehn? Was ist denn verdammt mit ihm los? Er ist ein verdammter Kinderschänder.

K Hör auf.

Er grapscht ihren Hintern. Sie lacht.

A Ich kann meine Hände heute Abend einfach nicht von dir lassen. Ich weiß nicht, was los ist.

K Ja, was ist denn in dich gefahren?

A Was ist denn in dich gefahren, du bist unglaublich sexy heute Abend.

K Ich bin wie immer.

A Dann sollte ich wohl besser aufpassen.

K Ja, solltest du.

A Was soll das bedeuten? Ist das eine Drohung?

K Nein.

A Du treibst es doch nicht etwa mit einem anderen, während ich die Welt rette, oder?

K Diese Frage beantworte ich nicht mal.

A O Gott, ich will dich hier gleich auf der Tanzfläche vergewaltigen.

K Es ist nicht Vergewaltigung, wenn es im Einvernehmen ist.

A O Gott, bist du schmutzig.

K Ich hab nicht mal Unterhosen an.

A Verdammt, hau ab.

K Ich habe keine an. Ich habe auf ein kleines Stelldichein in der Waschküche gehofft.

A Du hast sicher Unterhosen an.

K Willst du mal nachsehen?

A Fick dich.

K Komm, schau mal nach.

A legt sich auf den Boden, sie macht einen Schritt über ihn.

A Heiliger verdammter Strohsack. Ich könnte auf ewig hier bleiben.

K Steck doch deine Hand mal nach oben.

A Jemand könnte reinkommen.

K Das ist mir egal.

A Ich kann nicht fassen, dass ich das mache.

Er streichelt ihr Bein von unten nach oben.

Wir haben das gut gemacht, nicht?

K Hä?

A Wie wir die zwei herangezogen haben.

K Glaubst du?

A Sie sind doch gut geraten. Wer hätte je gedacht, dass wir so perfekte Mädchen großziehen würden.

K Sie sind nicht immer perfekt. Sie tun einfach so, als ob sie es seien, wenn du da bist.

A Bessere halbwüchsige Mädchen als die zwei gibt es gar nicht. Und aus dem Jungen wird auch noch was. Auch wenn ich es selber sage, wir sind ein großartiges Elternteam.

K Das ist hauptsächlich mir zu verdanken, das ist dir klar.

A Ach komm.

K Okay, vielleicht hast du ein bisschen dazu beigetragen. Hauptsächlich Witze. Ist ja dein Ding.

A Und Disziplin. Ich bin gut in Disziplin und im Witzemachen.

K Also im Vatersein bist du nicht gut, wenn du nie da bist.

A Ich bin da. Ich bin doch gerade da.

K Aber du ziehst doch bald wieder in den Krieg.

A Wir haben doch versprochen, nicht darüber zu reden.

K Wann kommst du zurück?

A In neun Monaten.

K Wie lange wird denn der Krieg eigentlich noch dauern?

A Das kann ich nicht voraussagen.

K Also werde ich dich alle neun Monate nur für einen Monat haben, bevor du wieder weggehst.

A Tut mir leid.

K Besieg sie und komm schnell wieder!

M und E kommen rein.

M Hey.

A Wo verdammt bist du denn gewesen. Du bist vier Stunden zu spät dran.

M Scheiße, Leute, tut mir leid. Herzlichen Glückwunsch zum Geburtstag, tut mir leid. Wo ist denn deine Schwester. Wart mal, welche bist du denn?

E Elektra.

M Natürlich bist du's, tut mir leid.

E Ist okay. Was ist mit dir los?

M Ich muss mal kurz unter sechs Augen mit deinen Eltern reden.

A Wir wollten den Kuchen gleich anschneiden.

M Ich brauche nicht lang. Bitte.

E geht.

A Was ist denn?

M Ich kann deine Schwester nicht finden.

K Was meinst du?

M Ich habe auf sie gewartet, wir hatten uns darauf geeinigt, dass wir mit meinem Auto fahren, wir sollten um 18:30 Uhr losfahren. Sie ist nicht an ihr Handy gegangen, und jetzt geht es sofort auf die Mailbox. Ich bin zum Fitnessstudio gefahren, sie war heute noch nicht da, sie geht normalerweise jeden Tag da hin, sie geht immer. Das ist einfach nicht typisch für sie.

K Wann hast du sie zum letzten Mal gesehen?

M Gestern. Seit gestern nicht.

A Hol ihm doch einen Drink, bitte.
K geht.
Sie ist gestern nicht nach Hause gekommen.

M Ich dachte, sie übernachtet vielleicht bei Julia, manchmal übernachtet sie bei Julia.

A Wie war sie denn, als du sie zum letzten Mal gesehen hast?

M Ich weiß nicht, sie war – Ich weiß nicht, vielleicht war sie abgelenkt. Ich weiß wirklich nicht – sie war doch einfach auf dem Weg in ihren Kochkurs.

A Kochkurs.

M Ja, sie macht so einen Kochkurs beim Italiener.

A Umberto.

M Nein, Georgio.

A Da gibt es Kochkurse?

M Ja, sie war echt begeistert davon. Sie hat mir superleckere Ravioli gemacht.

A Dann ist sie aber nicht wieder nach Hause gekommen?

M Ich dachte, sie übernachtet bei Julia.

A Kennst du diese Julia überhaupt?

M Ja. Was? Natürlich kenn ich Julia. Was? Was meinst du – kenn ich Julia?

A Ich habe mich einfach gefragt, ob das ein Deckname ist.

M Für einen Typen meinst du? Für einen Typen?

A Ja sicher, oder irgendjemand, von dem du nichts wissen sollst.

M Was?

A Keine Ahnung, vielleicht macht sie Bauchtanzstunden oder so was.

M Wieso würde sie Bauchtanzstunden machen?

A Oder sie verkleidet sich gerne als Bär und lässt sich tätscheln. Was weiß ich denn, Menschen haben Geheimnisse.

M Was laberst du denn da?

A Also du kennt diese Julia.

M JA, ICH KENNE DIESE VERDAMMTE JULIA. SIE IST EINE BLONDINE MIT BREITEN HÜFTEN UND EINEM LEBERFLECKEN AUF IHRER LIPPE.

A Was hat denn jetzt ihr Leberfleck damit zu tun?

M Ich beweise dir damit, dass ich ihre Freundin Julia kenne, du verdammtes –

K kommt mit Whiskey rein.

Hat sie dir irgendwas gesagt.

K Mir?

M Hat sie dich angerufen?

K Nein, ich hatte keine Ahnung, dass sie weg war.

M Jemand hat sie verdammt entführt.

A Jetzt mach mal langsam.

K Ich bin mir sicher, es gibt eine –

M Jemand hat sie genommen, jemand vergewaltigt sie in diesem Moment, und wir haben keine Ahnung wo –

A Jetzt reiß dich mal zusammen. Wir werden sie schon finden.

M WAS SOLL ICH JETZT VERDAMMT NOCHMAL MACHEN?

A Noch was trinken.

M Ich glaub, ich muss kotzen.

A Du solltest dich lieber mal hinlegen, ein bisschen schlafen.

M Die Zwillinge haben doch Geburtstag, ich kann den Geburtstag meiner Nichten nicht verpassen. War sie unglücklich? Hab ich sie unglücklich gemacht? Hat sie dir erzählt, dass sie unglücklich ist?

K Ich hätte jetzt nicht gesagt, dass sie unglücklich war … sie war einfach …

M Was? Was hat sie dir denn gesagt?

K Ja …

M Was? Was ist los?

K schaut A an.

K Du musst es ihm sagen.

M Was soll er mir sagen?

K Es ist ja vielleicht der Typ.

M Was geht denn hier vor?

A Willst du noch was trinken?

M Wovon spricht sie?

A Scheiße.

M JETZT SAGT MIR DOCH VERDAMMT NOCHMAL WAS HIER LOS IST.

A Okay, wir werden deine Frau finden. Egal, was passiert ist, wir werden es in Ordnung bringen. Also bleib ganz ruhig, obwohl ich dir was erzählen muss.

M Ich bin ruhig.

A Gut.

M Ich bin ruhig.

A Gut.

M Ich bin ruhig.

A Gut. Erinnerst du dich noch an das Essen letzte Woche mit den Venezolanern?

M Ja, wieso?

A Da ist etwas passiert.

M Was?

A Weißt du noch – zwischen Hauptgang und Nachtisch wurde doch die Käseplatte serviert, und du hast den Venezolanern gerade erzählt, wie gerne deine Frau Dreifachrahmkäse isst, und hast dich dann zu ihr umgewendet, aber sie war nicht mehr da?

M Ja, aber wieso?

A Und sie ist erst eine halbe Stunde später wiedergekommen.

M Sie hat mir erzählt, sie musste ein wichtiges Telefonat führen.

A Also … Ich bin aufs Klo gegangen, ich bin ins Badezimmer rein, und sie war, sie …

M Sie war was?

A Sie hing über dem Waschbecken, und einer der Venezolaner hat …

M Hat was?

A Na, das kannst du dir noch denken.

M Nein, sag es mir.

K Ach, es tut mir so leid.

M Sag mir, was du gesehen hast.

A Muss ich's verdeutlichen?

M Es klingt nämlich so, als ob du mir sagen willst … es klingt wirklich so, als würdest du mir sagen, dass einer meiner Gäste, einer meiner Geschäftsfreunde, die ich zu mir nach Hause eingeladen habe, meine Frau gefickt hat, meine eigene Frau in meinem Badezimmer gefickt hat.

A Ja, genau so war's.

M Und das sagst du mir erst eine Woche später?

A Ich wollte die Dinge nicht komplizierter machen.

M MEINE FRAU IST MIT EINEM VERDAMMTEN VENEZOLANER VERSCHWUNDEN – MACHT DAS DIE DINGE NICHT KOMPLIZIERTER?

A Ich dachte, es sei nur so was Vorübergehendes.

M Was Vorübergehendes?

A Mann, du hast die schönste Frau im ganzen Land geheiratet, du hättest doch wissen müssen, was dir bevorsteht.

M Hat sie so was schon mal gemacht? Hat sie das schon mal gemacht?

K Es gab ein paar Vorfälle.

M Wie viele?

K Hmmm…

M Mehr als fünf?

K Ich hab nicht gerade mitgezählt.

M Mehr als zwanzig?

K Ich kann nicht …

M VERDAMMTE KACKE

K Tut mir leid.

M DU BIST MEIN VERDAMMTER BRUDER.

A Tut mir leid. Ich habe das irgendwie falsch eingeschätzt.

M Ich muss kotzen.

A Mann, mach dir doch keine Sorgen. Wir holen die zurück.
M fängt an zu weinen.
Mann, reiß dich doch zusammen.

M Ich hab diese Frau verdammt geliebt.

A Ich weiß, Mann.

M Wir haben einen fünfjährigen Sohn, was wird denn mit ihm passieren?

A Jetzt hör mal auf.

M Was werde ich jetzt machen?
A gibt ihm eine Ohrfeige.

A Jetzt hör mal zu. Hör mit deinem verdammten Gejammer auf. Das ist die Geburtstagsparty meiner Töchter. Du verdirbst die Stimmung total. Wir können heute Abend nichts mehr unternehmen, also geh nach Hause und schlaf deinen Rausch aus oder reiß dich zusammen. Wir werden jetzt den Kuchen anschneiden.

A und K gehen.

M sitzt still da.

Man hört von außen wie eine Gruppe »Zum Geburtstag viel Glück« singen.

M singt traurig mit.

Stille.

I kommt mit einem Stück Kuchen rein.

I Möchtest du ein Stück vom Kuchen?

M schüttelt seinen Kopf. Sie setzt sich neben ihn.

M Lass mich dich in ein kleines Geheimnis einweihen.

I Mmmmm hm?

M Das Leben ist scheiße.

I Okay.

M Schraub deine Erwartungen jetzt runter. Dann wirst du später nicht enttäuscht.

I Danke für den Ratschlag.

M Von jetzt an wird es nur noch schlimmer.

I Aha.

M Ich habe eure Geschenke zu Hause vergessen.

I Ach so.

M Siehst du? Das Leben ist scheiße.

Pause.

Ich glaube, deine Tante hat mich verlassen.

I Das tut mir leid.

Er steht auf.

M Ich brauche noch einen Drink.

I Okay.

Er steht auf. Er bleibt stehen.

M Hör nicht auf mich. Das Leben ist einfach so, wie du es haben willst.

I Pass auf dich auf.

Er geht.

X kommt rein.

Hast du Elektra gesehen?

X Nein.

I Sie versteckt sich wahrscheinlich. Sie hasst Pastinaken.

X lacht.

Was?

X Pastinaken. Du hast Pastinaken gesagt.

I Was habe ich gesagt?

X Ich glaube, du wolltest Partys sagen.

I Ach Scheiße.

X Ist schon okay.

I Ich falle wieder raus.

X Ist schon okay.

I Ach Scheiße, die Knödel kommen einfach nicht nach vorne.

X Entspann dich einfach.

I Ich kann nicht immer mit einem aufgeknöpften Hemd, so finden wir die Regenschirme nicht. Die Decke ist ganz nach oben und unten, und es regnet überall, alle Probleme kommen alle Tropfen alle Blumen über den ganzen Pool pool pool pool pool pool pool pool pool pool pool pool pool pool pool pool pool pool pool pool pool pool pool pool –

Sie hört auf.

O Gott. Fuck.

X Hey, Baby, es ist okay, ich bin ja da.

I HILF MIR.

Sie steht da und bewegt aggressiv den Mund, als ob sie reden will, aber es kommt kein Laut raus.

Es kommt nichts nach vorne.

X Tief atmen …

Sie bricht in Tränen aus.

Er hält sie.

Sie erschöpft sich.

Nach einer Weile blinzelt sie.

I Ist es wieder passiert?

X Es ist okay.

I Scheiße.

X War nur kurz.

I Was zum Teufel ist mit mir los?

Sie sitzen still da. X streichelt ihre Haare.

X Ich glaube, wir müssen jemandem davon erzählen.

II.

Der Fluch der Atriden ist erneut zurückgekehrt. Agamemnon und Klytämnestra führen eine Auseinandersetzung über das Schicksal ihrer Tochter Iphigenie.

A Wie weit fortgeschritten ist es denn schon?

U Anhand von dem, was Ihre Tochter uns erzählt hat, gehen wir davon aus, dass sie schon seit vier oder vielleicht sogar sechs Monaten Symptome hat.

K Schatz.

I Tut mir leid, Mama.

K Warum hast du uns nichts gesagt?

I Tut mir leid.

A Und wie ist die Prognose?

U Das kann sehr unterschiedlich sein. Ihre Tochter ist jung und gesund, wir werden alles Mögliche tun, um die Krankheit zu verlangsamen.

A Aber Sie können die Krankheit nicht heilen?

K Müssen wir das wirklich in ihrer Anwesenheit diskutieren?

I Ich will dabei sein.

A Wie lange überleben denn Betroffene?

U Normalerweise drei bis vier Jahre. Ich hatte aber auch schon Patienten, die bis zu zehn Jahre gelebt haben.

K O Gott.

I Mama, bitte.

A Wir müssen alle ganz ruhig bleiben.

K Ich habe online darüber nachgelesen. Leute werden ja oft fehldiagnostiziert. Diese Krankheit kann ja oft mit anderen degenerativen Krankheiten verwechselt werden, die nicht so aggressiv sind –

U Da haben Sie absolut recht. Es gibt die Gefahr der Fehldiagnose. Aber ich kann Ihnen versichern, dass wir umfangreiche Untersuchungen ausgeführt haben. Wir sind in diesem Bereich sehr erfahren, und im Fall Ihrer Tochter ist die Diagnose leider ziemlich eindeutig.

K Ich will ein Zweitgutachten.

U Natürlich. Das sollten Sie auf jeden Fall machen. Wenn auch nur, um zu bestätigen, wenn auch nur, um Ihr Gewissen zu beruhigen. Aber in der Zwischenzeit sollten wir sie auf das, was auf sie zukommen wird, vorbereiten.

A Und das wäre?

U Ich habe meine Kollegin hier eingeladen. Sie ist eine der leitenden Logopäden hier am Krankenhaus.

V Guten Tag.

I Hallo.

U Wir haben eine Sprachtherapie vorbereitet. Sie sollte natürlich sofort anfangen, Riluzol zu nehmen, dadurch gewinnen wir mindestens noch ein Jahr, und die Notwendigkeit, ein

Beatmungsgerät zu benutzen, wird dadurch definitiv verzögert.

K Ein Beatmungsgerät?

U Ja, die Atemwege werden besonders stark betroffen. Aber das ist schon langfristig gedacht, wir werden Sie auf dem Laufenden halten, wie sich die Krankheit in dieser Hinsicht entwickelt. Von nun an wirst du täglich einen Termin mit einem Logopäden haben, der Ziele setzen wird und dir Übungen geben wird, damit deine Sprache und dein Schluckvermögen so lange wie möglich erhalten wird.

V Offenbar leidest du ja schon an akuten Anfällen der Dysarthrie, und wir werden alles Mögliche tun, um deine Kommunikationsfähigkeiten zu erhalten.

I Okay.

V Irgendwann wird es zu Sprachverlust und Verschlechterung des Schluckens kommen, also sollten wir dich auch auf alternative Kommunikationsmethoden vorbereiten. Diese Technologie entwickelt sich rasant, du wirst dich wundern, wie viele Computersysteme dir zur Verfügung stehen werden.

I Aha.

U Wir wollen Sie nicht mit Informationen überhäufen, aber es ist immer besser, wenn man im Voraus einen Überblick über die kommenden Monate und Jahre hat.

V Ich werde deinen Fall betreuen, und wenn einer von Ihnen irgendwann irgendwelche Fragen hat, wenden Sie sich bitte unverzüglich an mich. Hier ist meine Visitenkarte, Sie können mich jederzeit unter dieser E-Mailadresse oder Telefonnummer erreichen.

U Wir können Sie zu jeder Zeit mit einem der Assistenzpsychologen in Verbindung setzen, wenn Sie Hilfe brauchen. Das Wichtigste ist, dass du immer positiv bleibst. Ich weiß, das klingt etwas klischeehaft, aber in meiner Erfahrung geht es den Patienten, die noch einen Schimmer der Hoffnung bewahren, am besten. Eins nur noch. Bitte zögere nicht, wenn du akute Unannehmlichkeiten oder Schmerzen leidest, sag den Krankenschwestern sofort Bescheid. Es gibt immer die Möglichkeit, den Schmerz zu lindern, und es ist total unnötig, im Stillen zu leiden. Unser Hauptziel muss jetzt sein, dein Leben so angenehm wie möglich zu machen in der kommenden Zeit. Es gibt keinen Grund, warum du nicht ein normales Leben führen kannst, relativ gesehen zumindest.

A Danke.

U Rufen Sie uns jederzeit an.

I Okay.

V Bis bald.

I Ja.

U und V gehen.

K Ich traue beiden nicht.

A Ach komm, Schatz, bitte.

K Es ist unmenschlich, ein sechzehnjähriges Mädchen so in Angst und Schrecken zu versetzen.

I Sie sind doch bloß ehrlich.

K Sie ziehen voreilig Schlüsse. Ärzte machen immer Fehler. Es könnte was ganz anderes sein.

A Er ist ein weltbekannter Facharzt.

K So läuft das in der Medizin. Sie suchen sich eine bequeme Diagnose. Und Jahre darauf stellt es sich dann heraus, dass sie sich geirrt haben. Das passiert ständig. Außerdem, auch wenn es überhaupt das ist, was sie behaupten, gibt es lauter Leute, die damit mehr als zehn Jahre gelebt haben, Stephen Hawking, der lebt ja schon seit fast fünfzig Jahren damit.

I Er ist die totale Ausnahme, Mama.

K Woher weißt du das?

I Glaubt du etwa, ich habe nicht auch darüber nachgeforscht?

A Ach Schatz, tu das nicht, dadurch bringst du dich doch bloß aus der Fassung.

K Ich will nicht, dass du in diesem Krankenhaus bleibst, ich trau ihnen überhaupt nicht.

A Jetzt hör damit auf.

K Wir fliegen nach Amerika, da wird dich jemand heilen können.

I Es gibt kein Heilmittel.

K Ich kann, es tut mir leid, ich kann das einfach nicht akzeptieren, mir ist es egal, wie viel es kostet, es ist total egal, wie viel wir dafür ausgeben müssen, oder, Schatz?

A Natürlich, nicht, aber –

K Also dann. Es ist beschlossen.

Stille.

I Ich muss euch beiden was sagen, und ihr müsst mir ruhig zuhören.

A Natürlich, Schatz.

I Ich weiß nicht, ob ich das durchmachen kann. Ich verliere jeden Tag so viel von mir. Ich will nicht in einem Bett landen, mit einem Schlauch im Hals, durch den ich ernährt werde, ein Loch in meinem Hals, das für mich atmet, nicht mehr reden können, hoffen gegen alle Hoffnung. Je mehr wir das forcieren, desto weniger bleibt von mir übrig. Ihr habt ja gehört, was der Arzt gesagt hat. Wenn ich noch drei, fünf oder im besten Fall zehn Jahre lebe, und auch dafür besteht nur eine zehnprozentige Chance, werde ich in den letzten paar Jahren gar nicht mehr da sein. Ich würde mich lieber verabschieden können. Ich habe mir das über die letzten Wochen überlegt. Ich möchte mich verabschieden können –

K Nein. Ich gebe nicht auf.

I Das ist nicht aufgeben, du siehst das falsch, Mama.

K Was auch immer du jetzt andeutest, ich glaube, ich weiß, worauf du hinaus willst, was auch immer du andeutest –

A Lass sie doch zu Ende reden, Schatz.

K Das kommt überhaupt nicht in Frage. Wie kannst du so gelassen hier rumstehen?

I Leute, bitte.

A Ich bin überhaupt nicht gelassen, das musst du mir glauben.

Stille.

K Tut mir leid. Nein. Kommt überhaupt nicht in Frage.

III.

Die Opferung der Iphigenie.

I Was hast du heute Nachmittag vor?

X Weiß nicht, vielleicht gehe ich im Botanischen Garten spazieren.

I Das klingt schön. Es ist ein schöner Tag da draußen.

X Ja.

I Ich wünschte, ich könnte mitkommen.

X Ja.

I Geh zur Stelle bei der Pagoda, wo man die Schwäne füttern kann.

X Okay.

I Erinnerst du dich noch an das Mal, als wir in der Pagoda saßen und darauf gewartet haben, dass der Regen aufhört, aber der Regen hat den ganzen Nachmittag nicht aufgehört?

X Das war kurz nachdem wir angefangen haben, miteinander zu gehen.

I Ich war immer noch sehr nervös, wenn du da warst. Nach jedem Abschied war ich davon überzeugt, dass du es dir anders überlegen würdest.

X Warst du das?

I Ja, ich habe mein Handy alle fünf Minuten angeguckt, um nachzusehen, ob du mir 'ne SMS geschickt hattest. Es war total zwanghaft. Ich musste mir selber Herausforderungen stellen, damit ich nicht ständig nur mein Handy angeschaut habe. Zum Beispiel musste ich noch zwei Seiten im Buch lesen oder einen Tee kochen oder noch fünf Matheaufgaben lösen, bevor ich das Handy wieder anschauen durfte.

X Das hättest du mir sagen sollen, ich hätte dir dann ständig gesimst.

I Nein, es war ein guter Schmerz. Jedes Mal, wenn ich dann tatsächlich eine SMS von dir erhalten habe, war es wie ein Wunder. Ich hatte Schmetterlinge im Bauch und konnte nicht aufhören zu lächeln.

X Ich wollte nicht zu eifrig erscheinen. Ich habe mir immer wieder gesagt, ich sollte noch ein bisschen länger warten, bis ich dir eine SMS schicke.

I Also ging es dir auch so.

X Natürlich.

I Mein Mund war an dem Abend ganz rot von deinem Dreitagebart.

X Wann?

I Am Tag nach dem Botanischen Garten, weil es nicht anderes zu tun gab, als einander zu küssen, bis der Regen vorbei war.

X Ausschlag vom Küssen.

I Ja.

X Lustig.

I Ja.

Pause.

Also wirst du im Botanischen Garten spazieren gehen und danach?

X Weiß ich nicht.

I Lass uns das jetzt entscheiden. Ich will wissen, was du machen wirst.

X Wahrscheinlich werde ich keine Lust haben, irgendwas zu unternehmen.

I Wir sind nie dazugekommen, den neuen Lars-von-Trier-Film zu sehen.

X Du denkst echt, ich sollte heute Abend einen total lustigen von-Trier-Film gucken?

I Ja, okay, vielleicht nicht. Aber du wirst das nachholen, oder?

X Okay.

I Ruf doch einen Freund an. Geh was trinken.

X Okay.

I Mark, ruf doch Mark an. Der ist doch immer so lustig.

X Okay.

Pause.

I Hey, schau mich an. Ich habe keine Angst.

X Ich aber.

I Das ist voll in Ordnung.

X Vielleicht sollten wir noch ein paar Tage warten.

I Nein.

X Tut mir leid. Das hätte ich jetzt nicht sagen sollen.

I Voll okay.

X So verdammt egoistisch von mir.

I Das ist okay. Du wirst okay sein.

Er nickt.

X Ich werde dich immer lieben.

I Aber sei nicht irgendwie scheißmorbide oder so, indem du nie über mich hinwegkommst.

X Warum nicht?

I Hey. Ich sag dir gleich, dass du abhauen sollst. Ich werde fluchen und dich wüst beschimpfen, bis du mich hasst. Ich will nicht das Mädchen sein, das dein Liebesleben für immer beendet, also sag einfach Bescheid, und ich kann anfangen, dich zu beleidigen.

X Das wird nicht notwendig sein.

I Gut.

Pause.

Du solltest dich jetzt wahrscheinlich auf den Weg machen.

Pause.

Sag doch was.

X Ja …

I Sag was Schönes.

X Du siehst wunderschön aus.

I Danke.

Sie lachen. Das Lachen klingt aus.

Okay, komm her und küss mich zum Abschied.

Er geht zu ihr und küsst sie.

Er drückt sie.

Tschüss.

X Tschüss.

Pause.

I Leg das Zeugs aufs Bett.

Er steht auf und zieht eine Ampulle aus der Hosentasche. Er legt sie aufs Bett.

Danke.

Er küsst sie noch mal.

Er geht.

Stille.

A kommt rein.

A Ein mutiger Junge. Du hast dir da einen Guten geangelt.

I Ja oder?

A Ich hätte netter zu ihm sein sollen.

I Aber so sind doch Väter einfach, oder?

Stille.

A Ist es das da?

I Ja.

A Er hatte keine Probleme bei der Beschaffung?

I Nein.

A Es tut mir leid, dass wir ihn darin verwickeln mussten. Armer Kerl.

I Das ist doch besser, als wenn mein Vater im Gefängnis landet.

Pause.

A Ich will, dass du mir sagst, dass du dir ganz sicher bist. Wenn du irgendwelche Zweifel hast, dann können wir die Entscheidung aufschieben.

I Hab ich nicht. Ich bin so weit.

A Scheiße, Schatz. Ich muss dir sagen, dass es für mich nicht einfach ist.

I Tut mir leid.

A Nein, tu das nicht, nein, entschuldige dich nicht.

Pause.

Ist deine Schwester vorbeigekommen?

Sie nickt.

I Du musst auf sie aufpassen. Sie wird so tun, als ob sie stärker sei, als sie es wirklich ist.

A Das werde ich. Ich verspreche es.

I Und sag Mama kein Wort.

A Was?

I Sag ihr nicht, dass du daran beteiligt warst.

A Das wird sie doch annehmen.

I Wird sie nicht. Es wird so aussehen, als hätte ich das Ganze nur mit ihm geplant.

A Ich kann sie nicht anlügen.

Pause.

Also wie machen wir es?

I Ich nehme die Kanüle raus und bringe die Ampulle an. Du solltest gehen, bevor ich das mache.

A Ich werde nicht gehen.

I Wenn sie beweisen können, dass du irgendwas davon wusstest, dann bist du durch Unterlassen schuldig.

A Ich lasse meine Tochter nicht alleine.

Pause.

I Ich sollte damit anfangen.

Pause.

A Es tut mir leid.

I Es ist nicht deine Schuld.

A Nein, es tut mir leid, dass ich nicht oft genug da war. Ich bereue die Zeit, die wir hätten zusammen verbringen können, aber nicht zusammen verbracht haben.

I Du warst ein guter Vater.

A Das war ich nicht.

I Doch, warst du.

Pause.

Mir ist ganz heiß im Gesicht.

A Ach Schatz. Lass mich mal …

Er nimmt sein Taschentuch raus und geht zum Nachttisch. Er gießt Wasser auf das Taschentuch. Er wäscht ihr Gesicht damit.

Besser?

I Viel besser.

A Ich bin so stolz auf dich.

I Danke.

Pause.

Setz dich da drüben hin.

Er geht und setzt sich auf die andere Seite vom Bett.

Sie nimmt die Kanüle raus und ersetzt sie durch die Ampulle.

Stille.

Glaubst du an den Himmel?

A Ach, Schatz …

I Ich habe nie daran geglaubt. Aber in den letzten Tagen habe ich gedacht, dass das eigentlich eine schöne Idee ist. Dass ich da oben bin und auf euch alle warte, auf eine Zeit warte, wo wir alle wieder zusammen sein können.

A Schatz …

I Wir werden so viel Zeit haben, wie wir wollen. Wir werden so viel Zeit …

A Schatz.

I Ich will jetzt schlafen. Bleibst du bei mir, bis ich eingeschlafen bin?

A Ja, mein Schatz.

Sie wird langsam bewusstlos.

Er wartet.

Lange Stille.

Vorhang.

ENDE

JOHN GABRIEL BORKMAN

nach Henrik Ibsen

Deutsch von Martin Thomas Pesl

Personen

JOHN GABRIEL BORKMAN
GUNHILD BORKMAN, seine Frau
ERHART BORKMAN, ihr Sohn
ELLA RENTHEIM, Gunhilds Zwillingsschwester
FANNY WILTON
WILHELM FOLDAL
FRIDA FOLDAL, seine Tochter

Uraufführung: Burgtheater Wien, 28. Mai 2015, Koproduktion Burgtheater Wien/Wiener Festwochen/Theater Basel

I. AKT

Es läutet an der Tür. Nach fünfzehn Sekunden läutet es erneut, zweimal. Gunhild taucht auf. Nach zehn Sekunden läutet es wieder, einmal lang.

GUNHILD Erhart, Baby.

ELLA Hallo Gunhild.

GUNHILD Ella.

ELLA Lässt du mich rein?

GUNHILD Was willst du?

ELLA Lässt du mich bitte einfach rein?

GUNHILD Wozu bist du hier?

ELLA Ich will das nicht zwischen Tür und Angel besprechen.

GUNHILD Warum sollte ich dich reinlassen?

ELLA Ich bin deine Schwester.

GUNHILD Und?

ELLA Komm schon, Gunhild, wenn du auch nur einen Funken Liebe für mich übrig hast, dann machst du diese Tür auf und lässt mich hinein.

Gunhild kommt rein, Ella ihr nach.

GUNHILD Acht Jahre, und plötzlich tauchst du auf?

ELLA Ich muss mit dir reden.

GUNHILD Bist du hergeflogen?

ELLA Ja, bin ich.

GUNHILD Ich verstehe gar nicht, wie du den Mut aufbringst.

So wie die grad alle vom Himmel plumpsen. Ich hab gehört, man kann heutzutage im Flugzeug sein Telefon benutzen, man kann Leute vom Himmel aus anrufen, stimmt das, hast du das mal gemacht? Na stell dir vor, du hättest anrufen können und mich informieren, dass du kommst. Du hättest mich vom Flugzeug aus anrufen können.

ELLA Ja, das hätte ich tun sollen.

GUNHILD Ja, ich mag keine Überraschungen. Außerdem konnte ich nix fürs Abendessen organisieren.

ELLA Keine Umstände meinetwegen.

GUNHILD Das ist eine ziemliche Überraschung, Ella.

ELLA Ja.

GUNHILD Ich hab nicht gedacht, dass wir einander je wiedersehen.

ELLA Aber wir hätten das doch nicht so stehen lassen können.

GUNHILD Wieso denn nicht? Das haben wir doch nicht nötig. Was auch immer deine Gründe sind, es hat keinen Sinn. Es ist aus, und wir müssen nicht darüber reden.

ELLA Wollen wir nicht einfach die Vorhänge aufziehen?

GUNHILD Fass sie nicht an.

ELLA Warum?

GUNHILD Die Leute wollen immer einen Blick erhaschen.

ELLA Gunhild, gehst du eigentlich nie aus dem Haus?

GUNHILD Warum sollte ich das Haus verlassen? Alles, was ich brauche, habe ich hier. Vor ein paar Monaten haben sie uns das Internet hergebracht.

ELLA Sie haben euch das Internet hergebracht?

GUNHILD Ja, da kam ein Mann mit einem Lieferwagen, und dann war da Internet.

ELLA Ihr hattet vorher kein Internet?

GUNHILD Na – vielleicht Ende der neunziger Jahre. Wart mal. Gab es Ende der Neunziger Internet?

ELLA Ja, Ende der Neunziger gab es Internet.

GUNHILD Ach ja, im Büro oben gab es Internet, ich erinnere mich. Aber jetzt ist es überall. Es schwebt um uns herum. Macht es das? Nennt man das so? Schweben?

ELLA Weiß ich nicht …

GUNHILD Glaubst du, dass es schädlich ist? Ob es wirklich schädlich ist, werden sie uns erst viel später sagen, wenn der Schaden längst eingetreten ist.

ELLA Ja, das ist wahr.

GUNHILD Die späten Neunziger.

ELLA Die späten Neunziger. Weißt du noch, Y2K?

GUNHILD Was?

ELLA Der Millennium-Bug?

GUNHILD Was war das?

ELLA Alle dachten, dass zur Jahrtausendwende die Welt untergeht.

GUNHILD Dachten das alle? Ich erinnere mich nicht.

ELLA Ja, alle haben diese Hamsterkäufe gemacht, Konserven und Batterien eingekauft, weil sie dachten, sie könnten damit die Apokalypse überleben.

GUNHILD Leute gibt's …

ELLA Britney Spears.

GUNHILD Britney Spears?

ELLA *Hit Me Baby One More Time.*

GUNHILD Hä?

ELLA Das war doch die Hitsingle im Jahr '99.

GUNHILD Ach ja?

ELLA Und dann hat sie sich die Haare abrasiert.

GUNHILD Wieso?

ELLA Ich weiß nicht. Sie hatte Drogenprobleme.
Und Stefan Raab.

GUNHILD Stefan Raab hatte Drogenprobleme?

ELLA Nein, der hatte *Maschendrahtzaun*.

GUNHILD Er hat was?

ELLA Der hat *Maschendrahtzaun* gemacht. Das war die andere Hitsingle 1999.

GUNHILD Du siehst dünner aus.

ELLA Ja, ich hab abgenommen.

GUNHILD Warst du im Fitnessstudio?

ELLA Nein, kein Fitnessstudio.

GUNHILD Vor ein paar Jahren gab's mal im Radio so eine Werbesendung mitten in der Nacht für einen Cross-Trainer, und ich hab angerufen und einen bestellt.

ELLA Du trinkst immer noch?

GUNHILD Geht dich nichts an.

ELLA Benutzt du ihn?

GUNHILD Wen?

ELLA Den Cross-Trainer?

GUNHILD Ich hab vergessen, wo er ist.

ELLA Ja. Ende der Neunziger ist alles den Bach runtergegangen.

GUNHILD Die Popmusik?

ELLA Unser Leben.

GUNHILD Ich will nicht darüber reden.

ELLA Anfang der Neunziger. Das war 'ne coole Zeit. Weißt du noch, die ganzen Typen, die wir am Start hatten?

GUNHILD Natürlich.

ELLA Der eine, wie hieß der noch gleich? Der uns gestalkt hat, nachdem wir mit ihm Schluss gemacht haben? Der hier bei uns eingebrochen ist und unsere Unterwäsche geklaut hat?

GUNHILD Meine Unterwäsche.

ELLA Ich dachte, es wäre meine Unterwäsche gewesen.

GUNHILD Wir haben doch damals eh alles geteilt.

ELLA Auf jeden Fall die Jungs.

GUNHILD …

ELLA Bis John kam.

GUNHILD Ich hab gesagt, ich will nicht darüber reden.

ELLA …

Gehst du wirklich nie raus?

GUNHILD Damit die Leute hinter meinem Rücken über mich lachen? Erhart und ich wollten mal auf Urlaub fahren nach Nizza, wir hatten eine Reise gewonnen bei einem Gewinnspiel auf der Rückseite von einem Joghurtbecher. Aber dann hab ich so eine Migräne bekommen, und dann haben wir den Flug verpasst.

ELLA Gehst du nicht einmal spazieren im Wald?

GUNHILD Ich konnte den Wald noch nie leiden.

ELLA Das stimmt nicht. Als wir noch zu dritt waren –

GUNHILD Warum bist du hier, Ella?

…

ELLA Ist er noch da oben?

GUNHILD Ja, er lebt noch. Zumindest habe ich heute seine Schritte gehört.

ELLA Kommt er nie herunter?

GUNHILD Einmal bin ich ins Vorzimmer gekommen und hab ihn oben am Treppenabsatz stehen und hinunterstarren gesehen. Aber dann hat er mich entdeckt und ist wieder hineingegangen.

ELLA Aber du hast nicht versucht, mit ihm zu sprechen.

GUNHILD Warum hätte ich das tun sollen?

ELLA Aber Erhart besucht ihn noch?

GUNHILD Ich nehme es an. Hin und wieder geht er die Treppe hoch.

ELLA Aber abgesehen von Erhart, ist er da oben immer allein?

GUNHILD Oh, da gibt es noch einen Freund. Aus seiner Jugend.

ELLA Vilhelm Foldal?

GUNHILD Ja, Vilhelm Foldal.

ELLA Vilhelm Foldal, der besucht ihn noch?

GUNHILD Ja, er besucht ihn oft abends.

ELLA Der hat damals doch auch alles verloren, als die Bank pleiteging.

GUNHILD Ich glaube, es war nicht besonders viel.

ELLA Doch. Es war alles, was er hatte.

GUNHILD Guckst du viel YouTube?

ELLA Ja, manchmal schicken mir Freunde einen Link.

GUNHILD Freunde?

ELLA Ja.

GUNHILD Du hast Freunde?

ELLA Würde ich schon so nennen. Es sind Leute aus der Arbeit.

GUNHILD Und mit denen machst du so Freunde-Zeug?

ELLA Wir gehen manchmal was trinken, und wir machen diese Gruppen-E-Mails: Wenn wir was Lustiges finden, schicken wir uns das rum.

GUNHILD Ich kann mir gar nicht vorstellen, wie du so etwas machst.

ELLA Wieso?

GUNHILD Du warst ja immer eher lieber allein.

ELLA Nein. Du warst doch da.

GUNHILD Also gut: *Wir* waren immer lieber allein.

ELLA Wie ernährt er sich?

GUNHILD Was?

ELLA John. Wie kommt er an sein Essen, wenn er nie runterkommt und du nie raufgehst?

GUNHILD Die Köchin stellt's ihm vor die Tür.

ELLA Ihr habt die Köchin noch?

GUNHILD Na ja, ich hab nie gelernt, wie man … Weißt du doch.

ELLA Ich koche jeden Abend für mich selbst. Das ist sehr heilsam.

GUNHILD Wie um alles in der Welt hast du das gelernt?

ELLA Hab ich mir selbst beigebracht. Wenn man mal angefangen hat, ist es eigentlich ganz einfach.

GUNHILD Jedenfalls hat sie zugestimmt, fürs halbe Gehalt zu arbeiten, und Erhart gibt uns jeden Monat zusätzlich etwas Geld.

ELLA Wo ist Erhart eigentlich?

GUNHILD In der Stadt.

ELLA Wohnt er gar nicht mehr hier?

GUNHILD Er hat sich eine Wohnung in der Stadt genommen, um näher an der Uni zu sein.

ELLA Vermisst du ihn gar nicht?

GUNHILD Er besucht mich jeden Tag.

ELLA Das ist aber sehr lieb von ihm.

GUNHILD Wir spielen *Call of Duty*.

ELLA Was ist das denn? Ah doch, davon hab ich gehört.

GUNHILD Das ist ein PlayStation-Spiel. Man läuft durch die Gegend und schießt auf Leute.

ELLA Klingt vergnüglich.

GUNHILD Googelst du dich manchmal selber?

ELLA Kann ich nicht behaupten, nein.

GUNHILD Würde ich dir auch nicht empfehlen. Obwohl von dir gibt's wahrscheinlich eh nichts.
Glaubst du, man kann die Leute irgendwie dazu bringen, diese ganzen Fotos aus dem Internet wieder rauszulöschen?

ELLA Welche Fotos?

GUNHILD Von mir, von damals.

ELLA Oh. Das weiß ich nicht.

GUNHILD Ich meine, streng genommen, gehören mir doch die Rechte an diesen Bildern, oder nicht?

ELLA Da bin ich mir nicht sicher …

GUNHILD Die wurden ohne meine Erlaubnis aufgenommen.

ELLA Ja, aber es kann ewig dauern, um all die Leute ausfindig zu machen, die die gepostet haben.

GUNHILD Ich musste aufhören, mich zu googeln. Zu einer bestimmten Uhrzeit, so gegen vier Uhr morgens, nach einer halben Flasche Gin, da kannst du nicht anders, da überschüttest du dich wieder mit dem allen, den ganzen Details, den Fotos, all diesen fürchterlichen Boulevard-Artikeln – die archivieren die nämlich, weißt du, jede Zeile, die je irgendwer über uns geschrieben hat, steht jetzt irgendwo im Netz rum und wartet nur darauf, dass man sie findet.

ELLA Du beschäftigst dich sehr intensiv mit dieser Internetsache.

GUNHILD Ja, das ist doch wirklich sehr faszinierend. Ich war nie auf den Malediven. Jetzt kann ich sie im Internet bereisen.

ELLA Aber du kannst doch immer noch auf die Malediven.

GUNHILD Nein, ich komme nicht mehr auf die Malediven. Abgesehen davon, dass die dort dauernd Tsunamis haben. Ich kaufe auch alles nur noch im Internet, sogar BHs und Unterwäsche. Meistens kommen die Sachen gleich am nächsten Tag, und wenn sie nicht passen, kann man sie einfach zurückschicken.

ELLA Man kann Unterwäsche anprobieren und wieder zurückschicken?

GUNHILD Jaja, und die vermuten, dass es noch schneller geht, sobald die Drohnen alles bringen.

ELLA Die was?

GUNHILD Die Drohnen. Hast du nichts von den Drohnen gehört?

Damit bringen sie Touristen um, aber zusätzlich verwenden sie die jetzt auch noch, um Lebensmittel zu liefern.

ELLA Sind das diese fliegenden Roboterdinger?

GUNHILD Ja, genau die. Und meine Therapeutin, Trixie – weißt du noch, Trixie, meine Therapeutin? Das geht jetzt alles über Skype.

ELLA Du lässt dich über Skype therapieren?

GUNHILD Ja, das ist viel besser. Ich war sowieso allergisch auf ihre Katze. Und mein Astrologe und die Ernährungsberaterin, wir simsen einfach.

ELLA Du hast wirklich vor, niemals wieder aus dem Haus zu gehen?

GUNHILD Nein, nein. Ich hab Pläne. Erhart und ich haben Pläne.

ELLA Urlaubspläne?

GUNHILD Nein, Ella, keine Urlaubspläne. Was viel Größeres.

ELLA Was heißt das?

GUNHILD Unser Name steckt schon viel zu lange in dieser Scheiße.

ELLA Rentheim?

GUNHILD Nein, doch nicht Rentheim. Borkman.

ELLA …

Moment mal. Hast du bei der Hochzeit deinen Namen geändert?

GUNHILD Ja, natürlich.

ELLA Wirklich? Daran kann ich mich gar nicht erinnern.

GUNHILD Du weißt doch, dass ich meinen Namen geändert habe. Ich heiße Gunhild Borkman. Schon seit fast zwanzig Jahren.

ELLA Wie seltsam, ich hab immer gedacht, du bist Gunhild Rentheim.

GUNHILD Na ja, in den Zeitungen waren wir immer die Rentheim-Zwillinge, aber –

ELLA Warum hast du deinen Namen geändert?

GUNHILD Die meisten Leuten machen das so, Ella, was musst du da jetzt drauf rumreiten?

ELLA Aber ich weiß doch noch ganz genau, dass wir gesagt haben – und sogar versprochen haben, das niemals zu tun. Hast du das ganz vergessen?

GUNHILD Kann schon sein, dass ich so was in der Art gesagt habe, aber da waren wir Teenager …

ELLA Warum hast du keinen Doppelnamen angenommen?

GUNHILD Ich hasse Doppelnamen. Aber bitte, wie kann das denn sein, dass du nicht bemerkt hast, dass ich einen neuen Namen habe. Der wurde doch bei der Hochzeit laut vorgelesen.

ELLA Da war ich wahrscheinlich ein bisschen abgelenkt.

GUNHILD Ella. Bitte.

ELLA Also, du bist Frau Borkman.

GUNHILD Und es macht mich krank, Ella, seit sechzehn Jahren macht es mich krank.

ELLA Warum änderst du deinen Namen dann nicht einfach wieder zurück?

GUNHILD Es wäre ja trotzdem bekannt. Es wüsste trotzdem jeder, wer ich bin. Diese Arschlöcher haben dafür gesorgt, dass es niemand vergisst. Nein, das ist nicht der Ausweg. Dafür braucht es etwas viel Bedeutungsvolleres. So wie Google funktioniert –

ELLA Google?

GUNHILD Ja, so wie Google funktioniert, kann man die Vergangenheit nicht auslöschen, die Vergangenheit bleibt da drin, und je mehr Leute deinen Namen eingeben, desto stärker beißt sie sich fest. Sobald du auch nur anfängst, einen Namen einzutippen, schlägt dir Google vor, wonach du wahrscheinlich suchen könntest, weil schon so viele andere Leute danach gesucht haben. Bei Ryan Gosling zum Beispiel ist es »Ryan Gosling Freundin«, »Ryan Gosling schwul Fragezeichen«, »Ryan Gosling Baby« –

ELLA Ryan Gosling ist aber ganz süß, findest du nicht?

GUNHILD Und bei uns: »Borkman Pleite«, »Betrug«, »Gefängnis«. Das sind wir. Nein, die Vergangenheit kannst du nicht auslöschen. Aber jetzt beginnt allmählich eine neue Geschichte. Und diese Geschichte wird so einen gewaltigen Schatten werfen, dass John Gabriel Borkman mit allem, was er getan hat, in der Dunkelheit verschwinden wird. Und wenn in fünfzig Jahren jemand vielleicht seinen Namen erwähnt, weil er sich vage daran erinnert, dass irgendwann einmal jemand existiert hat, der so hieß, dann werden die Leute sagen: »John Gabriel wer?« Und sie werden ihn nachschlagen, wahrscheinlich mit Hilfe einer Funktion im Gehirn – weil dahin steuert doch das Internet –, und tief unten in einem unterirdischen Winkel im Archiv der Bedeutungslosigkeiten werden sie einen winzigen Hinweis auf einen unerheblichen Mann finden, dessen einzige Daseinsberechtigung darin bestand, dass er der Vater von Erhart Borkman war. Und wenn es irgendwie möglich ist, das auch noch auszulöschen und einen neuen Vater für Erhart zu erfinden, dann werd ich das tun. Wenn meine einzige Leistung im Leben darin besteht, dort eine Leerstelle zu erzeugen, wo sich vorher dieser Typ da oben befunden hat, und ihn aus dem Gedächtnis und dem Google und dem Wasweißichwas zu entfernen, dann werde ich glücklich sterben.

Ich hab ihm jede Gelegenheit gegeben. Nachdem alle anderen ihn im Stich gelassen haben, war ich noch da und hab ihm geglaubt. Tag für Tag hat er mich angelogen, und ich hab ihm geglaubt. Er hätte mir jederzeit die Wahrheit sagen können, und ich wäre ihm beigestanden. Wenn er in einer dieser Nächte während der Gerichtsverhandlung, als diese Angewohnheit angefangen hat, sich da oben zu verkriechen – wenn er in einer dieser Nächte zu mir gekommen wäre, wenn er gekommen wäre und mir alles gestanden hätte, ich hätte ihm verziehen. Stattdessen hat der Scheißkerl sich immer weiter zurückgezogen in diese mythische Welt, die er sich aufgebaut hat …

ELLA Hast du wirklich nie was gewusst?

GUNHILD Fragst du mich das jetzt allen Ernstes?

ELLA Mir kannst du's sagen. Jetzt ist doch alles vorbei. Komm schon, ich liefere doch meine eigene Schwester nicht der Polizei aus.

GUNHILD Ich weiß nicht, zuzutrauen wär's dir.

ELLA Wie kommst du denn darauf?

GUNHILD Vielleicht trägst du mir ja noch das eine oder andere nach.

ELLA Was soll ich dir denn nachtragen?

GUNHILD Also bitte, Ella.

ELLA Für das alles ist es jetzt zu spät, Gunhild.

GUNHILD Ich hab gar nichts gewusst, bis die Polizei eines Morgens diese Tür eingetreten und das Haus durchsucht hat. John war oben und hat versucht, die Unterlagen in seinem Büro zu verbrennen. Ein paar Fotografen waren auch mit dabei. Und so war ich dann am nächsten Tag in Unterwäsche auf allen Titelseiten.

Oh, alle hatten großen Spaß daran, uns untergehen zu sehen. Ich weiß noch, einmal bin ich in den Golfclub gekommen, eine Woche nach seiner Verhaftung. Kaum habe ich den Raum betreten, sind alle verstummt, dann hat der Präsident mich in sein Büro gebeten und mich höflich ersucht, meine Mitgliedschaft zu kündigen. Dabei war er noch nicht einmal schuldig gesprochen. Die wohltätigen Organisationen haben eine nach der anderen angerufen und unsere Auftritte bei Fundraising-Veranstaltungen abgesagt. Einer von Johns Freunden hat mich zum Essen eingeladen, und ich war so überrascht, dass ich sofort ja gesagt habe. Stellt sich heraus, dass er einfach mit mir schlafen wollte.

Wenn ich gewusst hätte, dass das meine letzte Gelegenheit für fünfzehn Jahre ist, hätte ich dieses Angebot natürlich nicht abgelehnt.

Es läutet einmal.

Was war das? Hast du das auch gehört?

ELLA Die Türklingel.

GUNHILD Manchmal bilde ich mir nur ein, dass es läutet. Wie spät ist es?

ELLA Zehn nach sieben.

GUNHILD Okay, wir warten.

ELLA Willst du nicht aufmachen?

GUNHILD Nein, wenn es Erhart ist, läutet er in dreißig Sekunden noch zweimal.

ERHART Ella.

ELLA Erhart.

ERHART Tante Ella, was machst du denn hier?

ELLA Erhart! Krieg ich keine Umarmung?

ERHART Warum hast du uns nicht gesagt, dass du kommst? Wann bist du angekommen?

ELLA Na ja, ich … letzte Woche.

GUNHILD Du bist seit letzter Woche hier?

ERHART Letzte Woche? Ja, warum hast du uns nicht gesagt, dass du hier bist?

ELLA Ich war nicht, ich war mir nicht sicher, wie lange ich bleiben würde.

ERHART Gibt es etwas …

ELLA Nein, aber es, nein, ich musste nur. Ich hab ein paar Tests machen lassen und musste im Krankenhaus übernachten, also konnte ich nicht so richtig …

ERHART Ella. Ist alles …

ELLA Ja, bitte, natürlich, mach dir bitte keine Sorgen, Erhart. Ich bin nur. Sehr. Erfreut, dich zu sehen.

GUNHILD Erhart, du bist spät dran.

ERHART Wie lange bleibst du?

ELLA Na ja, ich dachte, ein paar Monate.

GUNHILD Was?

ERHART Wirklich?

ELLA Ja. Es gibt eigentlich nichts, zu dem ich zurückkönnte, und ich hab mein altes Zuhause vermisst und dachte, wir könnten vielleicht etwas Zeit –

ERHART Was waren das für Tests?

ELLA Es gab ein kleines Problem, das ich untersuchen lassen musste. Und die Ärzte sagen, ich brauche Ruhe und eine vertraute Umgebung, und da dachte ich, ich habe alle schon lange nicht mehr gesehen und –

Es läutet einmal.

GUNHILD Mach das Licht aus.

ERHART Ganz ruhig, Mama.

GUNHILD Mach das Licht aus und versperr die Türen.

ERHART Mama, das ist nur Fanny.

GUNHILD Du hast Fanny hierher eingeladen?

ERHART Sie hat noch geparkt.

ELLA Wer ist Fanny?

GUNHILD Woher weißt du, dass sie es ist?

ERHART Ich hab ihr von dem Zeichen erzählt. Alles gut. Wir warten einfach dreißig Sekunden, dann klingelt sie noch zweimal und –

FANNY Du musst Tante Ella sein.

ERHART Das ist Fanny.

ELLA Fanny. Fanny, natürlich. Ich kenn dich von Erharts Facebook-Seite.

GUNHILD Woher kennst du … du bist auf Facebook?

ERHART Mama …

FANNY Ach ja, stimmt, du postest immer die ganzen lustigen Videos.

GUNHILD Entschuldigung … was?

ELLA Deine Müsli-Fotoserie finde ich ganz toll, Fanny.

FANNY Ach, die verfolgst du?

ELLA Ja, neulich hab ich dein Bircher nachgemacht, es war köstlich.

FANNY Ja, es ist der perfekte Start in den Tag –

GUNHILD 'tschuldigung bitte, was ist hier los? Ihr seid alle im Facebook? Warum holt ihr mich nicht ins Facebook?

ERHART Du bist nicht auf Facebook, Mama.

GUNHILD Könnte ich aber sein. Ich kann auf Facebook sein. Wenn du mich einlädst.

ERHART Es gibt Dinge, Gunhild. Es gibt Dinge, die möchte man lieber für sich behalten.

GUNHILD Was treibst du auf Facebook? Drogen dealen? Und warum nennst du mich Gunhild?

ERHART Nein, Mama, mach dich nicht lächerlich –

GUNHILD Wenn du alles für dich behalten willst, warum ist Ella dann deine Facebook-Freundin?

ERHART Sie hat mir 'ne Anfrage geschickt.

GUNHILD Na, und wenn ich dir eine Anfrage schicke?

FANNY Wann bist du angekommen, Ella?

ELLA Letzte Woche.

ERHART Du hast kein Benutzerkonto.

FANNY Oh, wieso hast du uns dann gar nicht verraten, dass du hier bist?

GUNHILD Was heißt hier »uns«? Was haben Sie denn damit zu tun? Sie hat Tests machen lassen und musste im Krankenhaus schlafen. Du willst nicht, dass ich sehe, was du auf Facebook anstellst?

ERHART Mama, wir können heute nicht lange bleiben, wir müssen auf eine Party.

GUNHILD Ihr geht auf eine was?

ERHART Eine Party.

ELLA Oh.

GUNHILD Deine Tante ist gerade angekommen, und du willst auf eine Party?

ERHART Ich wusste ja nicht, dass Ella kommt, sonst hätte ich es natürlich so eingerichtet –

GUNHILD Also dann wirst du deine Pläne eben ändern müssen.

ERHART Wir haben versprochen –

GUNHILD Wer ist schon wieder »wir«?

ELLA Seit wann kennt ihr euch, du und Erhart?

ERHART Wir haben uns vor ein paar Monaten kennengelernt.

ELLA Und da wohnt ihr schon zusammen?

ERHART Ella –

GUNHILD Ihr macht was?

ERHART Ich wollte es dir erzählen, ich –

GUNHILD Wie alt ist die?

ERHART Mama, bitte –

GUNHILD Sie sieht älter aus als ich.

ERHART So, einmal tief durchatmen, okay?

ELLA Sieht so aus, als würde meine Schwester gerade durchdrehen.

GUNHILD Was ist mit deiner Wohnung in der Stadt passiert?

ERHART Hab ich aufgegeben.

GUNHILD Was? Wo wohnst du?

ERHART Eigentlich gleich um die Ecke. Fanny hat eine Villa.

GUNHILD Fanny hat eine was?

ERHART Gunhild.

GUNHILD Warum nennst du mich jetzt Gunhild? Du sagst immer nur Gunhild zu mir, wenn du was zu verbergen hast. Was treiben Sie mit meinem Sohn, Frau Fanny Wilton?

ELLA Wilton?

FANNY Ja, ich bin Engländerin.

GUNHILD Es interessiert mich einen Scheißdreck, was Sie sind, was läuft da mit meinem Sohn?

FANNY Vielleicht sollte ich besser gehen.

ERHART Wann hast du heute angefangen, Mama?

GUNHILD Was? Ich hab noch gar nicht angefangen.

ERHART Mama. Ich riech's doch.

GUNHILD Ich hab dich heute Morgen erwartet. Ich dachte, du wolltest herkommen und PlayStation spielen.

ERHART Ich musste ein paar Dinge organisieren.

GUNHILD Du hättest anrufen können. Du hättest SMS schreiben können.

ERHART Tut mir leid.

GUNHILD Ich bin im Dunkeln gesessen und hab mich gefragt, ob du vielleicht tot bist.

ERHART Also nein, ich bin nicht tot.

GUNHILD Da muss man einen kleinen Drink nehmen, um sich zu beruhigen. Ich hab mir vorgestellt, wie du irgendwo auf einer Straße liegst und verblutest. Erhart geht ins Parlament, wusstest du das, Ella?

ERHART Nein, mach ich nicht, Mama.

GUNHILD Ja, er geht ins Parlament. Vor ein paar Wochen hatte der Abgeordnete für den hiesigen Sitz, Relling hieß er, glaub ich, der hatte ein Aneurysma und starb, hast du das nicht mitbekommen? Jedenfalls ist der Sitz jetzt frei, und der Bürgermeister hat Erhart nominiert.

ERHART Er hat es beim Abendessen erwähnt. Und Mama, im Ernst –

GUNHILD Kannst du dir das vorstellen? Erhart im Parlament? In seinem Alter? Wenn er schon so anfängt, kannst du dir vorstellen, wie weit er es bringen kann?

ERHART Mama, hör auf –

GUNHILD Würde mich nicht wundern, wenn er mit vierzig das Land regiert.

ERHART Mama, ich mache es nicht. Selbst wenn er es ernst gemeint hätte, ist das nicht etwas, worin ich … ich werde es nicht machen, Mama.

GUNHILD Natürlich machst du es. So eine Gelegenheit hast du nur einmal im Leben.

ERHART Mama –

GUNHILD Der Bürgermeister war sehr beeindruckt von seiner Arbeit bei den Jungen Sozialisten, deshalb hat er an dich gedacht, Erhart, oder? Letztes Jahr war er bei der Modell-UNO, hat er dir das erzählt? Da kommen so Studenten zusammen, jeder kriegt ein Land und vertritt das, und dann spielen sie UNO. Erhart war Guatemala.

ELLA Ah ja, da hab ich die Bilder gesehen.

GUNHILD Ach ja, Ella, ha!, das wird dir gefallen. Oh, das wird dir gefallen. Pass auf: Rat mal, wer der Bürgermeister ist. Na komm, rat mal. Rat mal: Wer ist Bürgermeister?

ELLA Wer ist der Bürgermeister?

GUNHILD Thomas Hinkel.

ELLA … Thomas Hinkel?

GUNHILD Sie hatte mal was mit ihm. Sie hatte was mit Thomas Hinkel.

ELLA Ja. Wir waren mal eine Zeitlang zusammen.

ERHART Das wusst ich gar nicht.

GUNHILD Sag mal, warum hast du ihn nie geheiratet?

ERHART Wirklich, Tante Ella?

ELLA Ja …

ERHART Du und Hinkel, das kann ich mir gar nicht vorstellen.

FANNY Du und Hinkel?

ELLA Ich konnt's mir eben auch nicht vorstellen.

GUNHILD Ach komm schon, ihr hättet super zusammengepasst. Frau Wilton, könnten Sie mir eventuell die Flasche rüberreichen, die da vor Ihren Füßen steht?

Fanny greift nach der Flasche und wirft sie. Gunhild wirft die Flasche zurück.

Reichen, habe ich gesagt.

Ich dachte, Sie wären am Gehen?

FANNY Ja, ich sollte –

GUNHILD Frau Wilton ist geschieden. Oder ist Ihr Mann gestorben? Ich weiß nicht mehr, was es war …

FANNY Wir haben uns scheiden lassen, oder besser gesagt, er hat mich sitzenlassen, und dann ist er gestorben.

GUNHILD Hat er sich wegen Ihnen umgebracht, oder?

FANNY Nein, hat er nicht. Erhart, ich glaube, ich gehe schon mal vor auf die Party, und wir treffen uns dort, okay?

ERHART Ich bring dich noch raus.

FANNY Nein, nein, du bleib hier bei deiner Tante. Ihr habt einander sicher einiges zu erzählen.

GUNHILD Herr Wilton war sehr reich. Daher ist sie jetzt auch reich.

ERHART Mama, bitte.

FANNY Lass dir Zeit, Erhart, ich komm schon alleine klar. Es ist toll, dich endlich persönlich kennenzulernen. Erhart spricht nämlich die ganze Zeit von dir.

GUNHILD Jetzt übertreiben wir aber ein bisschen.

FANNY Die prägenden Jahre, diese acht Jahre bei dir. Du hast einen wunderbaren Mann aus ihm gemacht. Wenn ich so eine Pflegemutter gehabt hätte wie dich, wäre ich vielleicht nicht so eine Chaotin geworden.

GUNHILD Entschuldigung, waren die Jahre bei mir etwa nicht prägend?

FANNY Ah, doch, natürlich waren sie das, ich wollte nicht andeuten, dass … es gibt wissenschaftliche Studien, die sagen … ich meine, das Alter von sieben bis fünfzehn, das sind einfach sehr wichtige Jahre –

ELLA Das waren auch für mich sehr wichtige Jahre –

GUNHILD Entschuldigung!? Ich war damit beschäftigt, meinen Mann vor dem Gefängnis zu bewahren, Frau Wilton.

FANNY Ja, natürlich, absolut, natürlich –

ERHART Niemand macht dir Vorwürfe, Gunhild.

GUNHILD Schärfer als ein Schlangenzahn …

FANNY Bitte?

GUNHILD Das ist Shakespeare, Frau Wilton. Den werden Sie kaum kennen.

FANNY Hamlet?

GUNHILD Nein. Willst du Frau Wilton nicht ein Taxi rufen, Erhart?

FANNY Schon in Ordnung, Frau Borkman. Mein Fahrer wartet draußen.

GUNHILD Man hat einen Fahrer?

FANNY Nur an Abenden wie heute, damit wir was trinken können.

GUNHILD Na, das ist aber schön.

FANNY Also dann, tüdl-tü.

ERHART Du musst ja wahnsinnig erschöpft sein, Ella.

ELLA Nein, nein, ich bin hellwach.

ERHART Möchtest du nicht schon mal ins Bett gehen? Ich komm dann morgen her, und wir können alles besprechen –

GUNHILD Warum willst du von mir weg, Erhart?

ERHART Ich will auf eine Party, Mama, da ist doch nichts dabei.

GUNHILD Wir könnten hier eine kleine Party feiern. Das wär doch lustig?

ERHART Also, du bleibst zwei Monate?

ELLA Na ja, ich hab meinen Job gekündigt und –

GUNHILD Du hast gekündigt? Wieso?

ELLA Also, ich war ja schon im Krankenstand, und ich hab gedacht, da ich sowieso schon hierher muss, kann ich gleich ein bisschen Zeit mit meinem Erhart verbringen.

GUNHILD Entschuldigung?

ELLA Der kleine Giftzwerg besucht mich ja nie von alleine.

ERHART Es war echt viel zu tun die letzten Jahre, Ella –

ELLA Ich weiß schon, Studium und PlayStation. Na, jedenfalls bin ich jetzt hier.

GUNHILD Wo kommst du denn unter?

ELLA Ich hab mir gedacht, ich wohne hier.

GUNHILD Hier? In diesem Haus?

ERHART Das ist ja eine hervorragende Idee.

ELLA Hier ist genug Platz. Keine Angst, wir müssen einander nicht sehen.

GUNHILD Ja, also, ich kann dich nicht davon abhalten. Das Haus gehört dir. Alles gehört dir. Unser Leben gehört dir.

ELLA So musst du das nicht betrachten.

ERHART Wir sind sehr dankbar für alles, was du für uns getan hast, nicht wahr, Gunhild?

GUNHILD Wir hatten auch keine andere Wahl. Wir mussten dein Geld nehmen.

ERHART Mama …

Frida beginnt zu spielen.

Oh, Scheiße.

ELLA Was ist das?

GUNHILD Das ist das Mädchen.

ELLA Was für ein Mädchen?

GUNHILD Das Mädchen, das immer kommt und für John spielt. Die Tochter von diesem Dingensen.

ELLA Dingensen?

GUNHILD Du weißt schon, Vilhelm Dingensen.

ERHART Sie heißt Frida. Scheiße, ich muss hier raus.

GUNHILD Erhart –

ELLA Vilhelm Foldals Tochter kommt jeden Abend hierher und spielt für John?

ERHART Und jeden verschissenen Abend lässt er sie denselben traurigen, tranigen, todessehnsüchtigen Scheiß spielen. Seit zwei Jahren muss ich mir das Abend für Abend anhören. Dasselbe verfickte Stück immer und immer wieder und wieder und wieder und –

GUNHILD Schon gut, Erhart –

ERHART – und WIEDER UND WIEDER UND WIEDER, ICH BLUTE AUS DEN OHREN. Dieser Ort macht mich fertig. Mach doch einfach die Vorhänge auf, Mama, und lass ein bisschen Licht rein.

GUNHILD Das ist genau das, was sie wollen, Erhart, einen Blick erha-

ERHART Da sind keine Fotografen mehr, Mama, die haben uns vergessen. Es ist fünfzehn Jahre her. Die Welt hat uns vergessen.

GUNHILD Was ist denn heute mit dir los, Erhart? Er ist sonst nie so.

ERHART Tut mir leid, Ella, aber ich muss los. Ich halte diese Scheiße nicht mehr aus.

GUNHILD Erhart, so kannst du nicht weggehen.

ELLA Können wir morgen reden, ich muss dringend etwas mit dir –

ERHART Ja. Klar. Wir besprechen alles morgen.

GUNHILD Erhart, komm sofort hierher.

ERHART Nein, Gunhild. Nein. Das mach ich heute nicht mit.

GUNHILD Erhart.

ERHART Gute Nacht.

Ab.

GUNHILD Was zum Teufel hast du hier zu suchen, Ella?

ELLA Das wirst du schon noch sehen.

GUNHILD Ich weiß, was du für ein Spiel spielst. Aber das gewinnst du nicht.

Sie geht Erhart hinterher.

Erhart, komm sofort zurück.

Ella allein. Sie hört die Musik.

II. AKT

Frida spielt Gitarre, Borkman kommt dazu, hebt Fernsehgerät auf.

BORKMAN Ich kenne diesen Sound. Und weißt du auch, woher?

FRIDA Woher, Herr Borkman?

BORKMAN Ich kenne ihn aus der Grube. Da habe ich so was zum ersten Mal gehört. Unten in den Gruben.

FRIDA In den Gruben?

BORKMAN Ja. Mein Vater war doch Bergmann. Das hab ich dir doch erzählt?

FRIDA Ja, Herr Borkman.

BORKMAN Er war Bergmann. Einmal hat er mich mitgenommen, in einem Aufzug, der tief in die Erde hinunterfuhr; tiefer, als ich je in einem Aufzug aufwärtsgefahren bin, fuhren wir also abwärts. Und unten im Stollen, da gibt es ein Geräusch, kaum wahrnehmbar, es ist wie ein fernes Singen, daran muss ich immer denken, wenn ich dich spielen höre. Mein Vater sagte immer, das ist das Eisenerz, das singt. Das vor Glück singt.

FRIDA Es singt?

BORKMAN Ja. Aus diesen Gruben kam die Zukunft. Bei tausendvierhundert Grad geschmolzen, veredelt und zu Stahl geworden, wurden daraus Stadien, Wolkenkratzer, Flughäfen, Schiffe, endlose Eisenbahnlinien. Und jetzt liegen die Gruben brach.

FRIDA Weil das Eisen ausgegangen ist?

BORKMAN Nein, nein, es gibt immer noch Eisenerz da unten, und unzählige, noch viel wertvollere Mineralien. Es war nur viel billiger, Leuten in China und Indien für die gleiche Arbeit viel weniger zu zahlen. Also verlor mein Vater seine. Die letzten acht Jahre seines Lebens hat er vor dem Nachmittagsprogramm im Fernsehen verbracht, bevor er endlich auf dem Klo an Herzstillstand starb. Aber vorher hat er mich noch täglich mit einem nassen Putzlappen durchs Haus gejagt. Mein Vater war alles in allem ein ziemliches Arschloch.

Sie stellt die Gitarre weg.

Was ist, musst du schon gehen?

FRIDA Ja, ich muss noch wohin. Was haben Sie sich heute angeschaut?

BORKMAN Keine Ahnung, der blöde Fernseher hat mitten in der Wissenschaftssendung den Geist aufgegeben. Die sagen, wir können schon bald unsere Gehirne auf Festplatten laden, und wenn wir sterben, können wir einfach einen neuen Körper an die Festplatte anschließen, uns noch mal runterladen und weitermachen.

FRIDA Das gefällt mir nicht.

BORKMAN Und es gibt keine Blinden mehr.

FRIDA Es gibt keine Blinden mehr?

BORKMAN Es gibt Kameras, die so klein sind, dass sie mit Sensoren am Gehirn befestigt werden können.

FRIDA Darf ich Sie was fragen?

BORKMAN Bitte sehr.

FRIDA Drängt es Sie nie, mal aus dem Fenster zu schauen?

BORKMAN Wozu?

FRIDA Um die Aussicht zu sehen.

BORKMAN Ich kann mich bestens an die Aussicht erinnern.

FRIDA Aber um mal zu sehen – was sich verändert hat.

BORKMAN Was hat sich verändert?

FRIDA Na ja, letzten Monat haben sie die Telefonzelle in der Mitte des Platzes entfernt.

BORKMAN Dann stelle ich mir die Aussicht jetzt eben ohne Telefonzelle vor. In San Francisco gibt es Autos, die fahren durch die Gegend, ohne Fahrer. Und andere Autos scannen nach einem Unfall deinen Körper ab und schicken eine Nachricht an das Krankenhaus, da sind alle Verletzungen schon aufgezählt, bevor der Krankenwagen angekommen ist. Bald wird es ein Flugzeug geben, das in einer Stunde nach New York fliegt.

FRIDA New York. Ich will auch nach New York.

BORKMAN Ah, ja.

FRIDA Ich will überallhin.

BORKMAN Ja, mach das.

FRIDA Mein Vater sagt, Sie waren im Gefängnis.

BORKMAN Sagt er das?

FRIDA Haben Sie jemanden umgebracht?

BORKMAN Vielleicht.

FRIDA Was haben Sie gemacht?

BORKMAN Eine Bank ausgeraubt.

FRIDA Wirklich?

BORKMAN Ja.

FRIDA Mit einer Pistole?

BORKMAN Meine Pistole hab ich nicht gebraucht.

FRIDA Hatten Sie so eine Skimaske auf?

BORKMAN Wozu? Ach so. Nein. Keine Skimaske.

FRIDA Es schneit schon den ganzen Tag.

BORKMAN Ach ja?

FRIDA Selbst wenn die ganze Stadt in Flammen stünde, Sie hätten keine Ahnung.

BORKMAN Und kein Interesse.

FRIDA Warum hassen Sie alle so?

BORKMAN Dich hasse ich nicht.

FRIDA Wie war das?

BORKMAN Wie war was?

FRIDA Im Gefängnis?

BORKMAN Das hat mich noch nie jemand gefragt.

FRIDA Sie waren fünf Jahre da. Was haben Sie die ganze Zeit gemacht?

BORKMAN Russisch gelernt.

FRIDA Sagen Sie mal was auf Russisch.

Borkman flüstert ihr ins Ohr.

Was heißt das?

BORKMAN Lern Russisch, dann weißt du's.

FRIDA Bis dahin weiß ich doch nicht mehr, was Sie gesagt haben.

BORKMAN Ich schreib's dir auf. Hier.

Er schreibt es ihr auf den Arm.

FRIDA Das kann ich auch einfach in den Google-Translator eingeben.

BORKMAN Das wäre unfair.

FRIDA Was haben Sie noch gemacht im Gefängnis?

BORKMAN Viel geschlafen, Buch gemacht.

FRIDA Buch gemacht?

BORKMAN Ja, im Gefängnis haben sie Sportwetten abgeschlossen. Ich hab die Quoten geregelt.

FRIDA Ich dachte, man darf im Gefängnis nicht mit Geld umgehen?

BORKMAN Woher willst du das wissen?

FRIDA So ist das immer in den Polizeiserien.

Wie spät ist es?

BORKMAN Woher soll ich das wissen?

FRIDA Warum legen Sie sich keine Uhr zu?

BORKMAN Ich hab eine Uhr.

FRIDA Wo?

BORKMAN Hier.

FRIDA Ich? Ich bin die Uhr?

BORKMAN Du bist meine Uhr.

FRIDA Ich bin keine Uhr.

BORKMAN Wenn du kommst, weiß ich, dass Abend ist.

FRIDA Und wenn ich morgens komme, dann denken Sie, es ist Abend?

BORKMAN Es wäre auch Abend. Weil du gekommen bist.

FRIDA Ihre Uhr muss jetzt gehen.

BORKMAN Wo gehst du noch hin?

FRIDA Auf eine Party.

BORKMAN Auf eine Party, ja?

FRIDA Ja, ich spiele auf einer Party.

BORKMAN Wer schmeißt die Party?

FRIDA Der Bürgermeister.

BORKMAN Der Bürgermeister schmeißt eine Party?

FRIDA Ja, so ein Charity-Ding.

BORKMAN Und wieso bist du da eingeladen?

FRIDA Ich bin nur das Unterhaltungsprogramm.

BORKMAN Nur das Unterhaltungsprogramm? Und das gefällt dir? Du darfst also gar nicht mitmachen bei der Party?

FRIDA Na, ich darf danach in der Küche was essen, und dann muss ich gehen.

BORKMAN Nicht mitmachen dürfen. Das ist das Schlimmste.

FRIDA Wissen Sie, wer noch auf die Party kommt? Ihr Sohn.

BORKMAN Erhart?

FRIDA Ja, der Bürgermeister hat ihn eingeladen.

BORKMAN Er hat Erhart, er hat Erhart eingeladen, und Erhart geht da hin?

FRIDA Ja. Warum?

BORKMAN Nichts.

FRIDA Also dann …

BORKMAN Du solltest besser los zu eurer Party gehen.

Kuss, sie geht.

Willst du nicht kurz warten, bis dein Vater kommt?

FRIDA Ach Gott, so spät ist es schon, darf ich vielleicht den Hinterausgang benutzen?

BORKMAN Warum willst du eigentlich nie deinen –

FRIDA Wiedersehen.

Sie ist weg.

BORKMAN Wiedersehen.

FOLDAL Oh. Ich hatte gehofft, meine Tochter anzutreffen.

BORKMAN Die ist gerade weg.

FOLDAL Oh.

Irgendwie verpassen wir einander in letzter Zeit immer.

BORKMAN Ja.

FOLDAL Egal.

BORKMAN Du bist spät dran.

FOLDAL Der Weg aus der Stadt wird auch nicht kürzer.

BORKMAN Es gibt eine Straßenbahn.

FOLDAL Weiß ich.

BORKMAN Die Straßenbahn geht direkt vor deinem Haus.

FOLDAL Ich glaube, ein bisschen Bewegung tut mir gut. Und weißt du, was das heutzutage kostet? Das ist Wucher. Ist Frida gerade erst gegangen?

BORKMAN Ja, sie ist gerade weg. In der Minute ist sie weggegangen.

FOLDAL *nickt* Das Leben ist einsam, seit sie ausgezogen ist.

BORKMAN Hast du nicht noch fünf andere Kinder?

FOLDAL *grummelt* Aber weißt du, John Gabriel, Frida ist die Einzige, die mich je verstanden hat.

Die anderen, die verstehen mich überhaupt nicht.

Heute Morgen hab ich aus einem Überschwang heraus zu fest auf die French-Press gedrückt, mir heißen Kaffee über die Brust geschüttet und mich verbrüht. Die Kinder haben mich alle ausgelacht. Ich hab mein Hemd ausgezogen, um mich nicht noch mehr zu verbrühen, und sie haben auf meine verbrannte Brust gezeigt und gelacht. Und dann hab ich gemerkt, dass meine eigene Frau auch mitlacht.

BORKMAN Du warst immer schon ein Trottel.

FOLDAL Das stimmt, ich bin ein Trottel. Weißt du noch, wie ich als Kind immer manchmal spontan einfach hingefallen bin? Ohne Grund? Erinnerst du dich?

BORKMAN Vage.

FOLDAL Immer ohne ersichtlichen Grund lag ich plötzlich auf dem Boden. Ich hab im Gesicht geblutet, meine Brille war in tausend Scherben. Das passiert mir immer noch manchmal.

BORKMAN Vielleicht ist dein Gleichgewichtssinn irgendwie gestört. Vertigo. Deshalb kippst du immer um.

FOLDAL Nein, nein. Die Ärzte haben das überprüft und kommen nicht drauf, was es ist.

Weißt du, es würde mich nicht so sehr stören, dass sie mich nicht verstehen, das wäre mir gar nicht so wichtig, wenn sie wenigstens Respekt hätten vor mir. Aber meine Frau hat sie gegen mich aufgebracht. Ich hatte diese Regel eingeführt: kein Fernsehen nach 18 Uhr, damit sie ihre Hausaufgaben machen – sie sind ja alle ganz schlau so weit, also bis auf den Jüngsten, den kleinen John, da gab's diese Komplikationen mit Sauerstoff bei der Geburt, aber sonst sind sie ganz schlau und könnten echt was aus sich machen, wenn sie wollten, aber sie sind faul, und ihre Mutter macht überhaupt keinen Druck, jedenfalls hat die Fernsehregel nicht sehr lange gehalten, weil da gibt es diese Sendung mit Singen, all diese junge Leute, die singen und wollen berühmt werden, das ist die Lieblingssendung meiner Frau, und die guckt sie sich gerne mit den Kindern an, und –

BORKMAN Mensch, Vilhelm!

FOLDAL Oh, bin ich wieder ins Schwafeln geraten? Entschuldige …

BORKMAN Du hast dir einfach die falsche Frau ausgesucht.

FOLDAL Tja … Ich hatte nicht so eine wahnsinnig große Auswahl.

BORKMAN Du hast dich nicht richtig angestrengt.

FOLDAL Ach, ich hab's schon versucht … Aber ich hatte nie ganz den Dreh raus. Du schon. Bei dir sind sie Schlange gestanden.

Borkman grummelt.

Und dann war ich plötzlich vierzig, und ich dachte, ich sollte doch Kinder haben,

und da war Berit, und die hatte nix dagegen, und sie wirkte nett, wenn auch manchmal ein bisschen mürrisch, aber hauptsächlich nett und sah auch nicht ganz furchtbar aus, also eigentlich überhaupt nicht. Aber fünf Kinder haben natürlich Spuren bei ihr hinterlassen, körperlich und geistig. Da kann ich ihr keinen Vorwurf machen. Aber wir könnten doch mindestens Freunde bleiben.

Bevor das alles, weißt du, das alles passiert ist, da gab es eine Art von Frau, die mich wahrgenommen hat, die haben wahrscheinlich mein Geld wahrgenommen, und ich dachte, ich lande vielleicht bei einer von denen, aber dann haben sich natürlich meine Perspektiven geändert und –

BORKMAN Was soll das denn heißen?

FOLDAL Nichts, ich hab nur –

BORKMAN Was meinst du denn damit? Meinst du die Pleite?

FOLDAL Also, ja, ich –

BORKMAN Willst du damit sagen, dass es meine Schuld ist, dass du keine –

FOLDAL Nein, natürlich nicht, ich habe nur eine Feststellung gemacht.

BORKMAN Wenn du deswegen hierhergekommen bist, um Anschuldigungen loszuwerden, dann kannst du gleich auf dem Absatz umdrehen und wieder gehen –

FOLDAL Nein, John Gabriel, nein, ehrlich, ich –

BORKMAN Und wenn du so dämlich bist zu glauben, dass so ein kleiner Rückschlag wie dieser Grund genug dafür ist, sein ganzes Leben aufzugeben, dann viel Erfolg, Vilhelm.

FOLDAL Ich hab dir nicht die Schuld gegeben, John, wirklich nicht, ich schwör dir, ich hab nicht einmal daran gedacht. … 'tschuldigung.

BORKMAN Akzeptiert.

…

FOLDAL Ich hab dir dein Sandwich mitgebracht.

BORKMAN Hast du an die Jalapeños gedacht?

FOLDAL Ich denke immer an die Jalapeños.

BORKMAN Nicht immer, Vilhelm.

FOLDAL Einmal. Einmal hab ich sie vergessen.

BORKMAN Ist genug Senf drauf?

FOLDAL Ich hab Extrasenf verlangt.

BORKMAN Hast du's überprüft?

FOLDAL Ich hab gefragt.

BORKMAN Hast du zugeschaut, wie sie ihn draufgetan haben?

FOLDAL Ich hab extra gesagt Extrasenf.

BORKMAN Der Fernseher ist kaputt.

FOLDAL Bist du sicher, dass es nicht am Wetter liegt?

BORKMAN Er ist kaputt.

FOLDAL Es könnte auch einfach das Wetter sein.

BORKMAN Du musst ihn für mich reparieren lassen.

FOLDAL Gut. Ich komme morgen früh und hole ihn ab.

BORKMAN Nimm ihn gleich heute mit, dann kannst du ihn morgen sofort reparieren lassen.

FOLDAL Der geht bestimmt ganz kaputt, wenn ich ihn durch den Schnee nach Hause zerre.

BORKMAN Dann tu doch deinen Mantel drüber.

FOLDAL John, bitte.

BORKMAN Die wollen das Wollhaarmammut wiederbeleben.

FOLDAL Hä?

BORKMAN In Sibirien haben sie so ein Wollhaarmammut gefunden, im Schnee, und jetzt machen sie Wiederbelebungsversuche. Es ist ca. 40 000 Jahre alt.

FOLDAL Wovon sprichst du, um Himmels willen?

BORKMAN Sei nicht so ignorant, Vilhelm. Es geht um DNA.

FOLDAL Mehr braucht es nicht?

BORKMAN Na ja, es braucht einen Elefanten zum Hineinpflanzen.

FOLDAL Die tun einen Elefanten in ein Mammut rein?

BORKMAN Nein, die DNA, du Idiot. Die imprägnieren eine Elefantenkuh mit der DNA, und die gebiert ein Mammut.

FOLDAL Um Gottes willen.

BORKMAN Stell dir die Gesichter der anderen Tiere vor. Die Sibirischen Tiger und die Eisbären, die Pinguine. Wenn dieses 40 000 Jahre alte Mammut plötzlich wieder auf der Erde wandelt.

FOLDAL Wie würde es überleben?

BORKMAN Na, ich weiß auch nicht, sie müssen vielleicht ein zweites machen. Sie brauchen eine Frau für ihn, damit er sich reproduzieren kann.

FOLDAL Adam und Eva Mammut.

BORKMAN Dieses Sandwich ist fürchterlich.

FOLDAL Willst du morgen was anderes?

BORKMAN Ich will nichts anderes, ich will mehr Senf.

Fernsehbild mit Ton schaltet sich ein.

FOLDAL Ein Wunder.

John. Ich hab an meinem Stück ein paar Änderungen vorgenommen.

BORKMAN Ah ja?

FOLDAL Ich hab gedacht, ich lese dir die neue Fassung des ersten Aktes vor.

BORKMAN Nein, Vilhelm, ich bin nicht in Stimmung.

FOLDAL Ich glaube, das könnte es jetzt wirklich sein. Ich glaube, ich schicke es wieder an die Theater und an die Verlage. Ich glaube, es ist jetzt wirklich fertig. Irgendwann musst du einen Punkt machen. Schon Picasso hat gesagt: Voilà, c'est ça finì.

BORKMAN Keine Angst, Vilhelm. Wenn ich wieder oben bin, produziere ich alle deine Stücke.

FOLDAL Meinst du das wirklich ernst, John?

BORKMAN Ja und bald.

FOLDAL Wirklich bald?

BORKMAN Ja. Jeden Moment, ich spüre es, kommen sie bei mir angekrochen. Jetzt, wo die ganze Wirtschaft im Arsch ist, brauchen sie einen, der sie rettet. Sie erkennen ihre Fehler. Diese Idioten. Diese Dummköpfe können ohne mich nicht überleben. Sie haben nichts begriffen. Sie haben alles falsch gemacht. Deswegen haben sie mich eingesperrt. Denen mache ich es nicht leicht. Ich bin kein halbes Hemd. Sie sollen bluten. Sie sollen vor mir auf den Knien rutschen und um

Vergebung flehen. Sie sollen mir die Füße küssen. Ich werde die Bedingung stellen.

FOLDAL Was für ein prächtiger Tag das sein wird.

BORKMAN Jedes Mal, wenn ich alleine hier gesessen habe mit meiner Pistole.

FOLDAL John …

BORKMAN Mit der Pistole im Mund, bereit, abzudrücken.

FOLDAL Ach Gott, John.

BORKMAN Jedes Mal hab ich in letzter Minute dieselbe Stimme gehört. Tu's nicht. Lass sie nicht im Stich. Sie brauchen dich. Und der Tag wird kommen, an dem sie das erkennen. Und darum hab ich mir die Birne nicht weggepustet, Vilhelm.

FOLDAL Zum Glück, John, zum Glück.

BORKMAN Ich war fast so weit, Vilhelm. Ich war nur ein paar Tage entfernt von meinem größten Triumph.

FOLDAL Ich weiß. Ich weiß.

BORKMAN Sie hatten die Mine längst vergessen, seit Jahren war sie schon geschlossen. Mein Vater wird einer der letzten gewesen sein, der noch eingefahren ist. Er wusste, dass es da mehr zu holen gab, als alle glaubten. Er hatte mir von den Mineralien erzählt. Meine Analysen haben das bestätigt. Sie waren da, die Mineralien, an denen unsere Zukunft hängt. Nur ich habe es erkannt. Ich war der Einzige. Alle wollen Geld verdienen, aber nur ich weiß, wie man es macht. Geld muss man machen, Vilhelm, nicht verdienen. Ich erfinde es, ich sehe es, bevor es überhaupt da ist.
Ich brauchte nur für kurze Zeit das Geld, um die Mine wieder aufzumachen. Ein paar Tage später wären wir alle reich gewesen.

FOLDAL Ich weiß.

BORKMAN Die Datenleitungen, die jetzt die ganze Welt umspannen und in einer Millisekunde den entferntesten Punkt der Erde mit dem anderen verbinden; die Sonden, die uns Nachrichten aus einer Entfernung von Lichtjahren schicken; die mikroskopischen Kameras, die die unsichtbarsten Krankheiten des Körpers zeigen – alles war so greifbar. Ich hatte den Schlüssel dazu, ich hätte die Tore weit aufgestoßen. Nur noch zehn Tage …

FOLDAL John, du drückst dich so unfassbar klar aus, ist dir das klar? Wir sollten an meinem nächsten Stück zusammenarbeiten. Ich habe noch nie mit einem Koautor gearbeitet, aber das sollten wir uns überlegen.

BORKMAN Sag mal, hast du nicht mehr alle Tassen im Schrank? Hast du mir nicht zugehört?

FOLDAL Natürlich hab ich dir zugehört.

BORKMAN Verstehst du nicht, wie ich mich manchmal fühle?

FOLDAL Wie?

BORKMAN Wie Napoleon.

FOLDAL Weil du so klein bist?

BORKMAN Was?

FOLDAL Na ja, weil Napoleon ja so klein war. Du bist auch klein. Ich bin auch klein. Aber groß … Das hat ja nichts mit körperlicher Größe zu tun … du bist auch groß.

BORKMAN Nein, Vilhelm.

FOLDAL Also warum kommst du dir vor wie Napoleon, John?

BORKMAN Ich war an der Schwelle zu meinem größten Triumph … und dann …

FOLDAL Und dann die Russen. Ja, John, das Gefühl kenn ich gut. Zuerst Napoleon und dann die Russen. Das geht bei mir bis zur Schreibblockade. Das Gefühl kenn ich.

BORKMAN Kann ja sein, dass du irgendwelche Gefühle hast, aber doch in einem ganz anderen Ausmaß!

FOLDAL Mein Theaterstück ist mein Leben.

BORKMAN Das ist doch ein ganz anderer Maßstab … Das kann man doch nicht vergleichen.

FOLDAL John, wo ein Mann zu Hause ist, da ist er König. Du kennst dich beim Geld aus, ich beim Schreiben.

BORKMAN Ja, Geld! Das ganze Geld wäre binnen weniger Tage wieder auf der Bank gewesen. Unbeschadet, unversehrt und es wäre dreimal so viel gewesen. Niemand hätte etwas gemerkt, wenn nicht dieser –

FOLDAL Wenn ich den Scheißkerl, diesen Thomas Hinkel bloß in die Finger kriege. Nicht mal ein Tier tut so etwas seinem besten Freund an? So ein Spießer!

BORKMAN Und weißt du was, er gibt heute Abend eine Party, Vilhelm. Hast du das gewusst?

FOLDAL Ja, davon hab ich gehört.

BORKMAN Eine ganz besondere Party für ganz besondere Leute. Eine Party, wie ich sie früher hier geschmissen habe.

FOLDAL Himmel, wie ich mich an diese Partys erinnere.

BORKMAN Und weißt du, wer gerade auf Hinkels Party ist?

FOLDAL Da sind wahrscheinlich viele Menschen.

BORKMAN Keine vielen Menschen, ein einziger Mensch. Mein eigener Sohn. Erhart.

FOLDAL Was? Nein. Erhart. Nein. Ich glaub's nicht. Ich kann es nicht glauben. Dass er das seinem eigenen Vater antut …

BORKMAN Sie haben ihm zugesetzt, verstehst du, sie haben ihn gegen mich aufgebracht. Wahrscheinlich denkt er jetzt wie alle anderen auch, dass Hinkels Verrat an mir ein Dienst an der Allgemeinheit war.

FOLDAL Aber die Liebe eines Sohnes zu seinem Vater –

BORKMAN Bedeutet nichts angesichts dieser lächerlichen kleinen Komplotte, in die er verwickelt wurde, seit ich im

Gefängnis war. Denk daran, wer ihn großgezogen hat. Erst seine Tante, dann seine Mutter. Die haben von Anfang an die Saat in seinem Kopf gesät, die haben ihn sich gegriffen, als er noch jung und knetbar war –

FOLDAL Ich bin sicher, du tust ihnen unrecht.

BORKMAN Sie haben ihn gegen mich aufgebracht, Vilhelm, so einfach ist das. Sie haben seine Gedanken mit ihrer eigenen Missgunst infiziert. Frauen machen so was. Die verderben uns das Leben. Die nagen und nagen in einem fort an unserem Schicksal, bis nichts mehr übrig ist von unseren Siegen.

FOLDAL 'tschuldigung, John: Nur manche Frauen tun das, nur manche nagen.

BORKMAN Findest du wirklich? Nenn mir mal eine Frau, die nicht nagt.

FOLDAL Da fällt mir jetzt keine spontan ein.

BORKMAN Oder eine, die für irgendwas gut ist.

FOLDAL Ich kenne auch nicht so viele Frauen. Und die, die ich kenne, sind vielleicht keine so geeigneten Beispiele.

BORKMAN Also es gibt gute Frauen, aber du weißt nicht, wo oder wie sie heißen. Was ist denn das für eine dämliche Argumentation?

FOLDAL Verzeih, John, aber nur weil unsere eigene Erfahrung bisschen … enttäuschend war … gleich die Hoffnung aufgeben? Ein Mann muss doch Ideale haben, John. Sonst können wir uns gleich erschießen. Nein! John, nicht erschießen! Das wollte ich nicht sagen. Ich wollte sagen, da kann er sich gleich vergraben, er kann gleich einpacken, abdanken. Dass diese Frau irgendwo existieren muss, irgendwo vielleicht in einer anderen Wirklichkeit, egal – daran muss ich glauben. Denn die Alternative zu denken wäre zu grausam. Ich bin ganz sicher, diese Frau gibt es in einem anderen Universum, diese Frau, diese zarte, sinnliche, gütige, wissende Frau.

BORKMAN Verschon mich mit deiner zweitklassigen Poesie, Vilhelm, um Himmels willen, das ist doch peinlich.

FOLDAL Peinlich? Zweitklassig?

BORKMAN Wenn du nicht an so einem Unsinn festhalten würdest, dann wärst du nicht so ein kläglicher Versager geworden.

FOLDAL 'tschuldigung, John. Ich teile dir hier meine tiefsten persönlichen Überzeugungen mit, ich öffne mich dir ganz, und du antwortest mit »peinlich« und »zweitklassig«?

BORKMAN Vergiss es einfach, Vilhelm. Keine Sorge, ich hol dich bald wieder auf die Beine, aber stell dich halt nicht so dämlich an.

FOLDAL Ach, und was ist dein Plan, wenn ich fragen darf?

BORKMAN Sobald ich wieder in meiner Position bin –

FOLDAL Die Dringlichkeit ist also nicht besonders groß.

BORKMAN Was soll das denn heißen? Willst du sagen, dass der Zeitpunkt nicht kommen wird?

FOLDAL Komm schon, John, mal im Ernst, die Wahrscheinlichkeit –

BORKMAN IST ES DAS, WAS DU SAGEN WILLST?

FOLDAL Nein, nein, sie kommen jeden Moment, sie kommen mit einer Blaskapelle und hunderttausend tanzenden Jungfrauen und dem Schlüssel zum Stadttor auf einem Brokatkissen und knien im Schnee und geißeln sich selbst, während sie im Chor immer lauter werdend »Mea culpa« psalmodieren –

BORKMAN Sag mal, machst du dich über mich lustig?

FOLDAL – oder »Nostra culpa«, das wäre wahrscheinlich grammatikalisch korrekter. Und der Gesang breitet sich über die ganze Stadt aus, die Menschen lehnen sich weit aus dem Fenster, um mitzusingen, und man sieht ihre T-Shirts mit deinem Konterfei darauf, die Frauen reißen sich das T-Shirt hoch, entblößen ihre Brüste und rufen: Wir wollen Kinder von dir! Zwillinge! Während du in einem Triumphschlitten durch die Straßen fährst und Hinkel in Ketten hinter dir her schleifst – in Ketten!

BORKMAN Raus.

FOLDAL …

Was?

BORKMAN Verlass sofort mein Haus.

FOLDAL …

Das ist aber so …

BORKMAN Wenn du so denkst, habe ich keine Verwendung mehr für dich.

FOLDAL Was heißt Verwendung? Keine Verwendung?

BORKMAN Wenn du nicht der Meinung bist, dass mein Schicksal sich drehen kann –

FOLDAL Aber es entbehrt doch jeder Logik, John. Die werden nicht hergehen und dein Geschäftsverbot aufheben. Dazu müssten sie zunächst deine vergangenen Schuldsprüche aufheben, und ich bin kein Jurist, aber dafür gibt es einfach keine …

BORKMAN Chance?

FOLDAL Nein, Präzedenzfälle.

BORKMAN Präzedenzfälle treffen auf Menschen wie mich nicht zu.

FOLDAL Natürlich tun sie das. Du bist keine Ausnahme. Vor dem Gesetz sind wir alle gleich.

BORKMAN Gleich? Ein Visionär und ein untalentierter Schreiberling, gleich?

FOLDAL …

Meinst du das ernst, was du gerade gesagt hast?

BORKMAN Wir verschwenden einander nur die Zeit.

FOLDAL Hast du genug von mir?

BORKMAN Du bist vollkommen zwecklos.

FOLDAL Das kann schon sein.

BORKMAN Du hast mich angelogen.

FOLDAL Du hast mich zum Narren gehalten.

BORKMAN Du hast mich angelogen.

FOLDAL Ich lüge nie.

BORKMAN Du hast hier gesessen, Abend für Abend, und mich angestachelt. Du hast mich denken lassen, dass ich Grund zur Hoffnung habe … Was war das? Hast du irgendein krankes Spiel mit mir getrieben?

Toneinspielung.

Ella kommt.

ELLA Hier stinkt's.

BORKMAN Ja?

ELLA Pisst du in Flaschen?

BORKMAN Eine Zeitlang hatte ich einen Eimer. Dann hab ich mir noch ein paar besorgt.

ELLA Ich hab schon gedacht, dass du mich vielleicht nicht erkennst.

BORKMAN Du siehst älter aus.

ELLA Du auch.

BORKMAN Das ist alles ein großer Haufen Scheiße. Es gibt dazu nichts zu sagen.

ELLA Du klingst wie deine Frau.

BORKMAN Wie geht es ihr?

ELLA Interessiert dich das?

BORKMAN Nicht wirklich.

ELLA Warum habt ihr euch nie scheiden lassen?

BORKMAN Weiß ich nicht. Hätten wir wahrscheinlich tun sollen.

Aber sie hat nie darum gebeten.

…

Und du? Hast du –

Hast du noch mal geheiratet?

ELLA Nein.

BORKMAN Hat dich niemand …?

ELLA Doch. Es gab jede Menge Angebote. Aber am Ende des Tages hab ich nie so recht einen Sinn darin gesehen.

…

Und ich habe mich sehr damit angefreundet, John.

BORKMAN Du hattest eine Chance.

ELLA Nein, hatte ich nicht. Das kam nicht in Frage.

BORKMAN Ich verstehe nicht, warum du es nie richtig mit ihm versucht hast. Du hättest es einmal richtig probieren sollen.

ELLA Als Ablenkung war er ganz gut. Und ich dachte, er würde deine Eifersucht wecken.

BORKMAN Ich war eifersüchtig.

ELLA Nicht genug.

BORKMAN Der Kurs war gesetzt. Da war nichts mehr zu machen.

ELLA Du weißt, dass ich einmal ja zu ihm gesagt habe?

BORKMAN Was?

ELLA Ja. Wir haben Urlaub gemacht auf Korsika, er hat ein Boot gemietet, und wir haben den ganzen Tag vor der Küste gebadet, und am Abend haben wir eine Wanderung gemacht zu dieser kleinen Kirche, ganz oben an der Spitze einer Klippe, – Sonnenuntergang, Meer, Klippe, kitschiger geht es nicht, das hat er alles ganz phantastisch organisiert, Sonnenuntergang, kreischende Möwen – und dann fragt er mich wahrscheinlich zum fünfzigsten Mal. Und weißt du, das war der Tag, wo ich dich das erste Mal vergessen hatte. Ich hatte dich einmal vergessen, ich war ein bisschen beschwipst von dem vielen Champagner, also haben wir nachmittags auf dem Boot rumgevögelt, und es hat mir Spaß gemacht, zum ersten Mal hat es mir richtig Spaß gemacht mit ihm. Und ich habe überhaupt keinen Grund gesehen, Nein zu sagen. Aber am nächsten Tag bin ich aufgewacht, konnte nicht mehr atmen, hab einen Flug gebucht und bin abgereist, ohne ein Wort zu sagen.

BORKMAN Du lieber Gott, Ella, weißt du, was das für mich bedeutet hat?

ELLA Für dich?

BORKMAN Für uns alle. Für die ganze Familie.

ELLA Wovon sprichst du?

BORKMAN Alle heiraten aus praktischen Gründen. Es ist ein Vertrag zwischen zwei Parteien. Mehr dürfen es nun mal in dem Fall nicht sein, mein Schatz. Eine Gesellschaft bürgerlichen Rechts, verstehst du? Das ist der einzige Grund, warum Leute Ehen schließen. Warum musstest du nur so stur sein?

ELLA Ich war nicht verliebt in ihn.

BORKMAN Es war alles so gut organisiert, Ella. Alles hätte sich gefügt. Thomas hätte einfach nur einmal das Gefühl haben müssen, dass du ihm gehörst, dass er gewonnen hat, dass er es einmal in seinem Leben geschafft hat, mich zu übertrumpfen. Jedes Mal, wenn du ihn zurückgewiesen hast, war er davon überzeugt, dass nur ich dahinterstecken kann. Und als es dann endgültig mit euch beiden auseinanderging, da hat er sich an mir gerächt.

ELLA Du denkst, *Thomas* ist zur Polizei gegangen?

BORKMAN Natürlich war er das. Er war mein Anwalt. Er war der Einzige, der Zugang zu allen Dokumenten hatte.

ELLA Warum hätte er es an dir auslassen sollen?

BORKMAN Hab ich dir doch gesagt. Er dachte, ich halte dich davon ab, ihn zu heiraten.

ELLA Tja, sieht also aus, als wäre alles meine Schuld.

BORKMAN Könnte man so sagen.

…

Ich sollte mich wohl bei dir bedanken.

ELLA Wofür?

BORKMAN Dass wir wenigstens das Haus behalten durften.

ELLA Ich habe nur mein Elternhaus gerettet.

BORKMAN Also gut. Dann weil du mich hier wohnen lässt.

ELLA Ich hab mir Sorgen um dich gemacht.

BORKMAN Um mich muss sich niemand Sorgen machen.

ELLA Machen sich auch die wenigsten.

BORKMAN Das ist für mich in Ordnung.

ELLA Bei der Versteigerung haben mich alle argwöhnisch betrachtet, als hättest *du* die ganze Sache organisiert.

BORKMAN Wozu? Als Sicherheit?

ELLA Ja. Falls was schiefgeht.

BORKMAN Nein, das hatte ich nicht nötig. Ich war mir absolut sicher, es würde ein Erfolg. Nein, das war nicht der Grund, warum ich dein Geld nicht angerührt habe.

ELLA Wieso dann?

BORKMAN Weiß ich nicht. Ach Gott, das ist so lange her. Irgendwas hat mich gepackt, als ich am Computerterminal gestanden habe und die Transaktionen durchgeführt habe, da hab ich deinen Namen in der Kundenliste gesehen und … ich weiß nicht …

ELLA Was?

BORKMAN Keine Ahnung, es war vier Uhr morgens, ich hatte die ganze Nacht nicht geschlafen, es war was Sentimentales, womit bei mir nicht zu rechnen war …

ELLA Was?

BORKMAN Ich habe deinen Namen gesehen, und ich konnte nicht …

ELLA Aber du warst dir deines Erfolges zu hundert Prozent sicher.

BORKMAN Ja, aber aus irgendeinem Grund konnte ich es nicht riskieren. Ich konnte *das* nicht riskieren.

ELLA Mich?

BORKMAN Wie gesagt, es war vier Uhr morgens, und ich war –

ELLA Mich? Willst du damit sagen, dass ich wichtiger für dich war als sonst irgendjemand? Wichtiger als dein eigenes Leben?

BORKMAN Ja. Ich weiß nicht. Vielleicht. Ja. Vielleicht. –

ELLA John. Du hast mich wegen meiner Schwester verlassen.

BORKMAN Ich weiß.

ELLA Du hast dein Wort gebrochen und meine Schwester …

BORKMAN Das musste ich tun, Ella, es war nicht anders möglich. Thomas hat mich dazu gezwungen.

ELLA Wovon redest du? Thomas? Was hat Thomas damit zu tun?

BORKMAN Du weißt doch, er war halt immer schon in dich verliebt.

ELLA Was hat das denn damit zu tun?

BORKMAN Das Arschloch hat einfach nicht locker gelassen …

ELLA Du hast mich wegen Thomas verlassen? Warum hättest du so etwas tun sollen?

BORKMAN Ella …

ELLA Wieso hat dich gekümmert, was Thomas wollte?

BORKMAN Er hatte was, das ich haben wollte.

Er war der Bankdirektor. Er war bereit, zurückzutreten, wenn ich dafür …

…

ELLA Nein, John. Nein. Das hast du nicht. Für einen verfickten Job?!

BORKMAN Ich hatte keine andere Wahl.

ELLA Nein, du hast mich verlassen, weil du dich in meine Schwester verliebt hast. Du hast mich verlassen, weil –

BORKMAN Hab ich nicht.

ELLA So etwas kommt vor, Menschen verlieben sich, und das kann auch mal die Zwillingsschwester sein, solche Dinge können passieren, es bricht dir das Herz, aber es ist nachvollziehbar –

BORKMAN Ella, so war das nicht.

ELLA Ich glaube, du versuchst mir gerade mitzuteilen, John, wenn das wirklich das ist, was du mir mitteilen willst –

BORKMAN Ist es.

ELLA Im Mittelalter vielleicht … wenn so etwas im Mittelalter … vielleicht, ich meine, Männer gehen nicht mehr her und machen Geschäfte mit Frauen, so etwas gibt es nicht mehr, du hättest nie etwas so –

BORKMAN Es war eine einmalige Gelegenheit.

ELLA – Barbarisches getan. Wie ein verfickter Neandertaler. Das hast du nicht getan, John.

BORKMAN Tut mir leid.

ELLA Und selbst wenn dir ein so unvorstellbarer Gedanke gekommen wäre, selbst wenn du so was gemacht hättest, dann hätte ich mir vorgestellt, dann hättest du ein Gespräch darüber –

BORKMAN Du hättest nicht eingewilligt.

ELLA Nein, hätte ich wohl nicht, John, natürlich nicht. Gekämpft hätte ich mit Zähnen und Klauen, mit allem hätte ich dagegen angekämpft –

BORKMAN Und wahrscheinlich hättest du gewonnen, daher konnte ich es dir nicht sagen.

ELLA Für einen Job, John. Du hast mich verkauft für einen verfickten Job.

BORKMAN Du weißt ganz genau, dass es etwas viel Größeres war.

ELLA Oh, dein grandioses Projekt.

BORKMAN Ja.

ELLA UND WAS IST DA DRAUS GEWORDEN?

BORKMAN …

ELLA Und jetzt wagst du es, hier zu stehen, sechzehn Jahre, John, Gott, hier zu stehen und mir zu sagen, dass ich dir mehr bedeutet habe als dein eigenes Leben.

BORKMAN Hast du ja auch.

ELLA Und du hast es trotzdem getan.

BORKMAN Du wirst das nie verstehen.

ELLA Hat meine Schwester es gewusst?

BORKMAN Na ja, sie –

ELLA Hat sie davon gewusst?

BORKMAN Ja.

ELLA Du hast es mit ihr besprochen? Ihr habt euch zusammengesetzt. Und dann habt ihr beschlossen …? Das Komitee hat eine Sitzung abgehalten und entschieden, dass Ella ein notwendiges Opfer ist. Und dann bin ich rausgeflogen.

BORKMAN Ich wollte es nicht so, Thomas hat mich dazu gezwungen. Ich wollte, das alles so bleibt wie vorher.

ELLA Wir waren doch ein Team, John, wir waren zu dritt. Du, Gunhild und ich, wir waren ein Team.

BORKMAN Ja, und das wären wir geblieben, das hätten wir doch bleiben können. Du hättest ihn nur heiraten müssen, nur symbolisch. Und vielleicht ein paar Monate mit ihm zusammenleben müssen. So eine Belanglosigkeit hätte uns niemals auseinandergebracht.

ELLA Ich wollte aber nicht mit Thomas zusammenleben. Ich wollte mit dir zusammenleben, du Arsch. Mit dir und Gunhild.

BORKMAN Sicher. Nur ein bisschen später, wenn alles sich beruhigt hat, dann hätten wir drei weitermachen können wie vorher. Nur kurze Zeit und ich hätte Thomas nicht mehr gebraucht. Zehn Tage. Ich hätte nur zehn Tage benötigt. Das war doch nicht zu viel verlangt. Verdammte Scheiße, du hättest dich in ein paar Jahren wieder scheiden lassen können.

ELLA Warum hast du dann nichts gesagt?

BORKMAN Hab ich doch. Als er zum ersten Mal gedroht hat, die Dokumente zu veröffentlichen, bin ich zu dir gekommen und hab auf Knien gebettelt, deine Meinung zu ändern.

ELLA Ich dachte, das war für deinen Freund.

BORKMAN Freunde, Quatsch. Ich habe keinen Freund. Es war nur für uns.

ELLA WARUM HAST DU DAS NICHT GESAGT?

BORKMAN DU HÄTTEST NICHT MITGESPIELT. Scheiße, Ella, du warst immer so scheißprinzipientreu.

...

ELLA Du hättest einen anderen Weg finden müssen.

BORKMAN Wie denn, kannst du mir das sagen? Wie hätte ich denn sonst eine halbe Milliarde Dollar auftreiben sollen?

ELLA Du hättest einen anderen Weg finden können.

BORKMAN Mein Leben lang hab ich auf diesen einen Moment hingearbeitet. Alles, was ich davor gemacht habe, war nur die Vorbereitung auf diesen einen großen Wurf, Ella.

ELLA Tja, da hast du wohl aufs falsche Pferd gesetzt.

Gott, John, du Idiot. Dieser armselige Mann, der eine Frau nur bekommen kann durch Erpressung, dieses Nichts hat dich am Arm gepackt und in die Knie gezwungen, und du hast es zugelassen. John, du hast ihm die Macht gegeben, dich zu Fall zu bringen, und ein Mann, der überhaupt kein Rückgrat hat, der macht das dann auch, der macht das. Der macht so etwas eben. Deshalb ist er jetzt da, wo er ist, John. Deshalb ist er jetzt Bürgermeister, und du sitzt in einer Dachkammer und pisst in Eimer.

BORKMAN Wenn ich gewollt hätte, hätte ich schon vor zwanzig Jahren Bürgermeister werden können. Aber ich war auf größere Dinge aus. Das haben alle gewusst.

ELLA Aber du bist nie so weit gekommen.

…

Mein Fehler war, dich vor Gunhild geheim zu halten. Das hat sie mir nie verziehen.

BORKMAN Du hast mich nicht vor ihr geheim gehalten.

ELLA Doch. Im ersten Monat. Wir hatten eine Vereinbarung: Bevor irgendwas passiert, reden wir über den Typen und entscheiden gemeinsam. Das war der Deal. Aber aus irgendeinem idiotischen Grund wollte ich dich eine Zeitlang für mich alleine haben.

BORKMAN Hat doch gut funktioniert zu dritt.

ELLA Mit dir hat es sich zum allerersten Mal wie Konkurrenz angefühlt. Wir wollten beide ein bisschen mehr geliebt werden als die andere.

BORKMAN Das war doch klar, wer da gewonnen hat.

ELLA Du hattest mehr Sex mit ihr als mit mir.

BORKMAN Ja?

ELLA Ja. Sicher.

BORKMAN Aber mit dir war es …

ELLA Das ist doch gar nicht der Punkt. Der Punkt ist: Wir waren getrennt. Zum ersten Mal waren wir zwei verschiedene Frauen mit gegensätzlichen Wünschen. Du hast unsere Symbiose zerstört. Es hätte sich irgendwann legen können. Den natürlichen Lauf der Dinge – den hättest du respektieren müssen. Aber dir ging es immer nur um John. Johns große Pläne.

BORKMAN Unsere Pläne.

ELLA Nein, nein, es waren deine Pläne. Unser Plan war, glücklich zu sein, sonst nichts. Dein Projekt haben wir nicht gebraucht, nur dich.

BORKMAN Ich bin das Projekt.

ELLA Dein Verbrechen, John, war nicht Veruntreuung. Nicht einmal, dass du mich in deinem perversen Machtspiel verkauft hast. Dein Verbrechen war, dass du das Band zwischen mir und meiner Schwester zerstört hast. Zusammen hätten wir das ganze Gerichtsverfahren und die Zeit im Gefängnis überstanden und dich wieder auf die Beine gebracht. Zu dritt hätten wir alles bewältigen können. Glaubst du, dass es irgendetwas gibt, dass wir drei nicht geschafft hätten? Aber du bist egoistisch geworden und hast nicht mehr auf das vertraut, was wir hatten. Auf die Macht, die wir zu dritt hatten. Das ist deine Schuld, John. Dafür bist du ganz allein verantwortlich.

Da haben wir's.

BORKMAN Bist du deshalb gekommen? Um mir diesen Vortrag zu halten?

ELLA Nein.

BORKMAN Warum sonst? Was willst du von mir?

ELLA Ich sterbe.

BORKMAN Was?

Wie?

ELLA Krebs. Deshalb bin ich hergekommen. Sie haben Tests gemacht.

BORKMAN Und?

ELLA Nicht operierbar.

BORKMAN Gott, Ella, glaub denen doch nicht. Die meiste Zeit wissen die gar nicht, wovon sie reden.

ELLA Er ist einer der besten Neurochirurgen der Welt.

BORKMAN Geh zu einem anderen. Geh nach London. Oder Amerika. Das Geld hast du ja.

ELLA Nein. Nein, ich werde nicht die letzten Monate meines Lebens in einem erbärmlichen Hoffnungszustand verbringen. Ich habe es akzeptiert. Es ist gut so. Also: nicht gut, aber ich krieg das schon hin. Ich brauche was von dir.

BORKMAN Was?

ELLA Ich will Erhart adoptieren.

BORKMAN Warum? Geht das überhaupt? Er ist zweiundzwanzig.

ELLA Er ist dreiundzwanzig, John. Und ja, es geht. Hab's recherchiert.

Ich hab keine Kinder. Es gibt keine Rentheims mehr, verstehst du? Es ist niemand mehr übrig. Ich hinterlasse nichts, wenn ich sterbe.

BORKMAN Und deshalb willst du, dass er den Namen Rentheim trägt.

ELLA Ja.

BORKMAN Dann gibt es auch keine Borkmans mehr.

...

Na ja, er ist doch eigentlich dein Kind, oder? Du hast seine ganze Erziehung bezahlt. Du hast ihn aufgenommen, als er dich gebraucht hat, und ihn vor diesem ganzen Chaos bewahrt. Ist wohl dein Recht, würde ich sagen.

ELLA Danke, John.

Gunhild kommt.

GUNHILD Du bist widerlich.

BORKMAN Was machst du denn hier?

GUNHILD Ich lasse das nicht zu.

BORKMAN Verschwinde.

GUNHILD Du wagst es, hierherzukommen und mir meinen Sohn zu stehlen –

BORKMAN Das ist nicht dein Zimmer. Das ist mein Zimmer. Verschwinde aus meinem Zimmer.

GUNHILD Damit kommst du nicht durch.

Gunhild ab.

ELLA John. Du musst sie überzeugen.

BORKMAN Ich.

ELLA Ja, du musst mit ihr reden.

BORKMAN Ich gehe da nicht runter. Kein Wort rede ich mit ihr.

ELLA Ich bin eine sterbenskranke Frau. Das ist das Letzte, das du für mich tun musst.

Ella geht. Dann geht Borkman. Frida steht auf, geht zur Gitarre, spielt.

III. AKT

GUNHILD *sucht und findet das Telefon, wählt* Erhart, Baby, wo bist du, ich muss mit dir reden, warum gehst du nicht ran?

Legt auf. Wählt erneut.

ERHART, heb verdammt nochmal ab. Ich weiß, dass es in deiner Hosentasche vibriert, ich weiß, dass du auf dem Display siehst, wer anruft, und dass du mich ignorierst, warum tust du das deiner Mutter an?

Wählt erneut.

Was? Hast du dein Handy abgedreht? HAST DU GESEHEN, DASS ICH ANRUFE, UND DANN DEIN HANDY ABGEDREHT?

Legt auf. Geht herum. Wählt.

Ich brauche die Nummer von Thomas Hinkel. Ja, *der* Thomas Hinkel. Nein, das ist kein Scherz. Verbinden Sie mich. Oh, hallo Thomas, ich hab nicht damit gerechnet, dass du selber rangehst, hast du für so was kein Personal? … Gunhild … Gunhild Borkman … Ja, das glaub ich, dass du überrascht bist. Wie geht's dir so? … Na, das ist aber schön … Ja, na ja, deswegen rufe ich eigentlich auch an, Thomas, ich erreiche ihn irgendwie nicht am Handy, die Batterie muss tot sein oder so etwas, die Dinger sind ja so unzuverlässig, oder? Hahaha, ja, das stimmt, na, jedenfalls muss ich unbedingt mit ihm sprechen … Also jemand ist gestorben, jemand, der ihm sehr nahesteht, der ist gestorben, und ich muss es ihm sagen …

Jaja, sehr traurig. Ja, ich warte. War schön, dich zu hören, Thomas …

Erhart, Baby. Wo warst du? Ich hab dich angerufen … Gestorben? Hat er das gesagt? Da muss er sich verhört haben. Nein, Erhart, Baby, mir ist was Blödes passiert, ich hab mich geschnitten, und ich glaube, ich hab eine Pulsader erwischt, weil es einfach nicht aufhört zu bluten, ich brauch dich, Baby, bitte, schnell … NEIN, ICH HOL KEINEN SCHEISSKRANKENWAGEN, ICH BRAUCH DICH JETZT … okay, beeil dich, ja, ich blute überall … ich glaube, ich werde ohnmächtig …

Sie legt auf und sinkt zu Boden. Ella kommt zu ihr. John im Hintergrund.

ELLA Was zur Hölle ist eigentlich dein Problem?

GUNHILD *Mein* Problem? Ich bin nicht die verdammte Kidnapperin.

Sieht Borkman.

Was will der denn hier?

ELLA Er will mit dir reden. John.

BORKMAN Mir ist etwas schwindlig.

ELLA John.

BORKMAN Die Stufen …

ELLA John.

BORKMAN Gunhild …

GUNHILD Für Entschuldigungen ist es zu spät.

BORKMAN Was?

GUNHILD Ich brauch deine verschissene Entschuldigung nicht. Es ist zu spät.

BORKMAN Ich bin nicht hergekommen, um mich zu entschuldigen.

GUNHILD Nicht?

BORKMAN Es gibt nichts zu entschuldigen.

GUNHILD Nichts zu entschuldigen?

BORKMAN Dein Gehör funktioniert ja noch ganz gut, Gunhild.

GUNHILD Es gibt nichts zu entschuldigen?

BORKMAN Der Einzige, bei dem ich mich entschuldigen muss, bin ich.

GUNHILD Du Arschloch.

BORKMAN Ich bin's immer wieder durchgegangen. Die Umstände des Prozesses. Die Vorwürfe gegen mich. Oder besser gesagt die Verschwörung gegen mich.

GUNHILD Gott im Himmel.

BORKMAN Und dabei hab ich keinen einzigen haltbaren Anklagepunkt gefunden.

GUNHILD Du brauchst echt Hilfe.

BORKMAN Was war denn mein großes Verbrechen?

GUNHILD Betrug.

BORKMAN Der einzige Betrug, der stattgefunden hat, war der Betrug an mir. Das, was ich getan habe, wofür sie mich verurteilt haben und eingesperrt, das macht doch jeder.

GUNHILD BETRUG.

BORKMAN Ja, das ist Betrug. Dieselben Leute, die gestern noch entsetzt aufgeschrien haben über mich, die mich verurteilt und ins Gefängnis gebracht haben, die mich einen Verbrecher nannten, einen Betrüger, die sitzen jetzt an meinem Platz. Ihr Neid und ihre Missgunst, ihre kleinkarierte Eifersüchtelei, ihre Feigheit haben … sind an allem schuld.

GUNHILD Du hast deine Kunden angelogen, deine Familie, nicht mal zu deiner eigenen Frau konntest du ehrlich sein.

BORKMAN Du hast doch gewusst, was meine Pläne sind.

GUNHILD Aber nicht, *wie* du –

Du hattest genau eine Aufgabe, du Versager: die Investitionen der Leute zu respektieren, auf ihr Geld aufzupassen. Das war deine Aufgabe, du Versager.

BORKMAN Hör doch auf mit dieser Scheiße –

GUNHILD Du bist ein Versager, John. Ganz einfach. Du hast versagt, du Versager.

BORKMAN Mir wurde ein Bein gestellt. Auf der Ziellinie haben die mir ein Bein gestellt.

GUNHILD Du bist noch nicht mal losgerannt, du Verlierer. Du bist gar nicht aus der Umkleide rausgekommen. Du schizophrener Verlierer. Dein Höhepunkt war: Bankdirektor. Das wirst du nie begreifen, oder? Die Welt *hat* dir das gegeben, was du verdient hast. Du hattest einen guten Job, sogar einen hervorragenden Job für jemanden mit deinem Hintergrund, du hattest eine Frau, die dich unterstützt hat, du hattest ein verdammtes Kind, das du nicht mal bemerkt hast –

BORKMAN Ich hab Fußball mit ihm gespielt. Jeden Sonntag hab ich –

GUNHILD Du bist dagesessen und hast Zeitung gelesen, während er einen Ball gegen die Wand gekickt hat. Wenn wir nach Übersee gefahren sind, mussten wir einen Babysitter mitnehmen, damit er dir nicht im Weg war. Als du im Gefängnis warst, ist ihm gar nicht aufgefallen, dass du weg bist.

BORKMAN Das ist nicht wahr. Das lügst du doch.

GUNHILD Er hat's nicht bemerkt. Er hat es nicht bemerkt. Nach einem Monat hab ich ihn gefragt, ob er mitkommen möchte, dich besuchen, und er hat gesagt: wen?

BORKMAN Du miese, verfickte Lügnerin.

GUNHILD Was kümmert's dich? Wenn er dir wirklich so wichtig gewesen wäre, warum hast du nicht die Gelegenheit genutzt, ihn besser kennenzulernen, als du wieder draußen warst?

BORKMAN Es war doch längst zu spät. Und dafür hast du gesorgt. Er hat sich doch nur noch für mich geschämt.

GUNHILD Er war vierzehn, John. Er hatte Angst. Ein Fremder, von dem alle sagen, dass er sein Vater ist, stapft oben in der Dachkammer auf und ab und führt mitten in der Nacht Selbstgespräche.

BORKMAN Du hast recht, ich hätte mich nicht die ganze Zeit da oben verkriechen sollen, ich hätte auf die Straße gehen und den Wichsern zeigen sollen: Ich bin nicht gestorben.

GUNHILD O Gott, John. Dann hätte sich alles genau so wiederholt. Dein Fehler war, deine Mittelmäßigkeit nicht zu akzeptieren.

BORKMAN Du fiese –

GUNHILD Ja, schon klar, du hattest Träume. Jeder kleine Wichser hat Träume. Aber nur jemand von Größe kann sie in die Tat umsetzen. Jemand, der in der Lage ist, ein bisschen strategisch zu denken, jemand mit Empathie, weißt du, der MENSCHEN VERSTEHT, Politik ist nichts anderes als Menschen verstehen, und um es irgendwohin zu bringen auf dieser Welt, musst du ein Fünkchen Ahnung davon haben, wie die Leute denken –

BORKMAN Ach so, ich verstehe. Und auf dem Gebiet bist du Spezialistin.

GUNHILD Aber bei dir fehlt von Geburt an dieser Teil des Gehirns, du arme Sau.

BORKMAN Ich hätte längst zu dir kommen sollen –

GUNHILD JA, ganz genau.

BORKMAN Gunhilds Selbsthilfegruppe. Irre aufschlussreich.

GUNHILD Du hättest dir einiges an Demütigung erspart. Immerhin hättest du gelernt, so zu tun, als wärest du ein Mensch.

BORKMAN Weißt du, wenn du schon so eine Expertin bist auf dem Gebiet, warum hast du aus deinem verschissenen Leben selber nichts gemacht?

GUNHILD Damit fange ich grade an.

BORKMAN Ach ja?

GUNHILD Ich bin fast so weit. Und im Gegensatz zu deinem wird mein Lebenswerk dieser Welt etwas Gutes tun.

BORKMAN Und was schwebt dir da vor?

GUNHILD Na ja, zunächst muss ich eine Möglichkeit finden, dich umzubringen, Schatz.

BORKMAN Ich stehe zur Verfügung.

GUNHILD Den Gefallen hast du uns all die Jahre nicht getan. Aber du hast ja auch nicht den Mumm dazu.

BORKMAN Glaubst du nicht, dass ich darüber nachgedacht habe?

GUNHILD Dann erlös uns doch endlich von unserem Elend. Gott, seit acht Jahren sitze ich hier und warte darauf, ja bete geradezu, diesen Schuss zu hören.

BORKMAN Das würde dich glücklich machen, was.

GUNHILD Nein, das würde mich nicht ansatzweise glücklich machen.

BORKMAN Was darf ich denn sonst noch für dich tun?

GUNHILD Ah, du musst überhaupt nichts tun, mein Freund. Ich hab alles im Griff. Wenn du stirbst, Schätzchen, dann verscharre ich dich an einem ganz besonderen Ort. Ich hab mir alles schon bis ins kleinste Detail ausgemalt. Ich hab eine Parzelle am Friedhof gekauft, die ist jederzeit einsatzbereit. Und weißt du, was es ist? Eine Wand aus Bäumen mit Brombeersträuchern darunter. Und in der Mitte begraben wir dich. Ohne Hinweis, ohne Erinnerung, völlig unzugänglich. Und wenn sie dich dann endlich vergessen haben, dann bin ich glücklich.

BORKMAN Du bist ein herzloses Biest.

GUNHILD Ich? Herzlos? Du hast mir das angetan. Du hast das aus mir gemacht. So ist das, wenn man mit einem psychopathischen Arschloch zusammen ist.

BORKMAN Du sagst zu mir psychopathisch? Ausgerechnet du?

ELLA AUFHÖREN. Ihr benehmt euch wie kleine Kinder.

Erhart kommt.

ERHART Mama, was ist los? Alles gut? Was macht er hier unten? Hast du nicht gesagt, du blutest?

GUNHILD Erhart, Gott sei Dank. Komm zu deiner Mutter. Gott, ich hab mir solche Sorgen gemacht.

ERHART Beruhig dich, Mama.

ELLA Erhart, ich muss mit dir reden.

GUNHILD Du darfst mich nicht verlassen, Baby, du darfst mich nie wieder verlassen. Das überlebe ich nicht.

ERHART Mama, hör auf damit.

GUNHILD Sie will dich mir wegnehmen, das weiß ich genau.

ELLA Erhart.

ERHART Das weißt du?

GUNHILD Ja, das will sie. Das will sie wirklich.

ERHART Woher weißt du das?

GUNHILD Sie hat es mir gesagt.

Fanny kommt.

FANNY Ich hab den Erste-Hilfe-Koffer mitgebracht. Jetzt setzen Sie sich erst mal hin und wir … Wer ist das?

ELLA Das ist Erharts Vater.

BORKMAN Hi.

FANNY Hi.

ERHART Du hast es meiner Mutter gesagt?

FANNY Was?

GUNHILD Moment, was geht hier vor?

ERHART Sie weiß, dass wir weggehen.

GUNHILD Was?

ELLA Was?

BORKMAN Was?

FANNY Ich hab's ihr nicht gesagt.

ERHART Hast du schon wieder meine SMS gelesen, Gunhild? Das haben wir doch besprochen.

GUNHILD Weggehen?

FANNY Ich glaube, sie weiß es nicht, Erhart.

GUNHILD Was soll das heißen, weggehen?

ERHART Scheiße.

GUNHILD ANTWORTE.

ERHART Okay, okay, Gunhild. Aber du musst ganz ruhig sein und zuhören. Schaffst du das?

GUNHILD Nein, das schaffe ich nicht, weil ich nicht scheißruhig bin, Erhart. Ich bin nicht verfickt ruhig. Das alles macht mich nicht ruhig.

ERHART Einfach durchatmen, Gunhild. Denk daran, was Trixie dir beigebracht hat. Du hast mir doch mal diese Atemübung gezeigt. Wie wär's, wenn wir alle mitmachen? Hm?

GUNHILD Sie waren das, oder?

FANNY Nein, Frau Borkman.

GUNHILD Sie haben meinen Sohn gehirngewaschen.

ERHART Es war meine Idee, Gunhild.

GUNHILD HÖR AUF, GUNHILD ZU SAGEN, HÖR AUF, HÖR AUF, HÖR AUF, SOFORT, ICH BIN DEINE MUTTER.

BORKMAN Um Himmels willen, Gunhild, halt die Fresse. Und lass den Jungen reden.

...

Hallo Erhart.

ERHART Hi.

BORKMAN Du warst schon länger nicht mehr oben.

ERHART Du warst schon länger nicht mehr unten.

BORKMAN Soll das witzig sein?

ERHART Tut mir leid. Hatte zu tun.

BORKMAN Das seh ich. Sag schon, was los ist. Sonst kriegt deine Mutter gleich ein Aneurysma.

ERHART Ich wollte dir ein Mail schreiben, wenn wir angekommen sind.

GUNHILD Du wolltest abhauen, ohne dich von deiner Mutter zu verabschieden?

ERHART Ich wollte das alles hier vermeiden.

GUNHILD Wenn du auf Urlaub fahren willst, nehm ich dich mit, wir könnten nach Nizza fahren wie geplant.

ERHART Fanny und ich haben beschlossen –

GUNHILD Fanny und … Fanny und … Sag mal, hast du komplett den Verstand verloren? Das ist eine mittelalte Frau, Erhart.

ERHART FANNY UND ICH GEHEN NACH MEXIKO.

GUNHILD Ihr geht WOHIN?

ERHART MEXIKO. UND BRASILIEN. UND GUATEMALA.

GUNHILD Du … WAS?

ERHART WIR GEHEN BACKPACKEN.

FANNY Ich war noch nie backpacken.

ERHART Fanny war noch nie backpacken, weil sie früh geheiratet hat und nie backpacken gegangen ist. Also backpacken wir jetzt. Durch Südamerika.

GUNHILD In Südamerika sind überall Banden, weißt du das gar nicht?

ERHART Ach komm, Gunhild.

GUNHILD Die kidnappen Leute und schlachten sie dann im Urwald ab.

ERHART Das passiert uns nicht.

GUNHILD Wie lange geht ihr?

ERHART Wir haben noch keinen Rückflug. Sechs Monate mindestens.

GUNHILD SECHS MONATE?

BORKMAN Kannst du bitte aufhören, so zu kreischen, Gunhild.

GUNHILD Du gehst nirgendwohin, du bleibst hier bei mir, und dann gehst du ins Parlament – du solltest mal mit dem Wahlkampf anfangen, ich helfe dir auch beim Flyerverteilen –

ERHART Nein, Gunhild, nein. Das sag ich dir schon die ganze Zeit. Jeden Tag erkläre ich es dir: Das mache ich nicht. Also vergiss es.

GUNHILD Du führst dich auf wie ein verwöhntes Kind, Erhart. Ich hab dich eigentlich besser erzogen.

ERHART Du hast mich überhaupt nicht erzogen.

GUNHILD Entschuldige?

ERHART Tut mir leid, Gunhild, aber es ist nun mal so.

GUNHILD Das sagt er doch gerade nicht wirklich?

ERHART Ich versuche, höflich zu sein.

GUNHILD Das nennst du höflich?

ERHART Ich wollte nie hier sein. Draußen bei Tante Ella hatte ich ein Leben. Und plötzlich hast du entschieden, dass du deinen Sohn wiederhaben willst … Ich musste mit meiner Freundin Schluss machen, alle meine Freunde zurücklassen, konnte nicht mal meinen Hund mitnehmen, weil du ja offenbar auf alles allergisch bist, was lebt, und als ich dann hier war, hast du den ganzen Tag nur im Bett gelegen und um acht Uhr morgens zu saufen angefangen –

GUNHILD Ich hab dir jeden Tag Brötchen geschmiert.

ERHART Die Köchin hat mir Brötchen geschmiert.

GUNHILD Ich hab die Köchin dafür bezahlt, dass sie dir Brötchen schmiert.

ELLA Nein, ich habe die Köchin bezahlt, dass sie die Brötchen schmiert.

ERHART Du hättest einfach alles so lassen sollen, wie es war,

Gunhild. Du hättest mich dort draußen lassen sollen, bei meiner Mutter. Meiner richtigen Mutter.

Gunhild schlägt ihn.

GUNHILD Du undankbarer Scheißkerl …

ELLA Erhart.

ERHART Wenn du das getan hättest, dann hätten wir uns vielleicht irgendwann mal annähern können, dann wäre ich nicht ständig sauer auf dich, weil du mich gezwungen hast, in diesem Loch zu leben, deine Kotze, Pisse, Scheiße aufzuwischen und dich ins Bett zu bringen, während du mir die Ohren vollheulst, wie unfair das Leben zu dir war. Und meine Mission, diese lächerliche Scheißmission –

GUNHILD Das ist deine Familie, Erhart.

ERHART Ich scheiß auf meine Familie. Die verfickten Borkmans interessieren mich nicht. Ich bin niemandem von euch was schuldig. Ich will glücklich sein. Und leben. Mein Leben leben.

GUNHILD Das kann nicht wahr sein.

BORKMAN Er will sein Leben leben.

FANNY Ich bin stolz auf dich.

BORKMAN Bravo, Junge.

ELLA …

Erhart.

Erhart. Bitte. Du musst hier bleiben. Ich weiß, es ist schwierig mit deiner Mutter, ich weiß, du hast es schwer hier. Du willst auch nur leben und so was alles. Ich hätte das auch nie zulassen dürfen, dass sie dich zu sich holt. Es tut mir leid. Aber jetzt könntest du doch noch ein paar Monate hier bei mir bleiben.

ERHART Wenn ich jetzt nicht weggeh, komm ich nie weg. Ella, wir sehen uns, wenn ich wieder da bin.

ELLA Ich hab aber keine sechs Monate. Ich kann keine sechs Monate warten.

ERHART Was, wieso?

ELLA Du musst jetzt hier bleiben.

ERHART Ella? Was redest du?

ELLA Also … es ist alles etwas komplizierter, als ich es vorhin dargestellt habe … und, na ja …

GUNHILD Sie hat Krebs und stirbt.

ELLA Danke, Schwester.

GUNHILD Sehr gerne.

ERHART Was?
Stimmt das?

ELLA Ja.

ERHART Was wirst du … wann wirst du …

ELLA Den Winter schaff ich noch, sagen sie.

ERHART Was? Nein, das kann doch nicht sein …

ELLA Verschieb deine Reise. Und in meinen letzten paar Monaten …

ERHART Oh, Ella.

ELLA … lernen wir einander noch mal besser kennen.

ERHART Das ist so unfair.

ELLA Schon gut. Es wird schon gut sein. Es wird schön sein. Ich besorg uns eine nette Wohnung in der Stadt, und du kannst kommen und nachmittags dort arbeiten, ich stör dich auch nicht, und dann können wir die ganze Nacht aufbleiben und trinken, und ich rauche so viele Zigaretten, wie ich kann, und dabei gucken wir all die Filme, die du mir immer zeigen wolltest –

ERHART Ella …

ELLA Und wenn du genug von mir hast, lass ich dich in Ruhe. Ich muss einfach nur wissen, dass du da bist. Dass ich nicht meine letzte Gelegenheit verpasst habe …

ERHART Ella …

ELLA Nein?

ERHART Ich kann nicht.

ELLA Wieso nicht?

ERHART Gott, das ist …

ELLA In den letzten sechzehn Jahren warst du das Einzige, das mir irgendwas bedeutet hat.

ERHART Verstehst du nicht, dass ich einfach hier weg muss? Ich muss leben.

BORKMAN Wenn er noch einmal leben sagt, hau ich ihm in die Fresse.

ELLA Kannst du ja auch. Warte halt noch ein bisschen.

ERHART Wir können skypen. Ich skype dich an. Und vielleicht haben sie ja was übersehen bei der Diagnose …

ELLA Skypen? Erhart …

BORKMAN Jetzt mal ohne Scheiß, das ist mein Sohn?

ERHART Was?

BORKMAN Na, langsam muss ich mich fragen, ob Gunhild nicht noch ein paar andere Wiesen abgegrast hat.

GUNHILD Schön wär's.

BORKMAN Das? Das hab ich gemacht?

GUNHILD Das muss ich bedauerlicherweise bestätigen.

BORKMAN Wir haben gehört, was du alles nicht sein willst. Ich glaube, das haben wir langsam geschnallt. Sogar deine Mutter. Ich hab nur einzige Frage – eine eigentlich ganz simple Frage. Die Frage ist: Was genau willst du eigentlich sein?

ERHART Sag ich doch. Ich will –

BORKMAN Leben. Hab ich mitbekommen. Aber ich versteh nicht ganz, was das heißen soll.

ERHART Bei allem Respekt, Vater –

BORKMAN Scheiß auf den Respekt, red mit mir wie ein Mann.

ERHART Ich kann mir schon vorstellen, dass du nicht weißt, was das heißt.

BORKMAN Leben?

ERHART So wie du dich da oben einsperrst –

BORKMAN Dann sag mir, was es heißt. Ich bin ganz Ohr.

ERHART Ich lebe seit acht Jahren in einer verdammten Edgar-Allan-Poe-Geschichte.

BORKMAN Hör auf, alles negativ zu formulieren, sag mir, was du WILLST.

ERHART Ich will hier raus.

BORKMAN Und dann?

ERHART Und dann kann ich vielleicht wieder anfangen.

BORKMAN Von vorn.

ERHART Ja.

BORKMAN Die ersten zweiundzwanzig Jahre löschen und –

ERHART Dreiundzwanzig.

BORKMAN Die ersten wasweißichwieviele Jahre löschen und … neu anfangen.

ERHART Ja.

BORKMAN Und womit, wenn ich fragen darf?

ERHART Das weiß ich noch nicht.

FANNY Das muss er auch nicht wissen. Tut mir leid, aber diese erfolgsorientierte Weltanschauung, mit der ihr hier alle hausieren geht, ist einfach –

BORKMAN Wie war noch mal Ihr Name?

FANNY Wilton. Fanny Wilton.

BORKMAN Engländerin?

FANNY Ja.

BORKMAN Also, entschuldigen Sie, Frau Wilton, aber so sehr ich die Leistungen meines Sohnes auf dem Gebiet der Brautschau bewundere – ehrlich, Erhart, tolle Leistung, die ist ein super Fang, das seh ich genau, aber ich muss dir wirklich stark von diesen esoterischen Wischi-Waschi-Weisheiten abraten; die will eindeutig einen Eunuchen aus dir machen, das steht fest, bei solchen Frauen musst du aufpassen, die rauben dir –

FANNY Also das ist ja schon fast wieder gut! Jesus Christ!

BORKMAN Machen Sie doch, oder etwa nicht?

GUNHILD Ja, genau das macht sie.

BORKMAN Kein Grund, mir hier vor allen Leuten zuzustimmen, Gunhild. Das ist nur peinlich für uns beide.

FANNY Sie tun mir alle einfach nur leid.

BORKMAN Ach ja?

GUNHILD / ELLA Wir tun Ihnen leid?

FANNY Mir wird jetzt erst klar, was Erhart all die Jahre durchgemacht hat.

BORKMAN Ja, mein Gott, du willst leben? Dann leg dir halt ein paar Eier zu und lebe! Das ist das Leben. Das ist dein Leben. Lebe es.

ERHART Nein. Das nicht. Das ist nicht mein Leben.

BORKMAN Ja, haben wir dich eben verkorkst. Das tun alle Eltern mit ihren Kindern. Das ist ihr natürliches Recht. Mein Vater und ich haben kaum ein Wort miteinander gewechselt. Aber er hat mir Verstand eingeprügelt. Ist doch egal, welches Arschloch dir diesen Gefallen tut, du nimmst ihn an und machst das Beste draus.

ERHART Du und ich. Wir kommen aus völlig verschiedenen Welten.

BORKMAN Du willst leben? Dann bleib hier und stell dich verdammt nochmal der Realität. Deine Mutter ist Alkoholikerin und kann die Finger nicht von dir lassen.

GUNHILD He!

BORKMAN Und die andere Mutter stirbt an Krebs. Du willst leben? Das ist das Leben. Komm damit klar.

ERHART ICH WILL EUER LEBEN NICHT. ICH WILL MIR MEIN EIGENES AUFBAUEN.

BORKMAN DAS KANNST DU NICHT. DEIN EIGENES LEBEN AUFBAUEN.

Der Schwachkopf, dem dieser Scheiß eingefallen ist, der gehört standrechtlich erschossen.

Egal, wohin du gehst, Erhart, egal, wie weit, das kannst du nicht ausradieren. Das steckt in deinem Blut. Wenn du was draus machen willst, dann bleib hier und mach was draus.

ERHART Aha? Und was stellst du dir Grandioses vor?

BORKMAN Glaubst du, ich hab da oben acht Jahre auf der faulen Haut gelegen? Ich hab Ideen, Junge. Viel bessere Ideen als alle anderen. Gut, in der ersten Runde hab ich eins auf die Nase gekriegt.

GUNHILD Du bist komplett k. o. gegangen, Baby.

BORKMAN Ich hab ein bisschen in den Seilen gehangen. Meinetwegen. Aber ich bin wieder da. Also rein in den Ring, und wir zeigen denen, was wir können. Du und ich, Borkman und Sohn. Klingt doch gut, oder?

ERHART Sag mal, hast du völlig den Verstand verloren? Ich hab schon gewusst, dass du krank bist, aber das, das ist eine ganz neue Stufe von Wahnsinn.

…

Borkman auf ihn zu.

ELLA JOHN.

ERHART Na los. Na los. Na, dann mach schon.

Borkman packt ihn, setzt zum Schlag an.

ELLA JOHN.

ERHART NA MACH SCHON.

BORKMAN *lässt die Arme fallen* Verschwinde. Ich bin fertig mit dir.

ERHART Du hast nie angefangen.

BORKMAN …

Eine ganze Generation von Verirrten. Die werden irgendwann die Welt regieren.

ERHART *geht zu Ella, dann zu Gunhild* Mach's gut, Gunhild.

GUNHILD Fass mich nicht an.

ERHART Willst du das wirklich so beenden?

GUNHILD Ich geb dir zwei Monate.

ERHART Was?

GUNHILD Sie ist alt und erfahren und hat dir ein paar Tricks beigebracht, aber das hält nicht lange.

FANNY Da mach ich mir auch gar keine Illusionen, Frau Borkman. Es hält so lang, wie es halten soll. Und wenn Erhart mich über hat oder ich ihn, na, dann haben wir ja noch eine Reisegefährtin.

GUNHILD Was?

FANNY Frida Foldal.

BORKMAN Frida? Ihr nehmt Frida mit?

ERHART Sie wollte vor der Uni noch was erleben, und Fanny hat angeboten, ihr die Flüge zu bezahlen.

BORKMAN Frida könnt ihr nicht mitnehmen, sie gehört mir.

GUNHILD Ach, halt doch die Klappe, du dreckiger alter Sexsack. Kein Wunder, dass Erhart in diese kranke Situation geraten ist – mit dir als Vater.

ERHART Gunhild …

GUNHILD Komm ja nicht bei mir angekrochen, wenn das alles den Bach runtergeht. Wenn du jetzt hier rausgehst, brauchst du nie mehr wiederzukommen.

ERHART Na gut.

Erhart mit Fanny ab. Tür schlägt zu.

GUNHILD Erhart? Erhart? Komm zurück. Erhart.

BORKMAN Ich muss hier raus.

ELLA Was machst du da?

BORKMAN Ich muss gehen. Ich muss aus diesem Haus raus.

GUNHILD Erhart?

ELLA Bist du verrückt? Bleib hier.

BORKMAN Lass mich.

ELLA Ich sterbe. Ich sterbe.

BORKMAN Lass mich in Ruhe.

Er zieht sich die Mäntel und die Hose aus.

GUNHILD ERHART.

…

Erhart?

LUX. Vorhang zu. Musik: Frida an der Gitarre hinter dem Vorhang.

Borkman vor den Vorhang, dann auch Gunhild und Ella.

IV. AKT

GUNHILD Erhart?

ELLA Er ist weg, Gunhild.

GUNHILD Ich renn ihm hinterher.

ELLA Lass ihn, Gunhild.

GUNHILD Nein. Nein. Nein. Nein. Nein.

ELLA Du schaffst das schon, Gunhild.

GUNHILD Schaff ich nicht. Ich muss ihn zurückholen.

BORKMAN Wo ist denn die Eiche?

GUNHILD Was ist das?

ELLA Was?

GUNHILD Das klingt doch wie ein Auto.

BORKMAN Hier war doch früher eine Eiche.

GUNHILD Es kommt zurück. Er kommt zurück.

ELLA Nein. Es kommt nicht zurück.

GUNHILD Doch, es kommt …

…

BORKMAN Was zum Teufel ist mit der Eiche passiert?

ELLA Bald sind sie am Flughafen.
Na ja, ich wünsch ihm viel Glück.

GUNHILD Mit ihr?

ELLA Ja.

GUNHILD Ich hoffe, sie holt sich eine elende Tropenseuche.

ELLA Wir haben verloren, Gunhild.
Du solltest ihn anrufen. Bevor er ins Flugzeug steigt.

GUNHILD …

Nein. Er hat seine Entscheidung getroffen.

Sie geht hinein.

ELLA Komm, wir gehen auch wieder rein.

BORKMAN Ich geh da nicht mehr rein.

ELLA Das ist zu kalt für dich.

BORKMAN Ich geh da nie wieder hinein.

ELLA Wo gehst du denn dann hin?

BORKMAN Den Berg rauf.

ELLA Red keinen Unsinn, John, komm zurück ins –

FOLDAL Jesus, Maria und Josef. John Gabriel Borkman.

BORKMAN Hallo Vilhelm.

FOLDAL Du im Freien?

BORKMAN Ja.

FOLDAL Was ist in dich gefahren?

BORKMAN Hab etwas Luft gebraucht.

FOLDAL Das hab ich dir doch immer gebetsmühlenartig gesagt: Du musst mal raus. Oh. Hallo Gunhild.

BORKMAN Das ist nicht Gunhild.

FOLDAL Oh, Entschuldigung, ich hab meine Brille irgendwo im Schnee verloren …

BORKMAN Irgendwer hat die Scheißeiche gefällt.

FOLDAL Was? Ah ja. Die ist schon länger nicht mehr da.

ELLA Komm, John, gehen wir wieder rein.

BORKMAN Was machst du denn hier?

FOLDAL Ich musste dich sehen, John. Obwohl ich nicht gedacht hab, dass ich das noch erleben würde. Du im Freien.

BORKMAN Ich hab dir gesagt, dass ich dich nie wiedersehen will.

FOLDAL Ja. Tja. So was sagt man mal …

BORKMAN Was zum Teufel ist mit deinem Fuß? Du blutest ja.

FOLDAL Ach ja? Oh. Ja.

BORKMAN Was ist passiert?

FOLDAL Ich war vorhin in eine kleine Kollision verwickelt.

BORKMAN Kollision?

FOLDAL Mit einer Großraumlimousine.

BORKMAN Was?

FOLDAL Die kam um die Ecke gebrettert, und ich konnte nicht ausweichen, also hab ich mich mit einem Hechtsprung nach links geworfen, weißt du, wie ein Torhüter beim Elfmeter.

BORKMAN Die haben dich überfahren?

FOLDAL Nein, nein, nur geschnitten …

ELLA Du musst wahrscheinlich ins Krankenhaus, das sieht ziemlich übel aus.

FOLDAL Ella. Ella Rentheim.

ELLA Genau.

FOLDAL Ich wusste doch, jetzt erkenne ich dich wieder.

ELLA Warum gehen wir nicht alle zusammen ins Haus? Da kann ich dir einen Verband machen. Jemand hat uns vorhin einen Erste-Hilfe-Kasten gebracht.

FOLDAL Oh, bitte, nur keine Umstände. Ich komm schon klar.

BORKMAN He, Vilhelm.

FOLDAL Ja, John?

BORKMAN Weißt du, wer in der Limousine dringesessen hat?

FOLDAL Oh. Nein, die hatte so verdunkelte Fenster, ich hab nichts gesehen.

Aber John, John, John. Ich kann dir gar nicht sagen, wie glücklich ich auf einmal bin. Ich bin geradezu in Ekstase.

BORKMAN Ekstase?

FOLDAL Ach John. Es ist etwas absolut Unglaubliches passiert. Ich musste herkommen und es dir erzählen.

BORKMAN Dann schieß los.

ELLA Aber lasst uns doch vorher alle hineingehen.

BORKMAN Ich geh nicht rein, hab ich doch gesagt.

ELLA Er wurde überfahren, John.

BORKMAN Wir werden alle irgendwann im Leben überfahren. Und dann stehen wir auf und gehen weiter.

FOLDAL Weise Worte, John. Weise Worte. Also ich sage dir, es ist einfach kaum zu glauben.

BORKMAN Was, Vilhelm?

FOLDAL Als ich nach Hause kam, lag da ein Zettel auf dem Tisch. Rat mal, von wem der war.

BORKMAN Frida?

FOLDAL Oh! Ha, Treffer, gleich beim ersten Versuch. Und jetzt rat mal, was draufstand?

BORKMAN Ein Abschiedsgruß?

FOLDAL Oh! Also, John, jetzt krieg ich richtig Angst vor dir. Genauso ist es. Es war eine Abschiedsnotiz. Frida wurde auf eine Reise eingeladen. Nach Südamerika. Kannst du dir das vorstellen?

BORKMAN Nein. Und warum macht dich das so glücklich?

FOLDAL Mein Gott, John. Südamerika. Das liegt jenseits meiner kühnsten Träume. Ich war ja noch nicht mal in Dänemark, geschweige denn im Ausland oder am anderen Ende der Welt. Aber etwas hab ich ihr voraus. Die hat ja keine Ahnung …

Gesang Frida beginnt.

BORKMAN Was?

FOLDAL Sie schreibt, sie fliegt morgen früh. Also stapf ich jetzt rüber zu ihrer Wohnung und wecke sie auf, um mich anständig zu verabschieden.

BORKMAN Morgen früh? Das hat sie geschrieben?

FOLDAL Ja, wieso?

BORKMAN Hör zu, Alter, die Mühe kannst du dir sparen, dich hier durch die ganze Stadt zu schleppen …

FOLDAL Wegen des Fußes, meinst du? Nein, nein, der hält mich nicht zurück. Ich muss sie sehen.

ELLA Sie ist schon weg, Vilhelm.

BORKMAN Sie ist schon weg, Vilhelm.

FOLDAL Hm? Sie ist weg?

Was?

Woher wollt ihr das wissen?

BORKMAN Mein Sohn hat es uns mitgeteilt. Er ist derjenige, mit dem sie verreist.

FOLDAL Erhart? Erhart begleitet sie? Ja, mein Gott, das ist ja noch viel besser. So ist sie in sicheren Händen.

BORKMAN Und weißt du, wann sie losgefahren sind?

FOLDAL Wann?

BORKMAN Gerade eben.

FOLDAL Gerade eben?

BORKMAN In der Limousine, die dich überfahren hat.

FOLDAL …

Oh! Mein Gott! Meine Tochter? In einer Limousine? Nach Südamerika?

BORKMAN Ja, Vilhelm.

FOLDAL Ach, du liebe Güte … Gott im Himmel. Die Vorstellung, dass eine Tochter von mir … ich hab dir gesagt, dass sie etwas Besonderes ist, John. Jetzt kommt sie doch noch herum. Mein Leben war also nicht umsonst … Fährt hier ab in einer Limousine –

BORKMAN Direkt über ihren Vater.

FOLDAL Oh, das macht doch nichts … Solange mein Kind … Und ich hab sie verpasst …

Na, dann werd ich wohl besser nach Hause gehen. Berit sitzt in der Küche und flennt. Die Arme. Hat keinen Durchblick. Ich werd mal meinen tröstenden Arm um sie legen.

Also dann, gute Nacht.

Ab.

BORKMAN Gute Nacht, Vilhelm. Nicht das erste Mal, dass einer über dich drüberfährt.

…

Borkman und Ella sitzen, lachen, dann schließt er die Augen und sinkt auf ihre Schulter.

ELLA John?

John?

Sie legt ihn am Boden ab. Gunhild noch im Off.

GUNHILD Ella.

ELLA Ja. Hast du uns gesucht?

GUNHILD *kommt vor den Vorhang* Ja, na ja. Ich dachte, ich sollte vielleicht.

Gott, ist er …

ELLA Ja …

GUNHILD Oh …

Sollen wir nicht einen Krankenwagen rufen?

ELLA Nein, lass. Lass ihn.

…

Gunhild setzt sich zu Ella an die Rampe.

GUNHILD Jetzt sind wir wieder nur wir zwei.

ELLA Ja. Nur wir zwei.

Gunhild nimmt Borkmans Hand. Ella lässt den Kopf auf Gunhilds Schulter sinken. Borkman hebt die Hand und macht das Victory-Zeichen.

BLACK.

Vorhang auf und Licht für Verbeugung.

ENDE

YERMA

nach Federico García Lorca

Deutsch von Brangwen Stone

Personen

SIE
JOHN
MARY
HELEN
VICTOR
DES

Uraufführung: Young Vic, London, 6. August 2016

1.1

JOHN Gib mal was von der Pizza Hawaii her.

SIE Du magst Pizza Hawaii doch gar nicht.

JOHN Ich hab ja gesagt, man erkennt es immer an den Lesben.

SIE Der Erfinder muss eine kognitive Störung gehabt haben.

JOHN Folge den Lesben.

SIE Was?

JOHN Kognitive Störung?

SIE Hast du doch gesagt. Als wir damals ein Date in Nolita hatten. Erinnerst du dich nicht?

JOHN Entfernt.

SIE Wo sind denn die Schlüssel?

JOHN Die liegen irgendwo auf dem Fußboden rum.

SIE Hier?

JOHN Ja, irgendwo. Möchtest du jetzt meine Theorie hören oder nicht?

SIE Hier oder in der Küche? Oder im Schlafzimmer?

JOHN Wir haben jetzt so viele Fußböden …

SIE Das stimmt … schieß los. Was ist deine Theorie?

JOHN Folge den Lesben.

SIE Das habe ich beim ersten Mal verstanden.

JOHN Das machen die Künstler. Sie folgen den Lesben.

SIE Aha.

JOHN In jedem Viertel. Zuerst lebt da die Arbeiterklasse. Dann die Crackdealer. Dann kommen die Künstler, um bei den Dealern einzukaufen. Dann erzählen sie ihren schwulen Freunden von der tollen Nachbarschaft, in der sie ihr Crack kaufen, und die Schwulen sagen, verdammt, ja, ich kann mir in Wedding nichts mehr leisten, aber die schwulen Männer sind zu ängstlich, sie wollen nicht, dass ihr Prada versaut wird, aber die Frauen, die haben was zu beweisen, die Lesben sind hart im Nehmen, sie kommen und kaufen sich eine unsanierte Altbauwohnung, krempeln ihre Ärmel hoch und packen an …

SIE Legen den Grundstein für die Gentrifizierung.

JOHN Genau das mein ich. Folge den Lesben.

SIE Gibt es hier noch Crackdealer?

JOHN Keiner dealt Crack mehr.

SIE Aber du hattest es doch gerade von Crack –

JOHN Dichterische Freiheit, Baby.

SIE Nenn mich nicht Baby.

JOHN Zuckernippel.

SIE Gibt es hier jetzt Crystal-Meth-Dealer, oder Dealer von irgendeiner Droge, von der ich noch nie was gehört habe?

JOHN Würde ich annehmen.

SIE Würden die mich ausrauben? Oder, du weißt schon …

JOHN Schatz, wir leben in dem *sichersten* Viertel von Berlin. Wo werden Leute auf offener Straße ausgeraubt? Wo man ungestraft damit davonkommt. Straßenräuber sind arme kleine Würstchen. Das ist jetzt gerade ein Schlaraffenland für Drogendealer. Die Polizei weiß kaum, dass es existiert. Es ist voller Lesben und Was-auch-immer-Dealer. Du glaubst doch nicht etwa, dass die sich diese Oase von einem kleinen Straßenräuber verderben lassen, der einer linken Journalistin, die sich ihre Achselhöhlen nicht rasiert hat, seit Kurt Cobain gestorben ist, fünf Euro klaut?

SIE Du magst meine Achselhöhlen.

JOHN Ich liebe deine Achselhöhlen.

SIE Du magst sie nicht?

JOHN So wirst du gesehen. So sieht dich die Welt. Dichterische Kürze.

SIE Jetzt reicht's. Keine Witze mehr.

JOHN Das ist mein voller Ernst.

SIE Du hasst meine Achselhöhlen?

JOHN Ich liebe deine Chewbaccas.

SIE Meine was?

JOHN Deine kleinen Bigfoots.

SIE Stinken sie?

JOHN Ein bisschen. Weißt du, ich finde es ironisch, dass du untenrum glatt wie ein Baby bist und oben wie Mama Ginetta.

SIE Mama Ginetta? Stinken sie?

JOHN Das war der erste italienische Frauenname, der mir eingefallen ist.

SIE Du bist so verdammt rassistisch. Ich rasiere mich untenrum, weil es dir gefällt.

JOHN Ich liebe es.

SIE Aber ich würde es nie zugeben.

JOHN Gott behüte, dass irgendeine deiner Kameradinnen bei »Free the Nipple« rausfinden würde, dass du den Wünschen eines Mannes erliegst.

SIE Aber Achselhöhlen sehen sie.

JOHN Ja, das geht natürlich nicht.

SIE Bist du dir ganz sicher, dass du den Schlüssel nicht hast stecken lassen?

JOHN Geh du doch.

SIE Ich genieße gerade meinen Champagner.

JOHN *Veuve Cliquot.*

SIE Nein, *Dom Perignon.*

JOHN Dom sind wir noch nicht, Schatz.

SIE Willst du ficken?

JOHN Auf dem Fußboden?

SIE Wo denn sonst?

JOHN Ich bin ein bisschen beschwipst.

SIE Wieso sind wir noch nicht Dom?

JOHN Du willst doch noch diesen tollen Kaffeetisch kaufen? Wir sind noch nicht Dom. Du willst doch noch diese Hängetöpfe besorgen, wir sind noch nicht –

SIE Der Couchtisch ist wunderschön.

JOHN Du schreibst immer diese antimaterialistischen Blogs, aber eigentlich –

SIE Einzahl. Ein Blog, nicht mehrere. Ich schreibe Blogeinträge.

JOHN Was auch immer.

SIE Du bist gerade komisch drauf.

JOHN Ich lerne den Jargon. Was auch immer Baby, LOL.

SIE Können wir uns den Couchtisch leisten?

JOHN Wir sind noch nicht Dom.

SIE Vielleicht wäre Jugendstil ja auch was, schlicht, reine Linien, aber gerade nicht so angesagt.

JOHN Wie du willst.

SIE Jugendstil. Die Stühle sind klotziger. Und die Couchtische. Vielleicht Biedermeier.

JOHN Ja, das ist ein Nachteil von Jugendstil … Wir besorgen uns einen schönen Couchtisch.

SIE Scheiß-ebay. Was haben wir denn nur getan?

JOHN Ach, ich weiß nicht … Nur eine kleine Anschaffung.

SIE Wir haben gerade 'ne Wohnung gekauft, nicht?

JOHN Keine Angst, die Wohnung ist nicht in Prenzlauer Berg, wir haben noch ein bisschen Außenseiterglaubwürdigkeit.

SIE Keiner, der Besitz hat, hat Außenseiterglaubwürdigkeit.

JOHN Besonders nicht mit 200 Quadratmeter.

SIE Liegt aber jwd.

JOHN Dann bleiben wir wenigstens fit.

SIE Ich hab mit dem Rad weniger als 'ne Stunde gebraucht.

JOHN Du fährst wie eine Oma.

SIE Gib mir mehr Fahrradwege, Michael, und dann gebe ich dir weniger Oma.

JOHN Ich vermisse Klaus.

SIE Bist du dir sicher, dass du nicht ficken willst?

JOHN Das habe ich nicht gesagt. Ich muss mich aber zuerst ein bisschen ausnüchtern.

SIE Du willst jetzt nie ficken.

JOHN Das stimmt so nicht. Und seit wann sagst du nicht mehr miteinander schlafen?

SIE Seitdem du voll auf anal abfährst.

JOHN Der Punkt geht an dich!

SIE Hättest du mich lieber nuttiger?

JOHN Was? Hä? Nein. Nein. Du bist genau nuttig genug.

SIE Wieso stehst du plötzlich auf Poposex?

JOHN Ich habe …

SIE Was?

JOHN Hör damit auf.

SIE Nein, erzähl mal.

JOHN Ich hab so ein paar Sachen geschaut und –

SIE Ich weiß.

JOHN Wart mal. Wieso weißt du das?

SIE Du hast die Seiten auf dem Laptop nicht zugemacht.

JOHN Ich habe sie nicht geschlossen?

SIE Vielleicht bist du eingepennt und hast es vergessen?

JOHN Tut mir leid, Schatz. Poposex?

SIE Poposex.

JOHN Das klingt aber nicht sehr sexy.

SIE Das beschreibt es aber genau. Sex im Popo.

JOHN Mensch. Hör damit auf.

SIE Schaust du lieber zu, wie andere es machen? Als es selber zu machen?

JOHN Was? Hä? Nein. Aber, wenn du erst spät nach Hause kommst. Ich kann sonst gar nicht einschlafen.

SIE Ist er besser?

JOHN Was?

SIE Du weißt schon, was ich meine.

JOHN Was?

SIE Der Orgasmus? Wenn du …

JOHN Nein. Vielleicht. Manchmal. Aber ich mache es mir ja selber. Bin ja sozusagen Connaisseur.

SIE Ein Connaisseur seines eigenen Schwanzes.

JOHN Das wird jetzt aber ziemlich schmutzig. Ich würde gerne das Thema wechseln.

SIE Worüber möchtest du reden?

JOHN Weiß nicht.

SIE Wieso ist es dir so unangenehm über solche Sachen zu sprechen.

JOHN Ist es mir nicht. Ich bin total ehrlich. Wie abgesprochen.

SIE Danke. Hast ja recht.

JOHN Es tut mir leid, dass du meine YouPorn-Seiten sehen musstest.

SIE Kein Problem, Liebling. Aber vielleicht solltest du es ein bisschen einschränken.

JOHN Könnte ich machen. Könnte ich. Ich könnte einen kalten Entzug machen.
SIE Echt?
JOHN Für meine Frau. Alles.
SIE Wir haben gerade eine Wohnung gekauft.
JOHN Haben wir.
SIE Hey.
JOHN Ja?
SIE He du.
JOHN Ja?
SIE Es gibt noch was …
JOHN Was denn?
SIE Es ist mir peinlich.
JOHN Es ist *dir* peinlich.
SIE Nein, nein. Was anderes.
JOHN Was denn?
SIE Wir haben ja jetzt vier Zimmer. Genügend Platz.
JOHN Ja.
SIE Platz für ein Kinderzimmer. Platz für zwei.
JOHN Ähm … was?
SIE Du hast mich gehört.
JOHN Was?
SIE Zwing mich nicht dazu, es zu wiederholen.
JOHN Muss ich aber, weil meine Ohren es nicht glauben.
SIE Liebling.
JOHN Ja.
SIE Ich hab darüber nachgedacht.
JOHN Offensichtlich.
SIE Und bin zum Schluss gekommen. Also.
JOHN Ja?
SIE Ich bin dreiunddreißig.

JOHN Was? Scheiße! Wo ist meine junge Assistentin.

SIE Verpiss dich.

Er lacht.

Und … vielleicht ist das ja auch nicht die dümmste Idee.

JOHN Du hasst Babys.

SIE Na ja, die sind ja ziemlich dumm, oder? Und total selbstbesessen. Wie eine verdammte Katze.

JOHN Charmant.

SIE Ich weiß. Ich weiß. Aber …

JOHN Was?

SIE Reue.

JOHN Weshalb?

SIE Noch nicht. Aber später vielleicht.

JOHN Okay.

SIE Und. Vielleicht sind wir … zwei intelligente, weltoffene, liberale, fürsorgliche Menschen, die wissen, was ihre Pflicht den weniger wohlhabenden gegenüber ist, vielleicht sind wir genau die, die …

JOHN Sich fortpflanzen sollten?

SIE Nein. Doch.

JOHN Unsere gesellschaftliche Pflicht sozusagen.

SIE Du hältst nichts von der Idee?

JOHN Das sage ich nicht.

SIE Du willst nicht.

JOHN Das sage ich definitiv nicht.

SIE Also du willst?

JOHN Soll ich irgendwas unterschreiben?

SIE Wir könnten die Schweine mit ein oder zwei linken Saboteuren unterwandern.

JOHN Das System von innen stürzen. Ein Fötus nach dem anderen.

SIE Halt den Mund. Ich versuche, ehrlich zu sein.

JOHN Ich weiß, Schatz.

SIE So bin ich nicht. Ich bin nicht mein Reproduktionstrakt.

JOHN Das weiß ich.

SIE Das hast du aber damals nicht gedacht.

JOHN Früher wollte ich jeden Zentimeter deines Reproduktionstrakts erobern.

SIE Und mir morgens um drei Uhr Rilke vorlesen.

JOHN Wieso habe ich Rilke ausgesucht? Bukowski ist doch viel cooler. Aber du kannst mir nicht die Schuld geben. Das sind meine tierischen Triebe.

SIE Deine tierischen Triebe veranlassen dich, deine Samen so weit und breit wie möglich auszusäen.

JOHN Nein, ich bin wie einer dieser Pinguine. Welcher ist es denn? Der Königspinguin?

SIE Hä?

JOHN Oder wie eine Ente? Die paaren fürs Leben.

SIE Wieso willst du mich dann nicht ficken?

JOHN Will ich doch. Immer.

SIE Nicht immer.

JOHN Ich bin Anfang vierzig.

SIE Erspar mir deine Ausreden.

JOHN Warte mal. Halt mal kurz an. Meinst du das im Ernst?

SIE Natürlich.

JOHN Dann machen wir's. Wo ist sie?

SIE Wo ist was?

JOHN Deine verdammte Pille. Wo ist sie? Hier drin?

Sucht in ihrer Handtasche.

SIE Hey, das ist mein Privateigentum.

JOHN Ich könnte aber darin stöbern, während du schläfst.

SIE Machst du das?

JOHN Nur, um nachzuschauen, ob du mit irgendeinem rumsimst.

SIE Zum Glück bin ich ja erbärmlich treu.

JOHN Ich auch. Es ist fast lächerlich.

SIE Gib mal her. Da.

Er zerknirscht die Pillen mit seinem Fuß, eine nach der anderen.

JOHN Das Zerstören deines Verhütungsmittels sollte eigentlich eine symbolische Geste sein. Ich hatte aber nicht mit der Beschaffenheit des Teppichs gerechnet.

SIE Oh. Das ist irgendwie sexy.

JOHN Ja, nicht wahr? Auf die Zukunft!

SIE Auf die Zukunft.

Er trinkt den Rest seines Champagners in einem Zug aus.

JOHN Nächstes Mal kaufen wir Dom.

SIE Okay, Chef.

JOHN Nenn mich nicht so.

SIE Wieso nicht? Keiner hört dich. Und wir wissen beide, wer hier wirklich Chef ist.

JOHN Ja, das wissen wir.

SIE Lass uns ficken.

1.2

MARY Eine kurze Pause?

SIE Nein, wir sind doch fast fertig.

MARY Die Jungs waren ziemlich attraktiv, oder?

SIE Jungs?

MARY Möbelträger.

SIE Ich hab nicht drauf geachtet.

MARY Alles okay?

SIE Nichts. Es ist nichts.

MARY Sein Flug ist verspätet.

SIE Ja. Es ist halt.

MARY Die erste Nacht.

SIE Ja.

MARY Ja.

SIE Soll ich hier übernachten?

MARY Nein, alles in Ordnung. Er hat gesagt, er hätte einen anderen Flug gefunden.

HELEN Wir sollten mal nachschauen, ob es hier Holzwurm gibt.

SIE Hör doch auf, Mama.

HELEN Genügend Platz für Kinder, oder?

MARY Mama …

SIE Na ja. Vielleicht.

HELEN Wie bitte? Was hast du gerade gesagt? Was hat sie gerade gesagt?

MARY Mama …

SIE Ich weiß nicht. Ich denke schon eine Weile darüber nach.

MARY Schau mal, wie sie grinst.

HELEN Und? Was ist daran falsch. Seit euer Vater gestorben ist …

MARY Jetzt geht das schon wieder los.

HELEN Nein. Macht das nicht. Behandelt mich nicht wie ein Kind.

MARY Das machen wir doch gar nicht, Mama …

HELEN Ich hatte die Hoffnung aufgegeben. Bei dir und deiner Schwester.

MARY Mama!

HELEN Stimmt doch.

SIE Was? Was ist denn passiert?

HELEN Er geht fremd.

MARY Mama.

SIE Was?

MARY Das geht dich einen feuchten Dreck an.

HELEN Und jede zweite Woche gibt es eine neue Enthüllung.

SIE Was? Wart mal. Hör auf. Was ist hier los? Wieso hast du mich nicht angerufen?

MARY Ich habe angerufen. Du hast nie abgenommen.

SIE Was, wie bitte? Was? Hast du von der Arbeit angerufen? Bei unbekannten Nummern –

MARY Schwamm drüber.

SIE Ich nehme nie ab, wenn da Anonym steht.

HELEN Auf jeden Fall werden es immer mehr.

MARY MAMA.

HELEN Du brauchst ihn nicht, Schatz. Glaub mir, besser alleinstehend als einsam.

MARY Hör mit deinen verdammten Sprüchen auf. Es ist *kompliziert. Kompliziert.* Okay. Wir können nicht alle Feministen der ersten Welle sein –

HELEN Oder irgendeiner Welle.

SIE Lass sie doch in Ruhe, Mama.

HELEN Hast du ihn je betrogen?

MARY Nein. Doch. Nicht wirklich, ich hab's bloß versucht.

HELEN *Du hast es versucht.*

MARY Nach all den Jahren ist es merkwürdig einen anderen Mann anzufassen … nach all den Jahren … einen Fremden.

HELEN Ihm scheint es nicht schwerzufallen.

MARY MAMA.

SIE Wieso hast du mir nichts davon erzählt?

HELEN Du warst doch nie da. Ist ja okay, aber –

SIE Ich bin da. Natürlich bin ich da. Bin ich nicht da?

MARY Tja, um ehrlich zu sein …

HELEN Du bist nicht da, Liebling.

SIE Okay, dann bin ich wohl ein ziemliches Arschloch?

MARY Das sage ich doch gar nicht.

HELEN Sie nicht. Aber du schon.

SIE Danke, Mama.

HELEN Das Arschloch … unserer Familie.

MARY Sollen wir die hier auspacken?

SIE Nein, halt mal an. Um noch mal darauf zurückzukommen. Wie lange geht das schon?

HELEN *Seit Jahren.*

MARY Jetzt halt mal die Fresse, Mama.

SIE Ja, halt die Fresse, Mama.

HELEN Wie habe ich's geschafft, zwei so respektlose –

MARY Du weißt ja, wie er seit dem Unfall so …

SIE Ja …

MARY Ja, und er hat die ganz Zeit viel mehr getrunken, als ich wusste. Ich habe sein Versteck im Schuppen gefunden. Wir können uns ja gar nicht vorstellen, wie es ist, ständig Schmerzen zu haben.

HELEN Klassisches Stockholmsyndrom.

MARY Er kann nicht mehr arbeiten, er kann es nicht mehr als zehn Minuten in der gleichen Stellung aushalten, also können wir nicht mehr ins Kino oder überhaupt noch abends ausgehen, und bis ich abends von der Arbeit nach Hause komme, ist er immer sturzbesoffen.

HELEN Aber irgendwie schafft er es trotzdem, mit der halben Stadt zu schlafen.

MARY Es ist viel komplizierter, Mama.

HELEN Kann nicht länger als zehn Minuten in der gleichen Stellung bleiben? Das mögen die Mädels sicher.

MARY Wir müssen so oder so eine Lösung finden, weil …

SIE Was?

MARY Ich glaube, ich bin …

HELEN Was ist denn? Was sagt sie denn?

MARY Vielmehr ich weiß, ich bin …

SIE Wie viele Wochen?

MARY Zwei Monate.

HELEN & SIE Oh. Oh, Gott!

MARY Mama …

SIE Habt ihr versucht, schwanger zu werden?

MARY Nein. Überhaupt nicht, aber alles war gerade so scheiße, da habe ich nicht einmal darüber nachgedacht.

SIE Aber ihr habt oft miteinander …

MARY Nein, überhaupt nicht. Und ich hab die Pille genommen.

SIE Trotz Pille? Echt? Ist das überhaupt –

MARY Ja ist es.

SIE Okay.

HELEN Das habe jetzt ich überhaupt nicht erwartet.

1.3

JOHN Hast du mich vermisst?

SIE Natürlich. Ich bin gerade alleine in unsere neue Wohnung eingezogen.

JOHN Tut mir leid, Baby.

SIE Sag das nicht. Nenn mich nicht Baby. Ich meine es ernst.

JOHN Ich auch. Es tut mir leid. Ich hätte es früher erledigen müssen. Barry hat aber in allerletzter Minute ein Treffen mit den Geldgebern organisiert, und es war eine einmalige –

SIE Ich freue mich für dich.

JOHN Echt? Es klingt aber nicht so.

SIE Tu ich. Schau mich an, ich lächele.

JOHN Nein, das tust du nicht.

SIE Mary ist schwanger.

JOHN Mary ist schwanger?

SIE Ja.

JOHN Deine Schwester? Mary?

SIE Ja.

JOHN Deren Mann sie nie fickt?

SIE Doch tut er. Öfter, als wir es machen.

JOHN Hey. Sag das nicht.

SIE Ist doch wahr. Wie soll ich denn je schwanger werden, wenn du nie da bist?

JOHN Hey. Hey. Mal langsam. Wir sollten das entspannter angehen.

SIE Wir haben uns doch schon vor Monaten dazu entschlossen, aber noch kaum damit angefangen.

JOHN Damit angefangen?

SIE Du weißt doch, was ich meine.

JOHN Möchtest du es jetzt machen.

SIE Nein, das bringt nichts. Ich bin am total falschen Abschnitt von meinem Zyklus.

JOHN Es würde überhaupt nichts bringen?

SIE Es wäre eine Verschwendung der …

JOHN Von was?

SIE Ich weiß es nicht. Sag du's mir? Der Neugier?

JOHN Ich bin immer neugierig.

SIE Du weißt alles. Du hast alles schon mal gesehen. Ich hätte eine dieser italienischen Ehefrauen aus den Sechzigern sein sollen, die immer das Licht ausmacht –

JOHN Ich lasse das Licht gerne an.

SIE Legst du dir deshalb immer ein Kissen aufs Gesicht?

JOHN Ich versuche nicht, dich nicht zu –

SIE Was denn?

JOHN Ich weiß nicht, ich –

SIE Du bist gelangweilt von mir.

JOHN Hoppla! Mach mal halblang, das wird jetzt gerade viel zu –

SIE Wieso machst du es denn?

JOHN Ich weiß nicht, ich … Rollenspiele im Kopf.

SIE Rollenspiele? Du stellst dir eine andere vor? Eine aus deinen Pornos?

JOHN Nein, dich.

SIE Mich? Ich bin aber direkt vor dir.

JOHN Ja, aber …

SIE Was?

JOHN Du als …

SIE Was?

JOHN Mensch, hör auf, mich so anzuschauen.

SIE Ich als was?

JOHN Weiß nicht. Als Putzfrau, die reingekommen ist und mich nackt erwischt hat.

SIE Fuck.

JOHN Du hast mich gefragt. Ich habe es dir erzählt. Du wolltest die Wahrheit hören. Das ist die Wahrheit. Ich denke immer an dich, aber …

SIE Als jemand anderes?

JOHN Nein. In verschiedenen Szenarien. Um es zu bewahren. Das Geheimnis. Du weißt schon.

SIE Nein, ich weiß es nicht. Weil ich mir nie einen anderen vorstelle. Ich schaue dich an, und das macht mich geil. Und ich denke daran, dich zu ficken, während ich an der Arbeit bin und während ich masturbiere, wenn du gerade drei Wochen lang weg bist, was ich selten mache, außer wenn wir skypen, weil ich es für dich aufsparen will. Ich denke an dich. Dich. Nicht an dich als Scheißklempner.

JOHN Okay. Tut mir leid. Ich werde meine Augen nicht mehr schließen oder … was auch immer … Ich werde dich anschauen … Dieses ganze Analysieren ist ja supererotisch.

SIE Wieso willst du nicht über dieses Problem reden?

JOHN WEIL … Entschuldige … Weil es kein verdammtes Problem gibt. Es gibt gar kein Problem. Okay?

…

Jetzt sprichst du wohl wieder zwei Tage lang nicht mit mir?

…

Ich habe gerade einen der größten Verträge meiner Karriere an Land gezogen. Es wird sich alles ändern. Wir könnten jetzt in Dom Perignon baden. Und zu Hause erwartet mich das hier.

SIE Du bist zu einem total möbliertem perfekten Haus heimgekehrt. Fick dich.

JOHN Ja, und dafür kann ich mich gar nicht genug bedanken. Es sieht super aus. Bitte. Hey. Hey.

SIE Verpiss dich.

JOHN Das meinst du nicht so.

SIE Nein.

JOHN Nein. Tust du nicht.

SIE Verpiss dich nicht.

JOHN Werde ich auch nicht. Was ist diese App?

SIE Ich kriege Benachrichtigungen, die mir sagen, wann ich am fruchtbarsten bin.

JOHN Mensch.

SIE WAS?

JOHN Vor zwei Jahren musste ich mir noch einen Gummi

überziehen, auch wenn du nicht vergessen hast, die Pille zu nehmen. Doppelt gemoppelt. Und jetzt … was? Sollen wir unsere Terminkalender rausholen, um uns zu vergewissern, dass ich immer im Lande bin, wenn deine Eizellen so weit sind?

SIE Was wäre daran so doof?

JOHN Okay.

SIE Was.

JOHN Ich geh mal früh ins Bett.

SIE Wohin gehst du?

JOHN Ich bin nach dem Flug total fertig.

SIE John?

JOHN Ich liebe dich.

1.4

SIE Das ist ja …

VICTOR Ich weiß …

SIE Das ist …

VICTOR Eine Überraschung.

Sie lacht.

SIE Wer zum Teufel hat dich denn eingestellt?

VICTOR Fiona. Ich dachte, du wusstest Bescheid.

SIE Ich hatte keine Ahnung.

VICTOR Also hast du nicht hinter den Kulissen die Fäden gezogen?

SIE Nein. Es war wohl dein eigener Verdienst.

VICTOR Es gibt für alles ein erstes Mal. Wie geht's dir?

SIE Gut. Super. Du weißt schon. Du. Mensch. Du siehst genauso aus wie früher.

VICTOR Echt?

SIE Voll.

VICTOR Was geht ab?

Sie lacht.

Bist du verheiratet?

SIE O Gott. Nein.

VICTOR Okay.

SIE Nein, auf gar keinen Fall. Ich bin immer noch mit –

VICTOR Ach so?

SIE Ja, ja.

VICTOR Das ist …

SIE Was?

VICTOR Gut, oder?

SIE Na, du weißt schon, lange Beziehungen …

VICTOR Tu ich das?

SIE Tust du das nicht?

VICTOR Eigentlich nicht.

SIE Keine bedeutenden Beziehungen?

VICTOR Kommt darauf an, was du unter bedeutend verstehst. Nein. Ich hatte. Ja. Sicher. Aber ich glaub, ich bin nicht leicht handzuhaben.

SIE Handhaben?

VICTOR Zu ertragen.

SIE Oh, was ist denn so nervend an dir?

Er lacht.

Entschuldige.

VICTOR Nein. Nein. Wie geht's John?

SIE Gut. Er hat viel zu tun. Reist oft.

VICTOR Und wie läuft das?

SIE Super.

VICTOR Echt?

SIE Ja, ich mag den Freiraum.

VICTOR Kannst auf Netflix gucken, was du willst.

SIE Ha. Genau.

VICTOR Wie viele Jahre ist das jetzt schon her? Zehn?

SIE Wirklich. O Gott.

VICTOR Glaub schon. Fast.

SIE Hab ich mich geändert?

VICTOR Ein bisschen.

SIE Du hättest nein sagen sollen. Ich habe dir gesagt, dass du immer noch wie früher aussiehst.

VICTOR Ja, aber du hast mich angelogen.

SIE Bist du schockiert? Ist es so arg.

VICTOR Was?

SIE War es ein Schock? Den Unterschied zu sehen …

VICTOR Hey …

SIE War es traurig? Ich meine deprimierend? Wie Marlon Brando in den Neunzigern?

VICTOR Nein, überhaupt nicht.

SIE Nein?

VICTOR Nein, eher wie Bette Davis in *Whatever Happened to Baby Jane.*

SIE O Gott.

VICTOR Du siehst super aus.

SIE Danke. Du auch.

VICTOR Und du bist jetzt meine Chefin.

SIE Scheiße. Ja. Das gilt jetzt sicher als Mobben.

VICTOR Mach dir keine Sorgen, ich petze nicht. Leitende Redakteurin. Respekt. Wie hast du das so schnell geschafft?

SIE Na ja, die richtigen Leute sind gestorben.

VICTOR Hattest du Killer auf sie angesetzt?

SIE In welchem Bereich bist du denn überhaupt?

VICTOR Was glaubst du? Alles beim Alten? Politik. Und hast du Nachwuchs?

SIE Ach ja, nein, ich arbeite daran.

VICTOR Ja, jetzt ist wahrscheinlich der richtige Zeitpunkt, oder?

SIE Ja. Ja. Ich dachte, ich wage mal einen Versuch.

VICTOR Ja, ich habe einen Zweijährigen.

SIE Oh.

VICTOR Ja. Ja. Er war ein Malheurchen, aber …

SIE Bist du immer noch mit der Mutter –

VICTOR Nein, das hast nur knappe sechs Monate gehalten.

SIE Ach so –

VICTOR Wie gesagt, schwer zu ertragen.

SIE Du bist wohl ein Albtraum.

VICTOR Anscheinend.

SIE Und wie oft siehst du –

VICTOR Zur Hälfte.

SIE Wow …

VICTOR Deshalb bin ich zurückgezogen.

SIE Wenn ich mich beeile, können sie ja miteinander spielen.

VICTOR Ja, genau. Sag John, er soll sich mal anstrengen.

SIE Es ist nicht. Ich glaube nicht, dass es an ihm liegt. Wieso. Ich glaube wir …

VICTOR Natürlich, sorry, war nur ein Witz.

SIE Ja, natürlich. Haha.

VICTOR Das klingt jetzt wahrscheinlich ein bisschen komisch und unangebracht. Sag Bescheid, wenn ich aufhören soll …

SIE Was denn?

VICTOR Ich habe oft darüber nachgedacht, weißt du, seit damals, und … mir ist immer noch nicht klar, was passiert ist, vielleicht nicht was, aber wie genau, und was ich … Ja, ich bereue, was … und ich freue mich für dich und finde es auch toll, dass du immer noch mit John zusammen bist und dass es so gut läuft, aber ich, ist das okay? Ja, aber das zwischen uns war, ja, wichtig, und ich habe oft darüber nachgedacht …

1.5

SIE Hast du das schon gesehen? Ich hatte heute bisher nur fünfzig Besucher.

DES Was?

SIE Der Blog. Mein Blog.

DES Ach ja. Sorry.

SIE Was ist denn verdammt nochmal passiert? Wir werden unsere ganzen Werber verlieren.

DES Schau mal, wie sonnig es draußen ist. Alle sind wahrscheinlich am See.

SIE Man kann auch am See Blogs lesen.

DES Verfehlt das nicht den Zweck des An-den-See-Gehens?

SIE Fang nicht damit an. Leute haben schon immer am See gelesen. Zeitungen, Bücher und so weiter, und jetzt ist es eine … Deine ganze Generation ist mit iPhone in der Hand zur Welt gekommen, und jetzt wollt ihr plötzlich eure eigenen Mokassins mit der Hand nähen, euren eigenen Gin destillieren und den Kaukasus in einer Pferdekutsche durchqueren.

DES Ich bin gerne am See.

SIE Ihr steht alle auf diese modische Langsamkeit, aber flippt aus, wenn ihr mal kein 4G habt.

DES Soll ich mal ehrlich sein?

SIE Natürlich, immer. Da musst du nicht fragen.

DES Es ist dieses Schwangerschaftsding. Dein Versuch, schwanger zu werden.

SIE Mein Versuch, schwanger zu werden?

DES Ja, es teilt deine Leserschaft. Also eigentlich killt es deine Leserschaft. Es ist eine Art Krebs für deine Leserschaft. Deine Marke ist … Ich weiß, dass das jetzt sehr kommerziell klingt, aber –

SIE Aber –

DES Na ja, deine Marke, die Leute, die dein Produkt kaufen … die deinen Blog lesen …

SIE Ja?

DES Früher warst du halt … für die bist du jetzt … früher warst du halt viel politischer.

SIE Ich bin immer noch politisch.

DES Es ist fast so, als ob Lena Dunham jetzt mit Donald Trump zusammen ist und nur noch über Saftkuren schreibt. Würdest du so eine Serie schauen wollen? HBO würde sie auf jeden Fall nicht in Auftrag geben.

SIE Wie gesagt, ich weiß deine Ehrlichkeit zu schätzen, aber verpiss dich. O Gott. Ist es so schlimm?

DES Es ist einfach alles … so schnuckelig … zum Kotzen schnuckelig.

SIE Schnuckelig verkauft sich gut.

DES Ja, dann schreibe vielleicht für die Brigitte. O Scheiße.

SIE Was?

DES Fuck. Ich glaube, ich hatte gestern Abend Sex.

SIE Was meinst du mit »Du glaubst, du hattest gestern Abend Sex«?

DES Ich kann mich nur noch an einen Tequila nach dem anderen erinnern … Und an einen portugiesischen Uber-Fahrer und …

SIE Du hast also mit dem Uber-Fahrer geschlafen?

DES Nein, er hat aber Portugiesisch gesprochen, deshalb erinnere ich mich dran, ich kann mich aber nicht mehr erinnern, wer neben mir auf der Rückbank saß, aber ich glaube, wir haben uns geküsst.

SIE Hast du das Gefühl, dass du gestern Sex hattest?

DES Ähm … vielleicht?

SIE Wer hätte es denn sein können?

DES Ähm, einer der ungefähr zehn gutaussehenden Männer, die gestern auf der Party waren.

SIE Einer von ihnen? Das ist ja sehr vertrauenerweckend.

DES O Gott, ich hoffe, es war nicht Henry. Was soll ich machen? Warte ich jetzt einfach, bis jemand simst? Ich sollte die Pille danach holen.

SIE Wieso hoffst du, dass es nicht Henry war? Wieso nimmst du nicht die Pille?

DES Weil er der Freund meiner besten Freundin ist. Nein, sie zerstört meine ganze Aura.

SIE Und die Spirale?

DES Igitt.

SIE Wie oft nimmst du denn die Pille danach?

DES Weiß nicht. Ab und zu?

SIE Ab und zu? Mensch. Du zerstörst deinen Uterus.

DES Es ist mein gutes Recht, meinen Uterus zu zerstören.

SIE Ja, ist es ja auch. Ja. Natürlich. Aber eine spätere Variante von dir wird vielleicht. Du weißt schon.

DES Damit werde ich dann fertig.

SIE Hab ich mir schon gedacht.

DES So was wäre was für dein Blog. Das Unschöne. Das Bedauern. Was dich um drei Uhr morgens wach hält. Was, wenn ich meinen Uterus zerstört habe? … Vielleicht hätte ich damals nicht abtreiben sollen …

SIE Wart mal. Wie weißt du von der …

DES Scheiße. Sorry.

SIE Ach so. Du wusstest gar nicht davon.

DES Nein.

SIE Und ich habe dir gerade.

DES Ja.

SIE Ja … Ich hatte eine Abtreibung.

DES Hey. Ich habe die Entwürfe auf deinem Computer angeschaut und – ist das okay?

SIE Ja klar, ja darfst du ja –

DES Also, dieser Abschnitt, wo du gerade erfahren hast, dass deine Schwester schwanger ist und du die ganze Zeit weinst, aber den Gedanken, dass jede vierte Schwangerschaft misslingt, tröstlich findest –

SIE O Gott. Das habe ich doch nur für einen Sekundenbruchteil gedacht. Die Frau, die das gedacht hat, war nicht mal ich.

DES Wie erkennst du den Unterschied?

SIE Wenn ich mir Notizen mache, schreibe ich einfach alles auf, kotze es nur so aus mir raus.

DES Und es funktioniert.

SIE Dass ich mich im Internet übergebe?

DES Ja. Das, was vor der Selbstzensur entsteht.

SIE Für Journalismus braucht man halt mehr, das weißt du, sonst könnte ich ja genauso gut meinen Facebook-Status updaten.

DES Klar, dekonstruiere den Gedanken, erkunde ihn, die Politik gegen den biologischen Impuls –

SIE Ich hab gerade das Gefühl, ich werde von einer Zwanzigjährigen gecoacht.

DES Ich bin einundzwanzig.

SIE Ist mein Blog wirklich so langweilig?

DES Allerdings.

SIE Du möchtest also mehr Beschreibungen von Spekula in meiner Vagina?

DES Ja. Warum nicht? Wenn ich eine Leserin da draußen wäre, die gerade das Gleiche wie du durchlebt, dann würde ich –

SIE Ich durchlebe nichts –

DES Was auch immer du vielleicht gerade durchlebst.

SIE Es ist total normal, dass es eine Weile –

DES Ja, aber auch nicht normal. Manchmal bedeutet es … Das ist halt der Cliffhanger.

SIE Gott, das ist ja gerade eine supertolle Unterhaltung.

DES Wieso ist dieses Thema denn sonst gerade der Fokus deines Blogs?

SIE Das ist nicht –

DES Tja, vielleicht musst du das herausbekommen. Du hast ja sonst kein Blatt vor den Mund genommen.

SIE Totale Ehrlichkeit.

DES Totale Aufopferung.

SIE Fick dich.

DES Fick du dich.

SIE Lass uns weiterarbeiten, sonst verpassen wir unseren Abgabetermin. Hey, hast du das Treffen mit Google organisiert? Die ficken uns bei dem Suchmaschinen-Ranking. Wir sind immerhin die zweitwichtigste Zeitung im Lande.

Des' Telefon fiept, weil sie eine SMS bekommen hat.

DES Ein Moment. Wart mal.

SIE Ist es von dem …

DES Okay, ich hatte gestern Abend eindeutig Sex. Brauchst du was von der Apotheke?

HELEN Ich habe die Vorstellung vom Schwangerwerden immer gehasst. Kolonialisierung durch Sperma. Igitt. Kennst du den Film *Alien*? Das ist eine ziemlich genaue Darstellung davon, wie sich meine Schwangerschaften angefühlt haben. Ich habe entsetzt gewartet, gespürt, wie ein Fremdwesen in mir wächst, bis zu dem Tag, wo es sich verlangend schreiend aus mir rausgedrängt hat und erwartet hat, dass ich jeden seiner Wünsche erfülle, ein parasitischer Sukkubus –

SIE Okay, Mama. Danke.

HELEN Wolltest du nicht was in der Art? Nimmt dieses Ding immer noch auf?

SIE Ja, wollte ich. Und ja tut es.

HELEN Bist du sicher? Es leuchtet nicht mehr.

SIE Das Display meines Handys ist einfach eingeschlafen.

HELEN Aber vielleicht ist doch der Akku alle.

SIE Nein – ich nehme ständig damit auf, Mama – schau, es ist immer noch an.

HELEN Der letzte Satz war sehr gut. Sukkubus. Man hat nicht oft die Gelegenheit, dieses Wort zu benutzen.

SIE Ich möchte, dass du natürlich sprichst. Aus dem Stegreif.

HELEN So spreche ich aus dem Stegreif. So rede ich.

SIE Okay, super.

HELEN Was machen wir jetzt. Sollen wir was zum Essen bestellen?

SIE Ich habe keinen Hunger.

HELEN Vielleicht bist du magersüchtig.

SIE Bin ich nicht.

HELEN Vielleicht deshalb. Vielleicht ist das der Grund. O Gott, warst du magersüchtig, und ich hab's nicht mal bemerkt?

SIE Nein, war ich nicht.

HELEN Magersucht kann Unfruchtbarkeit verursachen.

SIE Ich bin nicht unfrucht- und ja, ich weiß, Mama. Ich schreibe gerade eine ausführliche Serie über solche Themen.

HELEN Ach so, du hast dich schon mit Magersucht befasst.

SIE Ja, Mama. Liest du meinen Blog nicht?

HELEN Nein, ich habe keine Zeit dazu. Ich habe gerade angefangen, Deliveroo zu benutzen. Sehr praktisch. Kennst du's? Deliveroo?

SIE Ja, Mama. Ich weiß, was Deliveroo ist.

HELEN Guck mal, man kann einfach die App installieren. Und dann klickt man einfach ein Restaurant an. Chinesisch, Türkisch, Indisch, Thai, hast du Lust auf Thai?

SIE Ja, Mama.

HELEN Manchmal bestelle ich Sachen, die ich gar nicht brauche. Um elf Uhr abends. Und dann habe ich plötzlich eine halbe Pekingente und weiß nicht, was ich jetzt damit machen soll. Ist das nicht seltsam? Vielleicht werde ich dement.

SIE Wieso nimmst du mich nie in den Arm?

HELEN Was?

SIE Als ich ein Kind war. Als wir Kinder waren. Wieso hast du uns nie umarmt?

HELEN Was redest du da? Natürlich habe ich euch umarmt.

SIE Nein, hast du nicht. Außer das eine Mal, als ich vom Rad gefallen bin und mir meine zwei Vorderzähne ausgeschlagen habe. Ich kann mich noch genau erinnern, dass ich gedacht habe, oh, das fühlt sich schön an. Und ich habe dir ins Gesicht gesehen, und dir war ganz unwohl. Hast mich unbeholfen getätschelt, wie man einen fremden Hund tätscheln würde.

HELEN Das ist totaler Quatsch. Wieso erfindest du so was? Hör auf, aufzunehmen.

SIE Wieso hattest du Angst vor Nähe zu deinen Kindern?

HELEN Hatte ich gar nicht. Was bist du? Ich habe dich immer umarmt.

SIE Umarme mich.

HELEN Was?

SIE Umarme mich jetzt.

HELEN Mach dich nicht lächerlich.

SIE Umarme mich jetzt.

HELEN Es gibt doch keinen Grund dafür.

SIE Ich bin deine Tochter.

HELEN Das ist kein Grund.

SIE Wieso nicht? Mütter umarmen ihre Töchter.

HELEN Du bist fünfunddreißig Jahre alt.

SIE Ich möchte dich umarmen.

HELEN Okay. Komm mal her. Sonst schreibst du einen verdammten Artikel darüber, wie deine Mutter dich nicht umarmen wollte, und dann werden meine Kollegen es beim nächsten Treffen des akademischen Senats erwähnen und schmunzeln.

Sie umarmt sie.

So. Ist das?

SIE Reicht es dir schon?

HELEN Nein. Es ist ganz in … Okay, ja. Sehr gut. Bitte schön. Nähe.

SIE Herzlichen Glückwunsch.

HELEN Was soll denn das heißen?

SIE Du siehst so aus, als ob du gerade Bungeejumping warst.

HELEN Jetzt reicht's. Lass deine arme Mutter mal in Ruhe. Hast du wirklich keinen Hunger?

SIE Wieso wolltest du denn ein weiteres Kind nach Mary? Wenn es so schrecklich war?

HELEN O nein. Ich wollte keins. Ich wollte mich umbringen, als ich rausgefunden habe, dass ich mit dir schwanger war. Mein Leben ohne Kinder war so abenteuerlich. Du kennst ja meine Geschichten aus den Sechzigern. Und es war wirklich. Unglaublich. Wir haben drei Jahre lang in Kaschmir auf einem –

SIE Hausboot, ich weiß.

HELEN Das war die glücklichste Zeit meines Lebens.

SIE Du wolltest dich umbringen.

HELEN Ja.

SIE Danke, Mama.

HELEN Versteh mich nicht falsch. Es ist bisher sehr unterhaltsam gewesen, eure Leben zu beobachten. Besonders eure Zwanziger. Die waren irrsinnig witzig. Aber ich hätte auch ohne auskommen können. Euer Vater war nicht mehr so furchtlos. Hatte immer Angst, dass eine von euch krank wird oder überfahren wird. Das war enttäuschend. Ich hatte seine Furchtlosigkeit immer geliebt.

SIE Und wieso hast du dann nicht einfach verhütet.

HELEN Das hab ich. Ich war aber immer sehr vergesslich. Vielleicht ist das der Schlüssel für dich und dein. Ich darf es doch ein Problem nennen, oder?

SIE Mama.

HELEN Vielleicht muss der Druck einfach weg. Vielleicht wirst du, sobald du aufhörst, dir darüber Gedanken zu machen …

1.7

MARY Gab es irgendwelche Schwierigkeiten?

SIE Nein. Nein, alles perfekt.

MARY Das kleine Arschloch.

SIE Hey.

MARY Gibst immer an bei ihr, nicht? Schläfst und lachst und kuschelst friedlich. Die nächtelangen Tobsuchtsanfälle und Kackexplosionen sparst du für mich auf. Dieser kleine Mistkerl führt einen Zermürbungskrieg.

SIE Hey, er kann dich doch hören.

MARY Er schläft. Ausnahmsweise.

SIE Aber er kann doch trotzdem deine negative Energie fühlen.

MARY Ich mein es doch nicht so. Nicht wirklich.

SIE Doch, tust du.

MARY Ist es schlimm, dass ich mir vorstelle, wie ich ihn erwürge?

SIE Mensch.

MARY Nur um vier Uhr morgens. Und ich habe ihm wirklich mein alles gegeben. Und trotzdem … Vor ein paar Tagen habe ich ihn ins Krankenhaus gebracht. Ich dachte, er hätte was ganz Schlimmes, aber sobald wir da waren, hat er die ganzen Krankenschwestern angestrahlt, und ich habe ihnen gesagt, ich schwöre, zu Hause war er nicht so, und sie haben alles untersucht, und sobald wir wieder im Auto waren, hat er wieder wie am Spieß geschrien. Ich glaube, er hasst mich.

SIE Mary.

MARY Doch, ich glaube, er kann mich nicht leiden.

SIE Ich glaube, du brauchst mal eine Auszeit.

MARY Was ist denn mit mir los? Schau dich mal an. Wenn er mit dir ist, sieht er –

SIE Ja?

MARY Total. Ach du heilige Scheiße.

SIE Echt.

MARY Als ob er für immer schlafen könnte. Es ist ein Wunder. Willst du ihn?

SIE Was?

MARY Nimm ihn. Du kannst ihn haben. Das war bloß ein Witz.

SIE Mary …

MARY Es ist kein Witz.

SIE Und David?

MARY Und David? Dem geht das am Arsch vorbei. Er pennt die ganze Nacht friedlich durch.

SIE Wieso weckst du ihn nicht?

MARY Versuch ich doch, aber er grummelt, und dann streiten wir uns, eigentlich ist es einfacher, wenn ich alles selber mache. Echt. Nimm ihn. David wird es nicht mal auffallen. Er ist zu beschäftigt mit seiner PlayStation.

SIE PlayStation?

MARY Ja, es ist alles viel besser, seit ich ihm eine PlayStation gekauft habe. Er geht nicht mehr fremd.

SIE Ach du lieber Gott.

MARY Und wenn er irgendwann auf einem Level steckenbleibt, dann macht er was, um seine Frustration auszuleben. Neulich hat er mir sogar ein Steak gegrillt. Das war das erste Mal, dass er den Grill benutzt hat, seitdem wir verheiratet sind.

SIE Mary, wieso verlässt du ihn nicht?

MARY Weil ich Angst davor habe, alleine zu sein. Und ich weiß, was mit andern Frauen in meinem Alter passiert. Jeder sagt ihnen, sie sollten mal ausgehen, geht aus, der ist nicht gut für dich, wo ist deine Selbstachtung, andere Mütter haben auch schöne Söhne, aber dann gibt es doch keine.

SIE Wirklich?

MARY Nein, ich bleibe beim Altbewährten. Was gibt es sonst für mich? Ehemalige Vergewaltiger und Vogelbeobachter. Und es bringt mich ja nicht um, oder? Das Einzige, was mich vielleicht umbringen wird, ist dieses kleine Arschloch hier.

SIE Hey.

MARY Ich weiß. Ich bin eine schreckliche Mutter. Ich bin eine Rabenmutter. Vielleicht ist es doch eine gute Idee? Dass du ihn nimmst?

SIE Hör auf damit.

MARY Ich meine es ernst. Mir reißt der Geduldsfaden. Ich bin zerfasert.

SIE Geh mal zum Psychologen.

MARY Wir könnten es doch mal ausprobieren. Mal schauen, wie wir beide damit zurechtkommen.

SIE Du meinst es wirklich ernst?

MARY Warum nicht?

SIE Bringst du ihn deshalb immer wieder?

MARY Ich bin verdammt deprimiert.

SIE Nein.

MARY Ich stehe am Rand vom U-Bahngleis und fordere mich dazu heraus zu springen.

SIE NEIN. Hör SOFORT damit auf. Du gehst in Therapie, und ich werde schwanger. Wir haben beide sehr normale Probleme, und dafür gibt es auch normale Lösungen.

MARY Es sind jetzt schon zwei Jahre, meine Liebe.

SIE ICH WEISS, DASS ES SCHON ZWEI JAHRE SIND. Hier schau mal. Ich habe einen verfickten Kalender. Warum glaubst du, du müsstest mich daran erinnern?

MARY Wo ist denn John gerade?

SIE Er hat seine Festplatte auf der Arbeit vergessen. Er braucht sie für das Treffen in Tel Aviv.

MARY Er geht nach Tel Aviv?

SIE Ja, er geht nach Tel Aviv.

MARY Wann?

SIE Morgen früh.

MARY Ist er nicht erst am Freitag wiedergekommen?

SIE Ja. Er ist erst am Freitag wiedergekommen.

MARY Oh, Schatz.

SIE Mach das nicht. Es geht uns gut. Nein. Schau mich nicht so an. Es ist alles in Ordnung. Er kommt am Mittwoch wieder.

MARY Mittwoch? Okay.

SIE Er kommt am Mittwoch wieder?

MARY Um wie viel Uhr? Sollen wir zusammen essen gehen?

SIE Nein. Er weiß, dass es mein Geburtstag ist. Er wird da sein.

MARY Okay. Ich mach keine anderen Pläne. Ruf mich einfach an.

SIE Er. Wird. Da. Sein.

MARY Okay.

SIE Okay.

MARY Schatz, weißt du, nach zwei Jahren unverhütetem Sex …

SIE Ich weiß. Ich weiß.

MARY Vielleicht liegt es ja an ihm. Wenn dein Frauenarzt meint, dass bei dir alles in Ordnung ist, dann könnte es ja –

SIE Ich weiß. Er will es nicht untersuchen lassen.

MARY Was? Warum nicht?

SIE Verletzter Stolz wahrscheinlich.

MARY Verdammte Männer.

SIE Und er hat sehr viel zu tun.

MARY Mensch.

SIE Was?

MARY Du klingst wie …

SIE Was?

MARY Du hast noch nie so geklungen.

SIE Wie geklungen?

MARY Es hat mir immer Hoffnung gemacht. Dass eine von uns …

SIE Wie klinge ich?

MARY Wie ich, wenn ich David verteidige.

…

Jetzt wirst du wütend.

…

Hallo?

SIE John ist für mich *da.*

MARY Verdammt hart, für dich da zu sein, wenn er sich gerade auf einem anderen Kontinent befindet.

SIE Und John hat nie. Er würde nie.

MARY Okay, das war nicht, was ich meinte, aber okay.

SIE Also ist der Vergleich, ehrlich gesagt –

MARY Du bist wütend, lass uns das Thema wechseln.

SIE Okay, super. Gut. Lass uns das Thema wechseln. Du klingst wie John. Lass uns das Thema wechseln. Lass uns das Thema wechseln.

…

MARY Alles in Ordnung?

SIE Mir geht es gut. Ich habe schon gesagt, es ginge mir gut. Alles gut.

1.8

SIE Oh –

JOHN Hi.

VICTOR Hallo.

JOHN Hi.

SIE Was machst du –

JOHN Ich bin nach Hause gegangen, und du warst nicht –

SIE Ich dachte, du landest erst um Mitternacht.

JOHN Bin ich auch.

SIE Wie viel Uhr ist es denn jetzt?

JOHN Drei.

SIE Oh.

JOHN Ja, oh.

SIE Erinnerst du dich noch an –

JOHN Ja. Ja, ich erinnere mich noch. Hallo.

VICTOR Hallo.

JOHN Ich wusste nicht, dass du wieder –

SIE Doch, ich hab's dir doch gesagt, ich hab dir eine E-Mail geschickt.

JOHN Nein, hast du nicht.

SIE Dann 'ne WhatsApp oder irgendwas.

JOHN Willkommen zurück.

VICTOR Danke.

SIE Ich hab's dir gesagt.

JOHN Legt ihre eine Spätschicht ein?

VICTOR Ja, diese ganze Brexit-Sache.

SIE Ist es wirklich schon drei Uhr morgens?

JOHN Fast Viertel nach.

SIE Du bist sicher todmüde.

JOHN Ziemlich.

SIE Tut mir leid, Schatz. Wir haben uns ablenken lassen. Wir haben. Das ist irrsinnig witzig. Erzähl du's ihm.

VICTOR Was?

SIE Die Geschichte über –

VICTOR Ach ja.

SIE Erzähl's ihm.

JOHN Ich bin eigentlich sehr müde.

SIE Nein. Nein. Das musst du hören. Es ist sehr lustig.

VICTOR Ich weiß nicht, ob es sich wiedererzählen lässt.

SIE Probier's doch.

VICTOR Es ging um Marilyn Monroe und das »Happy Birthday«-Lied. Es ist nur ein dummer Gag …

JOHN Das »Happy Birthday« …

SIE Genau.

VICTOR Ich hab den Witz verkehrt herum erzählt, und dadurch wurde er irgendwie witziger.

JOHN Scheiße.

VICTOR Und dadurch sind wir auf Witze, an die man sich falsch erinnert, gekommen, es war …

JOHN Heute ist Mittwoch, oder?

SIE Jetzt ist es Donnerstag. Fast Viertel nach drei morgens.

JOHN Fuck. Ich … Ich wusste Bescheid. Ich hatte geplant …

SIE Du hattest keine andere Wahl. Das Meeting hat länger gedauert als ursprünglich geplant.

JOHN Es tut mir wirklich leid.

SIE Sie dauern immer länger als geplant.

JOHN Ihr habt … Deshalb gibt es einen …

SIE Ja, von der Patisserie. Aber ich habe Victor davon überzeugt, dass wir nur eine Kerze brauchen. Wir können ja gerade keinen Selbstmordversuch gebrauchen, oder?

JOHN Es tut mir echt leid, Liebling.

SIE Jetzt sind wir beide.

VICTOR Ich sollte mich mal auf den Weg –

SIE NEIN. Nein. Bleib hier. Lass uns was trinken. Ich bin schon besoffen. Komm, wir besaufen uns weiter.

VICTOR Ich habe morgen Tess.

SIE Was? Du hast morgen einen Test. Eine Prüfung?
Für was denn?

VICTOR Tess. Meine Tochter.

SIE Er hat eine Tochter.

JOHN Das habe ich gerade mitbekommen.

SIE Er war nicht mal wirklich mit der Mutter zusammen. Sie war eine nichtpraktizierende Siebenten-Tags-Adventistin, aber dann war sie plötzlich wieder praktizierend. Verrückte Welt, nicht. Wo ist der Champagner? Ich habe eine Flasche Dom vom Supermarkt gekauft. Die Supermärkte hier in der Gegend sind echt edel.

JOHN Wie alt ist deine –?

VICTOR Fast vier.

JOHN Ein tolles Alter.

VICTOR Ja.

SIE Du hast doch keine verdammte Ahnung.

JOHN Was?

SIE Von Vierjährigen? »Tolles Alter«. Was sollt denn das verdammt nochmal überhaupt heißen?

JOHN Du hast wahrscheinlich recht.

SIE VERDAMMT VERRÜCKTE WELT, ja, wir haben gerade über falscherinnerte Witze und falscherinnerte Vergangenheiten geredet und Reue und den beschissen schlängeligen Weg, den dich das entlangführt, das hinterlistige giftige Schlängeln des Lebens, und da habe ich gedacht, Fuck, ich trinke jetzt was, ich habe aber nur eine Flasche gekauft, Anfängerfehler, erinnerst du dich noch an mich in den guten alten Zeiten, John? Erinnerst du dich noch an mich in den guten alten Zeiten, Victor?

JOHN Ja, tu ich.

SIE Victor? Sag ja, tu ich.

…

Victor?

VICTOR Sorry, Kumpel.

JOHN Kein Problem.

SIE Siehst du, Victor? Alles in Ordnung. Red weiter. Sag's. Erinnerst du dich noch daran, wie ich früher war?

VICTOR Ja. Tu ich.

SIE Das ist das Hauptproblem. Die Erinnerung. Es ist immer das beschissene Problem. Man kann sie nicht wegschrubben.

JOHN Hey, vielleicht sollten wir –

SIE Die guten alten Zeiten. Wer hätte das verdammt nochmal gedacht?

2.9

JOHN Wie geht es dir?

SIE Super. Sollen wir nach Hause gehen?

JOHN Wir sind zu Hause.

SIE Ich weiß, das war nur ein Witz.

JOHN Haha.

SIE Die meisten Loser müssen nach ihrer Hochzeitsnacht nach Hause gehen. Wir nicht. Wir sind ihnen überlegen. Unsere Flitterwochen bestehen daraus, dass wir beide gleichzeitig am gleichen Ort sind, nämlich zu Hause. Mindestens drei Tage lang.

JOHN Fünf.

SIE Ich wette, dass du in drei Tagen im Flieger sitzt.

JOHN Wie viel?

SIE Fünf Blowjobs.

JOHN Abgemacht.

SIE Ich werde gewinnen, und dann wirst du mich den GANZEN Monat lecken.

JOHN Es wird mir eine Freude sein.

SIE Echt?

JOHN Fang nicht damit an.

SIE Mach ich auch nicht. Ich werde eine gute Ehefrau sein. Ein gutes Ehefrauchen.

JOHN Bist du besoffen?

SIE Du weißt doch, dass ich nicht besoffen bin.

JOHN Du liegst auf dem Boden.

SIE Ich genieße unseren Dachgarten. Weißt du, ich glaube, ich war noch nicht hier oben, seitdem wir die Wohnung gekauft haben.

JOHN Doch, du hast doch mehrmals hier eine geraucht.

SIE Das zählt nicht. Eine Mitternachtskippe zählt nicht. Ich meine im holistischen Sinne. Eine Frau und ihr Garten. Kräuter.

JOHN Du möchtest Kräuter?

SIE Gemüse. Sonnenblumen. Chilipflanzen. Geranien. Vielleicht keine Geranien. Ich fange an zu gärtnern.

JOHN Okay. Tolle Idee. Schreibst du darüber einen Blog?

SIE Ist das eine Stichelei?

JOHN Es war ein Witz.

SIE Stört dich mein Blog? Ich benutze deinen Namen nicht.

JOHN Deine Wikipediaseite ist mit meiner verlinkt.

SIE Aber es gilt doch glaubhafte Bestreitbarkeit. Es könnte doch alles eine Fiktion sein.

JOHN Das glauben sicher alle.

SIE Hey Ehemann.

JOHN Hey Ehefrau.

SIE Wir sind solche Klischees.

JOHN Ja, das sind wir.

SIE Warum haben wir das jetzt schon wieder gemacht?

JOHN Du brauchtest einen Luftwechsel.

SIE Deshalb? Deshalb? Warum?

JOHN Und ich hatte kein Problem mit dem Konzept. Ich habe sogar davon phantasiert.

SIE Wie haben deine Phantasien denn ausgesehen? Eine Frau mittleren Alters, die mit ihrem Rock um die Oberschenkel hochgezogen die Dachbegrünung fickt.

JOHN Viertel Alters höchstens. Sie sahen nicht *unähnlich* aus.

SIE Was hast du dir vorgestellt.

JOHN Ich habe mir vorgestellt, dass es früher passieren würde. Gelassener.

SIE Ich bin gelassen. Verdammt gelassen.

JOHN Ja, das bist du. Du bist wunderbar.

SIE Danke, Schatz, du auch.

JOHN Ich habe mir was Traditionelleres vorgestellt mit mehr Freunden.

SIE Wir haben keine Freunde.

JOHN Wir hatten früher welche.

SIE Früher hatten wir ein Leben.

JOHN Jetzt haben wir einander.

SIE Und meinen leeren Uterus.

JOHN Ich liebe dich. Und bitte sag so was nicht wieder. Wir sind doch erst am Anfang.

SIE Ach komm. Wir sind mindestens in der Mitte. Wenn nicht schon am Anfang vom Ende.

JOHN Es gibt noch viel Zeit. Es gibt. Keine Panik.

SIE Keine Panik. Nur Champagner.

JOHN Das hört sich schon besser an.

SIE Nicht für mich.

JOHN Du hast dir wirklich einen tollen Zeitpunkt ausgesucht, aufzuhören. Du bist vielleicht die einzige nüchterne Braut in diesem Jahrhundert.

SIE Ach, das weiß ich gar nicht. Es gab sicher viele nüchterne schwangere Bräute. Ich bereite meinen Körper darauf vor, diesem Club beizutreten.

JOHN Wo wir's schon davon haben.

SIE Ja?

JOHN Ich glaube, ich sollte …

SIE Was?

JOHN Mary ist wieder schwanger und traut sich nicht, es dir zu sagen.

SIE Ach. Wieder.

JOHN Ja.

SIE Das sind –

JOHN Ja.

SIE Tolle Neuigkeiten. Gutes Juju.

JOHN Sie dachte, du wärst bestürzt.

SIE Bin ich nicht, ich freue mich. Es ist ein gutes Omen. Wollen wir mal runterstolpern?

JOHN Sehr gerne.

SIE Und wer wird diese Halde hier aufräumen? Ich muss morgen mit der Gartenarbeit anfangen.

JOHN Deine Mutter, deine Schwester und Victor sind schon dabei.

SIE Victor ist sehr nett.

JOHN Ja, das ist er.

SIE Meine Hand fühlt sich sehr schwer an.

JOHN Hä?

SIE Der Ring. Damit fühlt sich meine Hand sehr schwer an.

JOHN Soll das ein Metapher sein?

SIE Nein. Ich mag's. Jedes Mal, wenn ich sie hebe, um was zu machen, denke ich an dich.

JOHN Du wirst dich daran gewöhnen.

SIE Ja, wahrscheinlich. Schade. Da drüben kommen dann die Tomaten hin. Da gibt es fast den ganzen Tag Sonne.

JOHN Wie weißt du das?

SIE Ich hab keine verdammte Ahnung. Du wolltest schon immer einen Feigenbaum. Ich fange an zu joggen. Es gibt ja diesen Park um die Ecke. Ich werde um den Park rumjoggen.

JOHN Es ist wie Neujahr. Diese ganzen guten Vorsätze.

SIE Zehn Jahre auf einmal. Tausend Neuanfänge. Gib mir einen Kuss.

Sie küssen sich.

Wenn ich mir unser Kind vorstelle, ist es ein Junge. Mit deinem frechen Gesichtsausdruck, als ob das, was gerade in seinem Kopf vor sich geht, viel frecher ist, als er je verraten würde. Aber wenn er Angst hat, kommt er zu mir. Hier gegen meinen Oberschenkel und versteckt sein Gesicht. Schließt seine Augen und tut so, als ob die Außenwelt gar nicht existiert und er nur meine Stimme hört, die sagt, es sei alles in Ordnung, alles in Ordnung.

...

Ist aber alles in Ordnung?

JOHN Was, Schatz?

SIE Ist alles in Ordnung?

JOHN Natürlich.

2.10

MARY Was machst du denn?

SIE Wonach sieht's denn aus?

MARY Weißt du überhaupt, wie man das macht?

SIE Ja, ich hab einen YouTube-Tutorial dazu geschaut. Sag das mal fünfmal nacheinander ganz schnell.

MARY YouTube-Tut- – nein. Ich hab einen Gärtner.

SIE Ich möchte gärtnern. Sachen heranziehen. Ihnen beim Wachsen zusehen. Sie aufziehen.

MARY Schon kapiert.

SIE Was ist denn mit dir los.

MARY Ich …

SIE Was? Was ist es denn, Schatz?

MARY Ich kann nicht … hm

SIE Hey. Hey. Schon gut.

…

Hat er dich wieder mit einer anderen betrogen?

MARY Nein. Nein. Ich …

SIE Was?

MARY Ich habe mein Baby verloren.

SIE Oh. Schatz.

2.11

DES Jetzt sind wir im Geschäft. Jetzt kommen wir gut voran. Jetzt spielen wir in einer anderen Liga. Fuck. Ja. Fuck ja. Bist du glücklich?

SIE Hä?

DES 3000 Hits in den letzten zwanzig Minuten. Dieser Stoff wird *viral,* Baby. In ein paar Minuten werden wir trenden. Ich hab schon mehrere SMS von Freunden bekommen. Ist das deine Chefin? Und ich habe geantwortet, aber hallo, sie ist *die* Chefin.

SIE Hör auf.

DES Mensch, diese Stelle, »als ich gehört habe, dass ihr Baby gestorben ist, spürte ich wie eine Welle der Erleichterung mich durchströmte, mein Gesicht zeigte Mitleid, Schwesternliebe, aber mein ganzer Körper atmete einen Seufzer der heimlichen Zufriedenheit«, BUMM –

SIE Mach das nicht, es ist nicht –

DES Und »ich saß mit ihr im Krankenzimmer, als sie sich darauf vorbereitete, ihr totes Kind auf die Welt zu bringen, habe sie beruhigend in den Arm genommen, geflüstert, es wird alles okay sein, und mich gewundert, ist das jetzt meine Schuld? Ich hatte es so oft erhofft, in meinen dunklen Momenten, auf gleiche Voraussetzungen gehofft, wie eine versauerte alte Jungfer mit einer Voodoopuppe« –

SIE Okay. Das reicht jetzt. Mary wird nie wieder mit mir reden.

DES Sie wird es schon verkraften. Es ist eine Beichte. Das verstehen die Leser. Das wollen die Leser. Glaubst du wirklich, nicht jeder hat schon mal solche Gedanken gehabt? Denk an Al Gore.

SIE Al Gore?

DES Nein. Das ist der falsche Gore. Er ist ja der Umweltschützer, der fast US-Präsident wurde.

SIE Wovon redest du?

DES Gore Vidal. »Immer, wenn einer meiner Freunde Erfolg hat, sterbe ich ein kleines bisschen.« Siehste?

SIE Ich sehe nur, dass du zur Narzisstin geworden bist.

DES Du. Bist der verdammte. Zeitgeist, Baby. Der verdammte Zeitgeist. Leute können den Hals nicht voll genug davon bekommen.

SIE Leute haben schon immer nicht genug von Gemeinheit kriegen können.

DES NEIN. Nein. Beichte. Katharsis. Die nicht vertretenen Millionen. Dunkle Geheimnisse, die ans Licht gebracht werden. Das ist Journalismus. Das ist eine Enthüllungsgeschichte. Du bist ein Genie.

SIE Danke.

DES Kein Rückzieher, okay. Sonst prügele ich dir die Scheiße aus dem Leib. Du weißt, dass es mir zuzutrauen ist.

2.12

JOHN Kommst du mal rein?

SIE Sorry?

JOHN Ich möchte mit dir reden, kannst du mal reinkommen.

SIE Was hab ich verbrochen?

JOHN Mach das nicht. Was soll das? Du bist nicht zwölf.

SIE Sorry, Chef.

JOHN Was soll das?

SIE Ich mache einen Witz. Was machst du?

JOHN Hast du mir was zu sagen?

SIE Was denn?

JOHN Ich will dieses Gespräch nicht draußen führen.

SIE Wieso, willst du mich anschreien?

JOHN Was ist mir dir los?

SIE Was ist mit dir los?

JOHN Okay, ich werde einfach –

SIE Was? Wieder in ein Flugzeug steigen? Ein Treffen in Taipeh organisieren?

JOHN Meine Freunde lesen, was du schreibst. Das weißt du doch?

SIE Ach so, darum geht's.

JOHN Meine Kollegen. Meine Kunden. Denkst du je –

SIE Ich benutze deinen Namen nicht.

JOHN Sie wissen doch, dass ich dein verdammter Ehemann bin. Sie haben es schon immer gewusst. Es gibt online Fotos von uns zusammen. Und du kannst gerne über dich selbst schreiben, was du willst. Klar, es ist peinlich, aber es ist dein eigenes Leben …

SIE Ich bin dir peinlich?

JOHN Aber wenn du anfängst, über eine mögliche Erektionsstörung zu schreiben, obwohl du genau weißt, dass das nicht –

SIE Komm, es war doch bloß eine Vermutung.

JOHN Du weißt doch, dass ich an dem Abend sturzbesoffen war, ich kann mich kaum noch daran erinnern, wie ich überhaupt nach Hause gekommen bin, und ich hätte dich auf jeden Fall nicht verführen können, und dann schreibst du diese bösartige Sezierung meines beschissenen schlaffen –

SIE Ja, du versuchst *nie* mich zu verführen.

JOHN Meines gewollt schlaffen Pimmels. Der Schwanz eines ohnmächtigen Mannes, als ob es ein Versagen sei –

SIE Es war doch eine Verurteilung meiner selbst. Von mir. Dass ich die Notwendigkeit verspürt habe – dass ich meine ganze Selbstachtung verloren habe.

JOHN Weißt du was? Es ist mir peinlich. Du bist mir peinlich.

SIE Fick dich.

JOHN Mir ist es egal, wie beschissen es wird. Ich komme damit zurecht, wie beschissen es gerade wird.

SIE Was soll das jetzt heißen?

JOHN Uns. Ich komme mit den beschissenen Rissen in uns und unserer Beziehung zurecht. Ich komme damit zurecht, dass ich nicht weiß, welcher Variante der Frau, die ich früher kannte, ich begegnen werde, wenn ich nach Hause komme –

SIE *Wenn* du je nach Hause kommst.

JOHN Aber ich komme nicht damit zurecht, dass die ganze beschissene Welt sich hinter meinem Rücken über mich lustig macht.

SIE Ich hatte *drei* Tage, an denen ich hätte schwanger werden können, du hättest an allen drei Tagen da sein sollen, du warst an *einem* der drei Tage da und hast dich mit deinen Freunden auf ein Saufgelage getroffen –

JOHN Es war der Junggesellenabschied meines besten Freundes –

SIE Du hast den Abend lieber mit Stripteasetänzerinnen als mit mir verbracht, bist erst morgens um drei nach Hause gekommen, hör mir mal zu –

JOHN Es gab keine Stripteasetänzerinnen, Mensch, du –

SIE Kommst um drei nach Hause, pennst sofort ein, was soll ich da machen? Ich bin nicht eingeschlafen, habe auf dich gewartet, weil du *versprochen* hattest –

JOHN So ist das Leben. So was kommt mal vor.

SIE Also ja, ich hab's versucht. Ich erniedrige mich, hol meinem ohnmächtigen Ehemann einen runter, versuche, das zu erzielen, was du mir versprochen –

JOHN Mensch, hörst du dir mal selber zu? Ich bin keine beschissene Kuh. Man kann mich nicht melken.

SIE Du hattest versprochen, dass jetzt alles anders sein würde.

JOHN Und du hattest versprochen, du würdest aufhören, dich so zwanghaft mit diesem Scheiß zu beschäftigen, mir eine Auszeit von diesem ganzen, du hattest mir verdammt nochmal eine verdammte Pause versprochen von diesem –

SIE Ich KANN nicht, mein Körper lässt mich nicht, ich kann's nicht loslassen, ich kann's nicht.

JOHN Es reicht. Es reicht. Jetzt wissen alle Nachbarn auch Bescheid. Wenn sie's nicht schon online gelesen haben.

SIE Du bist nicht hier drin.

JOHN Nein, das bin ich nicht.

SIE Du kriegst nicht die gleichen Botschaften, die ich kriege. Jede einzige Sekunde jedes einzigen Tages.

JOHN Nein, ich kriege andere Botschaften. Ich bekomme auch Botschaften. Und ich ignoriere sie. Wenn wir unsere beschissene Biologie wären, dann könnten wir genauso gut wieder Frauen mit einer Keule über den Kopf hauen und in unsere Höhlen –

SIE Ich will sie hören. Ich will, dass du mir sagst, was du willst. Und ich will, dass du es auch willst.

JOHN Tu ich.

SIE Tust du das?

JOHN Natürlich.

SIE Schau mich an. Schau mich an, während du das sagst. Willst du's, John? Ich muss es nämlich wissen.

JOHN Ja. Ich will es auch.

SIE Sag's. Sag die eigentlichen Worte.

JOHN Ich will ein Kind haben. Mit dir.

SIE Du musst aufhören, so oft zu reisen.

JOHN Es ist gerade nicht der richtige Zeitpunkt –

SIE Das brauch ich von dir.

JOHN Okay.

SIE Du musst einen Samentest machen lassen. Die Ärzte weigern sich, weitere Untersuchungen an mir zu machen, bis sie deine Resultate haben.

JOHN Okay.

SIE Okay?

JOHN Okay.

SIE Ich habe für diesen kommenden Donnerstag einen Termin für dich gemacht.

JOHN Ja, also eigentlich sollte ich am Donnerstag –

SIE John.

JOHN Okay.

SIE Gut. Danke.

JOHN Ich brauche was von dir.

SIE Ja? Natürlich.

JOHN Du musst aufhören, darüber zu schreiben.

…

Ja?

SIE Das kann ich nicht.

JOHN Oh. Herrgott nochmal. Heilige Scheiße. Heilige Scheiße.

2.13

SIE Danke. Danke.

VICTOR Was ist denn? Ist alles in Ordnung?

SIE Ich … Sorry, ich bin …

VICTOR Hey …

SIE John ist weg.

VICTOR Okay, er ist …

SIE Er ist verschwunden.

VICTOR Was meinst du damit? Wo ist er?

SIE Genau das. Ich habe keine – Sein Handy ist nicht –

VICTOR Mach langsamer. Was ist passiert?

SIE Vor zwei Tagen. Wir haben uns gestritten.

VICTOR Okay.

SIE So was macht er nie.

VICTOR Willst du zur Polizei gehen.

SIE O nein. Gott, nein. Er würde nicht. Nein. Seine Karriere läuft zu gut.

VICTOR Okay.

SIE Was soll ich denn machen?

VICTOR Bist du sicher, dass sein Handy ausgeschaltet ist?

SIE Ja, es geht direkt zur Mailbox.

VICTOR Ja, aber vielleicht –

SIE Was?

VICTOR Wie wütend war er mit dir? Vielleicht hat er dich geblockt.

SIE Was? Was ist das?

VICTOR Man kann einen Kontakt blocken. Dann geht es direkt zur Mailbox.

SIE Oh.

VICTOR Wenn du mir seine Nummer gibst, kann ich mal schauen, ob ich ihn auf seinem Handy erreichen kann.

SIE Oh. Sollen wir das machen?

VICTOR Dann wüsstest du wenigstens, dass er nicht …

SIE Okay. Hier.

VICTOR Okay …

SIE Stinke ich?

VICTOR Was nein.

SIE Ich habe mich seit zwei Tagen nicht geduscht. Ich habe so viel wie nur möglich geschlafen.

VICTOR Nein. Nein. Du riechst gut.

SIE Gut? Hey.

VICTOR Ja okay. Du riechst ganz … Scheiße.

Er legt auf.

SIE Was? Was war denn?

VICTOR Er ist rangegangen.

SIE Das Arschloch.

VICTOR O Scheiße.

SIE Das beschissene Arschloch.

VICTOR Ich glaube, er hat gehört, wie ich gesagt habe: »Du riechst ganz …« O Scheiße. Das ist. Scheiße.

SIE Ich kann's nicht fassen.

VICTOR Es tut mir leid.

SIE Nein. Er. Ich würde nie …

VICTOR Na ja, er lebt noch.

SIE Nicht mehr lange.

VICTOR Worüber habt ihr euch gestritten.

SIE Also …

VICTOR Sorry, das geht mich gar nichts an.

SIE Nein. Nein. Du weißt schon. Das Übliche.

VICTOR Das was?

SIE Du hast doch meinen Blog …

VICTOR Nein. Habe ich nicht. Es ist nicht wirklich mein Ding …

SIE Oh.

VICTOR Sorry.

SIE Du hast nie gelesen, was ich über dich geschrieben habe?

VICTOR Was?

SIE Oh. Schon gut.

VICTOR Wieso lächelst du?

SIE Victor …

VICTOR Ich werde die Seite jetzt aufrufen und –

SIE NEIN. Mach das nicht. Es ist peinlich.

VICTOR Was hast du?

SIE Bitte nicht.

VICTOR Was war's?

SIE Ich habe ein Pseudonym benutzt.

VICTOR Ist es so schlimm?

SIE Nein, im Gegenteil.

VICTOR Scheiße. Das ist. Okay. Ich sollte nach Hause gehen.

SIE Nein. Nein. Bleib. Ich kann nicht schlafen. Victor. Bleib bitte bei mir.

VICTOR Okay.

SIE Okay?

VICTOR Nein.

SIE Nein?

VICTOR Nein, das »Okay« war der Anfang eines Satzes, kein Einverständnis.

SIE Okay.

VICTOR Also.

SIE Okay.

VICTOR Ich habe eine … Ich habe eine neue Freundin.

SIE Oh. Wie läuft's?

VICTOR Ja, es … Es läuft gut, es ist angenehm.

SIE Angenehm?

VICTOR Ja, also ja … und du und John … ihr werdet euch sicher wieder zusammenraufen …

SIE Ich bin achtunddreißig Jahre alt, Victor. Und nichts geschieht. Ich versuche es jetzt schon seit Jahren, und nichts geschieht. Und ich denke immer wieder an damals. Als wir …

VICTOR Oh.

SIE Vielleicht hätten wir es behalten sollen.

VICTOR O Gott.

SIE Ich war ein Idiot.

VICTOR Du warst erst dreiundzwanzig.

SIE Das ist ein gutes Alter. Das wäre ein gutes Alter gewesen.

VICTOR Ich weiß, ich habe dich damals versucht, davon abzuhalten, aber du hast die richtige Entscheidung getroffen. Ich war ein dummer konservativer junger Mann. Du wusstest genau, was du machst. Das meinte ich. Was ich vor vier Jahren gesagt habe. Das war. Genau das. Es tut mir leid. Dass ich damals dein Recht, es zu machen, in Frage gestellt habe. Und schau mal, was du alles geschafft hast –

SIE Meine Karriere?

VICTOR Ja.

SIE Mir wurde gesagt, ich könnte beides haben. Beschissene Lüge.

VICTOR Nein, ist es nicht. Du kannst. Du wirst.

SIE Ich habe keine Zeit mehr.

VICTOR Doch, hast du.

SIE Mit John ist so was nie passiert. Kein einziges Mal. Wir hatten keinen Ausrutscher … nichts. Und wir verhüten jetzt schon seit … du weißt schon wie lange nicht …

VICTOR Manchmal braucht es …

SIE Du und ich … Wir wissen ja, dass wir zusammen …

VICTOR Deshalb? Hast du mich deshalb?

SIE Wieso nicht.

VICTOR Fuck.

SIE Ich brauche Hilfe.

VICTOR Ich kann es nicht fassen. O mein Gott.

SIE Victor.

VICTOR Es tut mir leid, ich –

SIE Du kannst nicht einfach so gehen. Geh nicht einfach so.

VICTOR Wir sehen uns bei der Arbeit, okay?

2.14

SIE Schwangerschaftsyoga ist der Hammer. Mein Beckenboden ist wie ein verdammtes, ein verdammtes … wie irgendwas, was gleichzeitig flexibel und muskulös ist? Wie ein verdammter *Tintenfisch.* Fruchtbarkeitsyoga. Kinderwunschyoga. Ha.

MARY Hey …

SIE Jetzt fängst du gleich an zu reden, und dann sagst du mir, wie sehr ich dich enttäuscht habe, und das wird viel schmerzhafter als Ärger sein, weil du so weit darüber stehst.

MARY Nein. Steh ich nicht. Ich bin wütend.

SIE Aber du hast es verarbeitet. Du hast ein paar Monate dazu gebraucht, aber jetzt bist du ganz gefasst. Und du hast ein ganz hohes Ross gefunden, auf dem du jetzt hier reingeritten bist.

MARY Ich mache mir Sorgen. Wirklich. Und so wütend ich auch sein mag –

SIE Santa Maria. Mein Gott. Hast du dir je Gedanken über die darunterliegende Semantik gemacht? Die *Jungfrau* Maria. Weißt du, wie verdammt giftig dieses Herzstück unserer ganzen Kultur ist? Sie sollte doch ein Vorbild sein? Nicht?

MARY Ich weiß nicht.

SIE Und sie war eine Jungfrau. Und Gott hat sie gefickt oder was auch immer. Nein. Nein. Das ist eine perverse Interpretation. Dieser Gott war ein Arschloch. Lieber Gott, erhöre mein Gebet, du bist kein Arschloch. Ich habe nie … Wenn ich dich in irgendeiner Form beleidigt habe und deshalb … dann würde ich alles tun, um es wiedergutzumachen. Ich weiß, du bist kein Arschloch. Nein. Gott ist allmächtig, klickt seine Finger, Peng, Baby. Das ist die Zeugung, die wir alle erstreben. Eine unbefleckte Empfängnis, kein Problem, oje ich habe noch nie einen Pimmel gesehen, jetzt bringe ich den Sohn Gottes auf die Welt. Das denkt ja eigentlich jede Frau. Schwere Arbeit? Nein. Ich habe noch nicht mal von Sex gehört und bin schon schwanger. Ich bin gerade unterzuckert.

MARY Ich glaube, du brauchst Hilfe.

SIE HA.

MARY Das ist mein Ernst.

SIE Willst du mich nicht wenigstens beschimpfen?

MARY Ich glaube nicht, dass es mir irgendwelche Befriedigung bringen würde.

SIE Ich finde es immer sehr befriedigend, Leute anzuschreien. Besonders Greise und kleine Kinder. Ich hasse kleine Kinder. Nicht wirklich.

MARY Nicht?

SIE Was soll denn das heißen?

MARY Letztes Wochenende war Freddies Geburtstag.

SIE Ja, ich weiß.

MARY Ich habe dich angerufen.

SIE Ja, ich weiß.

MARY Er hat gefragt, warum du nicht da bist.

SIE Echt? Wie kann er sich denn überhaupt noch an mich erinnern? Er hat mich ja fast ein ganzes Jahr nicht gesehen.

MARY Weil ich oft von dir spreche.

SIE Ich hätte dich blocken können.

MARY Was?

SIE Wusstest du, dass so was geht?

MARY Was?

SIE Leute zu blocken. Kontakte zu blocken.

MARY Ja. Das wusste ich.

SIE Ja. Es ist ein Phänomen. Ein echtes verdammtes Phänomen.

MARY Wieso bist du nicht auf Freddies Party gekommen.

SIE Ich kann nicht. Es tut mir leid. Es ist einfach. Ich bin gerade nicht sehr empfänglich.

MARY Empfänglich für was.

SIE Du weißt schon. Dieses ganze Kinder-von-anderen-Leuten-Ding. Da bekomme ich wieder den Drang, mich zu schneiden.

MARY Du hast dich früher geschnitten?

SIE Oh. Nein. Nicht wirklich. Aber momentan klingt es sehr verlockend.

MARY Was zum Teufel machst du?

SIE Ich bin gerade vom Yoga nach Hause gekommen, und jetzt mache ich mir ein fruchtbarkeitsförderndes Frühstück. Wieso fragst du mich das immer wieder?

MARY Wo ist John?

SIE Wer?

MARY John. Dein Mann.

SIE Er macht gerade ein Meditationswochenende. Oder war es ein Strickkurs?

MARY Schläfst du mit ihm?

SIE Mit wem? John? Kaum.

MARY Victor.

SIE Habe ich? Hm. Gute Frage.

MARY Lass das sein. Hör auf, dich über alles lustig zu machen.

SIE Entschuldigung …

MARY Willst du dein Leben zerstören?

SIE Oder versucht mein Leben, mich zu zerstören?

MARY Ich glaube, ich rufe jetzt Mama an.

SIE O ja. Gute Idee. Der Trick funktioniert immer.

MARY Ich glaube, wir müssen eine Intervention durchführen.

SIE Immer besser, wenn man der Zielperson vorher Bescheid sagt.

MARY Ich mache mir Sorgen um dich.

SIE Ich glaube, du bist immer noch wütend. Es gab keine Böswilligkeit in dem, was ich geschrieben habe.

MARY Ich weiß, Schatz.

SIE Was sage ich. Natürlich gab es Böswilligkeit. In unübersehbaren Mengen. Aber sie war nicht gegen meine Schwester gerichtet. Nicht gegen uns als Schwestern. Nicht gegen deinen Mutterleib spezifisch. Sondern gegen jeden Mutterleib, der voll ist oder voller wird. Mein Gehirn macht sehr komische Sachen. Oder ist es mein Körper? Es ist immer schwer zu unterscheiden.

MARY Es tut mir leid.

SIE Wieso tut es dir leid, Schwesterherz?

MARY Weil ich es nicht mitbekommen habe. Dass es schon so weit gekommen ist.

2.15

JOHN Fuck. Fuck. Fuck. O Gott. Es tut mir leid.

SIE Bist du betrunken?

JOHN Ein bisschen.

SIE Es ist vier Uhr morgens.

JOHN Ich hatte nicht vor, dich zu wecken. Der Hund vom Nachbarn hat nicht aufgehört zu bellen. Ich wollte mich einfach hereinschleichen, aber dann habe ich gemerkt, dass ich meinen Schlüssel vergessen hatte.

SIE Rauchst du?

JOHN Nein.

SIE Was hast du in der Hand?

JOHN Eine Zigarette. Ich rauche nicht oft. Ich wollte mich nur hereinschleichen und auf der Couch schlafen, damit ich dich sehen kann, wenn du aufwachst. Ich wollte dich nicht wecken, Schatz.

SIE Ich schlafe im Moment nicht sehr gut.

JOHN Wie geht es dir?

SIE Scheiße. Und dir?

JOHN Superscheiße.

SIE Was ist denn?

JOHN Wir können morgen früh darüber sprechen. Vielleicht solltest du einschlafen.

SIE Was ist denn, John?

JOHN Fuck.

SIE Was?

JOHN Ich habe echt Scheiße gebaut.

SIE Was hast du gemacht?

JOHN Ich habe die Nacht mit Kate verbracht. Von der Arbeit. Ich habe nicht. Ich glaube nicht, dass wir. Ich war echt besoffen. Ich weiß nicht. Ich.

SIE Okay.

JOHN Ich glaube, wir haben uns einfach geküsst, und ich bin eingeschlafen.

SIE Okay.

JOHN Es tut mir leid, Schatz. Es tut mir leid.

SIE Okay.

JOHN Schatz?

SIE Ich hatte mir schon gedacht, dass so was passieren wird.

JOHN Sag das nicht.

SIE Wieso bist du überhaupt zurückgekommen.

JOHN Weil ich nicht will, ich will dich nicht …

SIE Verlieren?

JOHN Ich habe versucht, dir davonzulaufen.

SIE Ich weiß.

JOHN Ich habe dich im Stich gelassen …

SIE Ja.

JOHN Ich hab's. Schau.

SIE Was ist das?

JOHN Schau. Ich habe … Ich habe den Samentest machen lassen …

SIE Hast du dich gleichzeitig auf Geschlechtskrankheiten testen lassen?

JOHN Ich habe nicht mit ihr geschlafen. Ich hatte meine Unterhose an, als ich aufgewacht bin. Ich hatte sie immer noch an.

SIE Und?

JOHN Bitte Schatz, hör auf, in dem Tonfall mit mir zu reden, können wir nicht, bitte …

SIE Was steht drin?

JOHN Ich habe es noch nicht angeschaut. Ich hatte Angst.

SIE Vor was?

JOHN Dass du mich verlassen würdest, wenn … oder einen anderen … du weißt schon …

SIE Lass uns mal gucken.

JOHN Können wir nicht einfach einschlafen.

SIE Nein.

Sie öffnet den Umschlag.

JOHN Was steht drin?

2.16

JOHN Es sollte alles im Kühlschrank sein. Ich habe gestern eingekauft.

HELEN Okay, danke.

JOHN Die Haustür klinkt nicht ein. Man muss sie fest zuziehen. Also eigentlich zuknallen.

HELEN Okay, gut zu wissen.

JOHN Sonst läuft die Katze davon.

HELEN Gut zu wissen.

JOHN Die Katze heißt Leo.

HELEN Natürlich.

JOHN Ja, natürlich ja.

HELEN Prima. Also scheint alles –

JOHN Sie mag Avocado-Toast zum Frühstück, mit Chili-Öl. Ich habe ein Glas voll Chili-Öl gemacht, es steht auf der Theke neben dem Salz. Avocado-Toast kriegst du doch hin?

HELEN Ich bin keine Spitzenköchin.

JOHN Man toastet das Brot und tut ein paar Stücke Avocado drauf. Das Chili-Öl kann sie selber drauf tun.

HELEN Okay.

JOHN Und die George-Clooney-Maschine ist ja selbsterklärend.

HELEN Wie bitte?

JOHN Die Nespressomaschine. Clooney hat die Werbung dafür gemacht.

HELEN Er war doch Batman, oder?

JOHN Erinnere ihn nicht daran.

HELEN Was?

JOHN Schon gut. Ich zeige dir, wie sie funktioniert, bevor ich gehe. Es ist eine Kapselmaschine.

HELEN Eine was?

JOHN Man tut einfach eine Kapsel rein, und dann drückt man … Ich zeige es dir.

HELEN Klar.

JOHN Danke, dass du gekommen bist.

HELEN Es war sehr kurzfristig.

JOHN Das weiß ich zu schätzen.

HELEN Es war schwierig, eine Vertretung für die Vorlesungen zu finden.

JOHN Aber du hast?

HELEN Wie bitte?

JOHN Hast du eine Vertretung gefunden?

HELEN Ja, sonst wäre ich doch nicht hier?

JOHN Danke, Helen.

HELEN Sie spricht nicht?

JOHN Doch, es ist nicht so, als ob sie …

HELEN Katatonisch wäre?

JOHN Nein, sie ist nicht katatonisch. Na ja, manchmal schon, ein paar Stunden lang, aber es ist nicht … Es liegt an den Hormonpräparaten, die sie für die IVF-Behandlung nimmt.

HELEN IVF?

JOHN Ja, IVF.

HELEN Ach, ihr … O Gott …

JOHN Hat sie's dir nicht gesagt?

HELEN Wie lange schon?

JOHN Das ist jetzt schon die dritte Runde.

HELEN Und?

JOHN Wir machen weiter. Sie hat's dir nicht gesagt?

HELEN Kein Wort.

JOHN Auf jeden Fall sind die Hormone …

HELEN Ja natürlich, weißt du, sie erzeugen ja eine Art Menopause, um das System neu zu starten, um es mal so zu sagen.

JOHN Ja, Helen, ich weiß. Ich lebe damit.

HELEN Die großen Anstrengungen, die manche Frauen unternehmen, um ein Kind zu zeugen, sind ja echt irrsinnig.

JOHN Sag ihr das vielleicht nicht.

HELEN Sie weiß schon, dass es unzählige Waisenkinder auf der Welt gibt, oder?

JOHN Das solltest du ihr auf gar keinen Fall sagen.

HELEN Wieso nicht?

JOHN Sie will nicht aufgeben. Sie will das gerade nicht in Betracht ziehen. Sie hat noch nicht aufgegeben.

HELEN Sie sieht so aus, als ob sie aufgegeben hat.

JOHN Sie wird von dir. Hm. Eine positive Einstellung brauchen.

HELEN Okay. Ich werde es versuchen. Ehrlich gesagt, war das noch nie meine Stärke.

JOHN Was?

HELEN Positivität.

JOHN Ach so.

HELEN Aber ich werde es versuchen.

JOHN Ich bin in zwei Wochen wieder da. Ich habe dir den Reiseplan geschickt.

HELEN Ja, habe ich bekommen.

JOHN Kannst du versuchen, dafür zu sorgen, dass sie ab und zu wach ist, um mit mir zu skypen? Der Zeitunterschied ist ein Albtraum.

HELEN Mach dir keine Sorgen, John. Ich regle das.

JOHN Die Polizei war da.

HELEN Wie bitte?

JOHN Sie war oft gegenüber von dem Spielplatz um die Ecke. Hat den Müttern mit ihren Kindern zugeschaut. Sie war anscheinend sehr oft da. Saß im Auto und hat einfach zugeschaut. Die Eltern fanden es unheimlich.

HELEN Oh.

JOHN Also müssen wir darauf achten, dass …

HELEN Okay. Kein Problem.

JOHN Und das Café an der Ecke, da treffen sich oft junge Mütter. Also am besten auch vermeiden.

HELEN Tja. Ich sehe schon, dass ich nicht dazu kommen werde, den Stapel skandinavischer Krimiromane zu lesen, den ich mitgebracht habe.

JOHN Diese Reise ist sehr wichtig.

HELEN Ja, ist sie sicher.

JOHN Ja, ist sie. Sie haben gedroht, aus dem Vertrag auszusteigen. Ich hatte in letzter Zeit versucht, so wenig wie möglich zu reisen.

HELEN Es ist okay, John. Du musst es nicht rechtfertigen.

JOHN Wir brauchen gerade so viel Geld wie möglich.

HELEN Ich dachte, es läge an dir.

JOHN Was?

HELEN Ich dachte immer, die Fruchtbarkeitsprobleme lägen an dir …

JOHN Nein. Nein.

HELEN Tja. Vielleicht seid ihr einfach nicht kompatibel.

JOHN Helen.

HELEN Ich versuche nicht, dich zu beleidigen.

JOHN Beim ersten Mal gab es gar keine Eizellen. Beim zweiten Mal vier. Beim dritten Mal bloß zwei. Keine von ihnen wurden je erfolgreich befruchtet. Selbst wenn alles prima läuft, gibt es nur eine fünfzehnprozentige Chance, dass alles klappt. Ich habe jedes Mal eine Spermaprobe gemacht. Und jedes Mal gab es genügend gesunde …

HELEN Spermien.

JOHN Ja. Ich weiß gar nicht, ob Kompatibilität überhaupt ins Spiel kommt.

HELEN Wie viel länger werdet ihr …?

JOHN Ich glaube, das überlasse ich ihr.

2.17

SIE Ich kann nicht mal einen Baum großziehen.

VICTOR Ist dir nicht kalt?

SIE Ich spür die Kälte nicht mehr.

VICTOR Soll ich dir einen Mantel holen?

SIE Sagt der Mann, der gerade in Lycra rumsteht.

VICTOR Ich bin gerade dreißig Kilometer Fahrrad gefahren.

SIE Willst du einen Kaffee?

VICTOR Nein. Ich kann nur kurz bleiben.

SIE Ach. Okay.

VICTOR Ich. Hm. Hab dich in letzter Zeit nicht oft bei der Arbeit gesehen.

SIE Ich arbeite jetzt öfter von zu Hause.

VICTOR Des hat mir erzählt, dass …

SIE Ach ja.

VICTOR Wie läuft's?

SIE Es … läuft.

VICTOR Okay. Ich sollte. Ich werde gehen.

SIE Okay. Tschüss.

VICTOR Nein. Ich meine. Die Zeitung verlassen.

SIE Oh.

VICTOR Ich habe einen Job in Hongkong.

SIE Oh.

VICTOR Ja, leitender Redakteur.

SIE Oh. Herzlichen Glückwunsch.

VICTOR Ja, ich und Tess und Sophie, wir …

SIE Sophie?

VICTOR Meine Freundin.

SIE Deine Freundin?

VICTOR Ich hab dir doch davon erzählt, als …

SIE Sophie.

VICTOR Ja.

SIE Und wie läuft's?

VICTOR Gut. Super.

SIE Ist sie?

VICTOR Was?

…

Was?

SIE Du weißt schon.

VICTOR Oh.

SIE Sie ist. Nicht?

VICTOR Hör mal …

SIE Ich kann es dir an deinen Augen ablesen.

VICTOR Ich wollte nicht …

SIE Herzlichen Glückwunsch.

VICTOR Es tut mir leid.

SIE Wieso, du solltest dich freuen.

VICTOR Tu ich auch.

SIE Solltest du auch.

VICTOR Danke. Ich wollte nicht –

SIE Wann fliegt ihr?

VICTOR Morgen Abend.

SIE Oh.

VICTOR Ich dachte eigentlich, ich würde dich bei der Arbeit sehen.

SIE Ja, wie gesagt.

VICTOR Aber ich wollte nicht gehen, ohne mich –

SIE Das ist sehr –

VICTOR Also bin ich rübergeradelt.

SIE Eine weite Stecke.

VICTOR Ja.

…

Ich werde meine E-Mailadresse noch haben, und Facebook, bist du noch –

SIE Nein. Ich musste Facebook verlassen. Zu viele Trolls.

VICTOR Das ist ja furchtbar.

SIE So ist die Welt.

VICTOR Ich finde es sehr tapfer, dass du weiter darüber geschrieben hast. Sehr wichtig. Damit andere Frauen, die …

SIE Ja.

VICTOR Ich schick dir meine neue Handynummer, vielleicht können wir ja FaceTimen.

SIE Du wirst in ein paar Monaten anderweitig beschäftigt sein.

VICTOR Ha ja. Der Geburtstermin ist im August …

SIE August. Schön.

…

VICTOR Es tut mir leid, dass ich –

SIE Geh nur. Scher dich hinaus.

VICTOR Okay.

…

Hey.

SIE Hey ja?

VICTOR Pass auf dich auf.

2.18

JOHN Gib sie her.

SIE Nein.

JOHN Hm.

SIE Nein.

JOHN Gib mal her.

SIE Wie soll ich dann einkaufen gehen?

JOHN Du gehst nie raus.

SIE Ich gehe raus.

JOHN Um in die Klinik zu gehen.

SIE Fängst du jetzt an, mir Taschengeld zu geben? Mir jeden Morgen ein paar Geldscheine auf die Theke zu legen? Bin ich jetzt eine Mätresse?

JOHN Ich wollte das ja vermeiden.

SIE O Gott, das sagen Männer immer, bevor sie ihre Frauen schlagen.

JOHN Gib mir die verdammte Kreditkarte … gib mir die Kreditkarte.

SIE Es ist auch mein Geld.

JOHN Wir haben kein verdammtes Geld. Wir haben kein Geld. Wir haben die letzten monatlichen Hypothekenzahlungen versäumt. Ich habe gestern im verfickten Supermarkt an der Kasse festgestellt, dass meine Karte gesperrt ist.

SIE Es tut mir leid.

JOHN Wir hatten uns geeinigt. Dass Schluss damit ist.

SIE Es gibt noch eine Chance, dass wir –

JOHN Wir haben es ZWÖLFmal versucht. Wir haben es versucht. Es ist jetzt höchste Zeit –

SIE NEIN. Nein.

JOHN Wir müssen über andere Möglichkeiten nachdenken. Ich habe mit einer Adoptionsagentur Kontakt aufgenommen und glaube, wir –

SIE Mir wäre es lieber, dass meine Arme abfrieren oder abfallen, als dass ich je das Kind einer anderen Person in den Arm nehme, sag das NIE wieder zu mir, NIE wieder.

JOHN Wieso lernst du die Leute von der Agentur nicht mal kennen und denkst noch mal darüber nach, bevor du es völlig ausschließt.

SIE Ich kann es fühlen. Ich weiß, es wird diesmal klappen. Ich kann's fühlen.

JOHN Was kannst du fühlen?

SIE Dieses Mal wird. Dieses Mal ist –

JOHN Wir schulden schon sechzigtausend Euro. Sechzig. Tausend. Euro. Wir werden die Wohnung verlieren, ich flehe dich an, bittebittebitte hör auf damit. Ich weiß nicht, was ich sonst noch sagen kann. Hör auf. Damit. Jetzt. Hör. Einfach. Auf. Damit. STOP.

SIE Liebling.

JOHN Ich flehe dich an.

SIE Schatz. Alles in Ordnung. Schatz.

JOHN Ich kann nicht. Ich kann nicht mehr.

SIE Früher wolltest du es auch.

JOHN Ich habe. Nichts. Mehr.

SIE Früher waren wir ein Team.

JOHN Ich gebe dir keine Spermaproben mehr.

SIE Okay. Wir können die eingefrorenen Spermien benutzen.

JOHN Ich werde meine Erlaubnis dazu widerrufen.

…

Es tut mir leid. Aber es muss aufhören.

SIE Ich werde einen Samenspender finden.

…

Das mach ich.

JOHN Okay. Jetzt kommt das Gespräch.

SIE Das ist mein Ernst, John.

JOHN Das Gespräch, das wir nicht mehr rückgängig machen werden können.

SIE Versuch nicht, mich zu erpressen –

JOHN Was ist mit uns geschehen? Hä? Früher waren wir so gelassen. Nichts konnte uns aus der Fassung bringen. Dein Vater ist gestorben, und wir haben das als Team überwunden. Deine Schwester und alles. Ich hatte meinen Job verloren, und du hast mir dabei geholfen, meine eigene Firma zu gründen. Wir haben damals –

SIE Wir könnten immer noch ein Team sein.

JOHN Um ein Team zu sein, bräuchten wir ein Dach überm Kopf. Bald nehmen sie mir meine Büroräume weg. Sie werden die Bücher der Firma prüfen, sie werden –

SIE Das ist das Einzige, woran du je denkst.

JOHN Das. EINZIGE. Woran. Ich je denke. Bist du.

SIE Dann hilf mir doch.

JOHN Das hilft dir nicht. Es bringt dich um. Ich erkenne dich gar nicht mehr. Du bist nicht mehr die Keinen-Scheiß-Duldende, Nichts-wird-mich-umbringen-fick-dich-doch-wenn-es-dir-nicht-gefällt-Frau, in die ich mich damals verliebt habe.

SIE Ach so.

JOHN Du erlaubst dem Rest der Welt, dir zu sagen, an was du glauben sollst. Das ist der Traum anderer Menschen. Das ist nicht unser Traum.

SIE Es ist. Mein Traum.

JOHN Es war nie dein Traum.

SIE Wann war es nicht mein Traum?

JOHN Früher. Als wir noch wir waren. Erinnerst du dich noch daran? Als wir noch wirklich wir waren?

SIE Wir sind einander davongelaufen. Das hast du ja selber gesagt.

JOHN Nein. Das hat erst später angefangen. Nachher.

SIE Das bin ich. Das bin ich.

JOHN Wir sind zu jedem kleinbürgerlichen Klischee geworden, das wir früher vermeiden wollten. Und was wäre jetzt, wenn wir es schaffen würden, schwanger zu werden. Sind wir dann das Paar, das seine Zwillinge im Bugaboo-Kinderwagen in Prenzlauer Berg ins Café schiebt, um einen Latte Macchiato zu trinken?

SIE Ein Kind haben zu wollen bedeutet nicht, dass man sich anpasst.

JOHN Doch wenn die Welt uns zu verstehen gibt, dass wir keins haben können, dann schon.

SIE Fick dich.

JOHN Okay. Wir können morgen weiter darüber reden.

SIE Du willst meine Kreditkarte. Hier. Und die andere. Hier. Und meine verdammte EC-Karte. Nimm sie doch. Nimm sie.

JOHN Danke.

SIE Mach nicht so ein selbstgefälliges Gesicht.

JOHN Ich versuche –

SIE Mir zu helfen? Du bringst mich um.

JOHN Wann warst du zuletzt beim Therapeuten.

SIE AM DIENSTAG.

JOHN Ich bin für dich da.

SIE Bist du nicht. Ich suche dich und kann dich nicht finden. Du bist nicht mehr da.

JOHN Mir fällt keine andere Art ein, in der ich für dich da sein kann. Es tut mir leid. Ich tue mein Bestes.

SIE Okay. Scheiß drauf. Scheiß auf mein dummes beschissenes Klischee. Scheiß drauf. Lass uns alt und unglücklich werden. So machen wir's.

JOHN Sag so was nicht.

SIE Lass uns nachtragend werden und wie Geister um unsere Probleme rumschleichen und nie miteinander reden und im Dachgarten sitzen und langsam sterben, lass uns nichts hinterlassen außer kleine unbedeutende Spuren, die jemand, sobald wir weg sind, sofort entfernen wird. Lass uns. Irrelevant. Sein.

JOHN Was ist daran falsch?

SIE Das war's. Das ist ein Versprechen. Ich höre damit auf.

JOHN Okay.

SIE Ich verspreche es.

JOHN Okay. Gut. Danke.

SIE Okay, super.

JOHN Es wird besser werden. Bald. Du wirst schon sehen.

3.19

DES Was zum Teufel machst du?
SIE Was? Was ist denn los? Lass mich los.
DES Wer war der Typ?
SIE Mir geht's gut. Alles in Ordnung. Lass mich los.
DES Du hattest seinen verdammten … in deiner Hand.
SIE Schwanz.
DES Wieso …
SIE Ich dachte, darum geht es bei dieser ganzen Sache.
DES Ich dachte, wir beobachten nur …
SIE Mensch, sei doch nicht so eine, ich dachte, deine Generation ist für alles zu haben.
DES Bitte, Boss. Lass uns –
SIE Hey. Gib mir noch …
DES Du hattest schon genug.
SIE GIB HER. Gib her, gib her. GIB HER.
DES Wir müssen deinen Magen auspumpen.
SIE Hör mal zu, du Anfängerin. Ich bin ein verdammter Profi. Ich hab so was schon gemacht, als du noch Windeln getragen hast. Jetzt gib mir noch eine.
DES Hier.
SIE Der sah gut aus.
DES Du kannst doch nicht klar sehen.

JOHN Alles in Ordnung, Mary?

MARY Ach hallo, John.

JOHN Was machst du hier?

MARY Wo ist sie?

JOHN Sie berichtet über ein Festival.

MARY Welches Festival?

JOHN Weiß ich gar nicht. Irgendeins. Sie spricht kaum noch mit mir.

MARY Ich habe bei ihrer Arbeit vorbeigeschaut. Sie haben mir das hier mitgegeben.

JOHN Du warst bei ihrer Arbeit?

MARY Ich hatte ewig nichts von ihr gehört, und sie ist nie zu Hause, wenn ich hier vorbeischaue. Und sie haben gesagt, sie sei entlassen worden.

JOHN Ent… Was?

MARY Du wusstest nichts davon?

JOHN Sie schreibt doch dieses Wochenende was für sie.

MARY Ich glaube eher nicht.

JOHN Sie sagte, es sei ein Auftrag.

MARY Sie haben mir ihre Sachen gegeben. Sie ist nicht aufgetaucht, um sie abzuholen.

JOHN Oh.

MARY Was geht denn zwischen euch ab?

JOHN Ich …

MARY Was?

JOHN Ich weiß es nicht …

SIE Du, wer bist du?

VICTOR 2 Wer bist du?

SIE Du sieht so aus wie jemand, den ich kenne.

VICTOR 2 Ach so, wer denn?

SIE Victor?

VICTOR 2 Okay, Victor, sicher. Kommst du mit?

SIE Wohin?

VICTOR 2 Ich habe ein Zelt am anderen Ende vom Acker.

SIE Wir haben einen Fehler gemacht, Victor.

VICTOR 2 Was für einen Fehler?

SIE Verdammte Sophie? Sie heißt doch Sophie?

VICTOR 2 Was für eine Sophie?

SIE Vergiss Sophie. Komm zurück. Komm mit. Wir gehen zu dir.

VICTOR 2 Okay.

SIE Welche U-Bahn-Linie ist es noch mal?

VICTOR 2 Du bist witzig.

JOHN Ich hab's gerade gehört. Ruf an. Ruf mich an. Ich muss mit dir reden. Was machst du? Wo zum Teufel steckst du? Ich weiß nicht mal, wo ich dich suchen soll? Scheiße. Wie ist es so gekommen? Wie sind wir so weit auseinander … Ruf mich an. Schick mir 'ne SMS. Irgendein Zeichen.

SIE Wen hast du gerade angerufen?

JOHN 2 Meine Freundin. Sie ist in Marokko.

SIE Wieso ist sie nicht hier?

JOHN 2 Sie ist Anthropologin, sie hat ein Forschungsprojekt …

SIE Halt die Klappe, John, du kannst mich nicht verarschen.

JOHN 2 Hä?

SIE Küss mich.

JOHN 2 Wie schon gesagt, ich habe eine …

SIE Wieso willst du mich nicht mehr küssen?

JOHN 2 Okay, du bist sehr …

SIE KÜSS mich.

JOHN 2 Sorry, ich …

SIE Ich will dich in mir drin haben. Ich will dich ganz in mir drin haben. Jeden letzten Tropfen. Regnet es?

JOHN 2 Schon seit Stunden.

SIE Lass uns nass werden.

JOHN 2 Wir sind schon nass.

SIE Komm. Leg dich neben mich.

JOHN 2 In den Schlamm?

SIE John. Du konntest dich nie locker machen. Nicht? Du wolltest immer die Kontrolle bewahren. Nicht?

JOHN 2 Ich …

SIE JOHN.

JOHN 2 Ich heiße Henry.

SIE Halt die Klappe, John. Ich überlasse dir die Kontrolle. Ich gebe nach. Sag's einfach keinem … Hier …

MARY Mama. Mama. Mama.

HELEN Was ist denn? Was zum Teufel …

MARY Wieso nimmst du nicht ab?

HELEN Das Handy war im Flugmodus. Ich habe mal eine Pause gebraucht.

MARY Ich glaube, ihr ist was passiert. Ich habe ein schlechtes Gefühl. John kann sie nicht finden. Ich hab schon seit Tagen nichts von ihr gehört. Sie hat ihren Job verloren.

HELEN O Gott.

MARY Hat sie bei dir angerufen?

HELEN Nein. Nein.

MARY Wann hast du zuletzt mit ihr geredet?

HELEN Hm, um ehrlich zu sein, weiß ich es nicht genau … Vor einer Weile …

MARY Mein Gott.

HELEN 2 Was suchst du?

SIE Mein Kind. Ich habe meinen Jungen verloren.

HELEN 2 Du hast dein Kind mitgebracht …

SIE Ich habe ihn hier irgendwo verloren … Auf der Wiese …

HELEN 2 Ist das nicht ziemlich unverantwortlich?

SIE Du hast gut reden, Mama.

HELEN 2 Mama?

SIE Lüg mich nicht verdammt an. Du hast uns alleine zu Hause gelassen. Stundenlang. Wir haben uns gefragt, wann du wieder … Während du wer weiß was gemacht hast …

HELEN 2 Kann ich dir irgendwie helfen?

SIE Ich muss meinen Sohn finden. Ich habe ihn verloren. Vor langer Zeit. Und vielleicht ist ihm kalt und …

HELEN 2 Ich rufe einen Krankenwagen. Weißt du noch, was du genommen hast?

SIE Habe ich dich je verdammt interessiert?

HELEN 2 Natürlich, aber mir ist nicht ganz klar –

SIE Ich habe meinen Körper scheiße behandelt, ich habe mein Leben als wertlos betrachtet, weil ich es nicht anders kannte.

HELEN 2 Oh, meine Liebe. Er ist sicher von jemandem gefunden worden. Komm, wir schauen mal beim Fundbürozelt nach.

JOHN Ich rufe dich an. Du nimmst nicht ab. Ich rufe schon seit Stunden an. Gib mir wenigstens ein Lebenszeichen. Wenigstens das. Zolle mir wenigstens so viel Respekt. Willst du es so beenden? Fuck. Ich dachte wirklich, ich würde dich besser kennen.

SIE Da bist du ja.
VICTOR 2 Hier bin ich.
SIE Wo bist du denn hin?
VICTOR 2 Wo bin ich hin? Ich habe dich gesucht.
SIE Echt? Victor? Ich dachte, du seist in Hongkong?
VICTOR 2 Du bist verschwunden.
SIE Das tut mir leid. Fick mich. Fick mich hier.
VICTOR 2 Hier sind doch überall Leute.
SIE Wir haben so viel Zeit verschwendet.

DES Sorry, das ist meine Freundin. Sie muss nach Hause.
SIE Verpiss dich, Des.
DES Komm, Chefin. Wir müssen nach Hause. Ich habe ein Taxi bestellt.
SIE Geh du nach Hause. Mir geht's gut.
DES Es geht dir nicht gut.
SIE MIR GEHT ES GUT. MIR GEHT ES VERDAMMT GUT.
VICTOR 2 Mein Gott, ich gehe jetzt.
SIE VICTOR.
VICTOR 2 Das ist ja eine verrückte Schlampe. Sie braucht Hilfe.
DES Wieso haust du nicht einfach ab, du Arschloch, ja genau, HAU AB.
VICTOR 2 Verrückte Schlampen.
SIE Victor geht immer weg.
DES Das war nicht Victor. Du brauchst Wasser. Hier trink mal.

Sie kotzt.

Oh, Scheiße.

SIE Mir geht's gut. Mir geht's gut. Alles in Ordnung.

3.20

JOHN Oh. Hallo.

SIE Hast du schon geschlafen?

JOHN Wo warst du?

SIE Ich habe gearbeitet.

JOHN Du bist entlassen worden.

...

Der Umzugswagen ist gestern gekommen. Die Möbel werden gelagert, damit wir sie später aufteilen können.

SIE Aufteilen?

JOHN Ich möchte ein paar Sachen, aber den Rest kannst du haben.

SIE Wieso ...

JOHN Wir müssen noch über den Erlös vom Verkauf der Wohnung reden. Du kannst Graham als deinen Anwalt haben. Ich suche mir einen anderen.

SIE John.

JOHN Ich hätte es gern, wenn das Ganze einvernehmlich ist und –

SIE John.

JOHN Dein Kleid ist verkehrt rum.

SIE Was soll das heißen?

JOHN Das weiß ich nicht. Was soll es heißen?

SIE John, ich werde jetzt schlafen, und wir können morgen –

JOHN Es gibt kein Bett.

SIE Ich schlafe auf dem Boden. Wie du. Ich habe seit drei Tagen nicht geschlafen.

JOHN Ich fliege morgen früh nach New York und bleibe da ’ne Weile.

SIE Okay, kein Problem. Wie sehen uns, wenn du wieder da bist.

JOHN Nein. Eine Weile bedeutet eine Weile. Eine lange Weile.

SIE Wie lange?

JOHN Ich verlasse dich.

SIE Das machen alle.

JOHN Du verstehst mich nicht.

SIE Ich verstehe, was du meinst, aber ich glaube dir nicht. Du sagst bloß was, um eine Reaktion zu provozieren. Dieses Spielchen hängt mir zum Hals raus.

JOHN Hast du es je? Mich respektiert?

SIE Du konntest es nie ertragen, nicht zu bestimmen, wo es langgeht.

JOHN O Gott.

SIE Ich muss *schlafen.*

JOHN Dann schlaf doch. Und wache erst wieder auf, wenn ich weg bin.

SIE Okay.

JOHN Wo wirst du wohnen?

SIE Keine Ahnung, mir ist es verdammt egal.

JOHN Okay. Dann viel Glück.

SIE Gleichfalls.

…

Du wolltest nie ein Kind mit mir, oder?

JOHN Doch.

SIE Nicht wirklich. Es hat dir nie so weh getan, wie es mir weh getan hat.

JOHN Es hat mir weh getan, WEIL es dir weh getan hat.

SIE Weil du mich geliebt hast. Aber das reicht nicht.

JOHN Wieso reicht das nicht?

SIE Es hat dir nie WEH GETAN. DEINE Träume sind nicht geplatzt. Du hast zugeschaut, wie meine kleine Obsession den Kopf gegen die Wand geschlagen hat, und hast MITLEID gefühlt. Du hast bei meinem beschissenen Autounfall wie ein unbeteiligter Zuschauer zugeschaut, und ich habe dir LEID-GETAN…

JOHN So war's nicht. Ich war mit Leib und Seele dabei. Bis du –

SIE Mit LEIB UND SEELE dabei? Verpiss dich.

JOHN Du hast den ganzen Sauerstoff in unsere Beziehung aufgebraucht. Du hast keinen Platz mehr für mich gelassen.

SIE Ich wollte, dass. Du. Auf. Meiner. Seite. Bist.

JOHN Manchmal bedeutet das aber auch, dass ich dir ganz sanft Bescheid sage, wenn du völlig durchgeknallt bist, und dann zu erwarten, dass du vielleicht zuhörst und damit aufhörst, ich kann nicht mehr, du hast recht, schlaf ein, ich geh nach New York, unsere Anwälte werden …

SIE WENN DU EIN VERDAMMTES KIND MIT MIR HÄTTEST HABEN WOLLEN, HÄTTEST DU MIT MIR GETRAUERT, du hättest dich mit mir danach gesehnt und mit mir darauf gehofft, und du hättest GERUNGEN UND VERDAMMT GEKÄMPFT UND NICHTS UND NICHTS UND NICHTS IN DIE QUERE KOMMEN LASSEN

JOHN Ich wollte dich.

SIE MICH?

JOHN DICH. DASS DU GLÜCKLICH BIST. DASS DU MEIN BIST. ICH WOLLTE. Dich.

Sie lacht.

Und du hast dieses unbekannte nichtanwesende unmögliche verdammte Kind zwischen uns kommen lassen, und du hast ihm erlaubt, uns umzubringen, und hast es wie ein neues Projekt geliebt, weil du Projekte schon immer geliebt hast und immer schon so eine Überfliegerin warst, und Gott bewahre, dass du nicht auch dieses Ziel erreichst, aber die Natur macht ihre eigenen Entscheidungen, und du hast diesen Hass zwischen uns schwelen lassen, den Hass von mir und meinen Hass und deinen Hass, und das einzige verdammte Ding, das du gehegt hast, war dieser tote unmögliche Traum, von dem wir beide schon früh wussten, dass er tot und verdammt verdammt verdammt weg war, die Zeichen waren da, aber du wurdest blind und unausstehlich und hast aufgehört zu sehen, dass ich darauf warte, dass du aufgibst und zu mir zurückkommst, zu dem, der schon immer auf dich gewartet hat, bedingungslos nur du nur ich nur wir, ich habe auf dich gewartet, und der Hass wuchs, natürlich, er fing auch in mir an zu wachsen, das tat er wie ein beschissener Tumor, und er wuchs weiter und weiter, und ich habe angefangen zu hoffen, dass die Testergebnisse für meine Spermien negativ sind, dass meine Spermien tot sind, dass dein Uterus zerstört ist, dass die Eizellen nicht geerntet werden können, dass die Petrischale verunreinigt ist, dass die Befruchtung nicht gelingt, dass das alles endlich ein Ende hat, ein Ende, weil ich dich dann vielleicht zurückhaben könnte, weil ich dich dann vielleicht wecken könnte und du mich dann vielleicht wieder sehen würdest, und dann könnten wir vielleicht –

SIE Ich wusste es verdammt nochmal.

…

Du hast nicht daran geglaubt.

JOHN Nein.

SIE Die ganze Zeit hast du nicht daran geglaubt.

JOHN Nein.

SIE Hau ab. Verpiss. Dich. Raus.
JOHN Mach ich.
SIE HAU AB HAU AB HAU AB ICH BRINGE DICH UM HAU AB.

3.21

SIE Oh, Scheiße, ich
John?
Ich glaube, ich
Oh
Oh

Okay
Keine Ungewissheit mehr
Keine Ungewissheit mehr
Du wirst nicht
Kommen
Du wirst nicht mehr kommen
Mein Sohn
Meine Tochter

Aber
Vielleicht
Komme ich zu dir

Ich komme
Zu dir

DREI SCHWESTERN

nach Anton Tschechow

Deutsch von Martin Thomas Pesl

Personen

OLGA
MASCHA
IRINA
ANDREJ
NATASCHA
THEO
ALEXANDER
VIKTOR
NIKOLAI
ROMAN
HERBERT

Uraufführung: Theater Basel (Schauspielhaus), 10. Dezember 2016

AKT 1

OLGA Ich meine, ich war beim Arzt, und der hat Migräne gesagt, aber ich hab nicht dieses ganze Fünf-Stunden-Lang-Flachliegen-und-Licht-Aus-Sonst-Muss-Ich-Kotzen-Ding.

THEO Ist der Schlüssel nicht da?

OLGA Aber es kommt immer öfter vor. Ich arbeite zu viel. Gibt's das, Kopfschmerzen wegen Stress? Ich meine, gibt's so was wirklich? Weil, die Leute reden davon, aber die reden auch von Gedankenübertragung und Chakren. Es wär so schön, wenn Wissenschaftler noch so verehrt würden wie früher.

NIKOLAI Als sie beharrlich behauptet haben, dass die Welt flach ist?

THEO Haben wir ihn woanders hingelegt?

OLGA Dann könnte ich wenigstens eine Sache glauben. Es gibt zu viele Möglichkeiten, zu viele widerlegte und bewiesene und doch wieder widerlegte Theorien, und jedes Mal, wenn ich meine Spiegel-Online-App öffne, gibt's plötzlich Krebs nicht mehr oder Kartoffel-Essen ist doch gesund oder Zähneputzen sinnlos –

VIKTOR Vielleicht hast du ja einen Tumor.

OLGA Hä?

NIKOLAI Viktor, hör auf. Das ist Viktor. Ein Freund von der Uni.

VIKTOR Das ist eine vollkommen logische Schlussfolgerung. Unerklärliche Symptome, die nicht weggehen. Und deine Haltung ist auch schief.

OLGA Meine Haltung.

VIKTOR Ist mir aufgefallen, als du das Auto ausgeräumt hast. Es muss was mit dem Innenohr sein. Oder ein Tumor.

OLGA Bitte wer ist dieser Typ?

NIKOLAI Viktor. Tut mir leid.

THEO Haben wir noch ein anderes Versteck?

NIKOLAI Das Eis schmilzt in meinen Händen.

OLGA Ich meine, wenn ich nur einer Person einfach glauben könnte, dann könnte ich mich entspannen und ohne Schuldgefühle sterben, Doktor Bovary hat gesagt, es ist das, und ich habe mich daran gehalten und sterbe trotzdem, also muss es Gott gewesen sein –

NIKOLAI Bovary?

OLGA Flaubert.

NIKOLAI Schon, aber –

OLGA Ja, das war der erste Doktor, der mir eingefallen ist.

VIKTOR Sigmund Freud, Mengele, Doktor Mabuse.

THEO Also echt, Leute, ich glaube, wir haben den Schlüssel verloren. Wer war zuletzt hier?

VIKTOR Ich schmeiß einfach einen Stein durchs Fenster.

THEO HE! Weißt du eigentlich, wer dieses Haus entworfen hat?

VIKTOR Wer?

THEO Dieser Typ. Dieser berühmte Architektentyp. Wie hieß der noch gleich, Olga?

OLGA Weiß ich nicht.

THEO Das ist ein ganz berühmtes Beispiel für seine frühen Hüttenarbeiten. Das wird nicht mit Steinen beschmissen.

IRINA Hoi zämme.

THEO Wie bist du reingekommen?

IRINA Ich hab den Schlüssel unter der Matte hervorgeholt.

THEO Welche Matte?

IRINA Die, wo der Schlüssel wohnt.

OLGA Es ist kein Tumor.

IRINA Auf der Rückseite des Hauses.

THEO »It's not a tumor«.

OLGA Hä?

THEO Arnold Schwarzenegger.

NIKOLAI Hatte 'nen Tumor?

THEO Das war auf Englisch. *Kindergarten Cop*. Ist da eine Tür auf der Rückseite?

IRINA Ja natürlich.

VIKTOR Vielleicht bist du einfach dehydriert. Welche Farbe hat deine Pisse? Ist die gelb? Also so dunkelgelb? Sie sollte zumindest strohgelb sein. Und durchsichtig wäre ideal.

OLGA Ich bin achtunddreißig. Ich fühle mich jung. Komplett. Von der Seele her. Wirklich. Aber mein Körper.

VIKTOR Du bist achtunddreißig?

OLGA Was hättest du geschätzt?

VIKTOR Weiß nicht. Vierzig. Zweiundvierzig.

NIKOLAI Viktor.

OLGA Woher kennst du den Kerl?

NIKOLAI Von der Uni. Er war Präsident des »Vereins zur Maximierung des Bierspiegels«.

VIKTOR Jetzt trink ich nur Wodka.

OLGA Gott, was ist das für ein Geruch?

THEO Was für ein Geruch? Ich riech nichts? Ist der Strom eigentlich an? Das Licht geht nicht.

IRINA Das Licht im Wohnzimmer brennt, du Trottel.

THEO Ah, schau, mein Kierkegaard. Ich hab mich schon gefragt, wo der ist.

OLGA Geht schon.

THEO Ich muss noch joggen gehen, bevor's zu spät ist. Gib mir das Eis. Wo soll ich das Eis hintun? In die Spüle? Vielleicht oben in die Dusche? Oben in die Dusche? Das Eis?

NIKOLAI Ich schwimm ’ne Runde. Kommst du mit?

IRINA Um die Uhrzeit?

NIKOLAI Die Temperatur ist perfekt.

IRINA Aber man sieht ja gar nichts.

NIKOLAI Dann sieht auch keiner, wie meine Hand unter deinen Bikini schlüpft.

IRINA Ich glaub, ich komm hier lieber erst mal ein bisschen an.

OLGA Da sind keine Anzünder. Wo ist Herbert? Hat Herbert die Anzünder dabei?

IRINA Wann wollen wir es machen?

OLGA Später?

IRINA Wie geht’s Mascha?

OLGA Wahrscheinlich hat sie Angst reinzukommen. Sie war immer die Empfindlichste.

IRINA Ich bin die Empfindlichste.

OLGA Das bist du nicht.

IRINA Bin ich doch.

OLGA Nein.

THEO Ich hab das Eis mal oben in die Dusche getan.

OLGA Ist hier ’ne Ratte verendet oder so was?

THEO Ich riech nichts, ehrlich.

VIKTOR Es riecht nach was Größerem als ’ner Ratte.

OLGA Riechst du’s auch?

NIKOLAI Vielleicht ist es unter den Dielen?

THEO Hab ich meinen Geruchssinn verloren?

OLGA Kann jemand drunterklettern? Bitte, ich bin olfaktorisch sehr sensibel.

NIKOLAI Kommt jemand mit? Schwimmen? Ich zieh mich jetzt aus.

OLGA Auch die Würstchen find ich nicht. Echt jetzt? Wo ist Herbert?

ROMAN Bei den Delfinen gibt es das Phänomen der Rudelvergewaltigungen. Wusstet ihr das?

IRINA Hallo, Onkel.

ROMAN Rudelvergewaltigungen hab ich gesagt.

VIKTOR Der ist euer Onkel?

OLGA Er ist ein Freund der Familie.

VIKTOR Pädophil?

ROMAN Was ist das für ein Typ?

NIKOLAI Viktor. Es tut mir leid. Sag mal, Viktor, was ist denn los mit dir? Da, nimm dir ein Bier.

VIKTOR Ich trinke nur Wodka. Meine Großeltern waren Russen. Die sind bei der Invasion von Iwan dem Schrecklichen gestorben.

IRINA O nein, das tut mir wirklich leid.

OLGA Iwan der Schreckliche hat im 16. Jahrhundert gelebt.

VIKTOR Und deswegen darf ich keinen Wodka trinken?

IRINA Gott, es ist so angenehm, aus der Stadt raus zu sein. Die Dinge mal wieder klarer zu sehen. Ich fühl mich wie so ein Hund auf dem Laufrad.

NIKOLAI Hamster im Laufrad.

IRINA Und irgendwer hat die Geschwindigkeit auf 150 gedreht, und alles, was ich tun kann, ist nach vorne schauen und laufen. Und was kommt als Nächstes? Abschlussprüfung. Und dann? Habe ich einen geisteswissenschaftlichen Abschluss. Scheiße, wozu? Was macht man denn damit? Warum hab ich überhaupt damit angefangen? Ich schreibe Aufsätze über die aktuelle Flüchtlingswelle in Bezug zu Asylerzählungen in der posthomerischen griechischen Mythologie, aber hab ich je einen Flüchtling getroffen? Ich wollte damals zum Bahnhof, wisst ihr noch, damals, als die alle ankamen in der Stadt, und eine Gruppe von uns Studenten, wir sagten, wir gehen hin und helfen einer Familie oder zweien, und am Vorabend hab ich angefangen, *Transparent* zu schauen auf Amazon, das macht einen echt süchtig, oder? –

NIKOLAI SO süchtig.

IRINA Das ist echt so, du kannst nicht nach zwei Folgen aufhören, du musst dir das ganze Ding anschauen, wie Pringles, oder?

NIKOLAI Wir haben uns das ganze Ding reingezogen …

IRINA Und dann war's fünf Uhr morgens.

NIKOLAI Die ganze Nacht.

IRINA Und ich hatte den Wecker gestellt, aber aufgewacht bin ich um halb drei, und dann bin ich zum Bahnhof gegangen, und die ganzen Flüchtlinge waren weg.

ANDREJ Hoi zämme.

IRINA Andrej, komm her und gib mir einen Kuss.

ANDREJ Ich habe Klopapier mitgebracht. Ich muss scheißen.

OLGA Bitte nicht hier drin, du stinkst das ganze Haus zusammen, wir haben Gäste.

ANDREJ Aber wir sitzen doch eh draußen?

OLGA Ich will nicht, dass du im Haus scheißt.

ANDREJ Wenn du mich länger aufhältst, scheiß ich dir hier auf den Küchenboden.

IRINA Hier, Andrej, gib mir erst einen Kuss.

NIKOLAI Kommst du mit schwimmen, Andrej?

ANDREJ Nein, ich muss noch ein bisschen arbeiten.

OLGA Irina hat Geburtstag, kannst du nicht einmal eine Pause machen?

IRINA DAS brauche ich. Eine Arbeit. Eine Aufgabe. Einen Sinn.

OLGA Ich glaube, Andrej ist nervös. Er hat Natascha eingeladen.

IRINA O Gott, hat er immer noch Kontakt zu ihr?

OLGA Er bezeichnet sie als seine Freundin.

IRINA Wääh. Ich hab sie mir gerade beim Sex vorgestellt.

NIKOLAI Okay, letzte Chance, Ladies and Gentlemen, ich gehe jetzt schwimmen.

IRINA JETZT VERSCHWINDE ENDLICH, WIR HABEN'S VERSTANDEN.

NIKOLAI Sie ist. Das ist. Sie macht nur Spaß.

VIKTOR Ich komm mit.

IRINA Ich muss mich besaufen.

OLGA Bitte werd nicht jetzt schon zynisch, Irina. Das ertrag ich einfach nicht.

IRINA Wo ist der Wein?

THEO Der ist noch warm.

IRINA Gib mir ein Glas.

THEO Wie heißt das Zauberwort?

IRINA Gib mir ein verficktes Glas, du Arschgeige.

THEO Schön sprechen, junge Dame.

IRINA Arschgeige.

THEO Hör auf.

IRINA Fick dich, Arschgeige.

THEO Ich ignorier dich einfach.

IRINA Mach das, Arschgeige.

THEO Echt. Die Frauen in dieser Familie.

IRINA Ich bin heute Morgen so hoffnungsvoll aufgewacht. Ich werde heute einundzwanzig, aber schaut mich an. Die meisten Leute in meinem Alter verschwenden ihre Zeit mit Ecstasy und Wochenendausflügen nach Berlin. Damit war ich mit fünfzehn schon durch.

OLGA Darum hast du auch so eine wunderschöne Haut, Irina. Ich hab auch ganz weiche Haut, siehst du? Sie ist immer noch weich, aber es fällt nicht auf wegen der Stirnfalten. Siehst du diese Runzeln? Das waren die Kinder in der Schule.

IRINA Ein- oder zweimal Magenauspumpen, und man hat dieses ganze Selbstzerstörungsding gecheckt. Und Abtreibungen sind auch nicht der große Spaß. Das kannst du mir glauben, Theodor. Ich meine, Rimbaud hat mit 21 aufgehört zu dichten, ich fange gerade erst an.

OLGA Du willst Gedichte schreiben, Liebling?

IRINA Nein, ich meine mit meinem Lebenswerk. Also, ich könnte schon. Ich könnte Gedichte schreiben.

ROMAN Deine Gedichte würd ich lesen.

IRINA Danke, Onkel.

OLGA In meiner Klasse ist eine, die gibt als Hausaufgabe immer erotische Literatur ab. Ganz offensichtlich schläft sie mit ihrem Nachhilfelehrer. Und ihre Eltern wissen Bescheid. Das war sogar deren Plan, um eine gewisse Kontrolle über ihr Sexleben zu haben. Ihr Vater ist sehr eifersüchtig. Eine ziemlich aufwühlende Lektüre.

IRINA Und wenn man schon alles ausprobiert hat, Lesbisch, und ein bisschen Transgender, ja, was gibt's dann noch zu erforschen? Pornos haben echt das Teenagerdasein entzaubert. Obwohl, Peyote würde ich gern ausprobieren. Die Leute sagen, das ist *voll* das Ding. Also ich meine so richtig, nach Mexiko fahren und den ganzen Spirit Walk mitgehen. Aber Nikolai hat zu viel Angst.

ROMAN Am Ende hat er Waffen in Afrika verkauft.

IRINA Hä?

ROMAN Rimbaud. Er wurde Waffenhändler. Das wär doch vielleicht was für dich. Damit rechnet keiner.

IRINA Halt die Klappe, Onkel.

ROMAN Und es ist heutzutage wahnsinnig lukrativ.

HERBERT Ihr habt Nachbarn.

IRINA Wir haben was?

HERBERT Nachbarn.

OLGA Wo warst du, bitte? Ich konnte die Würstchen nicht finden.

HERBERT Die sind unter den Zucchini.

OLGA Und wo sind die Zucchini?

HERBERT In der Migros-Tasche. Mit den Nilpferden drauf.

THEO He, ich mach Mojitos, wollt ihr auch?

IRINA Kennst du schon Onkel Roman?

HERBERT Hi, Onkel Roman.

ROMAN Hast du gewusst, dass Ratten lachen, wenn man sie kitzelt?

HERBERT Wusst ich nicht. Ich heiße Herbert, aber man nennt mich Bob.

ROMAN Also das ist einfach nur Schwachsinn.

HERBERT Lass 'nen Mojito rüberwachsen. Wobei, zwei ist die Grenze. Gib mir nicht mehr als zwei. Haben das alle gehört? MAXIMAL ZWEI MOJITOS FÜR BOB. Ich muss nachher noch mit waffenfähigen Feuerwerkskörpern hantieren.

IRINA O Gott, Herbert, was hast du gemacht?

HERBERT Sind nur 'n paar Feuerwerkskörper. Schon in Ordnung.

THEO Ich weiß, was »ein paar« bei Bob bedeutet, haha. Das Zeug wird *abkrassen.*

OLGA Wo hast du denn so sprechen gelernt?

THEO Ich? Von den Jungs in der Schule.

Beispiele für coolen Slang, den er gelernt hat.

OLGA Wie meinst du das, wir haben Nachbarn?

HERBERT Nachbarn. Im Haus nebenan. Da wohnen Leute. Ich hab dir zum Geburtstag ein paar fluoreszierende Stifte mitgebracht.

IRINA Fluoreszierende Stifte sind für Kinder, kannst du mal aufhören, mich wie ein – SCHEISS MICH AN, das ist ja *unglaublich*. Theodor, siehst du diese fluoreszierenden Stifte?

OLGA Sind die alt?

HERBERT Hab sie heut Morgen gekauft.

OLGA Die Nachbarn.

HERBERT Nein, nein, die sind jung. Ich meine, die haben eine Schaukel und eine Rutsche im Garten, die ich nachher natürlich, nur zur Info, ausprobieren muss, also ich nehme an, die haben Kinder. Aber die Eltern sind jung. Ich hab mitgekriegt, wie sie einander anschreien.

IRINA Was, echt? Gehen wir zuschauen.

ROMAN Irina.

HERBERT Es war gedämpft wegen der Fenster, aber sie haben eindeutig gebrüllt. Scheinen eine Vierfachverglasung zu haben. Ich brauch für mein Haus in der Stadt auch eine Vierfachverglasung, die Straßenbahn weckt mich jeden Tag um fünf Uhr morgens.

OLGA Wer hat wen angeschrien?

HERBERT Beide einander. Sie hatte ein Nachthemd an und warf Vasen durch die Gegend und schrie. Also mehrere Vasen. Ich war beeindruckt, wie viele Vasen die besitzen. Ich hab so zwei, wobei die zweite ist eigentlich nur ein Marmeladeglas.

OLGA Wie lange hast du da gestanden?

HERBERT Seit wir angekommen sind. Aber sie haben mich nicht gesehen, ich hab mich im Gebüsch versteckt.

THEO Liebes, magst du einen Mojito? Ich mach Mojitos.

MASCHA Nein, danke.

THEO Bist du okay?

MASCHA Ich glaub, ich fahr einfach nach Hause, ja?

THEO Was? Wir sind gerade erst angekommen.

MASCHA Tut mir leid, Irina, ich glaub, ich muss zurückfahren.

OLGA Bei dem Verkehr brauchst du mindestens zwei Stunden, Mascha. Du hast ja gesehen, wie der Verkehr ist.

MASCHA Ich hör ein paar Podcasts, dann geht das schon.

THEO Irina hat Geburtstag.

MASCHA Wirklich, Theo? Ist mir gar nicht aufgefallen.

THEO Sarkasmus ist die geringste Form des Humors.

MASCHA Ich hätte nicht herkommen sollen. Ich bin in keiner besonders guten … Ja … Sorry …

IRINA Alles okay?

MASCHA Es tut mir leid. Nichts, ich geh einfach auf die Toilette, und dann mach ich mich auf den Weg.

THEO Echt, Mascha, ich versteh dich grad überhaupt nicht.

MASCHA Nein, Theo, das tust du nicht.

THEO *lacht* Hab ich irgendwas falsch gemacht?
Was?
Was hab ich gemacht?

MASCHA Nichts. Du hast absolut gar nichts gemacht. Genieß einfach den Abend. Ich ruf dich an, bevor ich ins Bett gehe.

OLGA Oh. Scheiße. Du kannst nicht hinauf. Andrej war scheißen.

MASCHA Was, hier im Haus?

OLGA Ich wollt's ihm verbieten.

MASCHA Na gut. Dann halt ich eben bis zur ersten Tankstelle durch.

THEO Also dann geh ich auch schwimmen, wenn Mascha fährt. Paar Mojitos, dann raus bis zur Mitte des Sees und ein paar Zeilen Rilke für die Sterne. Kommst du mit, Bob?

HERBERT Welch wundervolle Einladung. Doch zu meinem größten Bedauern muss ich ablehnen. Muss mich ums Feuerwerk kümmern.

ROMAN Ach ja, Herbert, könntest du mir ganz kurz helfen? Ich hab noch was im Auto vergessen.

HERBERT He, Roman, sag Bob zu mir.

ROMAN Dann wird aber deine Mutter enttäuscht sein.

HERBERT Die war schon enttäuscht, als sie mich zum ersten Mal gesehen hat.

ROMAN Also komm, Herbert, gehen wir. Wir erledigen das schnell.

HERBERT Bleib doch noch, Mascha, es wird Explosionen geben.

MASCHA Wirklich, Bob, versprochen?

HERBERT Jaja. Richtig große.

THEO Okay, ich hab meine Badehose vergessen. Muss wohl unten ohne gehen.

MASCHA Tschüss, Theo.

THEO Fahr vorsichtig, Schatz.

Stille.

IRINA Wir wollten doch seine Asche verstreuen, Mascha.

MASCHA Ich weiß, ich weiß, ich weiß. Ich bin nur. Ich weiß. Ich glaub, ich schaff's nicht. Macht ihr nur.

OLGA Wir sind nie alle zur selben Zeit am selben Ort, Mascha, weißt du, wie schwierig es war, alle Zeitpläne zu koordinieren?

MASCHA Ja, das moderne Leben ist einfach unerträglich.

OLGA Was macht Andrej? Der ist schon seit Ewigkeiten da oben.

MASCHA Was glaubst du denn, was er macht?

IRINA Wer ist das?

OLGA Was? Wer ist was?

IRINA Der Typ im Garten.

OLGA Ich sehe nichts.

MASCHA Da. Im Garten.

IRINA Der blutet.

OLGA Was macht der in unserem Garten?

IRINA Geh und frag ihn.

OLGA Nein, du geh und frag ihn.

MASCHA Ich fahre.

OLGA Du kannst uns jetzt nicht hier zurücklassen. Wir haben einen blutenden Mann im Garten.

MASCHA Ich kann dieses Haus nicht ausstehen. Früher war es richtig befreiend, hierher zu kommen. Jetzt ist es, als würde ein riesiges Gewicht auf einen herabsinken.

OLGA Ich rede mit ihm. Wartet hier.

ALEXANDER Entschuldigung, ich –

OLGA Haben Sie sich verlaufen?

ALEXANDER Nein. Es tut mir leid. Ich suche Pflaster. Ich hab keine Pflaster.

MASCHA Weißt du noch, die Partys, die wir hier gefeiert haben?

IRINA Mascha.

OLGA Sie brauchen offensichtlich mehr als nur Pflaster.

ALEXANDER Ich bin gerade erst nebenan eingezogen. Ich dachte, dieses Haus stehe leer.

MASCHA Die Leute kamen aus ganz Europa, aus der ganzen Welt, nur um auf Papas Partys ihr Gesicht zu zeigen.

OLGA Ach so, nein, das ist unser Ferienhaus.

MASCHA Und jetzt. Schau dich nur um. Alles fällt auseinander, und wir bringen gerade mal eine Truppe Halbwüchsiger zustande.

ALEXANDER Du bist das.

OLGA Wer?

ALEXANDER Die Älteste.

OLGA Nein. Sie kennen mich nicht.

ALEXANDER Du hattest mal ’ne Brille.

OLGA Ich trage Kontaktlinsen, seit ich sechzehn bin. Damals gab es nur die harten, und die haben meine Augen wahnsinnig gereizt, aber dann wurden die weichen erfunden und ich – woher kennen Sie uns?

ALEXANDER Drei Schwestern.

OLGA So ist es. Sie bluten ziemlich schlimm.

ALEXANDER Das heißt, ihr habt das Haus gar nicht verkauft.

OLGA Wir haben vielleicht einen Erste-Hilfe-Kasten. Kommen Sie rein.

ALEXANDER Ich will nicht stören.

OLGA Leute. Das ist …

ALEXANDER Alexander.

IRINA Hi.

OLGA Das ist –

ALEXANDER Irina.

IRINA Äh. Ja …

ALEXANDER Und Maria.

MASCHA Mascha.

ALEXANDER Genau. Mascha. Du bist die mittlere Tochter.

OLGA Woher kennst du uns?

ALEXANDER Ich hab früher drüben am andern Seeufer gewohnt. Meinen Eltern gehört die Autowerkstatt.

OLGA Ich kann mich nicht an dich erinnern. Normalerweise erinnere ich mich an jeden aus dem Ort.

Andrej beginnt, Klavier zu spielen.

Das ist unser Bruder. Andrej, hast du das ganze Verbandszeug verbraucht und kein neues gekauft?

ALEXANDER Euer Bruder.

IRINA Andrej. Er ist Programmierer.

OLGA Er ist ein Genie.

MASCHA Er ist faul.

IRINA Er spricht fünf Sprachen.

OLGA Komm, wir nehmen dieses Geschirrtuch.

ALEXANDER Das ist wirklich total großzügig. Ich hab einfach nur nach Pflastern gesucht. Ich wasch's und bring's zurück.

MASCHA Willst du was trinken? Im Mixer ist noch ein bisschen Mojito.

ALEXANDER Äh, ich –

IRINA Wir haben auch Bier und Wein. Der Wein ist warm, oder vielleicht ist er schon ein bisschen kühler, ist das kalt genug, fühl mal –

ALEXANDER Nein, danke.

IRINA O Gott, trinkst du etwa keinen Alkohol?

ALEXANDER Dann nehm ich ein Bier.

MASCHA Gott sei Dank.

OLGA Bitte. Wir sind alle funktionierende Alkoholiker. Obwohl, wirklich funktionieren tun wir nicht. Sagen wir hoffnungslose Alkoholiker. Oder einfach hoffnungslos. Ich brauch was zu trinken. Wie sind die Mojitos? Alexander ist gerade erst hergezogen.

IRINA Ach ja? Wo kommst du ursprünglich her?

ALEXANDER Ich bin eigentlich von hier.

IRINA Von hier? Was? Niemand ist von hier. Hier gibt's nur reiche Leute und ihre Ferienhäuser.

OLGA Alexanders Familie gehört die Autowerkstatt.

IRINA Ah, dein Vater ist der mit den Augen, die in unterschiedliche Richtungen schauen.

ALEXANDER Ha, ja.

IRINA Sag, das hab ich mich immer schon gefragt: In welches soll man schauen?

ALEXANDER Egal.

IRINA Und in welches schaust du?

ALEXANDER Hab ich nie drüber nachgedacht.

IRINA Ich wüsste so gerne, wie man die Welt sieht, wenn die Augen in unterschiedliche Richtungen schauen.

OLGA Andrej, kommst du mal.

ANDREJ Ich spiele Klavier.

OLGA Das hören wir. Wir haben einen Gast.

ANDREJ Wir haben viele Gäste.

MASCHA Nein, einen neuen.

IRINA Er ist Mechaniker.

Andrej hört auf zu spielen.

ALEXANDER Ich bin eigentlich kein – mein Vater schon, aber ich bin –

ANDREJ *kommt in die Küche* Ich hab noch nie einen Mechaniker getroffen.

ALEXANDER Hast du kein Auto?

ANDREJ Wozu, Mann?

ALEXANDER Eigentlich bin ich Pilot.

ANDREJ Wie Pilot? So im Flugzeug?

ALEXANDER Ja, genau.

ANDREJ Halt die Fresse, Mann. Das ist ja unglaublich. Möchte jemand einen Käsetoast? Ich mach mir jetzt einen Käsetoast. Ich hab noch nie einen Piloten getroffen.

ALEXANDER Nicht mal im Flugzeug?

ANDREJ Nö. Ich flieg nicht. Bist du wahnsinnig? Ein Haufen Metall, der so tut, als könnt er am Himmel schweben.

ALEXANDER Er kann am Himmel schweben.

ANDREJ Lüg mich nicht an.

OLGA Versau den Sandwichmaker nicht, Andrej, sonst kommen die Ratten.

ANDREJ Du blutest, Mann.

ALEXANDER Ja, ich hatte einen kleinen Unfall.

ANDREJ Bist du gegen 'ne Glastür gelaufen? Ey, das passiert mir dauernd. Ich versteh nicht, wozu die Leute Glastüren erfunden haben. Ich bin wie so ein vertrottelter Vogel, boom. Ich glaub, ich werde dick. Ich hab mal Yoga gemacht. Hast du mal Yoga gemacht? Pilates? Scheiße, Pilates ist so was von der Hammer, Mann, ich sag's dir, die Kraft aus der Körpermitte, damals hätt ich dir ein kleines Kind nur mit den Bauchmuskeln zerquetscht. Aber jetzt echt, schau mich an. Schau dir dieses Teil an. Dieses Teil ist meine Nemesis. Meine verfickte Erznemesis. Gehst du trainieren? Cross-Fit? Du siehst aus, als ob du so was machst wie Cross-Fit.

MASCHA Andrej.

ANDREJ Also hey, Mann, willkommen. Mi casa es su casa. Käsetoast?

ALEXANDER Nein danke, ich sollte los. Danke für die Hilfe.

IRINA Du hast dein Bier nicht ausgetrunken.

ANDREJ Es war, weil Papa gestorben ist. Der ganze Druck war plötzlich futsch, und mein Körper hat gesagt, ach Gott, ja danke, IT'S PARTY TIME! Haben wir Emmentaler?

ALEXANDER Euer Vater ist …

OLGA Vor einem Jahr. Auf den Tag genau.

ALEXANDER Oh.

Pause.

HERBERT Ich seh da vorne nix. Lauf ich nicht irgendwo dagegen?

ROMAN Geh einfach gerade aus. Ja, genau. Stufe hoch. Jawohl, und jetzt ein bisschen nach rechts.

OLGA Roman, was um alles in der Welt –

MASCHA Was ist das?

HERBERT Das ist ein Prosciuttoschneider. Und ein Parmaschinken.

ROMAN Der beste auf dem Markt. Hauchdünne Scheiben. Zerschmelzen im Mund.

MASCHA O mein Gott.

OLGA Du alter Depp.

ROMAN Was? Was hab ich verbrochen?

IRINA Onkel Roman …

ROMAN Es gefällt dir nicht.

IRINA Onkel, du hast echt vergessen.

ROMAN Was vergessen? Was zum Teufel gibt's da zu lachen? Hört auf damit.

OLGA Sie ist doch jetzt Vegetarierin.

ROMAN Sie ist doch jetzt was?

IRINA Vegetarierin.

ROMAN Was soll das denn sein?

MASCHA Wie viel hast du dafür gezahlt?

ROMAN Ist doch egal, was ich gezahlt hab, Irina. Ich würde mein Haus verkaufen, ich würde dir alles geben. Du bist das Einzige, ihr Mädels, ihr seid das Einzige, was mir je auch nur annähernd irgendeinen Sinn im Leben vermittelt hat … Wenn ich euch nicht hätte, ich hätt mich längst irgendwo von einer Brücke gestürzt. Im Ernst.

IRINA Sag so was nicht.

OLGA Warum kaufst du immer so teure Geschenke, Roman?

ROMAN Wisst ihr was? Ihr könnt mich alle am Arsch lecken. Fickt euch. Alle miteinander.

IRINA Roman.

ROMAN Echt. Leckt mich am Arsch. Die ganze Bagage. Scheiße. Teure Geschenke.

MASCHA Roman …

ROMAN Leck mich. Wo ist der Whiskey?

IRINA Moment mal.

OLGA Roman.

ALEXANDER Ich bin da wohl auf einer Geburtstagsfeier gelandet.

ROMAN Ich trink jetzt einen Whiskey.

OLGA Nein, das machst du nicht.

ROMAN Woher soll ich denn wissen, dass du Vegetarierin bist? Du erzählst mir ja nie was.

IRINA Es tut mir leid, Roman.

ALEXANDER Ich hätte was mitbringen sollen.

MASCHA Du hast ja nicht gewusst, dass jemand Geburtstag hat.

OLGA Finger weg vom Alkohol, Roman. Du weißt, was der Doktor sagt.

ROMAN ICH BIN DER VERFICKTE DOKTOR, UND ICH VERSCHREIBE MIR EINEN WHISKEY.

IRINA Hör jetzt auf. Oder ich lad dich zu nichts mehr ein, was wir machen.

ROMAN Ich nehm's zurück und überweise dir ein paar Tausender.

IRINA NEIN. Schluss jetzt. Beruhig dich einfach. Ich finde es einfach schön, wenn du da bist, okay?

ROMAN Ich muss den Schinken selber essen, die nehmen keinen gebrauchten Schinken zurück. Gut, mit Mitternachtshäppchen bin ich versorgt fürs nächste halbe Jahr. Das ist eine ganz besondere Schneidemaschine. Ich hab die gleiche zu Hause

IRINA Die ist bestimmt ganz toll. Alles ist gut.

ROMAN Vielleicht trink ich einfach Tee.

OLGA Ich mach dir einen.

ROMAN Wenn deine Mutter dich sehen könnte. Sie wäre so stolz.

IRINA Meinst du? Wer weiß.

Alexanders Handy läutet.

ROMAN Wessen Handy ist das? Wer ist dieser Mann? Wieso blutet er?

OLGA Das ist Alexander, der Nachbar.

ROMAN Ihr habt einen Nachbarn?

ALEXANDER Entschuldigung, da muss ich ran.

ANDREJ He, Onkel Roman, willst du einen Käsetoast?

ROMAN Komm schon, Andrej, nimm dich doch endlich selbst ein bisschen ernst.

ALEXANDER Ich bin gleich wieder da. Beruhig dich einfach.

OLGA Ich tu mal die Würstchen auf den Grill.

ALEXANDER NEIN, die Mädchen schlafen, lass sie einfach schlafen, die schlafen. Dann sag ihnen, dass alles in Ordnung ist, und *leg sie wieder hin.*

Dann gib ihnen das Scheiß-iPad und die Teletubbies, um Himmels willen, lass sie in Ruhe, du bist nicht in der Verfassung, wo du –

Was hast du gerade gesagt? Was du gerade gesagt hast? / Wir hatten eine Abmachung, verdammt nochmal. Du hast versprochen, dass du niemals –

NATASCHA O Gott, bin ich spät dran?

OLGA Natascha. Hi.

IRINA Hey, Natascha.

NATASCHA Ach Gott, Mädels, es ist so schön, euch zu sehen. Wo ist Andrej, ist Andrej hier?

OLGA Im Wohnzimmer.

MASCHA Entschuldigt kurz. Ich muss einfach. Wartet mal.

IRINA Hi, Natascha, du siehst toll aus.

NATASCHA Echt? Findest du? Die beiden Farben gehen normalerweise nicht zusammen, aber in der Vogue steht –

OLGA Es ist auf jeden Fall ungewöhnlich speziell.

NATASCHA Gefällt's dir nicht? Findest du nicht, dass es funktioniert?

OLGA Doch, doch, es ist … äh … abenteuerlich …

NATASCHA Ja, das bin ich. Schuldig!
Wo ist Mascha?

OLGA Sie ist, äh … ich glaube, sie ist wieder unterwegs in die Stadt.

NATASCHA O nein, wie schade, ich liebe Mascha. Sie ist unfassbar witzig. Sie ist so lustig, oder? Zum Schießen.

IRINA Ja, total.

NATASCHA Ja, oder? Wo ist Andrej?

OLGA In der Küche.

NATASCHA Ich begrüß Andrej mal schnell. Du, ich hab gleich ein *so tolles* Geschenk für dich, Irina.

IRINA Ich *kann's kaum erwarten.*

ALEXANDER Dann MACH'S HALT einfach, Scheiße, mach's und erlöse uns beide aus dieser elenden Scheiße. BITTE TU ES. Aber diesmal bitte richtig.

MASCHA Geh nicht.

ALEXANDER Meine Frau will sich …

MASCHA Du kannst nicht gehen.

IRINA Jetzt wird's erst interessant.

ALEXANDER Rauchst du eigentlich?

NATASCHA Die finden mein Arschkleid scheiße. Das merk ich.

ANDREJ Hey Babe. Fuck, ist das schön, dich zu sehen.

NATASCHA Sag, bist du drauf?

ANDREJ Die MS-Küsschen legt gleich an.

NATASCHA Die MS-Küsschen erhält keine Einfahrt. Antworte auf die Frage.

ANDREJ Welche Frage?

NATASCHA Bist du auf was drauf?

ANDREJ Ich bin nicht drauf.

NATASCHA Wieso machst du dann Käsetoast?

ANDREJ Wer macht nicht Käsetoast?

OLGA O Gott.

IRINA Ja, oder? Seh das nur ich so? Warum ist sie so unerträglich?

ALEXANDER Glaubst du, die schaffen's irgendwann auf den Mars?

MASCHA Wer?

ALEXANDER Die Astronauten.

MASCHA Keine Ahnung.

ALEXANDER Vielleicht kann die Menschheit auf dem Mars ja einfach von vorne anfangen. Tabula rasa. Eine Gesellschaft gründen, die gerecht und gütig ist. Und auf Wohlwollen aufbaut. Auf Großzügigkeit. Solidarität. Vielleicht lernen wir ja endlich aus unseren Fehlern. Vielleicht sind 225 Millionen Kilometer Entfernung genug. Vielleicht reicht das. Die Sünden von Tausenden von Jahren wegzuspülen. Und vielleicht, wenn sie sich beeilen, dann haben meine Töchter doch echt eine Chance, glücklich zu werden. Was lachst du?

MASCHA Der Mars.

NIKOLAI Gott, war das Wasser erfrischend. Ihr solltet unbedingt mal reinspringen.

THEO Mascha, ich dachte, du fährst?

MASCHA Ich war … ich hab's mir anders überlegt.

THEO Das ist aber eine schöne Überraschung, Schatz.
Hi, ich bin Theo.

ALEXANDER Alexander. Ich wohne nebenan.

THEO Das Haus stand jahrelang leer.

ALEXANDER Ja, wir haben's gekauft.

MASCHA Nicht. Du machst mich ganz nass.

THEO Mach ich doch immer.

ANDREJ Gehen wir schnell rauf auf einen Quickie?

NATASCHA Bisch sicher, dass du e ständer anekriegsch?

ANDREJ Garantiert.

THEO Ich bin Maschas Frau.

MASCHA Mann.

THEO Was?

MASCHA Du bist mein Mann.

THEO Was hab ich gesagt?

NIKOLAI Frau.

THEO HAHAHAHA. Das ist ja oberkomisch. Ich Trottel.

NIKOLAI Ich bin Nikolai.

ALEXANDER Alexander.

THEO In ioco veritas.

ALEXANDER Bitte?

THEO In ioco veritas. Das ist Latein und heißt … egal.

MASCHA Bleib doch zum Essen.

ALEXANDER Nein, ich –

MASCHA Bitte.

THEO KOMM SCHON, bleib zum Essen, wir lieben Gäste, je mehr, desto besser.

ALEXANDER Na gut, ich –

THEO Alexander bleibt zum Essen.

OLGA Super Idee.

NIKOLAI Ich glaube, Andrej und Natascha sind …

IRINA Sie ist gerade erst angekommen.

NIKOLAI Es gibt noch ein Schlafzimmer …

IRINA Spinnst du, während mein Bruder (da drin macht), das ist ja ekelhaft.

OLGA Könnte jemand bitte mal Tisch und Stühle unterm Haus hervorholen?

THEO Läuft.

IRINA Wollen wir nicht lieber PlayStation spielen?

NIKOLAI Klar.

VIKTOR Was macht ihr da?

NIKOLAI Wir gehen PlayStation spielen.

VIKTOR Kann ich mitkommen?

IRINA Wir haben nicht genug Platz.

NIKOLAI Es gibt nur zwei Controllers.

VIKTOR Okay, dann geh ich mal in die Dusche wichsen.

NIKOLAI VIKTOR.

IRINA O Gott, meinst du das ernst, meint er das ernst?

NIKOLAI Es tut mir leid.

IRINA Der Typ macht mir Angst. Warum bist du mit dem befreundet?

NIKOLAI Er ist eigentlich … es macht ihn nervös … er kann nicht gut mit Gesellschaft …

NATASCHA Genau so, genau so.

ALEXANDER Kann ich euch irgendwas helfen?

OLGA Nein, setz dich einfach und mach's dir gemütlich.

ALEXANDER Die Teller und das Geschirr, wollt ihr die draußen?

OLGA Oh, äh, ja, bitte, danke. Danke.

THEO He, Mascha, hab grade eine Nachricht von Leonard gekriegt. Er lädt ein paar von uns Sonntag zum Abendessen ein.

MASCHA Sonntag? Aber das ist ja morgen. Ich dachte, ich bleibe hier.

THEO Aber vor zwanzig Minuten hast du noch gesagt, du fährst.

MASCHA Ja, und dann hab ich dir gesagt, ich hab mich umentschieden.

THEO Tja, dann geh ich eben allein.

MASCHA Ja, gut, mach das.

THEO Willst du das Auto?

MASCHA Ja, bitte.

THEO Aber jetzt mal ehrlich, Schatz, es wäre wirklich viel einfacher, zu Leonard zu kommen, wenn ich das Auto habe. Sonst muss ich irgendwie so dreimal umsteigen.

MASCHA Wieso hast du mir dann das Auto angeboten?

THEO Um nett zu sein.

MASCHA Es ist nicht nett, etwas anzubieten und dann wieder zurückzunehmen.

THEO OKAY, du nimmst das Auto, ich fahre mit dem Zug.

MASCHA Du solltest dir endlich ein eigenes Auto zulegen, Theo.

THEO Die Umwelt, Schatz, die Umwelt …

MASCHA Bin ich ein Arschloch?

ROMAN Na klar.

MASCHA Sag so was nicht.

ROMAN Bleib doch. Hier ist es viel schöner. Und stress dich nicht, weil du ein Arschloch bist. Irgendwann im Leben spielt es keine Rolle mehr.

MASCHA Du bist keins.

ROMAN Nein, ich hab's nie ganz geschafft. Aber deshalb bin ich auch allein. Und du verheiratet.

MASCHA O Gott.

NIKOLAI Dein Mut ist bewundernswert, Irina.

IRINA Danke, Nikolai.

NIKOLAI Nein, wirklich.

IRINA Ich hab dich gerade umgebracht.

NIKOLAI Ich hab die letzten fünfzehn Jahre wie ein Zombie gelebt. Immer demselben sinnlosen Traum nachgejagt. Und in Wirklichkeit, also tief drinnen, war dieser Traum einfach der, ein normal funktionierender Mensch zu sein. Ist das nicht lächerlich? Die meisten Menschen wollen außergewöhnlich sein. Du willst auch außergewöhnlich sein.

IRINA Schon.

NIKOLAI Du bist auch außergewöhnlich. Musst gar nix dafür machen.

IRINA Danke, Nikolai.

NIKOLAI Ich meine, als Baron im 21. Jahrhundert aufzuwachsen, ist ein vollkommen lächerliches Unterfangen. Besonders wenn die Mutter dieses Barons es geschafft hat, als einziges Mitglied ihrer unfassbar reichen Adelsfamilie ihr gesamtes Geld für Selbsthilfegruppen, *dubiose* Immobiliengeschäfte, Pyramidenspiele und Spenden an Yogis rauszuschmeißen.

IRINA Das weiß ich doch alles, Nikolai.

NIKOLAI Sie ist einfach verschwunden, ohne einen Mucks. Ich komme nach Hause und finde einen Zettel in der Küche, auf dem steht, Essen ist im Küchenschrank, und Mama ist in Indien. Und irgendwann waren die Suppendosen, die sie in der Mehrfachpackung bei Aldi gekauft hat, leer, und ich musste ein paar Monate bei einem Freund wohnen.

IRINA Kannst du dich bitte resetten? Ich weiß das alles, Nikolai. Bitte lass –

NIKOLAI Oh, sorry, Schatz. Hier. Und am Ende haben sie mich rausgeworfen, weil ich immer ins Bett gemacht hab.

IRINA Wie damals, als du dich richtig besoffen hast und ich in einer Lache aufgewacht bin.

NIKOLAI Hey, ich dachte, wir reden da nie wieder drüber.

IRINA Und schon hab ich dich wieder umgebracht.

NIKOLAI Ich hab dir so oft gesagt, wie leid mir das tut.

IRINA Passt du überhaupt auf? Ich will nicht mit dir spielen, wenn du an was anderes denkst.

NIKOLAI Ich war ein neurotisches Kind. Bin ich wohl immer noch. Die Ferien haben wir mit den reichen Cousins verbracht, nicht wegen Familie und so, ich meine, das waren richtige Arschlöcher, die mir den Kopf ins Klo gesteckt haben, sondern weil wir was zu essen brauchten und meine Mutter sich dadurch mehr Geld für die nächste Vipassana borgen konnte. Also ja, ich will normal sein, langweilig und vorhersehbar und normal. Mein Traum war immer, dass ich auf einer Party bin, und keiner bemerkt mich. Und das hab ich geschafft. Willst du deshalb nicht mehr mit mir schlafen?

IRINA Weil du normal bist? Du bist nicht normal.

NIKOLAI Weil ich mal in unser Bett gemacht hab.

IRINA Nein.

NIKOLAI Versprochen?

IRINA Klar.

NIKOLAI Ich will auch mein Leben ändern. Wir müssen das gemeinsam machen. Ich komme mit als Freiwilliger nach Griechenland ins Flüchtlingslager. Scheiß auf mein langweiliges Leben. Gehen wir's an.

IRINA Ich will mit dir Schluss machen.

NIKOLAI Was?

MASCHA Was suchst du?

ALEXANDER Die Toilette.

MASCHA Die ist oben, aber du musst durchs große Schlafzimmer, und das ist, glaube ich, besetzt.

ALEXANDER Ich kann warten.

MASCHA Das heißt, du bleibst zum Abendessen?

ALEXANDER Vielleicht kurz.

MASCHA Und deine Frau?

ALEXANDER Die droht ständig damit, sich …

MASCHA Hat sie's mal durchgezogen?

ALEXANDER Vor einem Jahr. Deshalb sind wir wieder hergezogen.

MASCHA Tabletten? Pulsadern?

ALEXANDER Tabletten und 'ne Tüte überm Kopf.

MASCHA Wow.

ALEXANDER Aber damals hat sie tatsächlich nicht gedroht. Wir hatten uns drei Tage nicht gehört. Ich hab in New York den Anruf bekommen. Ich hatte gerade erst mit der Transatlantikroute angefangen und war selten zu Hause, und … na ja … das war's dann …

MASCHA Nix mehr mit New York.

ALEXANDER Wieder hier.

NATASCHA Ich glaube, deine Schwestern können mich nicht ausstehen.

ANDREJ Wie kommst du darauf, Babe?

NATASCHA Die behandeln mich immer so von oben herab, die kriegen immer eine ganz hohe Stimme, wenn sie mit mir reden, und Olga hat eine echt tiefe Stimme, also ist es total auffällig, wenn sie das macht, als würde sie mit einem ihrer Schüler reden.

ANDREJ Die müssen dich noch besser kennenlernen. Du bist eben gewöhnungsbedürftig.

NATASCHA Ich bin was –

ANDREJ Ich meine, als ich dich zum ersten Mal gesehen hab, hab ich …

NATASCHA Pass gut auf, was du sagst.

ANDREJ Nein, nein, ich meine, du warst schon süß, aber ich war nicht sicher, wie …

NATASCHA Klug ich bin? Du dachtest, ich sei dumm?

ANDREJ Nein, nein, nein, Babe. Du bist voll klug, superklug, wirklich, wirklich, heirate mich.

NATASCHA Was?

ANDREJ Heirate mich.

NATASCHA Du bist drauf.

ANDREJ Nur ein klitzekleiner Kick. Nur ein klitzekleiner Minikick. Ich weiß genau, was ich tue.

NATASCHA Wo ist der Ring?

ANDREJ Ring, Ring, ich bin grad knapp bei Kasse.

NATASCHA Besorg mir verdammt nochmal einen Ring, dann reden wir weiter.

ANDREJ Also du … kannst du dich mit dem Gedanken anfreunden?

NATASCHA Wenn da ein Ring in einer kleinen samtenen Schachtel daherkommt und du auf die Knie gehst, und es gibt Dom Perignon und Kellner im Smoking, und du bist seit zwei Monaten clean.

ANDREJ Zwei Monate …

NATASCHA Zwei Monate.

ANDREJ Ich schaff das, Babe. Du, ich schaff das voll. Ich fang gleich mal an. Das spül ich gleich mal im Klo runter, und bis später, Peter. Wow, das fühlt sich gut an, ein Neubeginn, ganz von vorn, das Leben ist so … Wow, ich bin so … Das war echt fast einen Tausender wert …

NATASCHA Alles okay?

ANDREJ Mir ist ein bisschen schwindlig.

OLGA Die Würstchen sind in fünf Minuten fertig, Leute, wo seid ihr? Was machst du da?

ROMAN Über den Ruhestand nachdenken.

Herbert zündet das Feuerwerk.

OLGA O Gott, Herbert, du brennst uns ja das Haus nieder.

IRINA Scheiß mich an, schau dir das an, Nikolai. Schau dir das Feuerwerk an.

NIKOLAI Ah, schön.

IRINA Ich zieh nach Berlin, Nikolai.

NIKOLAI Gute Idee. Berlin ist toll.

IRINA Mach nicht so ein Gesicht. Ich brauche eine Herausforderung, Nikolai. Und du bist ein Sicherheitsnetz. Ich kann so nicht mehr leben.

NIKOLAI Verstehe.

IRINA Freu dich doch für mich.

NIKOLAI Mach ich. Ich freu mich total. Ich gehe noch mal schwimmen.

IRINA Und das Abendessen?

NIKOLAI Ich esse später.

Im Wohnzimmer beginnen Mascha und Alexander, einander zu küssen.

Oh, fuck.

VIKTOR Wollen wir Trinkspiele spielen?

NIKOLAI *Viktor, was ist dein Scheißproblem?*

VIKTOR Es tut mir leid. Ich weiß. Ich bin unter Menschen immer so seltsam. Aber ich meine, ich liebe dich, Nikolai.

NIKOLAI Schon gut, Viktor.

VIKTOR Du sagst das nie zu mir.

NIKOLAI Fuck. Okay. Ich liebe dich auch.

VIKTOR Ich will dich nicht immer in Verlegenheit bringen. Ich weiß, ich bin dir peinlich.

NIKOLAI Bist du nicht.

VIKTOR Trink einfach mit mir. Bitte.

NIKOLAI Ja. Scheiß drauf.

ANDREJ Ich verschaff dir ein ganz besonderes Leben, Baby, wart's nur ab.

NATASCHA O Gott, ich zieh in die Stadt.

ANDREJ Ich hab ein altes Lagerhaus im Industriegebiet gefunden, ein echtes Schnäppchen. Das renovier ich und bau ein Kinderzimmer rein. Oder zwei.

NATASCHA O mein Gott. Passiert das hier gerade wirklich?

ANDREJ Das ist nur der Anfang, Baby.

OLGA WÜRSTCHEN.

AKT 2

OLGA ANDREJ. Andrej, was machst du da bitte?

ANDREJ Oh, ich, oh, hi.

OLGA Was zum Teufel ist hier los?

ANDREJ Ich hab nur ein Nickerchen gemacht.

OLGA Was ist das? Drogen?

ANDREJ Nein, ich hab nur … ich hab das hier gefunden, da müssen irgendwelche Jugendlichen eingebrochen sein.

OLGA Jugendliche?

ANDREJ Ja, so Junkies müssen eingebrochen sein.

OLGA Junkies?

ANDREJ Was macht ihr hier?

IRINA Es ist fast Weihnachten.

ANDREJ Fast was?

IRINA Weihnachten.

ANDREJ Wir haben noch nicht mal Dezember.

IRINA Doch.

ANDREJ Ich dachte, es wär noch November.

IRINA Nein.

ANDREJ Ich hab noch keine Geschenke gekauft.

OLGA Wohnst du hier?

ANDREJ Wär's okay, wenn wir die Geschenke erst nach Weihnachten austauschen? Der Ausverkauf beginnt immer am 27., und wenn wir einfach am 27. behaupten, es ist Weihnachten, dann könnten wir bei den ganzen Angeboten zuschlagen und uns einen ganzen Haufen –

NATASCHA Andrej, wer ist da?

ANDREJ Das sind nur … Meine Schwestern … Es ist fast Weihnachten …

NATASCHA Oh.

OLGA Hi, Natascha.

NATASCHA Was machst du hier? Was machen die hier?

OLGA Seid ihr hier eingezogen?

IRINA Das ist unser Ferienhaus.

ANDREJ Ich meine, echt, warum machen das nicht alle so, Weihnachten am 27., das wär doch mal ein echter Schlag ins Gesicht des kapitalistischen Systems, oder?

NATASCHA Hast du's ihnen nie gesagt?

OLGA Was gesagt?

NATASCHA Wir wohnen hier.

OLGA Ihr was hier?

IRINA Das ist unser Ferienhaus.

NATASCHA Verdammte Scheiße, Andrej, hast du sie nicht mehr alle? Bist du schon wieder drauf?

ANDREJ Hab ich nicht, bin ich nicht.

NATASCHA Du hast gesagt, du schreibst 'ne Rundmail.

ANDREJ Hab ich. Habt ihr meine Rundmail nicht bekommen?

IRINA Nein.

OLGA Nein.

ANDREJ Vielleicht im Spamordner? Ich hab mich letztes Jahr infiziert, mit einem Virus, also nicht ich, mein Computer, ich hätt nicht *The Walking Dead* von dieser weißrussischen Website runterladen dürfen, selber schuld, Andrej, ich weiß …

OLGA Ihr *wohnt* hier?

ANDREJ Jedenfalls sind dann viele meiner E-Mails im Spamordner gelandet …

NATASCHA Andrej hat unser ganzes Geld verloren.

ANDREJ Also mein Körper ist nicht infiziert. Nur falls du danach nicht mehr zugehört hast.

OLGA Verloren …

NATASCHA Alles.

ANDREJ Ich bin komplett sauber. Ich war sogar beim Arzt letztes Jahr. Ich hab nix, gar nix. Blitzblank, sauber.

NATASCHA Sie haben uns aus der Wohnung geworfen.

ANDREJ Ich trinke täglich drei Gläser Orangensaft. Vitamin C, Motherfuckers.

IRINA Ach, Andrej.

OLGA Hast du schon wieder gespielt?

ANDREJ Und bin fit wie ein fucking Turnschuh. Ich geh mal nach dem Baby sehen.

NATASCHA Du gehst nirgendwo hin. Fass Maxim nicht an. Du bist high.

ANDREJ ICH BIN NICHT HIGH, OKAY?

IRINA O Gott.

ANDREJ Ich verdiene sehr viel Geld, ja? Normalerweise verdiene ich sehr viel Geld. Ich hatte einen schlechten Monat. Oder zwei. Die Scheißpokerseite hat ihren Scheißalgorithmus geändert, ich schwör's. Ich hab beim Ombudsmann Beschwerde eingelegt. Das ist doch ein Witz. Ich? Verlieren beim Pokern? Wann hab ich je beim Pokern verloren?

IRINA Warst du drauf beim Spielen? Du solltest nicht spielen, wenn du drauf bist.

ANDREJ Verdammt nochmal, ich bin nicht drauf. Junkies sind eingebrochen. Die haben auch auf den Kaffeetisch geschissen.

NATASCHA Ich fürchte, ihr müsst in die Stadt zurück, Mädels, wir haben keinen Platz für euch …

OLGA Wir feiern hier Weihnachten, Natascha. Das ist das Ferienhaus unserer Familie.

IRINA Wir feiern immer hier Weihnachten.

NATASCHA Ja, na ja, ich weiß nicht recht, was ich da machen soll, Liebling, ich hab hier ein sehr grantiges Baby, das schon kaum schlafen kann, wenn's völlig ruhig ist –

OLGA Es sind schon alle auf dem Weg.

NATASCHA Und ich weiß, wie das ist, wenn ihr feiert, da wird tagelang getrunken und getrunken, kein Wunder, dass euer Bruder drogensüchtig ist.

ANDREJ SCHEISSE, ICH BIN NICHT –

NATASCHA Du gibst dir Mühe, Baby, ich weiß, aber es ist nicht gut, wenn die Auslöser in deiner Nähe sind, so lieb ich euch hab, Mädels, Gott, ist das schön, eure wunderschönen Gesichter zu sehen, aber es ist sehr gefährlich für ihn, von der Art von Leuten umgeben zu sein, dir ihr hierher bringt –

IRINA *Art von Leuten*?

OLGA Was soll das heißen?

NATASCHA Nicht ihr beide. Ihr beide, nein, natürlich nicht ihr, aber eure Freunde sind manchmal ein bisschen –

HERBERT SEHT EUCH DIESEN WEIHNACHTSBAUM AN. Ich meine, ist das nicht der perfekte Baum? Der Typ im Parkhaus bei M Park hat sich ziemlich angeschissen vor mir, ich hab halt auch den Weihnachtsperfektionisten raushängen lassen, wie man das von mir gewohnt ist …

OLGA Bob.

HERBERT Was ist los? Hey, Natascha, ich hab dich noch nie im Pyjama gesehen, was gibt's?

NATASCHA Ach du lieber Gott, wen hast du denn alles eingeladen?

OLGA Die üblichen Verdächtigen.

HERBERT Oh, hey, Natascha, hab gehört, du hast ein Baby gekriegt. Sieht man dir aber gar nicht an. Ich meine, schau dir diesen Bauch an. Schau dir diesen verfickt flachen Bauch an. Du Göttin.

NATASCHA Danke, Bob.

OLGA Wir müssen wohl in die Stadt zurück.

HERBERT Was, wieso? Was ist los?

OLGA Andrej hat deren ganzes Geld im Internet verloren, und sie mussten aus der Wohnung raus, und jetzt sind sie hier vor weiß Gott wann eingezogen.

NATASCHA Vor fünf Monaten.

OLGA Und Andrej hat uns nie geschrieben.

ANDREJ Ich wurde infiziert. Digital.

IRINA Und jetzt gehört ihnen das Haus, obwohl es eigentlich der ganzen Familie gehört, also, na ja, fröhliche fucking Weihnachten, Leute.

OLGA Irina …

HERBERT Was hat sie denn?

OLGA Im Moment ein bisschen Lebensüberdruss.

NATASCHA Und was sollen wir jetzt machen?

OLGA Ich weiß nicht, Natascha, was sollen wir machen?

NATASCHA Ich weiß einfach nicht, was ich sagen soll.

IRINA Bitch.

NATASCHA Hast du mich gerade, hat sie mich gerade …

OLGA Komm, Irina, gehen wir ins Hotel.

IRINA Ich brauch kein verdammtes Hotel. Da oben sind zwei Zimmer.

NATASCHA Nein, Maxim braucht sein eigenes Zimmer, es tut mir leid, er kann einfach nicht schlafen, Andrej schnarcht so fürchterlich laut.

IRINA Maxim ist ein Baby, er ist sieben Monate alt.

NATASCHA Mm?

IRINA Gut. Dann nehm ich eben das Wohnzimmer.

HERBERT Ich glaub, ich hab einen Schlafsack im Auto, Schatz. Für spontane Pyjamapartys.

IRINA Danke, Bob.

OLGA Ich ruf jetzt mal die anderen an … Kurz müssen wir hier bleiben, Natascha, nur für den Fall, dass ich jemand nicht erreiche.

ANDREJ Ich finde Partys super.

NATASCHA Es gibt keine Party, Andrej.

ANDREJ Ich dachte, jemand hat Party gesagt.

NATASCHA Nein, Andrej.

ANDREJ Ich finde, wir sollten eine Party feiern, finde ich. Weißt du noch, früher die Partys, Olga?

NATASCHA Es gibt keine Party.

IRINA Gib mir die Autoschlüssel, Bob.

ANDREJ Sicher feiern wir eine Party. Das ist das Haus meiner Familie, und hier gibt's jetzt eine Weihnachtsparty.

NATASCHA Andrej.

ANDREJ Was ist? Das kleine Arschloch wird schon durchschlafen.

HERBERT Ich glaub, er ist im Kofferraum.

IRINA Danke.

NATASCHA *Maxim* wird nicht durchschlafen, *Maxim* ist ein sehr sensibles –

OLGA Also gut, ich geh mal telefonieren.

NATASCHA Ich weiß, dass ihr mich alle für eine Bitch haltet, ja? Schönen Dank für die Unterstützung.

ANDREJ He, Baby.

NATASCHA Nicht jetzt einfach … Wenn du zulässt, dass diese Leute, dann werde ich …

ANDREJ Was?

NATASCHA Ich geh spazieren. Und Maxim nehm ich mit.

ANDREJ Wo gehst du hin?

NATASCHA Keine Ahnung. Was trinken vielleicht.

ANDREJ Baby.

NATASCHA Zwei Stunden. Du hast zwei Stunden, und wehe, die sind nicht weg, wenn ich wiederkomme.

ANDREJ Mit wem gehst du trinken?

NATASCHA Keine Ahnung, ich find schon wen.

ANDREJ Hey …

HERBERT I love what you've done with the place.

ANDREJ Ich hab nicht mit Gästen gerechnet.

HERBERT Und wie geht's so, Andrej?

ANDREJ Hä? Mir? Mir … mir … ja, blendend. Willst du ein Bier?

HERBERT Nein, danke.

ANDREJ Das ist ein wunderschöner Baum.

HERBERT Ja, dieses Jahr bin ich stolz drauf.

ANDREJ Viel zu tun, viel zu tun. Paar sehr wichtige Projekte und noch einige in der Pipeline.

HERBERT Toll, Mann.

ANDREJ Diese App, die ich entwickle. Historical Street View.

HERBERT Hä?

ANDREJ Na, du kennst doch Google Street View?

HERBERT Ja.

ANDREJ Also genau so, aber historisch. Du kannst zum Beispiel zehn Jahre zurückgehen und schauen, welche Gebäude inzwischen abgerissen wurden, welche sie neu gebaut haben oder wie im Jahr '94, als es so heiß war, die ganze Wäsche vor den Häusern hängt, du hast Ostberlin vor dem Mauerfall mit den ganzen Trabis auf der Straße, und dann scrollst du vor, und alles ist plötzlich voller Hipster, oder zurück, und überall halbe Ruinen nach den Bomben der Sowjets, oder Moskau während der Revolution 1918 oder das belagerte Barcelona oder Tokio vor den Wolkenkratzern, dieselben Straßen, dieselben Bürgersteige, die Menschen haben die gleichen Probleme, aber sie sind ein bisschen anders angezogen und haben ein Samuraischwert statt eines iPhones in der Hand. Athen im Jahr 300 vor Christi, Syrakus zur Glanzzeit des Pythagoras, noch später Römer und noch später Mauren, heute Touristen … ein Feld, auf dem ein einsames Häuschen steht, mit Pferden, Kühen, und dann scrollst du vor, und die Häuser werden immer mehr, weiter vor, Baustelle, weiter vor, Wohnblocks, weiter vor, das Empire State Building und Hotdog-Stände und gelbe Taxis und WLAN-Spots. Historical Street View.

HERBERT Wow.

ANDREJ Da bastel ich grad ein bisschen dran rum.

HERBERT Ist das denn machbar?

ANDREJ Ich habe das Konzept entworfen, aber es braucht wohl ein Heer von Programmierern.

HERBERT Das ist genial.

ANDREJ Meinst du?

HERBERT Ja, das ist genial.

ANDREJ Warst du mal in San Francisco?

HERBERT San Francisco?

ANDREJ Ja, dort wohn ich dann. Silicon Valley. Ich muss nur eine von diesen Apps verkaufen. Ich hab meinen Computer bei Maxims Geburt im Spital verloren. Ich war so aufgeregt und wusste nicht mehr, wo ich ihn hingetan hatte, kannst du dir das vorstellen? Ein guter Junge. Sehr süß. Habt ihr euch schon kennengelernt?

HERBERT Nein …

ANDREJ Komm doch morgen zum Kaffee, kommst du morgen zum Kaffee?

HERBERT Klar.

ANDREJ San Francisco würde dir gefallen. Da gibt's 'ne Riesenszene für Leute wie dich.

HERBERT Was für Leute? Optiker?

ANDREJ Na … Was? Moment. Ach Scheiße, hab ich mir das eingebildet? Mein Hirn ist ein bisschen … in letzter Zeit, ich träum was, und dann bin ich tagelang stinksauer auf das Baby, weil es meinen kleinen Oktopus gefressen hat, und irgendwann wird mir klar, ich hatte nie 'nen Oktopus als Haustier, warum trag ich ihm das nach? Aber du bist … oder?

HERBERT Was?

ANDREJ Schwul?

HERBERT …

ANDREJ Oh, sorry, da lag ich jetzt total daneben, ich meine, das muss dir jetzt echt nicht irgendwie unangenehm sein, also ich meine, ist doch egal, ich wär total gerne schwul, ich hab's mal probiert, mit fünfzehn drei Wochen lang Schwänze gelutscht und das ganze Programm, aber irgendwie war das nicht so das Gelbe –

HERBERT Ich verarsch dich doch nur, Andrej. Machst du Witze? Ich bin stockschwul. Schwuler als Liberace.

ANDREJ Ah, Gott sei Dank. Prost. Moment, hast du gesagt, du willst kein Bier, oder, fuck, Andrej, reiß dich ZUSAMMEN.

MASCHA Da bist du.

ALEXANDER Ich hab dein Auto gesehen.

MASCHA Wann musst du wieder auf der Arbeit sein?

ALEXANDER Ich glaub, ich hab heute frei.

MASCHA Danke, Schnee.

ALEXANDER Hab dich vermisst.

Sie küssen sich.

MASCHA Wie geht's Caroline?

ALEXANDER Ganz okay. Ich war gestern mit den Kindern bei ihr. Sie haben ihre Dosis gesenkt.

MASCHA Das ist gut, oder?

ALEXANDER Ja.

MASCHA Hast du irgendeine Ahnung, wann sie wieder nach Hause kann?

ALEXANDER Sie sagen, es ist zu früh für irgendwelche Entscheidungen. Sie hat »Mama« zu Henrietta gesagt.

MASCHA Welche ist …

ALEXANDER Henrietta, die Ältere.

MASCHA Ah ja. Genau. Natürlich. Sie hat sie Mama genannt?

ALEXANDER Ich glaube, sie hatte gerade erst ihre Tabletten genommen, als wir kamen. Also weißt du, Henrietta ist ihrer Großmutter manchmal sehr ähnlich. Sie wirkte … glücklich. Glücklicher. Ich will, dass du sie kennenlernst.

MASCHA Ich … Okay …

ALEXANDER Sorry, muss nicht sein.

MASCHA Ich hab keine Geschenke für sie gekauft.

ALEXANDER Ich geb dir welche von meinen, und du kannst deinen Namen …

MASCHA Aber nein, das ist komisch.

ALEXANDER Ja, sorry, du hast recht.

MASCHA Wie würdest du mich bezeichnen. Das ist Mascha, eine alte Freundin von mir? Die wohnt nebenan?

ALEXANDER Sie würden nichts ahnen.

MASCHA Das ist Mascha, wir ficken manchmal.

ALEXANDER Hör auf.

MASCHA Das ist Mascha, wisst ihr, wegen der eure Mutter in der Psychiatrie ist.

ALEXANDER Es ist nicht wegen –

MASCHA Dein Gesicht ist rau wie Schleifpapier.

ALEXANDER Sorry. Hab mich gerade aus Gewohnheit rasiert.

MASCHA Ich werd ganz rot sein und einen Ausschlag haben. Das sieht überhaupt nicht verdächtig aus.

ALEXANDER Kommt Theo?

MASCHA Ich sag einfach, ich hab ein Ekzem. Er hatte eine Lehrerkonferenz. Kommt später.
Sie sind draufgekommen, dass Andrej eingezogen ist.

ALEXANDER Jetzt musst du kein Geheimnis mehr für dich behalten.

MASCHA Wo sollen wir hin? Du bist zu groß fürs Auto.

ALEXANDER Die Mädchen spielen im Garten …

MASCHA Nein, nicht bei dir zu Hause, nein.

ALEXANDER Im Bootshaus ist es jetzt zu kalt.

MASCHA Wir könnten ins Dorf fahren.

NATASCHA Oh, Mascha, du bist ja auch da.

MASCHA Hi, Natascha.

NATASCHA Wer ist da bei dir? Theo?

MASCHA Nein. Alexander.

NATASCHA Böses, böses Mädchen.

MASCHA Was soll das heißen?

NATASCHA Mach dir nur kein Köpfchen. Ich verrate euch bestimmt nicht. Bin mit Maxim auf dem Weg ins Dorf. Mal sehen, wer im Gasthaus sitzt. Der Schnee sieht aus wie Sterne, oder?

MASCHA Findest du?

NATASCHA Genau wie Sterne. Ciao, Bella. Ciao, Alex.

MASCHA Das Wort Ciao wird hiermit aus meinem Wortschatz gestrichen.

NIKOLAI Ciao zämme.

MASCHA Nikolai, was machst du denn hier?

NIKOLAI Was meinst du? Weihnachten feiern. Hi, Alex.

ALEXANDER Ich wohne nebenan.

NIKOLAI Ich weiß, ich erinnere mich.

MASCHA Seid ihr wieder zusammen, du und Irina? Hat sie mir gar nicht erzählt.

NIKOLAI Wieder zusammen? Sie hat gesagt, wir sind wieder zusammen?

MASCHA Eben nicht.

NIKOLAI Wir sind nicht wieder zusammen.

MASCHA Verstehe.

NIKOLAI Ich hab eine Freundin.

MASCHA Und warum verbringst du dann Weihnachten nicht mit ihr?

NIKOLAI Sie ist Muslimin. Und ihre Familie weiß noch nichts von mir und na ja … Mama feiert Weihnachten mit meinen Arschlochcousins … also bin ich hier … wollt ihr hier draußen bleiben?

MASCHA Alexander ist gerade gekommen, um uns frohe Weihnachten zu wünschen.

NIKOLAI Komm rein und trink was.

MASCHA Natascha sagt, wir dürfen nicht hierbleiben.

NIKOLAI Scheiß auf Natascha.

ALEXANDER Meine Töchter spielen grad im Garten.

NIKOLAI Du siehst die doch von hier.

ALEXANDER Ich sag ihnen schnell, wo ich bin.

NIKOLAI Bauen die da grad einen Iglu?

ALEXANDER Ja.

NIKOLAI Cool. Den musst du Bob zeigen. Der flippt aus. Wie kommst du mit dem Buch voran?

MASCHA Langsam.

NIKOLAI Ich hab dein letztes gelesen. Alter, ist das deprimierend. Gott im Himmel.

MASCHA Tut mir leid.

NIKOLAI Ich meine echt, wer hätte gedacht, dass eine einzige Figur so viele sexuelle Neurosen haben kann? Bist du das? Ist das autobiographisch?

MASCHA Nein, das basiert auf Irinas Geschichten über dich.

NIKOLAI Was?

MASCHA Nur Spaß.

NIKOLAI Ich hab jetzt einen Monat lang Disney-Filme geguckt. Hast du *Ratatouille* gesehen? Der ist unglaublich. Da ist eine Ratte, die wird Chefkoch. Hahaha. Genial. Meine Seele steht vor einem existentiellen Abgrund.

MASCHA Versteh ich gut.

NIKOLAI Ich meine, ist das ein Scherz? Ein grausamer Scherz? Wachen wir morgen auf, und es heißt: Reingelegt … Donald Trump hat nie existiert, der ist nur eine Marionette von Jim Henson, der raffinierteste Running Gag in der Geschichte des Entertainment … Oder sind wir, ohne es zu merken, in eine alternative Realität gerutscht? Oder ist das nur ein Traum? Bist du wirklich da, Mascha?

MASCHA Okay, Scheiße, Nikolai, halt jetzt endlich die Klappe.

NIKOLAI Disneyfilme gucken und Enya hören. Sonst bin ich zu nichts fähig.

ALEXANDER Worüber reden wir?

NIKOLAI Über die Apokalypse.

ALEXANDER Ich hab noch Hoffnung.

NIKOLAI Gratuliere.

ALEXANDER Es stimmt schon, wir leben in Zeiten der Ignoranz. Die Zukunft sieht düster aus. Aber das ist –

NIKOLAI Willst du ein Bier?

ALEXANDER Gern. Das ist nur das Vermächtnis unserer Eltern und Großeltern, wir können uns noch anders entscheiden –

NIKOLAI Quöllfrisch?

ALEXANDER Gern.

NIKOLAI Glas?

MASCHA Nikolai.

NIKOLAI 'tschuldigung. Ich hör zu.

ALEXANDER Hast du die amerikanische Wählerstatistik nach Altersgruppen geordnet gesehen? In der Gruppe der Achtzehn- bis Fünfundzwanzigjährigen war die Karte komplett blau. Nur ein einziger roter Staat. Wir müssen einfach warten, bis die alten Konservativen alle ausgestorben sind, dann –

MASCHA Wer alt wird, wird auch konservativ.

ALEXANDER Was? Erzähl das mal Fidel.

NIKOLAI Fidel Castro ist soeben gestorben. Ich glaub nicht an Hoffnung. Schau dir die Sechziger an, als alle dachten, sie hätten endlich diese Bigotterie besiegt und eine neue Welt läge vor ihnen, und dann kamen Reagan und Thatcher und Bush und der langsame Tod der Linken … Du wirst heute nicht mehr gewählt, wenn du nicht zumindest ansatzweise eine ausländerfeindliche Haltung vertrittst. Was ist denn das für eine Linke? Die sind keine Führernaturen mehr, nur noch Mitläufernaturen. Seit den Sechzigern gibt es eine einzige Bewegung, und die geht Richtung Engstirnigkeit, Egoismus, Gier und Paranoia. Und jetzt stehen wir vor der letzten Schlacht. Wenn wir die verlieren, haben wir nie wieder eine Chance.

ALEXANDER Zurück ins Mittelalter.

MASCHA Also ich glaub einfach nicht, dass die Sechziger ein purer Moment der politischen und sozialen Radikalität gewesen sein sollen.

NIKOLAI Godard. Antonioni. Pasolini. Tarkowski. Truffaut. Bergman. Kurosawa.

MASCHA Nein. Nein. Das ist doch alles nur ein Scheiß, den uns unsere Eltern eingeredet haben.

NIKOLAI Bob Dylan. Leonard Cohen. Die Stones. Die Beatles. Led Zeppelin. Foucault, Derrida, Baudrillard.

MASCHA Da haben ein paar Schnöselkinder so getan, als würden sie sich für Afrika und den Nahen Osten oder fucking Astralkörper interessieren. Das war eine Kulturtourismus-Experience. Einmal kurz rein und dann wieder raus. Und das kannst du dir als Poster in deiner Wohnung auf der Upper East Side an die Wand neben den Warhol hängen oder als Schlüsselanhänger benutzen, wo draufsteht: »Ich war mal ein Hippie«, während du in deinem Mercedes Benz zu deiner fünften Anlageimmobilie fährst und dir große Sorgen machst um die ökonomische Realität nach dem Brexit und ihre Auswirkungen auf deine Aktienmillionen, aber abends mit deinen Freunden für ein paar Tausend Franken eine Flasche Wein köpfst und in nostalgischen Erinnerungen schwelgst über diesen einen Sommer damals in Kasachstan, als ihr jeden Tag nackt im Kaspischen Meer geschwommen seid und den Niedergang des militärisch-industriellen Komplexes geplant habt. Und dann sind alle nach Hause gefahren und haben in ihren Anwaltskanzleien angefangen und ihre Yves-Saint-Laurent-Klamotten übergestreift, um den großen Schwanz des Kapitalismus zu lutschen. Aber jammern, dass das mit dem Feminismus nicht funktioniert hat. »Alles so hart erkämpft«, BULLSHIT. Das eine sagen und das andere machen. Idealismus klar, aber nur bis die Brieftasche schmerzte. Einwanderer haben sie mit offenen Armen empfangen, solange sie eine geile Wan-Tan-Suppe gekocht und schön die Hemden gebügelt haben. Kein Wunder, dass die Rechten gewinnen. Die entlarven die ganzen falschen Hippies und ihre schlappschwänzige Heuchelei.

ALEXANDER Ich liebe es, dir zuzuhören.

MASCHA Halt die Fresse.

ALEXANDER Wirklich.

NIKOLAI Euch ist schon bewusst, dass ich immer noch hier sitze?

ALEXANDER Ich muss daran glauben, dass meine Töchter es besser haben werden. Was soll ich mir denn für sie vorstellen?

NIKOLAI Die Apokalypse.

ALEXANDER Hör auf, Nikolaj.

NIKOLAI Nur falls die Welt nicht schon im atomaren Winter versunken ist.

ALEXANDER Denkst du das wirklich?

IRINA Oh, hey, Nikolai, du bist ja schon da.

NIKOLAI Ich würd mir um deine Töchter keine Sorgen machen. Wir leben in der Schweiz. Wir verstecken uns einfach in den Bergen, bis alle anderen sich gegenseitig umgebracht haben. Wir zwacken heimlich das ganze Wasser ab, und während der Rest der Welt verdurstet, spielen wir Uno und fangen langsam damit an, die Erde neu zu bevölkern. Mit lauter sauberen, artigen und wohlerzogenen Schweizer Kindern. Deine Töchter werden die Urmütter der Zukunft.

IRINA Nikolai.

NIKOLAI Oh, hey, Irina, hab dich gar nicht bemerkt.

IRINA Ich hab dich doch grade begrüßt.

NIKOLAI Sorry, hab dich nicht gehört. Ich war damit beschäftigt, die beiden da runterzuziehen. Hast du *Ratatouille* gesehen?

IRINA Weiß ich nicht mehr.

NIKOLAI Du siehst müde aus.

IRINA Ich brauche einen neuen Job.

NIKOLAI Aber hast du nicht schon den sechsten Job in achtzehn Monaten?

IRINA Es bringt doch nichts, was zu tun, was ich hasse.

ALEXANDER Es gibt zu viele Möglichkeiten heutzutage.

MASCHA Oder zu wenige.

IRINA Berlin ist nicht mehr das, was es mal war.

NIKOLAI Wann war es das schon?

IRINA Ich meine, wo soll ich jetzt noch hin? Ich hab gedacht, ich treffe dort auf Lou Reed und David Bowie, die an ihrem neuen Album arbeiten, und Nick Cave macht Party mit Wim Wenders, und die alten Lagerhallen sind alle voll mit nackten Leuten, die einander bemalen …

MASCHA O Gott.

ALEXANDER David Bowie ist tot.

NIKOLAI Lou Reed auch.

IRINA Das ist mir schon klar, Alexander, das war eine Metapher. Ich meine, wo passiert so was überhaupt noch?

NIKOLAI Ich weiß nicht, vielleicht in Athen … Alle ziehen grad nach Athen.

IRINA Alles, was ich entdeckt habe, war Starbucks und Soho House und stinkreiche Briten mit langen Bärten und überall Souvenirläden, die Ampelmännchen verkaufen. Ich meine, was macht man denn überhaupt in Berlin?

MASCHA Ich geh meistens in die Oper.

NIKOLAI Wichser.

IRINA Ich bin an der Hoffnungslosigkeit der ganzen Situation mit jeden Tag mehr und mehr verzweifelt. Ich hab im Welcome Center gearbeitet, und da war diese Frau, diese Geflüchtete, deren Sohn hatte sich gerade umgebracht, weil sie ihn zurückschicken wollten. Ich glaube, er hatte aus lauter

Verzweiflung einen Späti überfallen und noch so ein paar Bagatelldelikte aus der Zeit in Griechenland auf dem Buckel oder so, jedenfalls kriegt er die Mitteilung, dass sie ihn abschieben, und na ja, dann hat er sich von einem Wohnblock geschmissen. Und seine Mutter wollte ihrem Bruder zu Hause eine E-Mail schreiben, um ihm das zu sagen, und ich sollte ihr helfen, aber die E-Mail kam ständig zurück mit 'ner Fehlermeldung, sie hatte die Adresse auf einen Zettel geschrieben, und die hat nicht gestimmt, und jedes Mal, wenn wir's wieder versucht haben, kam wieder die Fehlermeldung, und sie fing an zu weinen und an meinem Ärmel zu zupfen, und dann kam dieses völlig verzweifelte Heulen und Klagen aus ihr, und das hat angefangen, alle anderen zu verstören, und ich hab … ich hab sie einfach angeschrien … ich hab geschrien, sie soll nach Hause …

NIKOLAI Das klingt schon echt stressig.

IRINA Jetzt stell dir mal vor, wie stressig das für *die* ist.

NIKOLAI Irina.

IRINA Ich kann da nicht wieder zurück. Das würde ich nicht aushalten, wie die anderen Freiwilligen mich anschauen. Das ist mir immer noch peinlich. Also was soll ich machen? Soll ich einfach aufgeben?

MASCHA Mir kommt vor, das machst du bereits. Aufgeben, sobald es schwierig wird.

NIKOLAI Mascha.

IRINA Hab ich dir irgendwas getan?

MASCHA Hast du eigentlich den Rest des Hauses schon gesehen, Sascha?

ALEXANDER Nein, noch nicht.

MASCHA Willst du mal sehen?

ALEXANDER O ja, gerne.

IRINA Was hat die denn? Und was macht er hier?

NIKOLAI Was denkst du denn?

IRINA Wie meinst du das?

NIKOLAI Gott, ihr habt alle echt Tomaten auf den Augen.

ROMAN Wieso kommt mir der Weg vom Auto dreimal so lang vor wie früher?

VIKTOR Weil du alt wirst und bald stirbst.

ROMAN Hä?

VIKTOR Wenn's dir mal zu viel wird, sag Bescheid, dann gebe ich dir den Gnadenschuss.

NIKOLAI Viktor, heute ist nicht der richtige Tag.

VIKTOR Wofür?

NIKOLAI Wenn du wieder so komisch drauf bist, gehen wir lieber was trinken.

VIKTOR Ich bin wegen Irina hier, nicht wegen dir.

IRINA Hat sie deshalb Sascha zu ihm gesagt?

NIKOLAI Natürlich.

VIKTOR Wodka irgendjemand?

ROMAN Her damit.

IRINA Roman.

ROMAN Habt ihr's noch nicht gehört? Ich trinke wieder. Es stellt sich heraus, dass der Stress, nüchtern zu bleiben, mich schneller zerstört hat, als an meinen schlechten Angewohnheiten festzuhalten.

OLGA Roman, warum bist du nicht ans Handy gegangen?

ROMAN Das hab ich zu Hause gelassen.

OLGA Was heißt, du hast es zu, hi, Nikolai, was machst du denn hier?

IRINA Ich hab ihn eingeladen.

ROMAN Ich gönne mir einen technikfreien Monat. Ich hab einfach zu viele deprimierende Nachrichten gelesen. Habt ihr mitgekriegt, dass einige gedacht haben, Trump könnte Präsident werden?

NIKOLAI Ist er.

ROMAN Was?

NIKOLAI Präsident geworden.

ROMAN Was? Wovon redest du? Wie? Ach komm, verpiss dich, du verarschst mich doch.

OLGA Komm schon, Roman, das musst du doch mitgekriegt haben.

ROMAN Ich war zwei Wochen im Schlaflabor, wovon redest du?

VIKTOR Tja, guten Morgen.

NIKOLAI Ich hab Disneyfilme geguckt.

OLGA Seid ihr wieder zusammen?

IRINA Nein.

ROMAN Ihr verarscht mich, oder?

NIKOLAI Nein.

ROMAN Du, Viktor, ich komm vielleicht auf das Angebot mit der Kugel zurück.

VIKTOR Jederzeit gerne. Meine Armeewaffe ist im Auto.

OLGA Ich möchte keine Waffen im Haus. Verstanden? Viktor?

VIKTOR Ach komm schon, Süße.

OLGA Was machst du gerade? Was macht er gerade?

VIKTOR Ich hab doch gesehen, wie du mich anschaust.

NIKOLAI Ich helf mal Bob mit dem Baum.

OLGA Ihr könnt alle aufhören, auszupacken, wir werden rausgeworfen.

NIKOLAI Im Ernst jetzt. Scheiß auf Natascha. Das ist euer Haus. Feiert verdammt nochmal Weihnachten.

IRINA Ich geh mal eine rauchen.

OLGA Du rauchst nicht, Irina.

IRINA In Berlin hab ich angefangen.

VIKTOR Ich meine, mit der Idee könnte ich mich schon anfreunden. Diesen Altersunterschied habe ich noch nicht erforscht. In die andere Richtung eher noch, aber … Du brauchst eindeutig ein bisschen Trost, und ich bin wahrlich kein Egoist.

OLGA Hau ab, Viktor.

VIKTOR Entspann dich. Trink ein paar Wodka. Und keine Panik, ich geh's behutsam an.

OLGA Geh weg von mir. Sofort.

VIKTOR Dein Pech. Was ist das eigentlich für ein Geruch?

OLGA Was? Schon wieder die Ratte? Ich dachte, der Winter hätte sie eingefroren.

VIKTOR Nein, das riecht nach Mensch. Und nach dem Tod.

OLGA Lass Roman in Frieden.

VIKTOR Ich hab mir Enthauptungen auf Dschihadistenseiten angeschaut. Vielleicht ist es nur das.

OLGA O Gott.

VIKTOR Es ist faszinierend. Sie schaffen's nicht immer gleich beim ersten Schlag durch den Hals. Manchmal müssen sie ein bisschen sägen … Und die Opfer haben so große Angst, die fügen sich einfach. Und es dauert ein bisschen, sie glucksen und sprudeln, und schließlich werden ihre Augen ganz leer. Ich meine, die könnten versuchen, wegzurennen, aber niemand macht das. Wie Opferlämmer.

MASCHA Wir könnten abhauen.

VIKTOR Ich wüsste gern, wie sich das anfühlt.

ALEXANDER Wohin?

VIKTOR Sich einfach seinem Schicksal zu ergeben.

MASCHA Egal. Wohin du willst.

ALEXANDER Buenos Aires?

MASCHA Klar.

ALEXANDER Sydney?

MASCHA Noch besser.

ALEXANDER Auf die Galapagos-Inseln? Dort gibt's sehr interessante Tiere.

MASCHA Küss mich.

ALEXANDER Was, wenn jemand reinkommt.

MASCHA Ist mir egal.

ALEXANDER Wie können wir aus dieser Situation rauskommen?

MASCHA Arschlöcher sein. Anders geht's nicht.

ALEXANDER Meine Frau braucht mich. Sie braucht irgendjemand. Irgendetwas.

MASCHA Mein Mann wäre ohne mich glücklicher. Ich behandle ihn echt mies.

ALEXANDER Warum?

MASCHA Weil er mich an meine eigene Unsicherheit erinnert.

ALEXANDER Aha.

MASCHA Und weil er immer schmatzt. Und weil er immer daneben pisst und ich morgens reintrete. Und weil er dauernd über seine eigenen Witze lacht. Und den ganzen Sonntag lang eine Schürze trägt und Patisserie bäckt, die wir zwar niemals essen, aber die er trotzdem auf Instagram stellt. Und weil er jedes Mal fragen muss: »Ist das okay?«, wenn wir ficken. Sorry.

ALEXANDER Nein. Schon …

MASCHA Hast du noch …

ALEXANDER Was?

MASCHA Mit deiner Frau?

ALEXANDER Fast nie.

MASCHA Aber manchmal? Damit sie sich besser fühlt?

ALEXANDER Dieses Gespräch gefällt mir nicht.

MASCHA Ich meine, er ist ein guter Kerl. Und sehr witzig. In der Schule war er der Coolste. Wirklich. Dieser Typ, den alle wollten. Von dem alle was wollten. Und ich hab ihn gekriegt. Es war wahrscheinlich reine Eitelkeit. Aber ich hab ihn schon geliebt.

ALEXANDER Natürlich.

MASCHA Ich hätte rumvögeln sollen in meinen Zwanzigern. Dafür bin ich eher der Typ. Du?

ALEXANDER Was?

MASCHA Hattest du viel Sex?

ALEXANDER Nur mit zwei Frauen.

MASCHA Und ich bin eine davon?

ALEXANDER Du bist eine davon.

MASCHA Merkt man gar nicht.

ALEXANDER Puh, da bin ich erleichtert. Schätz ich.

MASCHA Was für eine Verschwendung.

VIKTOR Was ist das?

OLGA O Scheiße. Fass das nicht an.

VIKTOR Was ist das?

OLGA Papa.

VIKTOR Papa?

OLGA Seine Asche. Wir wollten sie damals im Sommer verstreuen, das war ein Jahr nach seinem Tod, aber wir sind nie dazugekommen, und ich hab sie im Schrank versteckt, gib sie wieder her …

VIKTOR Ich könnte Risotto daraus machen. Sehr buddhistisch. Reinkarnation und so weiter …

OLGA Gib her.

VIKTOR In Papua-Neuguinea essen sie die Gehirne ihrer Angehörigen, um einen Teil ihre Seele weiter mit sich zu tragen. Ich sag dir, mein Safran-Parmesan-Toter-Papa-Risotto ist echt zum Niederknien. Ich sag's nur.

OLGA Du bist wirklich der widerlichste Mensch, der mir je begegnet ist.

VIKTOR Ich nehm das mal als Kompliment.

ROMAN Liebling, da gibt es etwas, das wollte ich dir schon lange sagen.

IRINA Stop. Bist du betrunken?

ROMAN Nicht im geringsten, ich hab gerade erst angefangen.

IRINA Ich kann jetzt nicht, Roman, es ist alles zu …

ROMAN Ich verstehe, verstehe, aber –

IRINA Hast du eigentlich keine eigenen Freunde?

ROMAN Hab ich. Hab ich natürlich. Was denkst du denn, dass ich sonst das ganze Jahr mache? Ich gehe mit Kollegen auf Dinnerpartys, dann gibt's noch den Schachklub, und ein paar von uns fahren mit Oldtimern durch die Alpen, und letztes Jahr bin ich den Jakobsweg gegangen, da hab ich eine ganze Menge Leute kennengelernt, mit denen schreib ich noch immer auf Facebook …

IRINA Hast du eine Freundin?

ROMAN Nein, nein. Deine Mutter war die Einzige, die ich je geliebt habe.

IRINA Aber könntest du nicht ein bisschen Gesellschaft gebrauchen?

ROMAN Ich? Ich bin ganz zufrieden alleine.

IRINA Aber bist du das wirklich? Ehrlich?

ROMAN Was ist das für ein Verhör?

IRINA Ich meine wenigstens Sex.

ROMAN Oh, das ist nicht, ich meine das ist nicht wirklich mein … Ich war neun Monate mit deiner Mutter zusammen. Dein Vater war mit dieser brasilianischen Bildhauerin abgehauen, und eines Abends klopfte sie an meine Tür. Es war April. Der 9. April. 1993. Es hat geregnet, und sie hat in der Einfahrt gestanden und geweint, und ich hab einen Regenschirm über uns gehalten. Jahrelang hatte ich auf diesen Moment gewartet … Neun Monate … die ich nicht für fünfzig Jahre Ehe mit irgendjemand anderem hergeben würde.

IRINA Was war so besonders an ihr?

ROMAN Sie hat … gebrannt … wie du … sie hat sich nie zufrieden gegeben … Ihre Neugier hatte keine Grenzen … Das Leben mit ihr war ein Abenteuer … So einfach ist es …

THEO O mein Gott, das hat mich völlig vernichtet.

IRINA Hi, Theo.

THEO Irina. Herr Doktor.

ROMAN Wie war die Fahrt?

THEO Umwerfend. Leere Straßen. Händels *Messias*. Dann etwas Jay-Z. Perfekt. Hast du gehört, Kanye West mag Donald Trump. Whaaaat. Die LPs werf ich alle raus. Yeezus, that's gonna hurt. Checkst du's?

IRINA Hä?

THEO Kanye West. Sein Alter Ego. Yeezus.

IRINA Wer ist Kanye West?

THEO Ein Rapper. Der Mann von Kim Kardashian.

IRINA Wer ist das?

ROMAN Kim Kardashian aus *Keeping up with the Kardashians*? Also bitte, Irina.

THEO *singt* Golddigger.

IRINA Oh, ja, das ist ein toller Song.

MASCHA Theo ist da.

ALEXANDER Okay. Ich verschwinde durch die andere Tür.

MASCHA Nein. Bleib hier. Tu so, als wärest du am Klo gewesen. Ich sag, ich brauch noch was aus dem Ort. Du bringst die Mädchen ins Bett, und wir treffen uns im Hotel.

ALEXANDER Okay.

MASCHA Gott, hab ich dich vermisst.

ALEXANDER Ich dich auch.

Theo singt noch einen Kanye-West-Song.

IRINA Okay, ich weiß jetzt, wen du meinst.

THEO Er ist für Donald fucking Trump, Fragezeichen, WTF, LOL, nicht LOL.

ROMAN Also, Irina, irgendwann heute Abend würd ich dich wirklich gerne unter vier Augen sprechen.

IRINA Heute nicht, Roman, ich kann heute echt keinen Anderer-Leute-Probleme-Abend haben.

THEO Also dann, Zeit zum SAUFEN.

IRINA Gute Idee.

THEO Setzen wir uns ans Klavier und singen Trinklieder. Nikolai.

NIKOLAI Ja?

THEO ANS KLAVIER.

NIKOLAI Gute Idee. So, das reicht, Bob. Ich glaub, der ist geschmückt.

HERBERT Meinst du, das genügt?

NIKOLAI Ja, das genügt. Hol uns mal ein Bier.

HERBERT Zu Befehl, der Herr.

NIKOLAI Schläft Andrej?

ANDREJ Hä? Nein, Andrej schläft nicht. Er träumt.

HERBERT Von San Francisco?

ANDREJ Woher weißt du das?

HERBERT Komm, wir singen Klavierkaraoke.

ANDREJ Ach du liebe Zeit.

MASCHA Ich hab noch was vergessen. Ich geh schnell rüber ins Dorf.

THEO Ich bin doch gerade erst angekommen.

MASCHA Ich weiß, Schatz, aber ich muss.

THEO Ist es mein Geschenk? Hast du mein Geschenk vergessen?

MASCHA Wie hast du das nur erraten?

THEO Gib's mir einfach später.

ANDREJ Das sag ich doch die ganze Zeit. Weihnachten am 27.

MASCHA Ich hab eine ganze Tüte stehen lassen, okay? Lass … Bis später, ja?

THEO So, jetzt kann ich RICHTIG SAUFEN. Keine Überwachung mehr! Also dann, Leute, möge der Alkohol *fließen.*

ANDREJ Willst du ins Kasino gehen?

ROMAN Haben die heut Abend offen?

ANDREJ *Ja.* Hab auf der Homepage nachgeschaut. Die ganze Nacht.

ROMAN Wunderbar, nichts wie los.

ANDREJ He, kannst du mir vielleicht ein paar Tausender leihen? Bei mir isses grad eher eng.

ROMAN Ja, das ist mir aufgefallen.

ANDREJ Und?

ROMAN Klar. Aber sag deinen Schwestern nichts davon.

THEO Ich liebe Mascha. Wirklich. Es sind jetzt schon zehn Jahre, und ich schreie immer noch innerlich, wenn ich sie sehe. Als würde mir vor Nervosität die ganze Brust zerspringen. Weißt du, manchmal kann ich nicht essen, wie beim ersten Date, oder? Sie bringt mich einfach an meine Grenzen. Ich glaube, als wir uns kennengelernt haben, war ich sehr selbstgefällig, weißt du, es gab einige Konkurrenz um meine Aufmerksamkeit. Ich wurde gerade in die Juniorbasketballnationalmannschaft aufgenommen, und mein Abschluss war auch ein Slam Dunk. Stanford hat mir sogar einen Studienplatz angeboten, mit 60 000 Dollar im Jahr on Top. Aber, na ja, dann haben wir geheiratet, und Mascha wollte hier bleiben und … Ich meine, es gab schon auch andere, aber wow, immer wenn sie hereinkam, ist mein Herz aus dem Arsch gerutscht. Im Ernst. Kennst du das Gefühl?

HERBERT Ja, klar kenne ich das Gefühl.

THEO Es war nicht immer ganz leicht, aber wenn wir, oh, hey, Alex, wer sieht mehr nach Ryan Gosling aus: du, ich oder Bob?

HERBERT Ich!

THEO Was machst du denn hier?

ALEXANDER Ich war auf der Toilette.

THEO Ist eure kaputt?

ALEXANDER Wie?

THEO Eure Toilette?

ALEXANDER Die ist nicht kaputt.

THEO Ich bin verwirrt.

ALEXANDER Ich auch.

NIKOLAI Alex ist hergekommen, um uns frohe Weihnachten zu wünschen.

ALEXANDER Ich muss die Mädchen ins Bett bringen.

THEO Schön, dich zu sehen, Mann. Wie geht's deiner Frau?

ALEXANDER Bestens.

THEO Ich habe gerade gesagt. Hey, du weißt ja, wie das ist. Wir zwei alten Ehemänner.

ALEXANDER Was meinst du?

THEO Der Moment, wenn du ins Bett kriechst, und die Luft ist eisigkalt, aber ihr Körper glüht nur so vor Wärme. Und du kuschelst dich an sie und schmiegst dein Gesicht an ihren Nacken, und dieser Duft … Gott, das ist wie nach Hause zu kommen.

ALEXANDER Ich weiß nicht, wovon du redest.

THEO Nein? Hast du das nicht mit deiner Frau? (meiner … ahahaha)

ALEXANDER Ach so … ja, doch … jaja.

THEO SCHEISSE, ICH LIEBE MASCHA. Trink was mit uns.

ALEXANDER Ich kann nicht, ich muss zurück zu …

THEO HEY. Trink einen mit mir. Weißt du, wie man ein Bier shotgunt?

ALEXANDER Bitte was?

THEO Ich zeig's dir. Shotgun. Hab ich als Teenager von meinem Gastbruder in Amerika gelernt.

ALEXANDER Na gut. Vielleicht zehn Minuten.

THEO Hast du eine Stunde gesagt? Hahahaha. Ich mag dich echt gern, Mann. Mir kommt vor, wie haben einiges gemeinsam.
Viktor schießt draußen mit seinem Militärgewehr in die Luft.
Scheiße, was ist das denn?

NIKOLAI Ruft die Polizei.

THEO Hast du schon wieder Feuerwerkskörper gekauft, Bob?

HERBERT Ich habe nichts gemacht.

NIKOLAI O Gott. Das ist Viktor.

IRINA VIKTOR, BIST DU VÖLLIG DURCHGEKNALLT.

VIKTOR Ich dachte, wir machen eine Party?

IRINA Du bringst uns noch alle ins Gefängnis.

VIKTOR Ich schieß doch nur auf Möwen.

IRINA Du bist echt ein Psychopath.

VIKTOR Wie soll ich dich denn sonst auf mich aufmerksam machen?

IRINA Was?

VIKTOR Du lachst die ganze Zeit über die Witze von allen anderen, und wenn ich da bin, nimmst du mich nicht einmal wahr.

IRINA Es tut mir leid, Viktor.

NIKOLAI WAS MACHST DU DENN DA, DU BESCHISSENER IDIOT. DAS IST DAS LETZTE MAL, DASS ICH DICH MITGENOMMEN HABE.

VIKTOR Okay, du Arschloch, fick dich selber.

IRINA Lass uns einfach mal alleine, Nikolai, ich klär das.

NIKOLAI Bist du sicher?

IRINA Ja, bleib einfach kurz hier, okay?

VIKTOR Seit achtzehn Monaten versuch ich, meinen Mut zusammenzunehmen. Ich wollte dir ein bisschen Zeit geben nach der Trennung von Nikolai, und immer wenn wir danach beide auf einer Party waren, hab ich einfach, da konnte ich einfach nicht, letzte Woche hab ich dich diesen Typen küssen sehen …

IRINA Welchen?

VIKTOR Es gab mehr als einen?

IRINA Na und?

VIKTOR Das sind alles Arschlöcher. Die respektieren dich nicht. Ich weiß das.

IRINA Woher willst du das wissen?

VIKTOR Ich respektiere dich.

IRINA Hör auf damit, Viktor.

VIKTOR Ich bin in dich verliebt. So, jetzt isses raus. Bitte sehr. Ich hab's endlich gesagt.

IRINA O Gott.

VIKTOR Ich schwör bei Gott, ich tu alles für dich. Du musst es nur sagen.

IRINA Viktor.

VIKTOR Soll ich's beweisen? Was soll ich machen? Ich beweis es dir.

IRINA Ich glaube, du brauchst vielleicht Hilfe.

VIKTOR Was?

IRINA Ich glaube, du brauchst professionelle …

VIKTOR Aha. Okay.

IRINA Wir kennen einander kaum. Wir haben uns vielleicht zehnmal getroffen. Und jetzt stehst du plötzlich da und gestehst mir deine Liebe mit einer Pistole in der Hand.

VIKTOR Das ist echt so scheißetypisch jetzt.

IRINA Es tut mir leid. Ich mag dich, Viktor, aber …

VIKTOR Einmal gehe ich ein großes Risiko ein. Trau mich was, und natürlich …

IRINA Sag das nicht. Das ist unfair.

VIKTOR Du bist genau wie alle anderen.

IRINA Okay.

VIKTOR Fick dich.

IRINA Okay.

Viktor geht ab.

NIKOLAI Alles okay?

IRINA Ja, schon gut.

NIKOLAI Was ist passiert?

IRINA Nichts.

NIKOLAI Wo ist er hin?

IRINA Wer weiß. Ich hoffe, er tut sich nichts an.

NIKOLAI Sollen wir die Polizei rufen?

IRINA Nein, vergiss es. Nikolai?

NIKOLAI Ja?

IRINA Was denkst du, wie lange du noch mit deiner Freundin sein wirst?

NIKOLAI Weiß nicht, sechs Monate …

IRINA Okay, dann warte ich auf dich.

NATASCHA Hey Nikolai, du bist ja auch noch da. Hey Leute. Was ist das die ganze Zeit für ein elender Lärm? Ich hab hier ein schlafendes Baby im Kinderwagen.

HERBERT Es ist ein Baby, es wird nichts mitkriegen.

NATASCHA Du. Ihr ALLE habt nicht die geringste Ahnung, was es heißt, Mutter zu sein. Wo ist Andrej, er hat mir versprochen, wir hatten eine Abmachung?

THEO Er ist weg.

NATASCHA Er ist what the fuck? OLGA? Wo ist Olga?

HERBERT Komm, sing mit, Süße, das wird dir guttun.

NATASCHA Finger weg, Bob, sonst knall ich dir eine.

HERBERT Oje. Ich glaub, sie braucht einen Einlauf.

NATASCHA Ich geh jetzt mit dem Baby hinauf. Ihr habt fünf Minuten, um schnurstracks aus meinem Haus zu verschwinden.

OLGA UNSER HAUS. ES IST UNSER HAUS, VERDAMMT.

NATASCHA Was ist denn jetzt bitte mit ihr?

IRINA Olga? Weinst du?

OLGA Was? Ich? Nein.

IRINA Was ist los?

OLGA Ich muss nur dran denken, wie wir Kinder waren.

IRINA Und?

OLGA Und warum wir verdammt nochmal erwachsen werden mussten.

AKT 3

MASCHA Wir sollten uns anziehen.
ALEXANDER Ich weiß.
MASCHA Was machst du da unten?
ALEXANDER Frühstück.
MASCHA Nein.
ALEXANDER Doch.
MASCHA Wir haben's eilig.
ALEXANDER Jaja.
MASCHA Komm her.
ALEXANDER Ich brate den Speck an.
MASCHA Komm her.
ALEXANDER Gott.
MASCHA Ganz schnell.
ALEXANDER …
MASCHA …

Hi.

ALEXANDER Hi.
MASCHA Ich wollte dir nur sagen: Ich liebe dich.
ALEXANDER Ich liebe dich auch.
MASCHA Und dich küssen.

Alexander küsst sie.

Zieh die Unterhose aus.

ALEXANDER Ich hab schon geduscht.
MASCHA Dann dusch noch mal.

ALEXANDER Der Speck brennt an.

MASCHA Dann brennt eben das ganze Haus ab, scheißegal.

ALEXANDER He.

MASCHA Entschuldige, das war … Entschuldige. Küss mich.

ALEXANDER Wir sehen uns unten, ja?

Mascha steigt aus der Dusche. Trocknet sich ab.

Alexander brät.

MASCHA *kommt nach unten* Ich hab eine Wohnung gefunden.

ALEXANDER Ach ja?

MASCHA In Brooklyn.

ALEXANDER Super.

MASCHA Willst du mal sehen?

ALEXANDER Ja, klar.

Mascha zeigt ihm die Fotos.

Wow. Richtig schön.

MASCHA Ja, oder?

ALEXANDER New York.

MASCHA Nicht wahr?

ALEXANDER Fuck.

MASCHA Angst?

ALEXANDER Nein. Aufregung.

MASCHA Wann sagst du es ihr?

ALEXANDER Heute Nachmittag. Heute Morgen. Gleich.

MASCHA Und dann kommst du wieder her.

ALEXANDER Jep.

MASCHA Lass dir Zeit, wenn du willst. Ich meine, wenn du erst noch mit einem Freund sprechen möchtest …

ALEXANDER Ich hab keine Freunde.

MASCHA Und Jakob?

ALEXANDER Der ist ein alter Freund von Carolines Schwester.

MASCHA Ach so.

ALEXANDER Ja.

MASCHA Wir wohnen eine Zeitlang in der Stadt. Okay? Du kannst dich in Ruhe um die ganze … Logistik kümmern, und erst dann müssen wir umziehen. Diese Leute in Brooklyn haben kein Problem damit, die Wohnung noch eine Zeitlang auf Airbnb zu vermieten, bis wir …

ALEXANDER Können wir die praktischen Dinge vorerst beiseitelassen?

MASCHA Und frühstücken. Oder willst du noch mal Sex?

ALEXANDER Hast du nicht gesagt, die kommen gleich alle?

MASCHA Das war ein Witz.

ALEXANDER Ah, verstehe. Tut mir leid.

MASCHA Bin ich komisch?

ALEXANDER Nein. Überhaupt nicht.

MASCHA Was?

ALEXANDER Nichts.

MASCHA Ich sag's Theo noch heute. Versprochen.

ALEXANDER Ich weiß. Ich weiß.

MASCHA Hör einfach auf. Komm hier rüber. Setz dich hin. Schau mich an. Alles ist gut.

ALEXANDER Ich weiß. Es ist großartig.

MASCHA Ist es. Das ist es. Endlich, das ist es.

NIKOLAI Hey Leute.

MASCHA Verdammt nochmal, Nikolai, du hast mich zu Tode erschreckt. Wo ist Irina?

NIKOLAI Parkt. Zieht euch mal lieber was an.

ALEXANDER Okay. Ich …

NIKOLAI Und wie läuft das so?

MASCHA Wirst du schon sehen.

NIKOLAI Oooh. Ich liebe Überraschungen.

MASCHA Wie geht's mit den Hochzeitsvorbereitungen?

NIKOLAI MEGA-NERVIG. Meine Mutter entpuppt sich als Hochzeitsnazi.

MASCHA Ich dachte, sie sei ein Hippie?

NIKOLAI Schon, aber sie hat nie geheiratet und bereut einiges, und ich bin jetzt wohl der, der das ausbaden muss … Irina will einen Vintage-Männeranzug tragen. Du kannst dir denken, wie das angekommen ist.

MASCHA Diese Scheiß-Pseudo-Hippies.

IRINA Hey Mascha.

MASCHA Hi Schatz. Deine Haare sind schon wieder anders. Interessant.

IRINA Die Frisur hatte ich schon letztes Mal, als wir uns getroffen haben.

MASCHA Echt? Entschuldige. Nur zur Info. Sascha ist oben, er hat nur schnell bei uns geduscht.

IRINA Im Ernst, Mascha?

MASCHA Was?

IRINA Ich rede manchmal mit Nikolai. Er erzählt mir alles.

MASCHA Und?

IRINA Ich weiß, dass ihr vögelt.

MASCHA Ach so. Ja und, er hat trotzdem schnell bei uns geduscht. Das ist keine Lüge.

IRINA Gratuliere. Vielen Dank.

MASCHA Was hast du denn?

IRINA Gar nichts. Bringen wir's hinter uns.

OLGA Also gut, hier wären wir.

MASCHA Olga, du siehst aus wie eine Leiche.

NIKOLAI Sie hat ihren charmanten Tag.

OLGA Ich bin erkältet.

ANDREJ He Leute.

OLGA Andrej.

ANDREJ Ich hab Packband mitgebracht.

MASCHA Genial.

OLGA Also, ich hab die Liste von allem, was jemand behalten möchte, hier.

MASCHA Ich brauch nix. Ihr könnt alles haben.

IRINA Willst du gar nichts?

OLGA Eine von uns sollte die Urne nehmen und endlich diese Asche verstreuen.

IRINA Er wollte hier verstreut werden.

OLGA Ah ja, genau, also heute oder nie.

ANDREJ Ich brauch einen Burger. Will noch jemand einen Burger? Ich fahr ins Dorf.

NIKOLAI Nein, danke.

OLGA Du bist gerade erst angekommen.

ALEXANDER Oh, hey.

MASCHA Sascha hat bei uns geduscht.

Irina kichert.

OLGA Oje, wohnt ihr immer noch im Trailerpark?

ALEXANDER Jep.

OLGA Das ist sicher furchtbar für die Mädchen.

ALEXANDER O ja …

OLGA Wollten deine Frau und deine Kinder nicht auch duschen?

ALEXANDER Die, äh … nein, die brauchen das nicht …

OLGA Deine arme Frau. Ich kann mir gar nicht vorstellen, wie die leiden muss.

ANDREJ Was ist passiert?

MASCHA Andrej, das hab ich dir doch erzählt.

OLGA Ihr Haus ist abgebrannt.

ANDREJ Ah ja, Scheiße, das hab ich gerade von der Straße aus gesehen. Wurde jemand verletzt?

ALEXANDER Niemand wurde verletzt …

ANDREJ Eine elektrische Störung, Mann?

ALEXANDER So was in der Art, ja …

ANDREJ He, willst du einen Burger, Mann?

ALEXANDER Danke, nein … Ich hab mir gerade Frühstück gemacht.

IRINA Ich dachte, du wolltest duschen?

ALEXANDER Ja, und da dachte ich … oh, übrigens, Leute, hier sind Speck und Eier …

ANDREJ Oooh. Ja, bitte. Vielleicht brauche ich keinen Burger.

NIKOLAI Ich fang mal an, die Bücher einzupacken.

OLGA Irina, Mascha, es muss wirklich heute geschehen. Keine Ausreden.

MASCHA Ist gut, Olga.

IRINA Willst du dich nicht ein bisschen hinlegen?

OLGA Es gibt viel zu viel zu tun, Irina.

ANDREJ Wann ist euer Haus abgebrannt, Mann?

ALEXANDER Vor ein paar Monaten.

ANDREJ Baut ihr's wieder auf?

ALEXANDER Ich glaub nicht, es fehlt uns echt das Geld.

ANDREJ So ein Mist, Mann. Das war ein tolles Haus.

ALEXANDER Ja …

ANDREJ Wart ihr gar nicht versichert, Mann?

ALEXANDER Doch, aber …

NIKOLAI Seine Frau hat das Feuer gelegt.

ANDREJ Heilige Scheiße, Mann, das ist ja arg.

ALEXANDER Es ist nicht bewiesen, und sie sagt, sie ist mit der Zigarette in der Hand eingeschlafen, aber …

ANDREJ Woooooow.

NIKOLAI Sascha hat ihr kurz vorher gesagt, dass er sie verlassen wird.

ANDREJ Was?

NIKOLAI Für Mascha.

ANDREJ Was?

MASCHA Ich muss was mit euch besprechen, Irina. Olga. Habt ihr kurz?

OLGA Wir haben echt keine Zeit für persönliche …

MASCHA Ich zieh ein paar Jahre nach New York.

OLGA Ich weiß, Mascha.

MASCHA Und Alexander kommt mit.

OLGA Wer ist Alexander?

MASCHA Alexander. Der da unten ist.

OLGA Was? Du hast die ganze Zeit was? Mit ihm?

IRINA Oh, Gott, Olga, meinst du das ernst?

OLGA Was? Ich bin vollkommen überrascht. Das ist wirklich eine bestürzende Mitteilung. Du hast mit einem verheirateten Mann geschlafen?

MASCHA Ich bin eine verheiratete Frau.

OLGA Er hat Kinder.

MASCHA Ist es dadurch schlimmer?

OLGA Ja natürlich. Ich will das nicht mehr hören. Ich will damit nichts zu tun haben.

IRINA Sie ist deine Schwester.

OLGA Und was ist mit Theo? Was ist mit Theo, hm? Ich muss an die Luft.

IRINA Olga.

OLGA Du kannst deine Leben gerne zerstören, soviel du willst, aber erwarte nicht von mir, dass ich danebenstehe und zuschaue. O mein Gott. SEID IHR ALLE VERRÜCKT GEWORDEN? WIESO KANN NICHT EINE EINZIGE VON EUCH EINFACH NORMAL SEIN?

IRINA Olga …

OLGA UNSER VATER HAT DIESES HAUS FÜR UNS GE-

BAUT. Er hat es gebaut, damit wir glücklich werden. Damit wir einen Zufluchtsort haben, wo wir GLÜCKLICH sein können. Und alles, was ihr versucht, ist, euch selbst noch unglücklicher zu machen. Irina, du jammerst jeden Tag, weil du heiratest. Nikolai ist ein GUTER MENSCH.

NIKOLAI Danke, Olga.

OLGA EIN GUTER, FESCHER, WOHLERZOGENER, LIEBEVOLLER MENSCH.

IRINA Das weiß ich.

OLGA Und du beschwerst dich den lieben langen Tag über ihn, und das macht mich krank.

IRINA Können wir später darüber reden.

OLGA Wir reden immer über alles später. Vor vier Jahren sind wir hierhergekommen, um Papas Asche zu verstreuen, und du warst glücklich verheiratet, hattest dein Leben vor dir, warst frisch in deinem neuen, hervorragenden Job bei der Computerfirma, und was haben wir jetzt, hm? ANTWORTET JETZT.

MASCHA Olga.

OLGA Du bist geschieden, mit zwei Kindern und einer Bestie von einer Ex. Du betrügst den schönsten, witzigsten und warmherzigsten Mann der Welt, tut mir leid, Alex, aber so ist es, und wer du bist, hab ich keine Ahnung, ich kenn dich überhaupt nicht, also weiß ich nicht, was ich denken soll, und –

MASCHA Wolltest du nicht an die Luft?

OLGA UND DU.

IRINA Hör auf.

OLGA Du willst die Welt retten? Dann fang doch damit an, dass du ein kleines bisschen Selbstachtung aufbringst. Und Dankbarkeit für das Leben, das dir bevorsteht. Ich würde Nikolai heiraten. Ich würde Theo heiraten. Ich weiß, unser Vater war ein Arsch, aber das ist keine Ausrede für uns –

IRINA Fick dich.

OLGA Er. War. Ein. Arsch. Er hat unsere Mutter laufend betrogen. Sie unglücklich gemacht. Uns unglücklich gemacht. Wann hat er je daran gedacht, dass wir Geburtstag haben? Nur wenn seine neue persönliche Assistentin, mit der er gevögelt hat, ihn daran erinnert hat? Die Geschenke, die er uns »gekauft« hat, haben alle diese armen Frauen gekauft, die ihm nur imponieren und irgendwie in seinen engeren Kreis aufgenommen werden wollten. Und wir schaffen es in VIER JAHREN nicht, die Asche von diesem Arsch zu verstreuen … Fickt euch alle. Ich versuche, glücklich zu sein. Das ist ganz schön schwer. Versucht ihr es mal. Wer will den Sandwichmaker?

NIKOLAI Wollen wir ein paar Steine in den See schmeißen, Olga?

OLGA Danke, Nikolai, ich möchte wahnsinnig gerne mit dir ein paar verfickte Riesensteine in den See schmeißen und die fucking Riesenspritzer anschauen und über das Glücklichsein reden, weil ich weiß, dass wir beide das zu *schätzen* wissen …

IRINA Gott im Himmel.

ANDREJ Ich nehm den Sandwichmaker.

MASCHA Ich war nicht glücklich verheiratet.

HERBERT Schatz.

OLGA Oh, Gott sei Dank, Herbert, bitte wo warst du verdammt? Ich hätte dich gebraucht.

HERBERT Ich hab mir noch schnell ein Bier geholt.

OLGA Es ist acht Uhr morgens.

HERBERT Ich bin so furchtbar verkatert. Echt. Ich muss mit

Grindr aufhören. Ich bin zu alt für den Scheiß. Gestern Nacht hatt ich zwei Zweiundzwanzigjährige. Die kriegt man nur im Doppelpack. Hallo Leute. Und ich meine, ich war schon mal der Belag im Sandwich, ich meine, ich war das Schwein auf dem Spieß, und ich meine, ich war das USB-Kabel zwischen zwei Zentralrechnern, damit kenn ich mich aus ... Aber diese Jungs waren brutal. Richtig erbarmungslos Hardcore. Und mein Arsch hat ein bisschen geblutet, oder, nicht dieses Gesicht machen, das passiert halt, das ist normal, aber normalerweise macht man eine kleine Pause, wenn man Blut sieht, weil's doch ein bisschen verstörend ist, aber diese zwei Jungs, die waren wie Hundejäger oder Haie im Käfig, die einen Blutstropfen riechen, die sind AUSGEZUCKT. Fick mich tot. Ich kann mich nicht hinsetzen. Bittet mich nicht, mich hinzusetzen, weil es geht einfach nicht. Räumt die Stühle weg, habt ihr das alle gehört? KEIN STUHL FÜR BOB! Ich werde nie wieder Sex haben. Für die nächsten achtundvierzig Stunden. Mindestens. Was ist mit euch los?

MASCHA Ich glaube, Olga kommt in die Wechseljahre.

OLGA FICK DICH FICK DICH.

HERBERT He, Baby. Sag, was zu tun ist.

OLGA Alles muss hier raus, und dann müssen wir saubermachen. Die neuen Besitzer kommen morgen. Danke fürs Bescheidsagen, Andrej.

ANDREJ Ich hab eine Rundmail geschickt.

OLGA Nein, Andrej, das hast du nicht.

ANDREJ Du hast recht. Hab ich nicht. Wir haben es uns versprochen, Andrej. Ab jetzt nur Ehrlichkeit.

HERBERT Warum hast du das Haus verkauft, Baby? Das ist wunderschön.

ANDREJ Ich muss Alimente zahlen.

IRINA Das Haus gehört nicht nur Andrej, zur Info, es hat uns allen gehört.

ANDREJ Ich weiß, ich hab's verschissen. Ich weiß. Ich bin auf Entzug.

HERBERT Das wird dir guttun, Baby. Wirkt Wunder. Ich war mal sexsüchtig.

ANDREJ Ich möchte die Gelegenheit nutzen, um … Bitte, darf ich diese Gelegenheit hier nutzen, um … Mädels …

OLGA Ach, lass das doch, Andrej.

ANDREJ Nein, ich muss. Verantwortung. Übernehmen. Herbert. Dürfte ich dich?

HERBERT Bin schon weg. Ich fang im Badezimmer an. Viel Glück, Baby. Der erste Schritt ist immer der schwierigste.

NIKOLAI Dann geh ich eben alleine zum See.

OLGA Tut mir leid, Nikolai.

NIKOLAI Nein, nein. Keine Sorge. Keine. Sor. Ge.

ANDREJ Also ich hab ein Glücksspielproblem.

MASCHA Und ein Drogenproblem und ein Alkoholproblem und ein Krankhaftes-Lügen-Problem und –

ANDREJ Ja, ich … Darf ich bitte, lass mich einfach …

IRINA Mascha, lass ihn …

ANDREJ Und plötzlich hatte ich Kinder und eine Frau, die ich nicht verstehen konnte, also –

OLGA Kannst du bitte zur Sache kommen?

IRINA Olga …

ANDREJ Ich hab das ganze Geld aus dem Familienfonds genommen.

OLGA Das wissen wir.

ANDREJ Aber Doktor Bachmann hat gesagt, ich muss es euch gestehen. Ich war drauf, und es war drei Uhr morgens, und ich war mir sicher, das Pferd gewinnt. Es hieß Gregor wie unser Vater, und ich habe alles in 3D gesehen, und es hat seine Hand nach mir ausgestreckt – oder den Huf, besser gesagt – und zu mir gesprochen mit Papas Stimme durch den Fernseher, also ja, ich hab das Geld genommen und alles auf ein Rennen gesetzt, und dann stellt sich raus natürlich, das Pferd lahmt und heißt überhaupt nicht Gregor, und ich hab das auf dem Bildschirm falsch gelesen … ja … und ich hab euch nie gefragt oder niemandem von euch gesagt, wie schlimm es war, und ja, ich hab die ganze Familie total verschissen und euch nie gesagt, dass wir das Haus verkaufen mussten, aber Natascha war total knapp bei Kasse, und die Gerichte haben gesagt, ich muss zahlen, und ich habe es wirklich geglaubt, ich zieh bald nach San Francisco, wisst ihr noch, mit meiner eigenen Start-up-Firma, und meine Kinder sitzen auf meinem Schoß, und Bill Gates sitzt gegenüber beim Meeting, aber das war wahrscheinlich nur ein …

OLGA Ist schon gut, Andrej, lass es einfach.

ANDREJ Ich hab einen Job bei Swisscom angenommen. Ich schalte den Leuten ihre Smart Homes frei. Das kann ich gut.

ALEXANDER Mascha, ich muss …

MASCHA Oh, einen Moment, Leute, ich muss kurz –

OLGA NEIN, Mascha, das ist eine Familiensitzung, und du gehst nicht einfach raus.

MASCHA Ich bin gleich wieder da.

ANDREJ Ihr konntet Natascha nie leiden. Findet ihr es verwunderlich, dass sie abhauen wollte?

OLGA Ach, du meinst, *wir* sind der Grund?

ANDREJ Vielleicht, wenn sie ein Zugehörigkeitsgefühl gehabt hätte, wäre sie nicht immer so wütend gewesen. Sie spürte, wie ihr sie verurteilt habt.

OLGA Wir haben sie verurteilt, weil sie blöd war.

ANDREJ Sie ist NICHT … wir haben es versprochen, Andrej, ruhig bleiben … blöd … sie ist sensibel und eigen und schön … und ich hab alles ruiniert …

MASCHA Du kannst mich jederzeit anrufen.

IRINA O Gott, Andrej.

ANDREJ Meine Jungs fehlen mir. Anton kann jetzt neuerdings gehen.

MASCHA Alles okay?

IRINA Du wirst schon irgendeine Lösung finden.

ANDREJ Glaubst du, es kann sein, dass sie je …

OLGA Oh, Andrej.

ALEXANDER Mir ist schlecht.

MASCHA Du schaffst das.

ALEXANDER Warum fühlt sich alles so an, als würde es auseinanderfallen?

MASCHA Es fällt nicht auseinander. Herschauen. Lächeln.

Alexander versucht es.

Ich bin hier.

Alexander ab.

Was machst du da?

ROMAN Ich bin gerade angekommen und hab ein Bett auf dem Rasen gefunden. Also hab ich mich ein bisschen hingelegt.

MASCHA Bist du betrunken?

ROMAN Sturz, stürzer, am stürzesten, meine Liebe. Meine Hand hat acht Finger.

MASCHA Oh, Onkel Roman.

ROMAN Ich hasse diesen Namen.

MASCHA Roman?

ROMAN Onkel. Ich bin kein Scheißonkel für niemanden.

MASCHA Okay.

NIKOLAI Hi Roman.

ROMAN Wer ist Roman?

NIKOLAI Du bist Roman.

ROMAN Ich? Ich existiere nicht. Nichts existiert. Die Existenz existiert nicht.

NIKOLAI Danke für den Hinweis.

ROMAN Du heiratest Irina? Du Narr.

NIKOLAI Ich dachte, du liebst sie.

ROMAN Oh, sie ist alles. Wir anderen sind alle … nichts …

MASCHA Wie bist du bitte hierhergekommen?

ROMAN Ich bin den letzten Kilometer zu Fuß gegangen. Mein Aston Martin ist irgendwo kurz vor dem Dorf in einer Hecke. Aber da ist er safe. Ist mein Gesicht zerkratzt? Egal. Ich existiere nicht.

MASCHA Du solltest ein bisschen schlafen.

ROMAN Vielleicht auch träumen. Ja, da liegt's. Was in dem Schlaf für Träume kommen mögen … Weihnachten '93. Mascha war sieben, aber sie konnte schon flirten, mit den berühmten Freunden ihres Vaters. Olga war Teenager, hat immer ihre Bücher gelesen, ist ständig irgendwo dagegen geknallt, weil sie Camus gelesen hat … Ich wusste, was passieren würde. Er war zu Hause, weil Weihnachten war, er war wieder Single, und sie ist ein paar Tage früher weggefahren, um Zeit nur mit der Familie zu verbringen, bevor ich dazukam … Als ich ankam, waren sie schon wieder zusammen … Ich hab gelächelt und ihm die Hand geschüttelt …

MASCHA Roman.

Roman lacht.

Willst du eine Tasse Tee?

ROMAN Ich will einen Whiskey. Ich hab gelächelt und ihm die Hand geschüttelt. Und dann haben wir kein Wort mehr darüber verloren. Dann hat er mich im Januar angerufen und mir erzählt, dass sie schwanger ist. Ich habe gesagt: »Darf ich mit ihr reden?«, aber er sagte, sie sei spazieren gegangen …

Lacht erneut.

Nikolai spielt Klavier.

Es ist alles nicht passiert. Wir haben alles nur geträumt. Mal Baudrillard gelesen? Der hat's geschnallt, der Schweinehund.

IRINA Ich hab ständig das Gefühl, ich krieg gleich eine Panikattacke.

OLGA Nein. Hör sofort auf damit. Heute bricht niemand zusammen. Verstanden?

VIKTOR Hallo Pianoman.

NIKOLAI Viktor.

VIKTOR Was gibt's?

NIKOLAI Nicht viel, ich sing nur Michael Jackson.

VIKTOR Sie haben also verkauft?

THEO Eine verdammte Tragödie. Diese Hütte ist ziemlich berühmt. Ich hab sie vor kurzem in einer Architekturzeitschrift in der Unibibliothek entdeckt.

NIKOLAI An den Schnurrbart werd ich mich nie gewöhnen, Theo.

THEO Gefällt er dir nicht?

NIKOLAI Du siehst aus wie ein Pornostar.

THEO Was soll das heißen, ich seh nur aus wie einer? Ich fick wie einer, Baby. Hahaha. Sorry. Hey, Schatz. Wie war die letzte Nacht?

MASCHA Meine was?

THEO Deine letzte Nacht hier im Haus?

MASCHA Ich muss mit dir reden.

VIKTOR Ich hätte so gerne den Brand gesehen. Das hat mich immer schon fasziniert. Einmal hab ich einen kranken Vogel verbrannt. Der lag da, verletzt, wahrscheinlich hatte ihn eine

Katze angegriffen oder so. Und er hat einfach nur mit einem Flügel geflattert, zuerst wollte ich draufsteigen und sehen, wie das Gehirn rauskommt, aber dann hatte ich eine bessere Idee. Also hab ich Flüssiggas draufgegossen und ein Streichholz drauf geworfen … hat kaum Lärm gemacht, nur so ein bisschen gezuckt und sich gedreht und dann aufgegeben … Aber als dann das Fett angefangen hat zu brennen, gab's so ein quietschendes Geräusch …

NATASCHA O Gott, hier schaut's ja aus.

OLGA Oh. Natascha.

NATASCHA Morgen haben wir die Schlüsselübergabe. Wie wollt ihr bis dahin fertig werden? Wer ist das denn?

OLGA Hat sie gerade gesagt, *wir* haben die Schlüsselübergabe?

NATASCHA Andrej, du musst heute auf die Kinder aufpassen. Wir feiern.

OLGA Moment, Andrej. *Wer* hat das Haus gekauft?

ANDREJ Ja klar, sehr gerne. Wann soll ich rüberkommen?

NATASCHA Wann du willst …

OLGA Andrej, Scheiße, sag mir, wer unser Haus gekauft hat.

NATASCHA O Gott, das weißt du nicht? Ich hab's gekauft. Hast du's ihnen nicht gesagt, Andrej? Das ist so typisch.

OLGA Ich dachte, sie wäre pleite?

NATASCHA Nein, nein, die Alimente kann ich wirklich brauchen für die Kinder. Ich meine, ich hab zwar gesagt, ich hab's gekauft, aber streng genommen hat Philipp es mir gekauft. Der ist echt ein Schlimmer …

OLGA Philipp? Wer ist Philipp?

NATASCHA Ach so, mein Verlobter.

ANDREJ Ihr seid verlobt?

NATASCHA Ich wollt's dir eigentlich schonender beibringen, aber da siehst du wieder, was Olga immer anrichtet …

ANDREJ Seit wann seid ihr denn verlobt?

NATASCHA Vor ein paar Wochen. Das Haus ist das Verlobungsgeschenk. Ich war total überrascht, ich meine, das geht alles so schnell.

ANDREJ Das kann man wohl sagen.

NATASCHA Aber so ist er halt. Haut einen einfach um. Er hat's mit einem Flugzeug in den Himmel geschrieben. In Paris. Ich lern grad Französisch. Voulez-vous coucher avec moi, ce soir? Keine Angst, das war ein Scherz, wir sind geschieden …

ANDREJ Olga, bitte geh jetzt nicht weg.

OLGA Ich halt's in einem Raum mit dieser Frau nicht aus.

NATASCHA Es war eigentlich ganz gut mit uns. Oder?

THEO He, kann ich dich was fragen: Funktioniert der Schnauzbart so gar nicht? Weil du hast ja damals gesagt, du glaubst, er könnte funktionieren, und jetzt kommt es mir manchmal so vor, als würden die Kinder in der Schule kichern, und ich weiß nicht, ich frag mich … ich meine, wo Olga doch jetzt Direktorin ist und will, dass ich ihr Stellvertreter werde –

MASCHA Olga ist was?

THEO Direktorin. Du siehst heute wirklich sehr schön aus. Also bleibt er oder geht er?

MASCHA Wer?

THEO Der Schnauz, Dummerchen. Der Schnauzbart. Ja oder nein?

MASCHA Nein, nein, das ist nicht das, was ich besprechen will.

THEO Soll ich aus der Wohnung raus? Möchtet ihr lieber in der Wohnung bleiben, ihr beide, soll ich mir was Eigenes suchen? Ich kann ja vielleicht zu Olga ziehen, oder wäre das zu viel, zu Hause *und* in der Arbeit, das ist wahrscheinlich zu viel, oder?

MASCHA Bitte was?

THEO Na ja, ich nehme an, wenn er seine Frau verlassen hat, Caroline heißt sie, oder? Wenn er sie verlassen hat, wollt ihr wahrscheinlich zusammen sein, oder irre ich mich? Und New York, ist das ein gemeinsames Ding oder nur du?

MASCHA Wir beide.

THEO Alles klar. Aber du hast meine Frage nicht beantwortet.

MASCHA Was?

THEO Schnauzen oder nicht Schnauzen, das ist die Frage.

MASCHA Können wir da wenigstens drüber reden?

THEO Was gibt's da zu reden? Abrasieren oder nicht? Ich meine, ich könnte mit verschiedenen Formen herumexperimentieren, wenn du meinst, er funktioniert an sich schon, aber die Form stimmt noch nicht ganz. Form ist Inhalt, sag ich meinen Kindern immer …

MASCHA Theo …

THEO Ich geh mal zum Auto …

ANDREJ Wohnt ihr dann eigentlich hier?

NATASCHA O nein, das ist ja viel zu klein für die Kinder, und Philipp braucht einen Fitnessraum und, Gott, stell dir vor, die ganzen Schuhe, ich brauch ein, zwei begehbare Schränke. Nein, nein, wir reißen's ab.

ANDREJ Ihr was?

NATASCHA Und so ein Jahr lang mieten wir was, während wir umbauen.

ANDREJ Ihr wollt das ganze Haus abreißen?

NATASCHA Jaja, ah, ich hab grade frisch die Pläne vom Architekten bekommen, willst du sehen? Wo hab ich denn die E-Mail?

ANDREJ Wann reißt ihr es denn ab?

NATASCHA Äh, übermorgen.

ANDREJ Was?

NATASCHA Wo ist diese blöde, ah da, ich hab nie gecheckt, wie man auf Android-Geräten PDFs öffnet, langsam bereue ich, dass ich Apple untreu geworden bin.

ANDREJ Klick auf, jep, und PDF-Vorschau, jep.

NATASCHA So viele Apps.

ANDREJ Jep.

NATASCHA O Gott, das war doch immer voll deins, oder?

ANDREJ Was?

NATASCHA Apps. War das nicht immer dein Ding?

ANDREJ Jep.

NATASCHA Witzig.

ANDREJ Ach so? Wieso?

NATASCHA So, da ist die Fassade … Mehr als vier Stockwerke ging nicht wegen dem blöden Denkmalschutz, aber ich glaube, diese Dachterrasse wird der Hammer im Sommer, und der Pool natürlich …

ANDREJ Da hinten ist ein See.

NATASCHA Ich weiß, aber das schlammige Wasser mag ich gar nicht.

ANDREJ Ah ja.

NATASCHA Und, das sieht man zwar hier nicht in den Entwürfen, aber wir stellen uns so einen Goldglanz auf den Glasscheiben vor, weißt du, wie bei den Trump Towers?

ANDREJ Oh, aha.

NATASCHA Ist das nicht traumhaft?

ANDREJ Du, Natascha, wir müssen hier packen, und ehrlich gesagt, glaub ich nicht, dass meine Schwestern das so toll finden, dass du –

NATASCHA Ach, deine Schwestern …

ANDREJ Also, wenn ich ehrlich sein soll. Ich find's auch nicht so toll. Dass du hier bist. Und wenn du nicht die Mutter meiner

Kinder wärest – ach ja, übrigens, sind die überhaupt von mir? Halt, nicht antworten – na ja, dann könnte es sogar sein, dass ich mich vergesse und dich eine Fotze nenne.

NATASCHA Was hast du gerade gesagt?

ANDREJ Ich hab gesagt, wenn du nicht die Mutter meiner Kinder wärest, könnt ich mir vorstellen, dich als Fotze zu bezeichnen. Das wäre dann so, dass ich die Lautstärke meiner Stimme stark erhöhe und rufe: DU VERFICKTE FOTZE, DU FOTZE, FOTZE, FOTZE, WIE KONNT ICH DICH JE ATTRAKTIV FINDEN, VERPISS DICH AUS MEINEM SCHEISSLEBEN. Das würde ich vielleicht sagen. Wenn nicht.

NATASCHA Weißt du, was dein Problem ist, Andrej? Du bist ein Verlierer. So bist du geboren, so wurdest du erzogen, und so wirst du auch sterben. Und ich ertrage einfach keine Verlierer mehr in meiner Nähe. Die ziehen einen nur runter. Ach ja, Anton vielleicht nicht.

ANDREJ Was?

NATASCHA Maxim ist, leider, das muss ich bestätigen, von dir. Aber Anton … über dem schwebt ein klitzekleines Fragezeichen …

ANDREJ FOOOOOOTZEEEEEEEEE. *Zu O und M* Also du nicht. Du auch nicht.

IRINA Hey, ich hab da eine Idee.

NIKOLAI Ah ja?

IRINA Na ja, der Sommer wird ja ziemlich heiß, oder, und unsere Hochzeitslocation hat keinen Schatten im Garten, aber ich wollte kein Zelt mieten, weil wozu sonst im Sommer heiraten, ja? Und dann hatte ich einen Geistesblitz.

NIKOLAI Ah ja?

IRINA Schirme.

NIKOLAI Schirme?

IRINA Wir kaufen hundert von diesen hellen, bunten chinesischen Ölpapierschirmen, und jeder Gast kriegt einen, eine Freundin von Sophie hat das bei ihrer Hochzeit so ähnlich gemacht, und die Fotos sehen alle aus wie ein Kaleidoskop der Gesichter, ist das nicht romantisch?

NIKOLAI Voll romantisch.

IRINA Wieso habe ich den Eindruck, dass du nicht wirklich dahinterstehst?

NIKOLAI Mach ich. Ich stehe voll dahinter. Ich stehe immer dahinter.

IRINA Bist du unsicher geworden?

NIKOLAI Überhaupt nicht. Nein, auf keinsten. Ich bin total begeistert.

IRINA In drei Monaten sind wir verheiratet und haben das ganze Chaos hinter uns, und wer weiß, vielleicht wächst ein kleiner Nikolai oder eine kleine Irina in mir heran, ich will nicht in einem Backpackerhostel entbinden, wie sind in Nepal die Krankenhäuser?

NIKOLAI Nicht so gut, nehm ich an.

IRINA Vielleicht können wir ja die Route ändern und über New York fahren und Weihnachten mit Mascha verbringen, was meinst du?

NIKOLAI Klingt super.

IRINA Bereust du, dass du gekündigt hast?

NIKOLAI He, ich mein, ich seh was von der Welt, oder?

IRINA Werden wir einander irgendwann langweilen?

NIKOLAI Wahrscheinlich.

IRINA Sag doch so was nicht.

NIKOLAI Warum bist du heute so gut gelaunt?

IRINA Warum nicht?

NIKOLAI Ich meine, normalerweise nerv ich dich mit fast allem, was ich mache, und du erschauderst innerlich, wenn ich dich anfasse, ich weiß schon, du versuchst es zu verbergen, aber ich spür es trotzdem –

IRINA Das ist nicht –

NIKOLAI Nicht, dass ich's nicht verstehe. Du kannst ja nichts dafür. Du suchst dir das ja nicht aus, das ist naturgegeben. Und ich weiß, wie betrunken du sein musst, um mit mir zu schlafen, und immer nur von hinten, an wen denkst du dabei?

IRINA Hör auf, Nikolai.

NIKOLAI Und warum gehst du nicht einfach zu dem?

IRINA Ich will bei dir sein.

NIKOLAI Man gewöhnt sich an das Gefühl über die Jahre, es fühlt sich nicht wie Traurigkeit an, weil es ist permanent da, du weißt, das bist du, du bist Nikolai, und alles um dich herum ist nur ein gedämpftes Rauschen, als wärst du in einem U-Boot oder eingepackt in fünf Meter Luftpolsterfolie, es macht keinen Unterschied, wie furchtbar oder großartig die Dinge sind, die dir passieren, weil du sie ja eh kaum wahrnimmst, und bis der Schock einen erreicht hat, sind sie sicher schon Vergangenheit, aber dann passiert etwas völlig Unerwartetes, das die Mauern durchsticht, Mauern, von denen du eigentlich gar nichts wusstest, und zum ersten Mal spürst du was, genau in dem Bruchteil einer Sekunde, in dem es passiert, spürt man es, weißt du, wie merkwürdig das für mich war? Und dann merkst du plötzlich, dass du diese ganzen Sinne hast. Und eigentlich ist das zu viel, fast zu viel. Weil du weißt, und das hab ich nämlich, glaub ich, tatsächlich gewusst, es kann sich jeden Moment wieder in Luft auflösen.

Damals hast du mich jeden Tag angerufen, du hast mir ständig deine blöden Witze gesimst, du hast selbstgebackenen Kuchen auf meinem Bürotisch hinterlassen und mir Playlists erstellt und bist auf Partys aufgetaucht, wenn du gewusst hast, dass ich da bin mit meiner Freundin, und du hast es geliebt, mich zu quälen und mich in dunklen Gängen auf dem Rückweg vom Klo zu küssen, mich gewollt, wie ich noch nie gewollt wurde, du hast mir einen geblasen auf diesem Parkplatz, weißt du noch? Und diese Nacht, in der ich endlich nachgegeben habe und wo ich wusste, es war ein Fehler und ja gesagt habe, ja, ich bin wieder da, ich bin da und bleibe da, Gott, was für eine dumme verfickte Fehleinschätzung, und aufgewacht bin und uns Pfannkuchen gemacht hab und wieder ins Bett gekommen bin, du hast da gelegen mit diesem versteinerten Blick, den du immer kriegst, wenn du weißt, dass ich angetörnt bin, und du konntest nichts essen, und dann konnte ich auch nicht, und dann hast du angefangen zu weinen, und ich bin ins Badezimmer gegangen und hab geduscht, und dann bist du reingekommen, mit roten Augen und einem Blutfleck auf den Lippen –

IRINA Nikolai.

NIKOLAI Und hast gesagt, ich soll dich heiraten.

IRINA Nikolai, was soll das?

NIKOLAI Ich suche einfach die ganze Zeit den Schlüssel. Ich bin mir sicher, ich hab ihn irgendwo in eine Schüssel oder eine Schublade unter irgendwelche Wintersachen getan, aber mittlerweile hab ich das ganze Haus auf den Kopf gestellt, und er ist nirgendwo. Und jetzt komm ich nicht mehr hinein, und jetzt fühlt es sich einfach grausam an, dass ich es je erfahren durfte, weißt du? Mir ging's nämlich gut, weil ich war okay, ich war vorher voll okay. Ich war Nikolai.

IRINA Bitte, Nikolai, du machst mir Angst.

NIKOLAI Ich stell dir jetzt eine Frage, und ich möchte, dass du spontan antwortest, ohne nachzudenken. Okay?

IRINA Nikolai.

NIKOLAI Tu's einfach für mich.

IRINA Okay.

NIKOLAI Bereit?

IRINA Noch nicht. Warte. Okay, ja.

NIKOLAI Bereit?

IRINA Ja.

NIKOLAI Liebst du mich?

IRINA Moment, nein. Nein. Frag mich noch mal.

NIKOLAI Du hast schon geantwortet.

IRINA Wo gehst du hin? Nikolai? Wo gehst du hin?

THEO Andrej, hast du hier irgendwo Drogen?

ANDREJ Ich bin auf Entzug.

THEO Ja, aber man hat doch Vorräte, oder? Hast du irgendwann einmal irgendwas hier liegen lassen, vielleicht irgendwo vergessen, in einem Monopolyspiel?

ANDREJ Was, nein, ich bin sauber.

THEO Kennst du einen Dealer hier?

ANDREJ Theo.

THEO Echt, Mann, ich hab Lust auf EXPERIMENTE.

ANDREJ Theo.

THEO Letzte Woche hab ich in der Schule ein bisschen Ecstasy konfisziert und wie ein Vollidiot einfach ins Klo geworfen, ich wollte die Jungs nicht melden, aber ich hätte das Zeug auch einfach einstecken können. SCHEISSE. Absolute Fehlentscheidung.

ANDREJ Willst du was trinken?

THEO ICH WILL PILLEN. Gibt's hier irgendwo eine Dance Party? Mit geilem Drum'n'Bass? Ich mach so richtig

PAR-TAY. Weißt du irgendwas? Ich frag Viktor. Der kennt sich da aus. Ha, ist das herrlich, Single zu sein. Ich lass mich so was von ABSCHLEPPEN. YEAH. Ich mach mich mit der gesamten Vaginalpalette vertraut. Befriedige meine anthropologische Neugier. All die verschiedenen Formen und Farben. Hahahaha. Fünfunddreißig ist ein gutes Alter, oder? Das perfekte Alter. Die Mädels in der Schule schauen mich an und tuscheln. Nicht dass ich jemals mit denen … Teenagerliebe … Sie weiß das nicht mehr, aber Mascha und ich sind zum ersten Mal auf einem Schulball zusammengekommen. Wir waren dreizehn. Und ein paar von den Jungs hatten Schnaps reingeschmuggelt, und damals war ich echt so ein Trottel, ich sag's dir, ich hab 'ne halbe Flasche runtergekippt, um anzugeben, und aus irgendeinem Grund haben Mascha und ich dann rumgeknutscht, ich glaub, es war Wahrheit oder Pflicht, auf jeden Fall haben wir geknutscht, und im selben Moment ist der Schnaps eingefahren, und ich hab gekotzt. Danach hat sie mich jahrelang nicht mehr angeschaut. Aber dann war ich auf einmal der coolste Typ in der ganzen Schule, und eines Tages, ich hatte sie die ganze Zeit immer im Auge gehabt, jede Woche hatte sie 'nen andern Freund, und einmal wurde ich zum Basketballer des Jahres ernannt, und sie kam zu mir und fragte, ob ich ins Kino gehen will und *Romeo und Julia* schauen. Leonardo DiCaprio, voll romantisch, sexy. Und da wurde mir klar, dass sie den Ball damals vergessen hatte, sie wusste einfach nicht mehr, dass ich der war, der ihr in den Mund gekotzt hatte …

OLGA Bob, holst du mal den Staubsauger aus dem Kofferraum meines Autos?

HERBERT Wird gemacht, Süße.

OLGA Mascha?

MASCHA Ja?

OLGA Kannst du diese Schachteln da nehmen?

MASCHA Okay.

THEO Wir haben gesagt, wir wollen Kinder. Und jetzt stell dir das mal vor. Diese Gene kombiniert. Nicht schlecht, wenn ich das sagen darf. Und als symbolische Geste haben wir eine Packung Kondome verbrannt. Eine richtig schwachsinnige Idee. Das ganze Haus hat tagelang nach Latex gerochen. Aber an dem Abend haben wir … Und sie hat mir in die Augen geschaut, und ich hab ihr in die Augen geschaut, und dieses Gefühl, als ich endlich … Wir waren erschöpft und siegessicher und haben gelächelt und geschnauft, und das war's, der Anfang der Zukunft, aber nichts ist passiert. Tag für Tag, Woche für Woche, Monat für Monat, Periode kommt, Periode geht, nichts. Es liegt sicher an mir. Acht Jahre ungeschützter Sex, einmal waren wir in der Fruchtbarkeitsklinik, aber dann bekam sie Angst und wollte die Antwort nicht hören … Es liegt an mir. Keine Frage. Ich werde wohl adoptieren. Obwohl, Lehrer sein … Vielleicht reicht das ja … kann mir endlich JEMAND DROGEN GEBEN…

OLGA Ich glaube, wir werden alle immer mehr den Kontakt verlieren, bis wir so eine Familie sind, wo alle einander nur bei Begräbnissen sehen. Nur dass wir keinen mehr zum Sterben haben.

IRINA Viktor, hast du Nikolai gesehen?

VIKTOR Nein.

IRINA Ich mach mir Sorgen um ihn. Kannst du ihn mal suchen gehen?

VIKTOR Was krieg ich dafür?

IRINA Sei kein Arsch, such ihn einfach.

VIKTOR Ein Küsschen vielleicht?

IRINA Viktor. Der einzige Grund, warum ich dich immer noch hier dulde, ist, dass du praktisch Nikolais einziger Freund bist. Also mach nicht den Fehler anzunehmen, dass ich irgendetwas anderes für dich empfinde als Verachtung.

VIKTOR Damit kann ich arbeiten. Verachtung ist besser als Langeweile.

OLGA Lass sie in Ruhe, Viktor.

VIKTOR Die alte Jungfer lässt wieder ihren Frust raus.

OLGA Zu deiner Information, Viktor, bin ich seit sieben Jahren in einer sehr glücklichen, sexuell aktiven Beziehung mit einer wunderschönen Frau, die mir ein sehr gutes Selbstgefühl verleiht.

IRINA Wie bitte?

VIKTOR Lesbe. Wusst ich's doch.

OLGA Was, weil ich dich zurückgewiesen habe? Dazu muss man keine Lesbe sein, Viktor, nur ein Mensch. Obwohl wahrscheinlich auch eine Ziege ähnlich reagieren würde. Das weißt du aber sicher besser als ich …

IRINA Äh, was? Du hast schon die ganze Zeit eine Beziehung? Warum hast du nie was erzählt?

OLGA Weil du nie gefragt hast, Irina.

IRINA Warum hab ich sie nie gesehen?

OLGA Ihrer Mutter geht es schon seit langem nicht gut, und sie pflegt sie. Sie hat keine Zeit für Partys.

HERBERT Du kennst Katja nicht? Die ist herrlich, Schatz, die musst du unbedingt mal kennenlernen.

IRINA Bob kennt sie?

OLGA Bob ist einer ihrer besten Freunde. Daher kennen wir ihn überhaupt.

IRINA Was? Dieses ganze Gespräch macht mich einfach nur irre.

OLGA Okay, Leute, nichts wie raus hier. Ich glaube, das ist alles …

HERBERT Wo ist Roman?

OLGA Roman?

ROMAN Wer bist du? Was schaust du so, hä? Fick dich. Jetzt erzählst du mir sicher gleich, du existiert gar nicht. Du elendes *Pseudomenschlein.* Irgendwo hast du schon recht. Du existierst nicht. Verglichen mit Menschen, die ein Mindestmaß an Bedeutung haben, bist du ein Nichts. Du gehst in die Oper und hörst dir Stückeinführungen an und nickst wissend und stellst immer die gleiche Frage: »Aber was *bedeutet* das Bühnenbild eigentlich?«, weil du weißt, wie unglaublich gerne sie über so was sprechen, und alle schauen dich an wie den klügsten Menschen der Welt, aber du hast keine Ahnung, ob diese Woche *Don Giovanni* oder *La Bohème* dran ist … Wir sind alle Betrüger … Das Leben ist Betrug … Das Leben an sich ist eine Inszenierung des Lebens an sich … Ach, leck mich doch am Arsch … Halb fünf Uhr morgens … Hast du in den Totenschein geschrieben … Herzstillstand … Du beschissener Lügner … Hast ihr eine Überdosis Betäubungsmittel verabreicht … Eine einfache Operation zur Entfernung des Blinddarms … Stell dir den Schock ihres Ehemanns vor … Tot … Und du warst es … Niemand anderer … Du hast dich abgeschossen im Klub und bist arbeiten gegangen und hast gedacht, 0,3 Milligramm wären 3,0 Milligramm, und so hast du eine Frau umgebracht. Die drei Kinder hatte. SCHAU MICH NICHT SO SELBSTMITLEIDIG AN. ROMAN? Wer soll das sein? Ein kleines Kind, das immer gehofft hat, dass alles irgendwann gut wird.

ANDREJ Roman?

ROMAN Hä? Wer ist da?

ANDREJ Wir fahren nach Hause.

ROMAN Wo ist das?

ANDREJ In der Stadt.

ROMAN Es gibt keine Stadt. Wir sind keine Bürger. Wir sind Bürger nur von einem einzigen Ort: nirgendwo.

ANDREJ Ach du lieber Himmel.

OLGA Hi Alex.

ALEXANDER Mascha … Ist sie? Mascha?

OLGA Sie räumt nur das Auto ein …

ALEXANDER Alles klar. Dann warte ich …
Ich hab dich immer gemocht, Olga.

OLGA Wie schon gesagt.

ALEXANDER Okay.

OLGA Ich hab nichts gegen dich.

ALEXANDER Danke.

OLGA Willst du ein Wasser? Ich kann dir sonst nichts anbieten, wir haben schon alles verpackt.

ALEXANDER Nein, nein. Ich … Nein … Als ich den Anruf bekam, flog ich gerade abends einen Rundflug für Touristen über die Alpen. Ich bekam über Funk die Info, dass mein Haus brannte, und die Kunden hatten noch dreißig Minuten übrig … Also bat ich sie, sofort landen zu dürfen, Geld zurück, komplett, klar, und sie waren richtig angepisst … Die Mädchen standen am Rasen und weinten … und ihre Mutter war drinnen und warf Möbel ins Feuer … Ich versuchte sie rauszuziehen, und sie sagte nein, »der Kapitän verlässt nicht das sinkende Schiff« … Also musste ich sie auf den Boden drücken … Meine Frage ist …

OLGA Hast du Mascha gesehen …?

IRINA Ich? Nein.

ALEXANDER Meine Frage ist … Verdienen wir überhaupt,

glücklich zu sein? Weil, vielleicht suchen wir immer das Gegenteil. Also sabotieren wir alle Chancen, die das Leben uns gibt … Vielleicht sind wir gar nicht mehr geschaffen für die Zufriedenheit … Aber meine Kinder, die sollen wissen, dass es in Ordnung ist, wenn das Leben einfach ganz … simpel … und leicht … und glücklich ist … Was ist daraus geworden?

OLGA Da ist sie …

ALEXANDER Mascha …

MASCHA Wir müssen los, wo ist dein Gepäck?

ALEXANDER Ich komm nicht mit.

MASCHA Du kommst nicht …

ALEXANDER Noch nicht jetzt, es ist zu früh … fahr schon mal vor …

MASCHA Du kommst nicht …

ALEXANDER Und in einer Woche oder zwei oder vier komm ich nach … Ich ruf dich an … Ruf mich lieber nicht an, zurzeit ist sie sehr sensibel, und …

MASCHA Caroline …

ALEXANDER Sie hat mein Handy geklaut und glotzt die ganze Zeit drauf, ich hab natürlich deine Nachrichten alle gelöscht …

MASCHA Du hast sie gelöscht?

ALEXANDER Aber sie besteht darauf, mein Handy bei sich zu haben …

MASCHA Du hast unsere Nachrichten gelöscht?

ALEXANDER Also vielleicht besser kein Kontakt in nächster Zeit … Ich komm in die Stadt … in so einer Woche …

MASCHA Alex …

ALEXANDER Sie ist wahnsinnig labil. Und die Mutter meiner Kinder. Die Mädchen haben Angst … Es wird schon. Versprochen. Sag vielleicht den Leuten in New York, es verschiebt sich um ein, zwei Monate …

MASCHA Sascha.

ALEXANDER Ja. Ja. Nein. Schau mich nicht so an. Ich bin hier. Ich werde dort sein. Ich brauche ein bisschen Zeit, um einen Platz für Caroline zu finden, es geht ihr gerade gar nicht …

MASCHA Sascha …

ALEXANDER Ich sollte wieder zurück. Es ist nicht … Nicht das machen. Es ist keine tragische … Nein. Lächeln. Ich bin bei dir, so schnell kannst du gar nicht schauen.

MASCHA *küsst ihn* Sascha …

Alexander ab.

THEO He, he. Schon gut. Mascha. Alles gut.

MASCHA Fass mich nicht an.

THEO Schon gut. Schrei ein bisschen, das tut gut.

MASCHA Theo, du musst mich nicht …

THEO LASS MICH.

MASCHA Okay, okay.

THEO Mascha, ich bin bei dir, tief durchatmen …

MASCHA Lass deine Scheißfinger von mir, du mieser –

THEO Mascha, ich bin's, Theo …

MASCHA WEG WEG WEG VON MIR, WEG, Ich halt diese Scheißempathie von dir nicht aus, dein großzügiges, mieses, selbstloses, mieses »Ich verstehe dich«, WAS BITTE, GLAUBST DU, DASS DU VERSTEHEN KANNST, alles ist immer »schon gut« für Leute wie dich, immer lächeln, HÖR ENDLICH AUF ZU LÄCHELN, VERDAMMT.

THEO Mascha –

MASCHA Du bringst mich um.

THEO Es wird schon. Wir kriegen das schon hin. Wir bleiben einfach in unserer Wohnung, und wenn Alex kommt, dann mach ich Platz. Versprochen, ich verschwinde.

MASCHA Sascha kommt zu mir zurück. Er kommt.

THEO Und wenn es dann so weit ist, zieh ich aus …

MASCHA Er kommt.

THEO Natürlich kommt er. Er kommt.

MASCHA Ja, er kommt.

THEO Aber bis dahin … pass ich auf dich auf. Das wird schon.

MASCHA Sascha kommt.

THEO Ja.

MASCHA Bestimmt.

THEO Selbstverständlich.

OLGA Mascha …

MASCHA NEIN.

THEO Gönn ihr einfach ein bisschen Ruhe. Ich bring sie ins Auto. Mascha. Ich verstehe dich.

MASCHA HÖR AUF, VERFICKT NOCHMAL.

THEO Na gut. Ich versteh dich nicht. Ich hasse dich. Ich wünschte, ich hätte dich nie getroffen.

MASCHA Okay.

THEO Kommst du jetzt mit mir zum Auto?

MASCHA Sag noch mal, dass du mich hasst.

THEO Ich hasse dich.

MASCHA Okay … Mir ist schwindlig …

THEO Okay. Lehn dich an meine Schulter. Geht das?

VIKTOR Andrej …

ANDREJ Was ist?

VIKTOR Andrej, kann ich mal einen Moment mit dir sprechen, da drin?

ANDREJ Was gibt's?

VIKTOR Meine Waffe ist weg.

ANDREJ Was?

VIKTOR Meine Waffe ist nicht mehr in meinem Auto.

ANDREJ Haha, guter Witz.

VIKTOR Im Ernst. Sie war im Kofferraum. Ich bin mir sicher. Sie ist nicht mehr da. Jemand hat sie genommen. Ich glaube, Nikolai hat meine –

ANDREJ Ganz ruhig, wovon redest du?

VIKTOR Er hat die Scheißwaffe, Andrej, wir müssen ihn suchen.

ANDREJ Okay, einfach Ruhe bewahren und …

IRINA Hast du ihn gefunden?

VIKTOR Nein, noch nicht, ich bin dabei.

IRINA Was soll dieser Blick? Viktor? Was ist los?

VIKTOR Scheiße, Mann, wir müssen Nikolai finden.

IRINA Was? Was ist? Sag's mir.

ANDREJ Ich lauf Richtung Dorf, du gehst runter zum See.

IRINA Sagt mir bitte jemand, was verfickt nochmal los ist?

ANDREJ Nimm dein Handy mit, ich ruf dich an.

Lange Pause.

Nikolai tritt auf, ruhig, mit Waffe.

Roman sieht ihn.

Nikolai geht hinauf.

ROMAN Nikolai?

…

Muss ich mir eingebildet haben.

Nimmt die Urne, schüttet Bier darüber.

Prost, Arschloch.

Trinkt.

Steckt die Kopfhörer ins Ohr und summt leise.

VIKTOR *kommt hereingelaufen* Wo ist Nikolai?

ROMAN Wir haben alles nur geträumt.

VIKTOR ANTWORTE, ROMAN.

ROMAN Ich habe oben was gehört.

VIKTOR *rennt hinauf* Nikolai. Mach auf. Bitte. Nikolai.

Ein Schuss.
Der Ton im Haus fällt aus.
Theo läuft heraus.
Roman geht langsam die Stufen hoch.
Irina kehrt mit Olga zum Haus zurück, ahnungslos.
Theo hält Irina davon ab, die Treppe hochzugehen, als sie realisiert, was los ist.
Roman steht im Eingang, schaut auf die Leiche.
Irina wehrt sich gegen Theos Griff.
Olga geht mit Irina in die Küche.
Mascha kommt an, hört von Theo.
Viktor ruft den Notruf an.
Theo sitzt am Treppenabsatz.
Mascha geht zu ihren Schwestern.
Nach langer Zeit kommt der Ton allmählich wieder.
Irina hyperventiliert auf dem Boden.
Mascha hält sie.

MASCHA Schon okay. Ich verspreche es dir. Irina. Alles wird gut.

IRINA Ja … Ja …

OLGA Sie hat recht.
Es wird.
Es wird gut.

ENDE

HOTEL STRINDBERG

nach August Strindberg

Deutsch von Martin Thomas Pesl

Personen

CHARLOTTE
ALFRED
PETER
FRIDA
OSKAR
KLAUS
ARTHUR
THEA
SYLVIE
JAKOB
GUSTAV
FRAU 1
FRAU 2
PHILLIP
JOHANNE
JULIA
ERIK
STEFAN
SABRINA
XAVIER
ADELE
HOLGER
BENNO
ANNIKA

AXEL
DAVID
LARA

Uraufführung: Burgtheater Wien (Akademietheater), 26. Januar 2018, Koproduktion Burgtheater Wien / Theater Basel

1. AKT

ALFRED Hast du was von Lara gehört?

CHARLOTTE Sie hat mich gestern angerufen.

ALFRED Sie hat was?

CHARLOTTE Angerufen.

ALFRED Über FaceTime?

CHARLOTTE Nein. Angerufen.

ALFRED Ich dachte, ihr Handy ist gesperrt.

CHARLOTTE Ich hab die Rechnung bezahlt.

ALFRED Die Dreitausend-Euro-Rechnung?

CHARLOTTE Ja.

ALFRED Das hab ich dir doch verboten.

CHARLOTTE Ich hab's aber trotzdem gemacht.

ALFRED Mit?

CHARLOTTE Mit der Kreditkarte.

ALFRED Hast du die Kreditkarte überzogen?

CHARLOTTE Keine Ahnung, wie viel war denn da noch drauf?

ALFRED Ich ruf bei der Bank an und stornier die Zahlung.

CHARLOTTE Alfred.

ALFRED Geld hat einen Wert, Charlotte. Sie hat überhaupt kein Verhältnis mehr dazu.

CHARLOTTE Sie hat einfach einen Fehler gemacht. Sie hat nicht gemerkt, dass ihr Datenroaming an war.

ALFRED Ja, Lara merkt so was nicht. Wir sprechen von der jungen Dame, die sich ins WLAN der Nachbarn reingehackt hat, um *Game of Thrones* komplett runterzuladen, auf anderer Leute Kosten.

CHARLOTTE Sie hat sich nicht reingehackt. Sie hat nur das Passwort erraten.

ALFRED Ja, sie hat eine zwölfstellige Nummer mit vier Buchstaben erraten. Du hast Glück, die Bank hat zu. Als ich ein Teenager war, hab ich mir einen Reiseführer geholt, bin mit dem Rucksack rumgereist, ich war backpacken, Charlotte, und hab bei Leuten auf ’m Sofa geschlafen oder auf Parkbänken …

CHARLOTTE Ich will nicht, dass unsere Tochter auf sizilianischen Parkbänken schläft, ja, schönen Dank.

ALFRED Sie hat ihr Roaming absichtlich eingeschaltet, damit sie ihre ganzen Selfies auf Instagram posten kann, und sie hat ganz genau gewusst, wie viel das kostet und dass du ein Weichei bist und ihr einfach die Rechnung bezahlst, nur damit du jeden Tag mit ihr reden kannst.

CHARLOTTE Du bist argwöhnisch, Alfred.

Beugt sich zum Kühlschrank, Alfred haut ihr auf den Arsch.

Wann kann ich mich hier mal rüberbeugen, ohne dass du das machst?

ALFRED Und warum kann sie nicht einfach warten, bis sie nach Hause kommt, und dann mit uns FaceTimen? Versteh ich nicht.

CHARLOTTE Und was, wenn es ein Notfall ist und sie kein WLAN hat?

ALFRED Na, die Polizei darf man ja immer anrufen, oder? Wenn sie wirklich einen Notfall hat, kann sie die Polizei anrufen, und die meldet sich bei uns.

CHARLOTTE O mein Gott.

ALFRED Sie hätte sich auch einen Job besorgen können und die Rechnung selber zahlen.

CHARLOTTE Weißt du, wie lange es dauern würde, bis sie das Geld zusammen hätte?

ALFRED Darum geht's ja. Sie sollte lernen, wie viel sie verschwendet, wenn sie einfach immer –

CHARLOTTE Sie hat doch sowieso keine Freizeit für einen Job.

ALFRED Keine Freizeit? Sie verbringt die ganze Nacht im Nachtclub.

CHARLOTTE Mit ihren Kollegen.

ALFRED Kollegen? Sie studiert.

CHARLOTTE Sie ist eine junge Künstlerin, Alfred. Sie ist eine up-and-coming Künstlerin.

ALFRED Up and coming. So kann man das auch nennen.

CHARLOTTE Ich will das nicht schon wieder mit dir diskutieren.

ALFRED Findest du's wirklich so grandios, was sie macht?

CHARLOTTE Ich respektiere ihren Mut, ja.

ALFRED Du hast ihre Abschlussarbeit fürs erste Jahr gesehen.

CHARLOTTE Sie hat 'ne Eins dafür gekriegt. Eine Eins.

ALFRED Aber hat sie dir gefallen? Diese kleine Serie?

CHARLOTTE Du bist prüde.

ALFRED Sorry, wenn mir dieser zwanzigminütige Porno eher nicht so gut gefällt, in dem meine Tochter sich von ihrem Freund, als Bill Clinton und Monica Lewinsky verkleidet, einen runterholen lässt –

CHARLOTTE Es war ein Kommentar. Es hieß »A History of Male Supremacy«, Schatz.

ALFRED Es war ein was?

CHARLOTTE Ein Kommentar! Diese Nachstellung der Roman-Polanski-Vergewaltigung war schon schockierend, geb ich zu.

ALFRED Und warum muss sie immer die Männer spielen?

CHARLOTTE Darum geht's ja gerade, Alfred.

ALFRED Bei meiner Tochter bin ich ja an alles gewöhnt. Aber dass ich mir anschauen muss, wie sie einen Dildo an ihren nackten Körper schnallt und in den unterschiedlichsten Kostümen ihren Freund anal penetriert …

CHARLOTTE Ihr Professor meint, er findet vielleicht eine Galerie für die Serie.

ALFRED Was? *Greift zur Bierflasche.*

CHARLOTTE Nein!

ALFRED Was?

CHARLOTTE Wir haben das besprochen. Er sagt, es gibt schon ein paar Interessenten.

ALFRED Ja, Pornhub vielleicht.

CHARLOTTE Was?

ALFRED Pornhub, die Interessenten.

CHARLOTTE Was ist das?

ALFRED Eine Website. Mit Pornos.

CHARLOTTE Woher weißt du das?

ALFRED Wie jetzt?

CHARLOTTE Woher weißt du, was Pornhub ist?

ALFRED Ich weiß nicht, wovon du redest.

CHARLOTTE Spielen wir Monopoly.

ALFRED Wir haben kein Monopoly.

CHARLOTTE Wir können eins holen.

ALFRED Das macht zu zweit keinen Spaß.

CHARLOTTE Soll ich dir den Rücken massieren?

ALFRED Willst du wirklich, dass so was ihr Lebensinhalt ist?

CHARLOTTE Ich will, dass sie glücklich ist.

ALFRED Und was ist dann mit uns? Wenn unsere Freunde davon Wind bekommen?

CHARLOTTE Mach dich nicht lächerlich, Alfred, du hast keine Freunde.

ALFRED Natürlich hab ich … Henry zum Beispiel.

CHARLOTTE Henry ist dein Verleger. Und du hast ihn gerade wegen Betrugs angezeigt.

ALFRED Weil er meine Scheiß-Tantiemen unterschlagen hat, der Arsch.

CHARLOTTE Ich hab jemanden zum Abendessen eingeladen. Dann können wir zusammen Monopoly spielen.

ALFRED Ich will nicht Monopoly spielen. So ein kapitalistischer Schwachsinn. Was hast du gerade gesagt?

CHARLOTTE Ich hab jemanden zum Abendessen eingeladen.

ALFRED Wen?

CHARLOTTE Phillip.

ALFRED Wer ist Phillip?

CHARLOTTE Hab ihn zufällig am Bahnhof getroffen.

ALFRED Wolltest du mir deshalb den Rücken massieren?

CHARLOTTE Ich kenn ihn von früher. Wir sind alte Freunde.

ALFRED Und warum hab ich von dem noch nie was gehört?

CHARLOTTE Er wollte eigentlich nach Salzburg, dann hat er sich's anders überlegt.

ALFRED Oh, er hat sich's anders überlegt, ja?

CHARLOTTE Ja, genau.

ALFRED Ich bin heute nicht in der Stimmung für Gäste.

CHARLOTTE Du bist nie in der Stimmung für Gäste.

ALFRED Stimmt. Eine Verschwendung kreativer Energie. So tun, als würde man sich für die erbärmlichen Geschichten anderer interessieren.

CHARLOTTE Du bist Filmregisseur. Du bist Schriftsteller.

ALFRED Mich interessieren besondere Geschichten. Kein Alltagsschrott.

CHARLOTTE Vielleicht hat er ja eine besondere Geschichte parat.

ALFRED Was hast du vor, Charlotte?

CHARLOTTE Hast du Laras Miete für diesen Monat gezahlt?

ALFRED Wieso? Die ist noch nicht fällig.

CHARLOTTE Hast du sie letzten Monat gezahlt? Und den Monat davor? Die letzten zwei Monatsmieten, hast du die überwiesen?

ALFRED Müsst ich im Online-Banking nachsehen.

CHARLOTTE Das weißt du nicht mehr?

ALFRED Nein, keine Ahnung. Müsst ich nachsehen.

CHARLOTTE Soll ich dir deinen Laptop bringen?

ALFRED Was hast du denn? Ich sehe fern. Lass mich in Ruhe. Wer ist dieser Phillip?

CHARLOTTE Wir waren zusammen in der Schule.

ALFRED Na, das ist ja praktisch.

CHARLOTTE Dass wir zusammen in der Schule waren?

ALFRED Sieht er gut aus?

CHARLOTTE Das ist eine subjektive Frage.

ALFRED Dann gib mir 'ne subjektive Antwort.

CHARLOTTE Fragst du, ob ich ihn attraktiv finde?

ALFRED Und wenn?

CHARLOTTE Für mich gibt es nur einen Mann, Liebster.

ALFRED George Clooney?

CHARLOTTE Sehr witzig.

ALFRED Ich bin froh, dass ich's nie nach Hollywood geschafft hab, liebste Charlotte, sonst hättest du durch ein Heer von armen, unbedarften Schauspielern eine kräftige Spur der Vernichtung gezogen.

CHARLOTTE Also, ich brauche wirklich kein Hollywood, um eine kräftige Spur der Vernichtung zu ziehen, Liebling.

ALFRED Hier ist kein Stein mehr auf dem andern, was?

CHARLOTTE Oh, ein paar Steine finden sich immer noch.

ALFRED Du bist widerlich.

CHARLOTTE Ich tu, was ich kann. Ist er.

ALFRED Was? Wer?

CHARLOTTE Attraktiv. Phillip.

PETER Was zum Teufel ist denn … Was soll das alles? Wo ist Mama?

FRIDA Die kommt schon noch.

PETER Sie hat gesagt, sie holt mich ab.

FRIDA Sie hat gesagt, sie versucht's.

PETER Du hast gesagt, sie kommt.

OSKAR Sie muss sich gerade mit dieser Firmenfusion beschäftigen, bisschen schlechtes Timing.

PETER Wieso hast du dann gesagt, dass sie kommt?

OSKAR Willst du einen Tee?

FRIDA Gute Idee.

PETER Sollte man hier nicht aufräumen? Mamas ganze Unterwäsche liegt herum.

OSKAR Ich räum schon auf.

FRIDA Nein, ich mach das. Du setz den Tee auf.

PETER Ist das ein Menstruationsfleck? Kriegt sie immer noch ihre Regel?

FRIDA Wer weiß.

PETER Hier stinkt alles nach Parfüm. Warum sind ihre Sachen im ganzen Wohnzimmer rum? Zieht sie sich etwa vor dem Fenster aus? Sieht sie nackt fern? Empfängt sie nackt Roomservice?

FRIDA Schon gut, Schatz, jetzt komm erst mal an.

PETER Ich hätte mir ja ein Uber genommen, wenn ich das gewusst hätte. Im Bus haben mich alle angestarrt. Ist es so offensichtlich?

FRIDA Du solltest was essen.

PETER Nein, ich bin fett.

FRIDA Bist du nicht.

PETER Ich kauf mir so ein Laufband im Internet. Zum Fitwerden. Darf man Laufbänder im Hotelzimmer haben?

FRIDA Es gibt hier im Hotel einen Fitnessbereich, Schatz.

PETER Igitt. Weißt du eigentlich, dass ich mal Marathon gelaufen bin?

OSKAR Nein.

PETER Also Halbmarathon. Dann hatte ich einen Herzinfarkt hundert Meter vor dem Ziel und wurde disqualifiziert. Das EKG hat dann gezeigt, dass ich am Anfang des Rennens schon zwei Herzinfarkte hatte. Und trotzdem bin ich fast bis zum Ende gekommen. Stell dir das mal vor.

OSKAR O Gott.

FRIDA Das hat er grade erfunden.

PETER Hab ich nicht. Frag meinen Arzt. Musst du heute nicht arbeiten?

OSKAR Hab ein paar Stunden frei bekommen, aber bald muss ich hin.

FRIDA Echt? Hast du nicht den ganzen Tag freigenommen?

PETER Du hast nicht gewusst, dass ich ein schwaches Herz hab?

OSKAR Nein.

PETER Liegt in der Familie. Mein Papa ist auf mir gestorben.

OSKAR Auf dir?

PETER Ja, direkt auf mir. Er hat mich über den Tisch gelegt. Ich glaube, ich hatte fünfzig Tacken gestohlen, die eigentlich das Geburtstagsgeschenk für meine Schwester waren, und wollt's nicht zugeben, da hat er mich über den Tisch gelegt und mich ordentlich vermöbelt. Und beim dritten Schlage schlug der Herr ihn nieder …

FRIDA Er lügt.

PETER Im Institut hatten wir eine, die war überzeugt, dass eine Spinnenkolonie ihre Vagina befallen hat. Sie hat mich jeden Tag gebeten, sie für sie auszuräumen.

FRIDA Okay, wie wär's, wenn du ein Bad nimmst oder so was?

PETER Ich bin nicht schmutzig.

FRIDA Du musst wieder auf die Arbeit?

OSKAR Mein Gott, ja, bitte diskutieren wir das nicht hier vor ihm.

PETER Ärger im Paradies?

FRIDA Klappe, Arschloch. Schatz.

PETER Siehst du? Und da fragen sie sich, warum ich wahnsinnig geworden bin. Hast du von Greta gehört?

FRIDA Nein.

PETER Sie hat nicht geschrieben und gefragt, wie's mir geht?

FRIDA Nein.

PETER Ich glaub, ich will ins Bett.

FRIDA Besser nicht. Iss doch lieber was.

PETER Du hättest mich wenigstens anlügen können.

FRIDA Sorry.

PETER Wo ist Mama?

FRIDA Sie kommt, sobald sie kann.

PETER Hast du sie angeWhatsAppt?

FRIDA Ja.

PETER Sind die Häkchen blau? Sind da so blaue Häkchen?

FRIDA Keine Ahnung. Ich hab nicht geschaut.

PETER Kannst du bitte jetzt nachschauen? Oder darf ich? Gib mir dein Handy.

FRIDA Schatz, wir haben das doch besprochen. Du musst dich beruhigen.

PETER Ich will mich nicht beruhigen. Rufen wir sie an. Können wir sie anrufen?

FRIDA NEIN.

PETER Oskar, kannst du mir mal dein Handy borgen?

OSKAR Ähm, weißt du, Alter –

FRIDA Er kann dir dein Handy nicht borgen.

OSKAR Sorry, Alter.

PETER Was für ein Willkommensfest. Vielen verfickten Dank.

OSKAR Sorry.

PETER Hat sie was über Niels gesagt?

FRIDA Peter …

PETER Hat sie Fotos geschickt? Hast du Fotos?

FRIDA Peter.

PETER Kann er schon gehen? Was, natürlich. Er wär ja ein schöner Spast, wenn er mit zwei noch nicht gehen könnte. VERFICKTE SCHEISSE.

OSKAR Willst du Milch? Zucker?

PETER Scheiß auf deinen Scheißtee. Warum wohnt Mama hier wie ein Teenager?

OSKAR Sie ist sehr beschäftigt.

PETER Ich fang nie wieder eine Beziehung an. Ich werd Mönch. Aber ein anarchistischer Mönch. Ich werd herumgehen und alle Tempel der Sünde niederbrennen. Sie dem Erdboden gleichmachen. Und dann schütt ich mir selbst Benzin über den Kopf und entfache ein Streichholz. Solltet ihr nicht in den Flitterwochen sein?

FRIDA Sind wir.

OSKAR Die Arbeit hat angerufen, die haben mich gebraucht.

PETER Haben die nicht gewusst, dass ihr in den Flitterwochen seid?

OSKAR Es war ein Notfall.

PETER Warum hast du auf einer Hochzeitsreise dein Handy an?

OSKAR Ich hab nur kurz nach unsern Aktien geschaut, da kam 'ne Nachricht rein …

FRIDA Wir sind auf Elefanten geritten, willst du die Fotos sehen?

PETER Nein danke. Ich hasse romantische Fotos.

OSKAR Wir haben auch Videos.

PETER Und Videos.

FRIDA Sorry, Schatz.

PETER Nicht aus Neid, aus Mitleid. Aus Empathie für deinen Selbstbetrug. Weil du denkst, dass alles schon klappen wird. Und in fünf Jahren siehst du dann diese Fotos von euch mit thailändischem Elefanten und zerfrisst dich vor Selbsthass, weil du mal daran geglaubt habt, dass es klappen würde. Es gibt nichts Peinlicheres als eine verliebte Frau, außer vielleicht eine verliebte Frau auf einem Elefanten.

FRIDA Arschloch, Schatz.

OSKAR Ich finde den Zucker nicht.

PETER O nein, Zucker ist verboten. Der macht zu viel Spaß. Den hat sie natürlich weggeräumt. Alles, was auch nur annähernd so etwas wie Genuss in unser Leben bringen könnte, ist ausgeschlossen. Spürt ihr eigentlich, wie kalt es hier drinnen ist? Das hat sie zu Hause auch immer gemacht. Mama hat uns nie erlaubt, die Heizung aufzudrehen. Wir haben das heimlich gemacht, wenn sie arbeiten war, um Hausaufgaben machen zu können, ohne dass uns die Finger abfallen, und eines Tages hat sie einen Techniker einen runtergeholt, ich meine geholt, damit er alle Heizgeräte aus der Wand reißt. Arbeitest du nicht für meine Mutter?

OSKAR Ja.

PETER Also wenn du sagst, die Firma hat dich zurückgeholt, meinst du, unsere Mutter hat dich aus euren Flitterwochen runtergeholt, geholt.

OSKAR Niemand hat irgendjemand einen runtergeholt, es war ein Notfall.

PETER War sie einsam?

FRIDA Peter.

PETER Einmal wollte sie zwei Wochen in ein Yoga-Retreat in den Bergen, aber es war ihr peinlich, alleine zu fahren, also musste ich mit. Das war vier Wochen vor meinen Abschlussprüfungen in der Schule, und man durfte nichts mitnehmen in dieses Retreat, keine Bücher, kein Internet, kein Handy. Ich bin in der Hälfte der Fächer durchgefallen und musste mein letztes Jahr wiederholen.

FRIDA Das war nicht einen Monat vor deinen Prüfungen.

PETER Doch. Es war. Ein. Monat. Davor.

FRIDA Trink deinen Tee.

PETER Frida weiß das alles nicht, weil sie damals mit ihrem fünfzigjährigen Lover in Lissabon gelebt hat.

FRIDA Halt den Mund.

PETER Aber du kennst die Geschichte bestimmt, die Lissabon-Geschichte, Oskar. Meine Finger riechen immer noch nach Spinne.

FRIDA Ich dreh mal die Heizung für dich auf.

PETER Ohoh, du kriegst Ärger, diese Pisse schmeckt wie Tee. Umgekehrt. Weißt du, was Mama macht? Meine Mutter kauft alle Lebensmittel im Internet. Alles kommt aus einem Lager in Bangladesh, das überschüssige Ware aus Supermärkten weiterverkauft. Sie hat genug Tee und Kondensmilch für den nuklearen Winter. Vielleicht hatte sie einen Autounfall. Hast du versucht, sie anzurufen, ist ihr Handy überhaupt an?

FRIDA Ihr Handy ist an, sie muss auf dem Weg sein.

PETER Vielleicht hat nur das Handy den Zusammenstoß überlebt. Vielleicht liegt es da im Wrack neben ihrem zerschmetterten Schädel und läutet und läutet, aber die Polizei kommt nicht ran, weil es tief in ihrem Fleisch steckt.

OSKAR Mein Gott.

PETER Und wir sitzen hier und plaudern über Tee und Lissabon.

OSKAR Was war mit Lissabon?

FRIDA Reden wir später darüber.

PETER Ja, reden wir später drüber.

KLAUS Hallo, hallo!

ALFRED Ah, du bist das. Ich dachte, es wäre Phillip.

KLAUS Charlotte hat mir die Schlüssel gegeben. Wer ist Phillip?

ALFRED Eben.

KLAUS Ich hab Bier mitgebracht. Die Minibar ist Diebstahl.

ALFRED Hab aufgehört.

KLAUS Womit?

ALFRED Mit Bier. Da muss ich die ganze Nacht furzen, und dann will Charlotte, dass ich im anderen Zimmer schlafe.

KLAUS Ich hab gedacht, ihr schlaft schon seit Jahren nicht mehr im selben Zimmer.

ALFRED Hat sie das gesagt?

KLAUS Das weiß ich nicht mehr so genau.

ALFRED Wann hat sie das gesagt?

KLAUS Ich weiß es wirklich nicht. Für Charlotte hab ich Weißwein mitgebracht.

ALFRED Was für einen?

KLAUS Einen gelben Muskateller.

ALFRED Uargh.

KLAUS Ich kann gerne noch mal zu Billa gehen.

ALFRED Nein, nein. Ich muss heute Abend sowieso einen kühlen Kopf bewahren. Ich schreib Charlotte mal, dass du da bist.

KLAUS Die weiß das. Sie hat mich eingeladen.

ALFRED Wozu?

KLAUS Zum Essen.

ALFRED Das hat sie mir nicht erzählt.

KLAUS Oh.

ALFRED Was zum Teufel brütet deine Schwester aus?

KLAUS Wie geht's mit dem Fernsehen?

ALFRED Fernsehen?

KLAUS Ja, Fernsehen, mit dem Filmprojekt?

ALFRED Ich hab damit aufgehört.

KLAUS Oh.

ALFRED Ich konzentrier mich jetzt auf Fotografie.

KLAUS Das ist ja super.

ALFRED Wieso?

KLAUS Äh …

ALFRED Wir haben schon drei Jahre getrennt geschlafen, als Lara so 12/13/14 war. Anstatt uns scheiden zu lassen.

KLAUS Aha.

ALFRED Und dann haben wir uns trotzdem scheiden lassen.

KLAUS Verstehe.

ALFRED Und dann bin ich wieder eingezogen. Und seitdem schlafen wir wieder im selben Raum.

KLAUS Außer wenn du furzt.

ALFRED Wie bitte?

KLAUS Außer wenn du Bier getrunken hast. Ich trinke es für dich. Ich furze für dich. Gern geschehen.

ALFRED Ach so. Ja. Sie hat einen leichten Schlaf. Für wann ist die Reservierung?

KLAUS Halb neun.

ALFRED Wie geht's den Delinquenten?

KLAUS Hm?

ALFRED Deinen Ausreißern, deinen Pennern, deinen Junkies und Prostituierten.

KLAUS Ach so … ja, die … die überleben schon … und ich rülpse auch für dich.

ALFRED Woher hast du so viel Empathie …

KLAUS Für dich?

ALFRED Für die ganzen Untermenschen, ich meine, diese Minderleister.

KLAUS Ich hab nicht so eine nietzscheanische Weltsicht wie du, Alfred.

ALFRED Heute hab ich drei verschiedene Frauen im Park ihre Männer schlagen gesehen.

KLAUS Warst du spazieren?

ALFRED Spinnst du?

KLAUS Ach so, ich dachte –

ALFRED Von hier oben. Ich hab ein Teleobjektiv.

KLAUS Ach so. Das meinst du mit Fotografie.

ALFRED Drei verschiedene Frauen. Und die Männer haben sich nicht mal gewehrt.

KLAUS Vielleicht waren sie im Unrecht.

ALFRED Wenn die Frauen im Unrecht sind, dürfen wir sie auch nicht schlagen.

KLAUS Na ja, nein …

ALFRED Also warum dürfen die uns dann hauen?

KLAUS Na ja, ich halte das jetzt nicht unbedingt für unterstützenswert –

ALFRED Ach nein?

KLAUS Aber sie schlagen ja auch weniger fest zu, als wir das könnten.

ALFRED Das ist nicht meine Erfahrung. Meine Erfahrung ist: Sie stürzen sich auf dich mit ihren Krallen und zerkratzen dir die Fresse wie eine verängstigte Katze. Ich meine, selbst unter Männern, gibt es gewisse Regeln, wenn wir uns schlagen. Nicht diese miesen Tricks, von wegen das »schwache Geschlecht«. Charlotte hat mich mal krankenhausreif geschlagen.

KLAUS Also das glaub ich jetzt wirklich nicht.

ALFRED Nein? Kannst du dich noch an meinen gebrochenen Arm erinnern?

KLAUS Komm, Alfred, ich glaube nicht, dass das Charlotte –

ALFRED Hat sie aber. Sie hat die Tür gegen meinen Arm geknallt, als ich versucht hab, sie zu packen.

KLAUS Warum hast du versucht, sie zu packen?

ALFRED Weil sie mit der Fernbedienung weggerannt ist.

KLAUS Dann kann das ja kein besonders ernstzunehmender Kampf gewesen sein.

ALFRED Bei Charlotte ist alles ein ernstzunehmender Kampf. Selbst wenn's um *Germany's Next Topmodel* geht oder irgendeinen anderen Fernsehscheiß.

KLAUS Na gut, dann …

ALFRED Kannst du dir vorstellen, wie lächerlich ich mir vorkam, mit dieser Geschichte im Krankenhaus aufzutauchen? Also hab ich stattdessen so getan, als wär ich die Treppe zur U-Bahn runtergefallen.

KLAUS Sie hat's sicher nicht so gemeint.

ALFRED Und wie sie es so gemeint hat. Es ist ein Kampf auf Leben und Tod, mein liebster Schwager, und siegen wird nur sie.

KLAUS Du bist sehr zynisch geworden.

ALFRED Aber hab ich nicht recht? Nimm dich als Beispiel, mit deiner Frau, die behauptet hat, dass du ein Alkoholproblem hast, um ans Sorgerecht für die Kinder zu kommen.

KLAUS Ich hatte ja auch ein Alkoholproblem.

ALFRED Jeder hat ein Alkoholproblem. Früher haben sie Bier statt Wasser getrunken.

KLAUS Und noch viel mehr Männer haben ihre Kinder geschlagen.

ALFRED Hast du deine Kinder geschlagen?

KLAUS Niemals.

ALFRED Siehst du?

KLAUS Aber ich hab immer wieder vergessen, sie abzuholen. Bin vor ihnen beim Abendessen umgekippt … Ich war nicht gerade ein strahlendes Vorbild …

ALFRED Du bist also froh, dass man dir deine Kinder weggenommen hat?

KLAUS Ganz im Gegenteil. Ich leide immer noch wie ein Hund darunter.

ALFRED Wie oft hast du sie?

KLAUS Jedes zweite Wochenende.

ALFRED Und wie oft hat sie der neue Mann deiner Frau?

KLAUS Jeden Tag, außer wenn ich sie habe.

ALFRED Siehst du?

KLAUS Was?

ALFRED Ihr war langweilig. Sie wollte 'nen neuen Mann. Und du hast ihre Spielchen mitgespielt.

KLAUS Es war wirklich nicht sehr leicht mit mir …

ALFRED Mit ihm ist es wahrscheinlich auch nicht leichter. Was macht er?

KLAUS Er ist Anwalt.

ALFRED Und schafft er's, sie von der Schule abzuholen?

KLAUS Nein, Kirsten hat ihren Job gekündigt, als sie zusammengekommen sind. Sie macht diese Dinge jetzt hauptsächlich.

ALFRED Das heißt, er holt sie nicht mal von der Schule ab. Er darf bestimmt beim Abendessen einschlafen. Sie wollte einfach einen Reicheren. Darum ging' s. Gib's zu.

KLAUS Also na ja, nein, so kann man das nicht sagen …

ALFRED Wie oft hast du deine Kinder wirklich im Stich gelassen?

KLAUS Ich weiß es wirklich nicht. Ein oder zwei … Öfter. Ich kann mich nicht erinnern.

ALFRED Sie hat dir eingeredet, dass du ein Problem hast, dabei hattest du gar keins?

KLAUS Wirklich, Alfred?

ALFRED Du hast gar keins. Sie sind gnadenlose Taktiker. Glaub mir. Hast du mal von einem Phillip gehört?

KLAUS Phillip?

ALFRED Jaja, sagt dir der Name irgendwas?

KLAUS Ja, Phillip, da gibt's einen Phillip in meinem Tischtennisclub.

ALFRED Nicht in deinem blöden Pingpongverein. Aus eurer Kindheit.

KLAUS Einen Phillip?

ALFRED Sie wehren sich nicht, weil sie wissen, dass es eine Falle ist.

KLAUS Wer?

ALFRED Die Männer im Park. Sie wissen, dass sie verlieren werden, ohne Frage. Sie haben gerade so viel Spielraum, wie ihre Frauen ihnen gegeben haben, keinen Zentimeter mehr. Natürlich dürfen sie sich aufführen wie die Pfauen, aber zurückgreifen auf ihre naturgegebene, körperliche Dominanz? Auf keinen Fall. Zurückschlagen, wenn sie geschlagen werden? Nein, dann landen sie im Knast. Sie müssen alles hinnehmen, was ihnen entgegenschlägt. Und sagen: Ja, ich verstehe. Ich verstehe deine irrationalen, vollkommen unlogischen Neurosen, Liebste … Man darf ihnen ja nicht mal mehr auf der Arbeit auf den Hintern hauen.

KLAUS Alfred. Das geht jetzt echt einen Schritt zu weit.

ALFRED Das Problem sind die ganzen Chauvis, diese verfickten Chauvis haben die Frauen in den Guerillakrieg getrieben, in die Berge. Und jetzt verhalten sich die Frauen wie Terroristen, krank und verrückt, wie Selbstmordattentäter. Sie jagen sich und alle um sich herum in die Luft. Freunde, Feinde, Unschuldige werden mitgerissen. Nur um zu gewinnen, diese verfickten Chauvis. Diese Idioten. Wir hätten sie an den Verhandlungstisch bitten sollen. Und einen Kompromiss eingehen, der uns wenigstens ein bisschen Würde gelassen hätte. Aber es ist zu spät.

KLAUS Was ist vorgefallen zwischen dir und Charlotte?

ALFRED Ich war Feminist.

KLAUS Du?

ALFRED Wirklich. Ich war an vorderster Front. Natürlich wollte ich Gleichberechtigung.

KLAUS Super.

ALFRED Natürlich. Alles andere wäre unmenschlich gewesen. Aber sie, sie wollten keine Gleichberechtigung. Sie wollten Rache.

KLAUS Findest du, ich sehe aus wie ein Walross?

ALFRED Was?

KLAUS Vergiss es. Immerhin ist es sehr unterhaltsam, dir zuzuhören. Du hast eine große Phantasie.

ALFRED Hör mal, ich bin nicht einer von deinen Fällen, Klaus.

KLAUS Phillip.

ALFRED Was?

KLAUS Phillip, das war einer ihrer ersten Freunde. Er hat ihr das Herz gebrochen, glaube ich.

ALFRED Er hat was? Sie hat kein Herz.

ARTHUR Das Kind hatte Hunger.

THEA Ich hab dir ’ne ganze Flasche in den Kühlschrank gestellt.

ARTHUR Ja, das war nicht genug.

THEA Okay, ich pump gleich mal was ab.

ARTHUR Willst du sie nicht einfach stillen?

THEA Hey, das haben wir besprochen, Arthur.

ARTHUR Wann haben wir beschlossen, dass du auch dann nicht mehr stillst, wenn du zu Hause bist?

THEA Wir haben das nicht beschlossen, ich hab’s beschlossen.

ARTHUR Okay.

THEA Das ist nicht deine Entscheidung.

ARTHUR Okay.

THEA Sie kriegt so viel Milch, wie sie braucht.

ARTHUR Außer heute, aber gut –

THEA Ich pumpe doch gerade ab.

ARTHUR Ja, gut.

…

Und wie war dein Tag?

THEA Gut, danke.

ARTHUR Irgendwas Berichtenswertes?

THEA Ich bin müde, ich will schlafen gehen.

ARTHUR Das ist aber nicht so ausgemacht. Wenn du nach Hause kommst, essen wir gemeinsam zu Abend und reden über den Tag.

THEA Heute brauch ich eine Ausnahme, Schatz. Ich muss einfach ins Bett fallen, bisschen Netflix schauen und langsam wegdriften.

ARTHUR Ich hab den ganzen Abend gewartet.

THEA Tut mir leid.

ARTHUR Schreibst du’s auf?

THEA Hm?

ARTHUR Sonst vergisst du's noch.

THEA Ich vergess es nicht.

ARTHUR Bist du sicher?

THEA Ganz sicher.

ARTHUR Wo warst du?

THEA Ich sag doch, ich will jetzt nicht darüber reden.

ARTHUR Ich hab versucht, dich anzurufen.

THEA Hab ich gesehen.

ARTHUR Sie hatte Hunger.

THEA Hast du gesagt.

ARTHUR Ich hab's trotzdem geschafft, sie hinzulegen.

THEA Hey, super.

ARTHUR Yay, Superdaddy. Tun dir die Brüste weh?

THEA Ein bisschen.

ARTHUR Soll ich …?

THEA Nein.

ARTHUR Haben wir genug Milch?

THEA Es ist genug. Es wird genügen.

ARTHUR Kannst du nicht beim Abendessen netflixen? Ich hab Schinkenfleckerln bestellt.

THEA Schon gegessen.

ARTHUR Du bist essen gegangen?

THEA Ja, ich hatte ein Date.

ARTHUR Wo?

THEA Arthur.

ARTHUR Sorry.

THEA Warst du mal auf Tinder in letzter Zeit?

ARTHUR Ich? Wieso?

THEA Wieso nicht?

ARTHUR Bin nicht wirklich in Stimmung.

THEA Wieso nicht?

ARTHUR Ich krieg nicht besonders viele Matches, um ehrlich zu sein.

THEA Du musst mal dein Profilbild ändern. Das jetzige wird dir nicht gerecht, Schatz.

ARTHUR Ich weiß. Ich weiß.

THEA Vielleicht kann ich ja morgen ein Foto von dir machen.

ARTHUR Okay.

THEA Ja, machen wir das. Zieh am besten deine blaue Wildlederjacke an und das cremefarbene Hemd, das ich dir gekauft hab.

ARTHUR Okay.

THEA Hast du das seit Weihnachten mal getragen?

ARTHUR Ja, klar.

THEA Wann denn?

ARTHUR Im März. Bei der Vernissage im März. Ich glaub, jetzt bin ich zu fett dafür.

THEA Ich will, dass wir eine ausgeglichene Beziehung führen, Arthur.

ARTHUR Ich weiß.

THEA Und du erfüllst deinen Teil der Abmachung nicht.

ARTHUR Ich weiß. Ich muss mir mehr Mühe geben. Ich weiß.

THEA Süßer. Du bist ein schöner Mann. Das weißt du doch.

ARTHUR Erzähl mir eine Geschichte. Eine kleine Gute-Nacht-Geschichte.

THEA Arthur.

ARTHUR Erzähl von heute Abend. Bitte. Sonst dreh ich einfach durch.

THEA Na okay.

ARTHUR Bist du durch mit der Flasche?

THEA Ja.

ARTHUR Ich tu sie schnell in den Kühlschrank.

THEA Also, wir haben uns in einer Bar getroffen. Im schwarzen Ritter.

ARTHUR Aha.

THEA Er war früh dran und hat sich schon ganz nervös umgeschaut, als ich gekommen bin. Hat dann gesagt, er wollte schon fast wieder gehen. Er ist berühmt.

ARTHUR Echt?

THEA Ja, dieser Stückeschreiber, weißt du, der eine, wir haben den Artikel über ihn gelesen. Die Kritiken von seinem neuen Stück sind alle furchtbar.

ARTHUR Aber der ist doch hässlich.

THEA Ist er nicht.

Oder doch, aber im echten Leben fällt's nicht auf.

ARTHUR Und hast du ihm gesagt, dass dir die Brüste weh tun?

THEA Nicht gleich. Erst haben wir nur gegessen.

ARTHUR Was hast du gegessen?

THEA Schweinsbraten.

ARTHUR Und dann?

THEA Dann hat er die Milchflecken auf meinem Kleid entdeckt. Wir haben über die Jean-Luc-Godard-Werkschau im Filmmuseum gesprochen, und er hat mich mitten im Satz unterbrochen und auf meine Brust gezeigt und gesagt: Sollte man da nicht irgendwas machen?

ARTHUR Und?

THEA Und ich hab gesagt: Schön wär's. Aber das Baby ist gerade nicht da, es ist bei meinem Mann, und die Milchpumpe hab ich in der Straßenbahn liegen lassen.

ARTHUR Und?

THEA Und er hat gesagt: Vielleicht kann ich dir helfen.

ARTHUR Aha.

THEA Und ich hab gesagt: Bitte was meinst du damit?

ARTHUR Und?

THEA Er hat gesagt: Vielleicht kann ich dir ein bisschen den Druck rausnehmen.

ARTHUR Wow. Selbstbewusst.

THEA Er hat gesagt: Ich wohne gleich um die Ecke von hier, du könntest schnell mitkommen, und währenddessen trocknet dein Kleid. Ich weiß, was zu tun ist, hat er gesagt.

ARTHUR Ein echter Profi.

THEA Wir sind um die Ecke, die Hauptstraße rauf. Dann ist er noch einmal abgebogen und ein paar Straßen weitergegangen und dann noch mal abgebogen, und plötzlich waren wir hier.

ARTHUR Wo?

THEA Hier. Hier vorm Hotel.

ARTHUR Vor unserem Hotel?

THEA Ja.

ARTHUR Da draußen? Da unten?

THEA Ja.

ARTHUR Er wohnt hier?

THEA Ja?

ARTHUR Wo?

THEA Unten.

ARTHUR Wo? Welches Zimmer?

THEA Ich weiß die Nummer nicht.

ARTHUR Und da ist er jetzt gerade?

THEA Ja. Mit seiner Frau.

ARTHUR Mit seiner … Weiß sie davon?

THEA Sie sind getrennt.

ARTHUR O Gott.

THEA Ja, schrecklich.

ARTHUR Du warst jetzt die ganze Zeit einen Stock tiefer?

THEA Ja.

ARTHUR Das Baby hat nach dir geschrien.

THEA Das hab ich nicht gehört, er hatte die ganze Zeit Musik laufen.

ARTHUR War seine Frau da, als du nach Hause gegangen bist?

THEA Nein, die ist erst jetzt angekommen. Die Scheidungsunterlagen unterschreiben.

ARTHUR O mein Gott.

THEA Ja, schrecklich.

ARTHUR Also gut, und dann? Du bist reingekommen. Hast so getan, als würdest du nicht auch hier wohnen. Und was ist dann passiert?

THEA Er hat mich in sein Zimmer gebeten. Und ich hab ein bisschen gestöhnt vor Schmerz, und er hat die Tür zugemacht und mein Kleid auf, und ich hab den BH für ihn runtergezogen, und ich dachte natürlich, er macht das Gleiche wie alle anderen, aber er hat nicht einmal den Mund an meine Nippel gehalten, sondern zwei Finger, Daumen und Zeigefinger, und mit irgendeiner Technik hat er sie zum Fließen gebracht.

ARTHUR O mein Gott.

THEA Und sie ist ihm ins Gesicht gespritzt, und er hat davon getrunken, aber irgendwie auch darin gebadet …

ARTHUR Fuck.

THEA Und dann hat er sich auf den Boden fallen lassen, und ich hab mich auf ihn draufgesetzt. Er war ganz durchnässt von meiner Milch. Und ich hab ihn an die Brust gedrückt, und er hat einfach mit mir geatmet. Wir haben im Takt miteinander geatmet. Schnaufend und außer Atem.

ARTHUR Und …

THEA Und so lagen wir also da, erschöpft und feucht und aneinandergeklammert, und dann hat er mir langsam seine Finger in die Vagina geschoben …

ARTHUR Und?

THEA Ich muss jetzt wirklich schlafen gehen.

ARTHUR Du Miststück. Bitte, erzähl noch kurz weiter.

THEA Ich steh auf, wenn sie aufwacht, dann kannst du ausschlafen. Du musst wirklich wieder mit Tinder anfangen, Schatz. Kannst du die Flaschen zum Sterilisieren runterbringen?

CHARLOTTE Ah, Klaus, du bist da, sehr schön.

ALFRED Natürlich ist er da, du hast ihn eingeladen. Warum tust du jetzt so überrascht?

KLAUS Ich hab Bier mitgebracht, aber Alfred trinkt das ja nicht mehr.

CHARLOTTE Nein, zum Glück.

ALFRED Es wird gar nicht mehr mit mir besprochen, wenn Leute eingeladen werden. Ich meine, ich arbeite hier.

CHARLOTTE Du arbeitest nicht mehr.

ALFRED Du weißt ganz genau –

CHARLOTTE Er macht Fotos von den Leuten im Haus da drüben, ohne sie um Erlaubnis zu fragen.

ALFRED Du kannst nicht einfach ohne Vorwarnung in meinen Arbeitsplatz einmarschieren …

KLAUS Sorry, Alfred, ich dachte, ich dachte, wir wären heute Abend zum Essen verabredet …

CHARLOTTE Wir sind verabredet, und du bist herzlich eingeladen. Alfred kann ja im Schlafzimmer bleiben, wenn er zu schüchtern ist.

ALFRED Das ist keine Frage von schüchtern.

CHARLOTTE Was dann?

ALFRED Eine Frage des Dialogs.

CHARLOTTE Ich dachte, du schreibst keine Dialoge mehr?

ALFRED Sehr witzig.

CHARLOTTE Seit dein letzter Fernsehfilm von der Kritik vernichtet wurde.

ALFRED Das war kein Fernsehfilm. Das war eine Koproduktion mit Canal+, ORF und Netflix, das war kein Fernsehfilm.

KLAUS Ich fand's sehr gut, Alfred.

ALFRED Danke, Klaus. Ich will doch nur, dass wir unsere Pläne mit genügend Vorlauf besprechen, damit ich mich vorbereiten kann –

CHARLOTTE Ich weiß ganz genau: Wenn wir das vorbesprochen hätten, hättest du irgendeine Ausrede erfunden, warum keinesfalls Besuch kommen darf … irgendeinen ansteckenden Ausschlag oder Gastritis oder was weiß ich welche hypochondrische Muse dich küsst, wenn du verzweifelt bist. Hat er die Geschichte erzählt, wie ich ihm den Arm gebrochen habe?

ALFRED Fick dich.

CHARLOTTE Er hat gegen Lara und ihre Kunstinstallation gewettert, und ich hab ihm die Tür vor der Nase zugeschlagen und einen Stuhl unter den Griff geklemmt und die Musik lauter gemacht, um seinen Quatsch nicht mehr hören zu müssen. Und er hat gejault und gekläfft wie ein Hund im Käfig, und plötzlich höre ich so einen dumpfen Schlag gegen die Tür und nach einer kurzen Stille ein leises Winseln. Hab ich die Tür wieder aufgemacht und sehe ihn heulend auf dem Boden liegen. Er hat gedacht, er kann mit bloßen Händen die Tür einschlagen, der Arme.

ALFRED Ich schwör dir, ich bring dich um.

CHARLOTTE Dann hab ich ihn mit dem Auto ins Krankenhaus gebracht und denen erzählt, er sei in der U-Bahn die Treppe runtergefallen … Unterwegs hat er die ganze Zeit in meinen

Schoß gewinselt und Mama zu mir gesagt … Es war irgendwie süß … Wie damals, als wir zusammengekommen sind …

ALFRED Fick dich, Charlotte …

KLAUS Ich geh gern spazieren, wenn ihr wollt.

ALFRED Nein, nein. Du bleibst schön hier. Ich brauche jede Unterstützung, die ich kriegen kann. Hast du gehört, dass ihm mein Film gefallen hat?

CHARLOTTE Hast du deine Blutdruckmedikamente heute schon genommen, Schatz?

ALFRED Kann mich nicht erinnern.

CHARLOTTE Ich geh mal die Tabletten zählen.

ALFRED Nein. Das kann ich schon selbst, vielen Dank.

Alfred ab.

CHARLOTTE Ich dachte, du hättest ihn gehasst.

KLAUS Was?

CHARLOTTE Seinen Fernsehfilm. Du hast mir doch geschrieben, du findest es furchtbar.

KLAUS Das kann ich ihm ja schlecht sagen, oder?

CHARLOTTE Du musst ihm auch nicht gleich so begeistert zur Seite springen. Wie geht's Kirsten?

KLAUS Gut. Sind in Kitzbühel.

CHARLOTTE Oh, wie nett.

KLAUS Er hat dort ein Haus in Kitzbühel.

CHARLOTTE Wow.

KLAUS Hör auf.

CHARLOTTE Was?

KLAUS Ich weiß, dass du der Meinung bist, dass er besser für sie ist.

CHARLOTTE Selbst wenn ich dieser Meinung wäre, würde ich dir das nie sagen.

KLAUS Sag's einfach.

CHARLOTTE Klaus …

KLAUS Ich freu mich für sie, ja? Ich will kein Haus in Kitzbühel, ich will keinen Audi A8 mit 8-Zylindern und Allradantrieb, den ich jedes Jahr gegen das nächstneuere Modell eintauschen muss. Ich will auch nicht das Vatersein aufgeben, für immer mehr und immer teurere Geschenke, die den Kindern vorgaukeln, dass ich sie liebe. Sie können mich hassen, so sehr sie wollen –

CHARLOTTE Sie hassen dich nicht –

KLAUS Oder sich für mich schämen, so sehr sie wollen. Sie wollen vor der Schule nicht mit mir gesehen werden. Dürfen sie. Ich soll sie an der Ecke absetzen, wenn ich sie zu Freunden bringe, damit die meinen Mazda aus den Neunzigern nicht sehen müssen. Bitte. Aber wenn eines Tages eines von ihnen in großen Schwierigkeiten ist und sich nicht traut, zu jemand anderem zu gehen …

CHARLOTTE Ist der Sozialarbeiter für sie da.

KLAUS Ich, der Vater, der Alte.

CHARLOTTE Und bis dahin?

KLAUS Bis dahin erdulde ich mein Leid.

CHARLOTTE Das heißt also, du hoffst gewissermaßen, dass sie irgendwann Crack-Addicts werden?

KLAUS Komm, hör auf. Crack ist out.

CHARLOTTE Zu sagen, dass etwas out ist, ist auch out.

KLAUS Charlotte, ich bin hier der Sozialarbeiter, ich kenn mich mit diesen Fachausdrücken aus. Du musst immer das letzte Wort haben. Und ist es wirklich nötig, Alfred so niederzumachen, wenn ich dabei bin?

CHARLOTTE Ich bin schon spät dran. Dich hat's auch nie gestört, dass er mich jahrelang niedergemacht hat.

SYLVIE Ich hab gedacht, wir treffen uns im Foyer?

JAKOB Hast du Angst, mit mir allein zu sein?

SYLVIE Was machst du, Jakob?

JAKOB Dir einen Drink. Gin Tonic, oder?

SYLVIE Warum trägst du einen Bademantel?

JAKOB Weil einer im Schrank hing.

SYLVIE Jakob.

JAKOB Komisch, ich bin normalerweise nie der Bademanteltyp, aber ich dachte, es passt vielleicht zum heutigen Anlass. Erinnerst du dich an das Hotel in Sevilla? Mit dem Innenhof ohne Überdachung? Und es hat die ganze Nacht geregnet, auf den Marmorboden, und wir saßen da in unseren Bademänteln, in unserem Wohnzimmer, und der Regen fiel auf den Boden –

SYLVIE Ich will nix trinken.

JAKOB Trink einen Gin Tonic mit mir. Sonst bin ich gekränkt. Weißt du noch, wie wir Ärger mit diesem Bullen bekommen haben, weil wir die Orange vom Boden aufgehoben haben?

SYLVIE Bitte?

JAKOB Auf der Straße, ich hab die Orange vom Boden aufgehoben, aber in Sevilla ist das verboten, man darf die Orangen nicht anfassen, auch wenn sie vom Baum gefallen sind. Die stehen unter Denkmalschutz.

SYLVIE Das ist deine Erinnerung an Sevilla?

JAKOB Völlig absurd.

SYLVIE Ich weiß noch, dass du nie mit mir schlafen wolltest, obwohl's unsere Flitterwochen waren, weil du ein Stück schreiben musstest.

JAKOB Welches war das noch mal?

SYLVIE Über das Paar, das in den Flitterwochen Schluss macht.

JAKOB Ich hab voll mit dir gefickt.

SYLVIE Hast du nicht.

JAKOB Doch, doch. Ich weiß noch, wie du ausgesehen hast. Du hattest kein Waxing, trotz Flitterwochen.

SYLVIE Oh, du weißt noch, wie »ich« ausgesehen habe?

JAKOB Hab ich doch gerade gesagt.

SYLVIE Du hast gemeint, wie meine Vagina ausgesehen hat.

JAKOB Du weißt ganz genau, dass ich's nicht mag, wenn ich Haare zwischen die Zähne kriege, und trotzdem, obwohl wir in den Flitterwochen waren, hast du dir nicht die Mühe gemacht –

SYLVIE Ach du lieber Gott.

JAKOB Jedenfalls kann ich mich noch gut erinnern. Du warst auf der Couch, und ich bin zu dir gekommen, und wir hatten 'ne Menge getrunken zum Abendessen, also Schreiben kam nicht in Frage, also haben wir angefangen, die Nachrichten zu schauen, und da ging's um das Erdbeben in Haiti, und das hat uns plötzlich unsere Vergänglichkeit vor Augen geführt, und dann hatten wir so einen Drang, uns fortzupflanzen, aber –

SYLVIE Was?

JAKOB Na ja, die Nummer mit dem Lecken war dir ganz recht, aber Geschlechtsverkehr wolltest du keinen.

SYLVIE So hab ich das nicht in Erinnerung.

JAKOB Grad hast du gesagt, du hast es gar nicht in Erinnerung.

SYLVIE Ja, jetzt schon. Vage.

JAKOB Und?

SYLVIE Und was?

JAKOB Wie war's deiner Meinung nach?

SYLVIE Ich glaube, wir sollten das Gespräch jetzt beenden.

JAKOB Sag schon.

SYLVIE Du hast mich die ganze Zeit im Bett herum geschmissen. Und mir den Kopf ins Kissen gedrückt und den Hintern versohlt, also nein, so super fand ich es nicht.

JAKOB Warum denn nicht?

SYLVIE Es war unser erstes Mal seit der Hochzeit.

JAKOB Na und?

SYLVIE Es war das erste Mal, weil du in der Hochzeitsnacht zu betrunken warst, weil du mit deinen ganzen Theaterfreunden abgehangen bist, so dass ich dich nach Hause schleppen musste, und dann bist du sofort eingeschlafen und hast mich eine Bitch genannt, weil ich das Licht angemacht hab, als ich aufs Klo musste.

JAKOB Daran kann ich mich nicht mehr erinnern.

SYLVIE Ehrlich gesagt, Markus wäre nicht besonders glücklich, wenn er wüsste, dass ich bei dir im Zimmer bin.

JAKOB Wer ist Markus?

SYLVIE Mein Verlobter.

JAKOB Dein was?

SYLVIE Ja genau.

JAKOB Dein, entschuldige, dein was?

SYLVIE Mein Verlobter.

JAKOB Dein, okay, wow.

SYLVIE Ja.

JAKOB Na gut.

SYLVIE Ich wollt's dir sagen.

JAKOB Hast du aber nicht. Markus.

SYLVIE So heißt er, ja.

JAKOB Ist er auch ein arbeitsloser Schauspieler?

SYLVIE Leck mich.

JAKOB Also ja. Und fickt er dich respektvoller?

SYLVIE Okay, echt, können wir jetzt einfach –

JAKOB Fragt er dich um Erlaubnis, bevor er dir den Finger in den Arsch steckt?

SYLVIE Er hört auf mein Feedback, ja.

JAKOB Dein Feedback?

SYLVIE Ja.

JAKOB Dein sexuelles Feedback?

SYLVIE Ja.

JAKOB Schickst du ihm das am nächsten Tag per E-Mail?

SYLVIE Hör auf.

JAKOB Deine konstruktive Kritik. Fünf Punkte zur Verbesserung unseres Sexuallebens? Liebe Grüße, Sylvie.

SYLVIE Er braucht zwar nicht viel Feedback, weil er mich intuitiv versteht –

JAKOB *Intuitiv* –

SYLVIE – aber wenn ich ihm etwas zu sagen habe, dann nur einmal, weil er mir zuhört, verstehst du, er hört zu, wenn ich ihm sage, dass mir etwas unangenehm ist –

JAKOB Ich glaube, wir sollten das Gespräch jetzt beenden.

SYLVIE Gerne. Hast du die Papiere?

JAKOB Da aufm Schreibtisch.

SYLVIE Soll ich als Erste unterschreiben?

JAKOB Ich brauch noch was zu trinken, bevor wir anfangen. Ich nehm deinen Gin Tonic, oder?

ARTHUR Keine Ahnung. Die Galerie ist total gegen diese neue Richtung. Die wollen die Ausstellung absagen.

GUSTAV Ist das wirklich das Wichtigste? Geld verdienen?

ARTHUR Na ja, ich hab seit zwei Jahren nichts verkauft, also irgendwie schon …

GUSTAV Und wenn ich dir jetzt sage, dass diese neue Phase dich berühmt machen wird?

ARTHUR Ich hab ihnen eine Porträtserie versprochen. Vielleicht muss ich einfach wieder – Ich dachte, eine Porträtserie vom Baby …

GUSTAV Wow. Okay …

ARTHUR Findest du nicht gut?

GUSTAV Ich meine, es ist ein bisschen … also so unter uns …

ARTHUR Sie ist meine Tochter …

GUSTAV Na, wenn du meinst.

ARTHUR Was? Dass sie meine Tochter ist?

GUSTAV Ach so, nein, haha. Nein, dass das eine gute Idee ist.

ARTHUR So hat es für mich angefangen. Mit den Porträts von Thea. Die ewigen Wiederholungen, dieses Obsessive. Dieses Nicht-Loslassen-Können.

GUSTAV Aber eigentlich war's mehr ein Selbstporträt.

ARTHUR Was meinst du?

GUSTAV Von deiner eigenen Abhängigkeit, oder?

ARTHUR Ja, aber das war ganz genau, was sie toll dran gefunden haben, die Leute. Ein Lobgesang auf eine Frau in all ihren Verkleidungen. Die schlichte Wahrheit. Haben sie gesagt.

GUSTAV Die Masken. Die Geheimnisse.

ARTHUR Die verborgenen Tugenden.

GUSTAV Und die weniger verborgenen.

ARTHUR Genau.

GUSTAV Sie ist schön, deine Frau.

ARTHUR Hey, warte mal. Kennst du meine Frau?

GUSTAV Du hast mir ein Bild gezeigt, vorhin an der Bar.

ARTHUR Ich hab ein schlechtes Gewissen, weil ich dir das alles erzähle.

GUSTAV Was, wegen Thea?

ARTHUR Woher weißt du, wie sie heißt?

GUSTAV Du hast es gerade gesagt.

ARTHUR Nein, nicht ihretwegen, ich meine, sie erzählt über mich noch schlimmere Geheimnisse, aber … Du bist ein Fremder …

GUSTAV Fühlt sich gar nicht so an.

ARTHUR Wirklich?

GUSTAV Wirklich.

ARTHUR Gut. Es tut mir leid. Ich … Mir kommt vor, ich stehe vorm Abgrund in letzter Zeit.

GUSTAV In letzter Zeit?

ARTHUR Als Thea und ich uns kennengelernt haben, war sie mehr als nur meine Geliebte …

GUSTAV Was ist mehr als das?

ARTHUR Sie war, ich weiß, es klingt peinlich, sie war wie meine Muse … Wirklich, ich war echt am Boden, und sie hat mich hochgeholt. Sie hat mir Selbstvertrauen gegeben, sie hat mir hochgeholfen, als ich am Boden lag …
Sie war wie eine Mutter für mich. Sie hat mir das Denken beigebracht. Vollkommen selbstlos.

GUSTAV Meinst du?

ARTHUR Anfangs war's nämlich ziemlich kompliziert.

GUSTAV Ah ja, wie das?

ARTHUR Na ja, sie hatte ganz viele Liebhaber … Und verheiratet war sie auch … Und ich war jung und naiv … Und irgendwie … hat sie sich für mich entschieden … sie hatte ja schon alles, was sie wollte …

GUSTAV Einen Ehemann und die ganzen Liebhaber …

ARTHUR Und ja, dann hat sie mich erwählt …

GUSTAV Aha. Sorry.

ARTHUR Ich meine, ich war … auch … gefragt … gewissermaßen …

GUSTAV Das hat sie sicher zusätzlich gereizt.

ARTHUR Aber unsere Verbindung war mehr … spirituell … als sonst was … ich habe sie wirklich angebetet … und sie hat mir, nein, wirklich, sie hat mir Inspiration geschenkt … die ersten drei Ausstellungen waren komplett ausverkauft … ich hab eine verdammte Lagerhalle gekauft und ein Studio eingerichtet … Aus New York und Shanghai sind lauter Aufträge reingekommen, ich kann es kaum noch glauben … und dann haben wir das Kind gekriegt, und ich bin einfach … irgendwas ist abgestorben da drin, und ich weiß nicht, was …

GUSTAV Schläft sie immer noch mit den anderen Männern?

ARTHUR Nicht mit denen. Aber mit anderen. Jede zweite Nacht. Ich meine, anfangs, bevor sie schwanger war, nachdem sie ihren Mann verlassen hat, hab ich ihr Polyamorie beigebracht, ich war genauso viel auf Tinder wie sie. Wir haben beide unsere Dates mit nach Hause genommen und da gefickt, und ich hab einfach gemalt währenddessen, manche sind das ganze Wochenende geblieben, es war ein Kommen und Gehen, Männer und Frauen, und wir haben gefickt, und dann hab ich ein bisschen weitergemalt und bin wieder zurück. Und wir hatten … Das klingt vielleicht heftig für jemanden wie dich.

GUSTAV Jemanden wie mich. Was glaubst du denn, was ich für einer bin?

ARTHUR Manche im Haus hatten so eine Ahnung. Wahrscheinlich haben sie was gehört. Und sich beschwert. Aber uns war das egal. Alles war im Flow …

GUSTAV Und jetzt flowt's nur noch in ihre Richtung.

ARTHUR Das ist meine Schuld. Ich bin unsicher geworden. Keiner will einen in so einem Zustand. Aber ich kann nicht plötzlich die Regeln ändern. Ich kann nicht sagen, sie soll aufhören …

GUSTAV Obwohl jetzt ein Kind da ist?

ARTHUR Was macht das für einen Unterschied?

GUSTAV Darf ich dich was fragen?

ARTHUR Woher ich weiß, dass es von mir ist?

GUSTAV Ha. Sorry.

ARTHUR Nein, du hast recht. Ich war der Einzige, bei dem sie nicht verhütet hat.

GUSTAV War das die Regel?

ARTHUR Ja.

GUSTAV Und natürlich sieht deine Tochter dir ähnlich?

ARTHUR Ich bin mir da nie so sicher.

GUSTAV Also fragst du dich schon manchmal.

ARTHUR Ich meine, sie ist jetzt nicht schwarz oder asiatisch …

GUSTAV Aber die anderen Männer waren nicht alle schwarz oder asiatisch? Sorry.

ARTHUR Nein …

GUSTAV Und wenn du jetzt feststellen würdest …

ARTHUR Ich glaube nicht, dass wir nur wegen des Kindes noch zusammen sind.

GUSTAV Nein?

ARTHUR Sondern weil wir einander brauchen.

GUSTAV Oder vielleicht, weil du sie brauchst?

ARTHUR Meinst du, sie braucht mich nicht?

GUSTAV Woher soll ich das wissen?

ARTHUR Aber von dem, was ich so erzähle, was ist dein Eindruck?

GUSTAV Ich glaube, ich würde nicht mit einem Mann zusammen sein wollen, der sich ständig Fragen stellt.

ARTHUR Oh. Verstehe.

GUSTAV Entschuldige.

ARTHUR Nein. Das ist gut. Ich brauch jemanden, der ehrlich zu mir ist. Freut mich sehr, dich kennenzulernen. Aber sag mal, wie lang bist du eigentlich hier im Hotel?

GUSTAV Das ist noch offen.

ARTHUR Cool.

FRAU 1 Du, ich glaub, dein Handy ist leer. Wo bist du? Ich bin hier. Schon seit fast einer Stunde. Ich bin mir so ein bisschen blöd vorgekommen allein aufm Zimmer, also geh ich jetzt mal raus und hol uns beim Billa Prosecco. Ich hab dir einen Gin Tonic aus der Minibar gemacht. Dann hab ich gesehen, was diese kleinen Flaschen kosten. Tut mir leid. Läuft das jetzt über deine Kreditkarte? Das ist komisch. Ist das komisch? Es kommt mir ein bisschen komisch vor. Ich glaube, es wäre weniger komisch, wenn wir gleichzeitig angekommen wären. Oder betrunken. Aber ich trink grad nix. Ich rede mit mir selbst, ich sollte auflegen. Gab's da nicht mal so ein Piepen, wenn man zu lange geredet hat? Vielleicht hab ich's überhört, und du kriegst jetzt nur den ersten Teil mit. Dein Gin Tonic ist warm. Deine Pizza ist kalt. Ich hab Pizza bestellt. Dein Akku ist doch sonst nie leer.

THEA Bist du das, Arthur, bist du das?

ARTHUR Ja, ich bin's.

THEA Hast du gerade mit jemandem geredet?

ARTHUR Sorry, haben wir dich geweckt?

THEA War jemand im Zimmer?

ARTHUR Nein, vor der Tür.

THEA Wer war das?

ARTHUR Jemand, den ich an der Bar kennengelernt habe.

THEA Scheiße, meine Ohrringe.

ARTHUR Was ist mit deinen Ohrringen?

THEA Ich bin gleich wieder da.

SYLVIE Sag mal, wohnst du hier?

JAKOB Nein, in Frankfurt.

SYLVIE Wieso in Frankfurt?

JAKOB Ich schreib grade für das Theater dort.

SYLVIE Und wie läuft's?

JAKOB Gar nicht. Ich trink zu viel.

SYLVIE Wann ist Premiere?

JAKOB Vor einer Woche.

SYLVIE Ah ja.

JAKOB Die warten noch auf den letzten Akt.

SYLVIE Also haben sie die Premiere verschoben?

JAKOB Vielleicht. Ich hab schon länger keine E-Mails gelesen. Vielleicht haben sie's auch ganz abgesagt.

SYLVIE Solltest du nicht mal jemanden vom Theater anrufen?

JAKOB Alles Arschlöcher. Das Geld behalt ich trotzdem.

SYLVIE Hast du schon geschlafen?

JAKOB Ich?

SYLVIE Ja. Du.

JAKOB Nein.

SYLVIE War jemand hier?

JAKOB Hm?

SYLVIE Das Bett sieht so aus, als hättest du jemanden hier gehabt.

JAKOB Quatsch.

SYLVIE Du lügst also immer noch so gerne. Wann war sie da?

JAKOB Diese Art der Befragung interessiert mich nicht. Erzähl mir was über Markus.

SYLVIE Wir heiraten.

JAKOB Wann?

SYLVIE Wenn die Scheidungspapiere durch sind.

JAKOB Logisch.

SYLVIE Er hat auch ein Kind.

JAKOB Die spielen miteinander. Unsere Kinder und seins.

SYLVIE Ich hab gedacht, du hättest noch nie von ihm gehört.

JAKOB Ich hab gelogen. Emma erzählt die ganze Zeit von ihm. Sie zählt eure Kondome.

SYLVIE Sie was?

JAKOB Sie schleicht immer zu euch ins Zimmer und zählt die Kondome, um festzustellen, ob du Sex mit ihm hattest, und dann erstattet sie mir Bericht.

SYLVIE Ach du Scheiße.

JAKOB Also alle spielen sie miteinander. Du hast eine neue Familie gegründet und mir noch gar nicht Bescheid gesagt. Wo hat er sein Geld her?

SYLVIE Was für Geld?

JAKOB Er wohnt im Neunzehnten, also altes Geld?

SYLVIE Können wir jetzt bitte einfach die verdammten –

JAKOB Reiche Familie, oder? Sonst kann sich ein arbeitsloser Schauspieler wohl schlecht leisten –

SYLVIE Spionierst du uns nach?

JAKOB Ach was, Schatz, Facebook und eine kleine fünfjährige Geheimagentin genügen. Es muss so schön sein, eine reiche Familie zu haben … Also liebt er dich, oder braucht er dich nur?

SYLVIE Wozu sollte er mich brauchen?

JAKOB Stimmt. Punkt für dich. Aber ich meine … Du kommst aus einer sehr berühmten, aber armen Theaterfamilie. Das gibt eine gute Story. Er schreibt ja auch, wie man so hört.

SYLVIE Unterschreiben wir jetzt bitte diese blöden Papiere, Jakob, mich macht das alles ganz krank.

JAKOB Kein Abschiedsfick?

…

Nein?

SYLVIE Ich will echt nicht die Polizei rufen müssen.

JAKOB Schönes Vorspiel, kurzer Höhepunkt, langes bitteres Nachspiel und jetzt kommt endlich der Schlussakt, im perfekten Bühnenbild.

SYLVIE Da sind noch Spermaflecken auf dem Laken.

JAKOB Das? Ach so, hab mir einen runtergeholt.

SYLVIE Ich glaube, da ist nicht nur Sperma.

JAKOB Du bist doch paranoid.

SYLVIE Aha, das trocknet noch. Ist also weniger als eine Stunde her.

JAKOB Was kümmert dich das?

SYLVIE Es kümmert mich nicht. Ich will nur, dass du's zugibst.

JAKOB Warum?

SYLVIE Damit du verstehst, warum ich dich verlassen habe. Und mich in Ruhe lässt.

JAKOB Ich hab dich verlassen.

SYLVIE Und dann angefleht, dass ich zurückkomme.

JAKOB Tatsache ist: Ich hab dich verlassen.

SYLVIE Du hast mich angefleht, und ich hab nein gesagt. Und dass ich dich nie wiedersehen will.

JAKOB Musstest du aber.

SYLVIE Ja, ich hab dich gesehen, Jakob. Du warst da, um die Kinder abzuliefern. Ich hab dich gesehen. In unserem Haus. In der Küche. Mit dem Au-pair-Mädchen. Ich habe euch ficken gesehen da auf der Arbeitsplatte in der Küche. Ich habe euch zugeschaut und dich währenddessen ein paarmal angerufen, und du hast es läuten gelassen, bis es dich zu sehr abgelenkt hat von deiner wichtigen Aufgabe, und dann hast du dein Handy aus der Hose, die dir um die Knöchel hing genommen, und den Anruf abgelehnt. Und ich hab ein Video von euch gemacht, damit ich immer was zum Anschauen hab, falls ich mal durcheinanderkomme und drüber nachdenke, dich zurückzunehmen. Wie lang hast du's mit ihr getrieben?

JAKOB An dem Abend?

SYLVIE Leck mich.

JAKOB Ich dachte, es war eine ernstgemeinte Frage.

SYLVIE Fick dich. Wie lange vor unserer Trennung?

JAKOB Mir war nicht bewusst, dass du das gesehen hast.

SYLVIE Hab ich aber.

JAKOB Warum hast du mir das nie erzählt?

SYLVIE Wirklich, das interessiert dich daran?

JAKOB Warum hast du sie nicht gefeuert?

SYLVIE Du weißt doch, wie schwer es ist, ein gutes Au-pair-Mädchen zu finden. Du weißt das besser als ich.

JAKOB Ist das wirklich alles so wichtig? Wollen wir ins bürgerliche Klischee verfallen und moralisieren, wer wie lange mit welchen Au-pair-Mädchen –

SYLVIE Wer ist das?

JAKOB Keine Ahnung, vielleicht kommt jemand das Bett machen.

SYLVIE Woher sollen die wissen, dass du gefickt hast?

JAKOB Weiß nicht. Vielleicht ist das so ein Hotel.

SYLVIE Antworte einfach.

JAKOB Okay, whatever …

THEA Hi. Sorry. Ich glaub, ich hab meine Ohrringe hiergelassen?

JAKOB Was für Ohrringe?

THEA Meine Ohrringe. Vielleicht am Nachttisch?

JAKOB Glaub ich nicht.

THEA Kannst du mal schauen?

JAKOB Ich hab Besuch.

THEA Tut mir leid, es ist wichtig. Mein Mann hat sie mir geschenkt.

Jakob sucht.

SYLVIE Was will die?

JAKOB Ihre Ohrringe.

SYLVIE Also hattest du doch wen da.

JAKOB Ja, okay, ich hatte wen da, bist du jetzt zufrieden und kannst mir suchen helfen?

SYLVIE Deshalb hast du unser Treffen verschoben? Um mit einer Prostituierten ins Bett zu gehen?

JAKOB Das war keine … sie ist einfach eine …

SYLVIE Entschuldigung? Hi. Ja. Tut mir leid. Wir finden's nicht. Vielleicht kommen Sie einfach selbst rein und suchen?

THEA Hi.

JAKOB Ich suche immer noch, sie ist ein bisschen –

SYLVIE Okay, das überrascht mich jetzt.

THEA Wie bitte?

SYLVIE Ich hab Sie mir jünger vorgestellt.

THEA Aha.

SYLVIE Sonst tauscht er uns immer gegen das neueste Modell ein, aber das –

JAKOB Sylvie.

SYLVIE Das gebietet ja fast schon Respekt.

JAKOB Beachte sie gar nicht.

SYLVIE Eine großmütige Tat geradezu.

THEA Ähm. Ich werd dann –

SYLVIE »Karitativ« wäre vielleicht zu viel gesagt, aber –

THEA Hast du irgendwas weggeräumt, seit ich –?

JAKOB Nö.

THEA Kann ich schnell mal im Bad nachsehen?

SYLVIE Nehmen Sie sich ruhig Zeit, wir unterschreiben nur unsere Scheidungspapiere.

THEA Die Ohrringe sind wirklich sehr wichtig für mich –

SYLVIE Hab ich mitbekommen, ja, Ihr Mann hat sie Ihnen geschenkt.

THEA Ich muss sie irgendwo anders verloren haben. Verzeihen Sie die Störung.

SYLVIE Au contraire, meine Liebe. Sie sind ziemlich gut für mein Ego.

THEA Ich hab vorhin zu Ihrem Mann gesagt, er sei der arroganteste Mensch, den ich je getroffen habe. Das muss ich jetzt revidieren. Gute Nacht.

JAKOB Danke, zweiter Platz. Ich kann bei nichts gewinnen.

SYLVIE Das Leben ist voller Überraschung. Und er ist mein Exmann.

JAKOB Noch nicht, mein Schatz.

SYLVIE Bin ich der jetzt irgendwie zu nahe getreten?

JAKOB Das weißt du ganz genau.

SYLVIE Ich war immer schon taktlos, ich kann gar nichts dafür.

KLAUS Ah, da sind sie ja.

CHARLOTTE Leute, das ist Phillip. Phillip, das sind die Leute.

KLAUS Hi, ich bin Klaus.

PHILLIP Hallo Klaus, freut mich total, dich kennenzulernen. Charlotte hat mir ja schon so viel von dir erzählt.

KLAUS Wirklich? Das ist ja nett.

CHARLOTTE Das ist nicht Alfred.

PHILLIP Das ist nicht wer?

CHARLOTTE Alfred ist im Nebenzimmer.

PHILLIP Jetzt bin ich verwirrt.

CHARLOTTE Das ist Klaus. Klaus ist mein Bruder. Alfred ist mein Mann, er ist nebenan.

KLAUS Hi, ich bin Klaus.

PHILLIP Hi. Phillip. Entschuldige.

CHARLOTTE Alfred. Kommst du mal rein?

ALFRED Ich bestell grad den Zimmerservice.

CHARLOTTE Was heißt das, du bestellst den Zimmerservice, wir gehen doch essen.

ALFRED Ich komm nicht mit.

CHARLOTTE Was heißt das, du kommst nicht mit?

ALFRED Wirst du langsam schwerhörig, Schatz?

CHARLOTTE Hör sofort auf damit. Wir haben einen Gast.

ALFRED Phillip?

CHARLOTTE Ja. Phillip.

ALFRED Aha. Danke, aber ich passe.

Phillip kommt herein.

CHARLOTTE Phillip, das ist Alfred.

PHILLIP Hi.

ALFRED Hi, Phillip. Willst du was vom Zimmerservice? Es kommt manchmal kalt, aber die bemerkenswerte Auswahl macht die mangelnde Qualität wett. Willst du zum Beispiel einmal Peking-Ente?

PHILLIP Äh. Nein danke. Ich warte dann vielleicht doch bis zum Abendessen.

CHARLOTTE Wir sind schon spät dran, Alfred.

ALFRED Ja, warum habt ihr denn so lange gebraucht?

CHARLOTTE Ich hab Phillip von seinem Hotel abgeholt.

ALFRED Ist er Legastheniker?

CHARLOTTE Alfred.

ALFRED Phillip, bist du Legastheniker?

PHILLIP Na gut, das ist ein breites Spektrum, auf dem sich –

ALFRED Kannst du Google Maps nicht lesen?

PHILLIP Grundsätzlich können sogar schwere Legastheniker einem Navigationssystem folgen.

ALFRED Ah ja?

PHILLIP Äh. Ja.

ALFRED Entschuldige, ich hab vergessen, dass du ein Spezialist für das menschliche Gehirn bist.

PHILLIP Den menschlichen Geist.

ALFRED Nicht das Gehirn?

PHILLIP Ich bin kein Neurologe.

ALFRED Keine Spitzfindigkeiten, Schätzchen.

CHARLOTTE Warum setzt du dich nicht?

ALFRED Ja, warum setzt du dich eigentlich nicht?

KLAUS Sind wir nicht spät dran fürs Abendessen?

ALFRED Was habt ihr so lange gemacht? Hast du sie auf einen Absacker hochgebeten?

CHARLOTTE So spät sind wir auch nicht dran, Alfred.

ALFRED Ach so, wie dumm von mir. Du warst also nur der Shuttledienst.

CHARLOTTE Sozusagen.

ALFRED Das war ja wahnsinnig nett von dir.

CHARLOTTE Er ist ein alter Freund.

ALFRED Aus der Schulzeit?

PHILLIP Genau.

ALFRED Wie war sie so, Phillip, sag mir alles, meine Frau und ich haben keine Geheimnisse voreinander. Du als Experte auf dem Gebiet siehst das ja sicher auch so, dass man nur so wirklich durchs Leben kommt …

PHILLIP Na gut, es gibt schon so etwas wie eine gutgemeinte Lüge.

ALFRED Was soll das sein?

PHILLIP Na ja, eine Lüge in guter Absicht, eine gutartige Lüge.

ALFRED Ist das so was wie ein gutartiger Tumor? Siehst zwar aus wie der Elefantenmensch und redest komisch, und hinken tust du auch ein bisschen, aber wenn sie dir ein Riesenloch in den Kopf bohren, wird alles wieder gut.

PHILLIP So ähnlich.

ALFRED Hast du ein paar gutartige Lügen für mich, Liebste?

CHARLOTTE Wenn ich die verrate, sind sie nicht mehr gutartig.

ALFRED Hatte unsere Tochter eine Geschlechtsumwandlung? Ist sie inzwischen ein Mann? Hab ich was verpasst? Ist sie meine Tochter?

PHILLIP Wow.

ALFRED Keine Sorge, Phillip, ich mach nur Witze. Auch das würde mich überhaupt nicht stören, meine Tochter weiß das ganz genau, solange sie es nicht auf YouTube postet.

CHARLOTTE Aber manchmal lüge ich dich schon an, nur um dich zu beruhigen, doch.

ALFRED Hast du gehört, Phillip? Lügen. Die Lügen, die verbinden. Die Lügen, die verblinden. Du bist also Psychiater, ja?

PHILLIP Ganz recht.

ALFRED Was hast du gesagt, ganz Brecht? Finde ich überhaupt nicht. Klaus hat's mir erzählt. Was hat er mir noch erzählt? Ach so, ja, Psychiater. Es war Klaus, der mir gesagt hat, dass du Psychiater warst.

KLAUS Das bin ich. Das hab ich.

ALFRED Das ist er. Das hat er.

CHARLOTTE Er war vorher ein bisschen verwirrt.

ALFRED Waren wir das nicht alle?

CHARLOTTE Soll ich im Restaurant anrufen und absagen?

ALFRED Meinetwegen? Auf gar keinen Fall. Geht bitte ohne mich. Ich bleib schön hier mit einer Peking-Ente, einem Büffelmozzarella und zweieinhalb Caipirinhas. Du wirst sehen, ich halte mein Wort, Philipp. Nachher kannst du mir dann ausführlich erzählen, wie's war, mein Schatz. Oder auch nicht.

CHARLOTTE Ja, gut. Dann –

ALFRED Klaus war es, der mir erzählt hat, dass du Psychiater bist. Nicht Charlotte. Sie hat ja erst vor einer Stunde erwähnt, dass es dich überhaupt gibt. Bis dahin dachte ich, wir könnten vielleicht Sex haben, das passiert derzeit im Schnitt nur so dreimal pro Jahr, Aber immer noch öfter als die Pandabären. Das spricht schon für uns, Schatz. Sie hat die Suite gebucht, verstehst du? Sie hätte ja auch ein billigeres Zimmer in einem billigeren Hotel buchen können, aber sie hat uns eine Suite gebucht, verstehst du? Die räuchern uns gerade die Wohnung aus, da waren Ratten, weiß der Teufel, warum, aber da waren Ratten, und sie ist allergisch auf Katzen, das wäre mein Vorschlag gewesen, borg dir von jemandem die Katze aus und lass der Natur ihren Lauf, aber die Frage war: ich, die Ratten oder die Katze, und sie hat sich für mich entschieden … als Objekt der Ausrottung, meine ich … die Katze frönt weiter ihres glückseligen Daseins bei Herrn Blumenthal, hattest du auch mal was mit dem?, die Ratten wühlen sich heiter bis ins Jenseits vor und ich, ich bestell eine Peking-Ente … Das ist nicht das erste Mal, dass sie mir einen Psychiater vorstellt …

CHARLOTTE Das war nicht ich …

ALFRED Nein?

CHARLOTTE Das war deine erste Frau.

ALFRED Ich hab mehr als eine?

CHARLOTTE Drei.

ALFRED Dich eingeschlossen? Wahnsinn. Einstein.

PHILLIP Ach ja, immer wieder und wieder das Gleiche machen, aber ein anderes Ergebnis erwarten.

ALFRED Also kein Scharlatan, Charlotte. Gratuliere. Fühlst du dich jetzt eigentlich geschmeichelt oder bist du misstrauisch geworden?

PHILLIP Ich verstehe nicht, was du meinst.

ALFRED Das versteht keiner. Aber wir reden trotzdem weiter.

KLAUS Ich mach mal Musik.

ALFRED Mach das.

KLAUS Ich hab meine eigenen Boxen dabei.

ALFRED Ich meine, dass sie dich nie erwähnt hat. Dass du gar keine Rolle spielst bei uns. Für uns. Bei uns. Dass du in dem Hin und Her, das uns ausmacht, weder zum Hin gehört hast noch zum Her. Bist du deshalb: eifersüchtig oder geschmeichelt?

PHILLIP Ich weiß es nicht, Alfred.

ALFRED Sie hat dir also viel über mich erzählt?

PHILLIP Hä?

ALFRED Das hast du vorhin zu Klaus gesagt, als du dachtest, er wär ich.

PHILLIP Äh. Das war, na ja, ich meine –

ALFRED Reine Höflichkeit?

PHILLIP Nein, nein, sie hat dich schon viel erwähnt.

ALFRED Heute Nachmittag?

PHILLIP Bitte?

ALFRED Heute? Nur heute?

PHILLIP Nein, öfter …

ALFRED Aber du hast ihn doch seit Jahren nicht gesehen, dacht ich, Schatz?

PHILLIP Nein ich meine … Scheiße.

ALFRED Oh, Scheiße. Also stoßen wir hier gerade auf die andersartige Lüge? Die bösartige Lüge?

CHARLOTTE Alfred. Können wir bitte einfach essen gehen?

ALFRED Vielleicht hast du davor lange nichts von ihr gehört.

Vielleicht hatte sie immer einen Platz in deinen Gedanken. Immer wenn es in einer deiner Beziehung schlechtlief, hast du dir gedacht: Hätt ich's doch mit Charlotte nicht verbockt. Was Charlotte wohl jetzt macht? Wo Charlotte wohl ist? Ob sich Charlotte wohl noch an mich erinnert?

CHARLOTTE Hör auf.

ALFRED Ich frag mich das auch sehr oft. Ob sich Charlotte wohl noch an mich erinnert? Ich bin übrigens nicht betrunken, falls du das denkst. Ich stecke fest im Hotelzimmer meines Geistes. Hast du Sartre gelesen? Natürlich hast du Sartre gelesen.

KLAUS Das ist das neue Album von Arcade Fire. Kennt ihr das schon?

ALFRED UND CHARLOTTE Klappe, Klaus.

KLAUS Ich mein nur … 'tschuldigung.

ALFRED Sie erwähnt dich nicht. Sagen wir, sie hat sich im letzten Jahr oft mit dir getroffen. Sagen wir, du bist Psychiater.

PHILLIP Ich bin Psychiater.

ALFRED Na gut, sagen wir mal, du bist einer.

PHILLIP Ich bin einer.

ALFRED Sicher?

PHILLIP Ganz sicher.

ALFRED So soll es sein. Fürs Protokoll.

CHARLOTTE Es tut mir leid. Ich hab nicht gewusst, dass es so schlimm wird.

ALFRED Und dann nehmen wir mal an, du hättest eigentlich erwartet, dass sie dich mir gegenüber nicht erst heute erwähnt hat. Das Date vor allem. Unser Dreier-Date. 'tschuldigung, Klaus, unser Vierer-Date.

KLAUS Schon okay.

ALFRED Die große Aussprache. Und nehmen wir an, dein überraschter Blick, als du gehört hast, dass ich vor einer Stunde zum ersten Mal von dir gehört habe, war ehrlich und nicht nur gut gespielt. Meine Frage also: geschmeichelt oder eifersüchtig?

PHILLIP Ich komm nicht ganz mit –

ALFRED Hat sie dich vor mir geheim gehalten, weil sie dich mag? Oder weil du ihr völlig egal bist? Und bist du für sie als Mann von Wert oder als Psychiater? Ich hab geerbt. Nicht viel, aber mehr als sie. Sie kann mich nicht ausstehen. Ich kann sie ausstehen, aber ich kann nicht ausstehen, dass sie mich nicht ausstehen kann. Sie küsst mich, wenn sie weiß, dass es mich nicht interessiert. Ich küsse sie, wenn ich denke, es könnte sie vielleicht interessieren. Und nie wird einer unserer Küsse einer sinnfälligen Bestimmung zugeführt. Außer, wir sind betrunken. Stimmt's, Schatz?

CHARLOTTE Stimmt.

ALFRED Eifersüchtig oder geschmeichelt?

PHILLIP Alfred, wir haben uns heute zufällig am Bahnhof getroffen.

ALFRED Gutartig oder bösartig …

PHILLIP Wir sehen uns gelegentlich, stimmt schon, aber heute war's wirklich zufällig …

ALFRED Oder nicht? Pass mal auf: Ein Rad ist ein Rad, und ein Zahn ist ein Zahn, und Räder und Zähne und Achsen greifen ineinander und wissen überhaupt nicht, was sie antreiben, Phillip … Aber zurück zur ersten Frage …

PHILLIP Nämlich?

ALFRED Wie war sie, Phillip? Damals. Nutte oder Nonne?

KLAUS Alfred, komm. Das ist wirklich nicht nötig.

ALFRED Das weiß man nämlich nie so genau. Und man weiß auch nicht, was einem lieber wäre, das eine oder das andere.

CHARLOTTE Wir gehen. Du kannst jederzeit nachkommen, wenn du willst. Oder auch nicht.

ALFRED Oder auch nicht.

CHARLOTTE Was vielleicht für alle Beteiligten das Beste wäre.

ALFRED Hast du dein Zimmer für heute Nacht noch, Phillip?

PHILLIP Hä?

ALFRED In deinem Hotel, Mister. Ist bestimmt schicker.

PHILLIP Äh. Ja.

ALFRED Was ja. Hast du's oder ist es schicker?

PHILLIP Beides.

ALFRED Na wunderbar. Sicher ist sicher. Die Frau hat die volle Auswahl.

CHARLOTTE Zwing mich nicht dazu, Alfred.

ALFRED Du hättest es auch ohne Zwang genauso gemacht, meine Süße.

CHARLOTTE Also: Bin ich dein Brutus?

ALFRED Ganz genau!

CHARLOTTE Et tu, Charlotte. Na gut, wenn das deine Sicht der Dinge ist.

ALFRED Ich bin mir noch nicht sicher. Aber ich werde dem weiter nachgehen.

KLAUS Also ich hätte jetzt Hunger.

ALFRED Geht schon mal ohne uns vor.

CHARLOTTE Uns? Wieso uns?

ALFRED Lass mir wenigstens deinen Psychiater da. Der bringt uns vielleicht beiden ein bisschen Klarheit.

FRAU 1 Dein Handy ist immer noch leer. Ich hab deinen Gin Tonic getrunken. Hätt ich nicht machen sollen. Ich weiß, ich weiß. Es ist Viertel vor zehn. Wir haben schon acht gesagt, oder spinn ich jetzt komplett? Hängst du in der Arbeit fest? Nein, dort hast du ja ein Ladegerät, da hättest du dein Handy laden können.

ALFRED Und?
PHILLIP Hm?
ALFRED Was hältst du so von unserer Beziehung?
PHILLIP Ich fühle mich äußerst unwohl damit.
ALFRED Nicht zwischen dir und mir. Zwischen mir und Charlotte.
PHILLIP Ja, die hab ich gemeint.
ALFRED Sie hat dir gesagt, dass ich verrückt bin, oder?
PHILLIP Wie bitte?
ALFRED Darum geht's hier, oder? Eine kleine Diagnose.
PHILLIP Ich bin zum Abendessen gekommen.
ALFRED Mit meiner Frau.
PHILLIP Mit euch allen.
ALFRED Lädt sie sonst auch andere Leute ein, wenn sie mit dir ein Date hat?
PHILLIP Nein.
ALFRED Warum bittet sie dann heute plötzlich ihren Bruder und mich dazu?
PHILLIP Ich verstehe nicht.
ALFRED Kann sein. Kann sein, dass du nichts verstehst. Aber man kann es doch trotzdem wenigstens probieren. Also probieren wir's, Phillip, mit vereinten Geisteskräften, probieren wir, dieses kleine Rätsel zu lösen. Das sollten wir eigentlich hinkriegen. Schließlich ist keiner von uns ein Trottel, oder?
PHILLIP Okay.

ALFRED Stimmt doch, oder? Ist einer von uns ein Trottel?

PHILLIP Nein.

ALFRED Sicher?

FRAU 1 Ist deine Frau überraschend aufgetaucht, und jetzt musst du mit ihr abendessen, um ihr alles zu erzählen? Erzählst du ihr gerade alles, jetzt in diesem Moment? Weint sie? Hältst du sie ganz fest, und sie hinterlässt einen Tränenfleck auf deinem Hemd? Versucht sie, dich noch mal rumzukriegen? Hat sie versucht, dich zu küssen? Ist okay, wenn du sie noch ein letztes Mal küsst. Aber warum kannst du mir nicht wenigstens schreiben, wo du bist? Ich hab dir geschrieben. Nur ein Häkchen, dein Handy ist aus.

PHILLIP Weißt du was, vielleicht sollte ich einfach den nächsten Zug nach Salzburg nehmen.

ALFRED Was, jetzt? Das willst du nicht.

PHILLIP Ich weiß nicht, was ich gemacht hab, aber meine Gegenwart scheint dich offenbar sehr zu reizen …

ALFRED Du hast keine Krätze, du bist kein Ausschlag, Phillip, du bist ein Mensch. Oder?

PHILLIP Ich glaub, ich kann dir intellektuell nicht das Wasser reichen, Alfred.

ALFRED Da hast du recht, stell dein Licht nicht unter den Scheffel, Phillip. Meine Frau fühlt sich eindeutig zu dir hingezogen, das steht fest, aus irgendeinem Grund, und zwar klarerweise nicht, weil sie auf den Typ langhaarig und sportlich steht. Oder? Sieht es etwa so danach aus?

PHILLIP Alfred …

ALFRED Und jetzt vermut ich mal, dein umwerfender Sinn für Humor ist es auch nicht. Oder hab ich irgendwas verpasst?

PHILLIP …

ALFRED Also ganz blöd bist du nicht. So viel steht fest. Du bist nicht ganz blöd. Bravo, gratuliere. Du bist ein männlicher Mensch und nicht ganz blöd. Das ist doch schon mal ein guter Anfang. So, und jetzt denken wir scharf nach und knacken auch noch den Rest. Wer das Rätsel löst, kriegt die Puppe, na, wie klingt das?

PHILLIP Ich will die Puppe nicht.

ALFRED Sag mal, wie redest du über meine Frau, Freundchen?

FRAU 1 Ich hab nackt auf dem Bett gelegen, nur dass du's weißt. Um acht hab ich nackt auf dem Bett gelegen. Jetzt trag ich einen Pyjama. Ruf mich an. Dein Anrufbeantworter hat echt kein Piepen, das finde ich sehr beunruhigend.

PHILLIP Darf ich wenigstens was trinken?

ALFRED Zweieinhalb Caipirinhas sind auf dem Weg. Die müssten jeden Moment da sein. Den letzten Zug nach Salzburg kannst du vergessen, den erwischst du nicht mehr. Und es wäre doch schade um dein hübsches Hotelzimmer, oder? Welches ist es denn? Das Imperial?

PHILLIP Ist doch egal.

ALFRED Sicher? Aber lassen wir das Hotel mal beiseite. Ich weiß auch nicht, warum du ständig darauf rumreitest.

PHILLIP *Ich* war nicht derjenige … egal …

ALFRED Nicht zornig werden, Phillip. Da hat sich einer von uns gar nicht im Griff. Du bist Psychiater, du solltest deinen Patienten gegenüber freundlich bleiben.

PHILLIP Du bist nicht mein Patient.

ALFRED Nein?

PHILLIP Nein.

ALFRED Hat sie nichts über meinen Geisteszustand gesagt, Phillip?

PHILLIP Nein …

ALFRED KOMM SCHON. Das kannst du besser. Okay, ich zeig's dir. Frag mich was.

PHILLIP Frag dich was?

ALFRED »Hat sie nichts über meinen Geisteszustand gesagt?«

PHILLIP Ich will nicht …

ALFRED LOS, Phillip, so kannst du noch was lernen. Ich setze mich hier hin, ich bin du, und du bist ich.

PHILLIP Ja, okay … »Hat sie nichts über meinen Geisteszustand gesagt, Phillip?«

ALFRED Deinen Geisteszustand? Wer? Charlotte? Ich glaube nicht. Nein. Nein, ich glaube, sie hat nichts erwähnt, Alfred.

PHILLIP Zu viele Worte. Das macht man nur, wenn man lügt.

ALFRED Das macht man, wenn man *lebt.* Wir reden und reden, um die große Leere auszufüllen. Wenn Leute lügen, ist das wie Fernsehdialoge – es klingt prägnant, aber im Grunde ist es nichtssagend und belanglos, nur heiße Luft – glaub mir, ich kenn mich aus …

PHILLIP Ich hab einfach nur »Nein« gesagt.

ALFRED Als ob du wüsstest, dass die Frage kommt. Als ob du überhaupt nicht überrascht wärest, dass ich das Thema anspreche. Als ob dich jemand gebrieft hätte.

PHILLIP Du klingst paranoid.

ALFRED Wenigstens kling ich nicht wie ein Hochstapler. Aha. Zimmerservice.

JAKOB Am Anfang unserer Beziehung hast du mir erklärt, dass du tollpatschig bist, und ich hab das anziehend gefunden. Wie so eine moderne Marilyn Monroe. Aber je öfter du dann auf der Straße mit irgendwelchen Passanten zusammengestoßen bist oder Leute aus Warteschlangen geschubst hast, weil du sie übersehen hast, oder stupide auf mir hin und her gerutscht bist, weil du das für sexy gehalten hast … desto mehr bin ich draufgekommen, dass das nicht Unbeholfenheit war, sondern Egoismus … Du krachst nicht gegen die Leute, weil du sie zwar wahrnimmst …

PHILLIP Ja. Der Zimmerservice ist gerade gekommen. Er unterzieht mich einem Verhör. Er verdächtigt dich. Ja. Ja, was soll ich machen? Bitte komm zurück und rette mich. Charlotte? Charlotte?

ALFRED War das Charlotte?

PHILLIP Äh, ich … sie hat angerufen und gefragt, wo wir sind.

ALFRED Hast nicht du sie angerufen?

JAKOB Nein, du krachst in die rein, weil du sie einfach nicht wahrnimmst,

PHILLIP Sie angerufen? Nein. Hab ich nicht. Warum sollte ich sie anrufen?

ALFRED Da hättest du jetzt mit einem einzigen Wort antworten können.

JAKOB und zwar nicht aus Unfähigkeit, sondern mit Absicht …

PHILLIP Gerade hast du noch gesagt …

ALFRED Aber das war eine völlig vorhersehbare Frage mit einer simplen Antwort. Ohne großen philosophischen Überbau. Oder? Hast du sie angerufen? Ja oder nein?

JAKOB Du hast beschlossen, andere nicht wahrzunehmen …

PHILLIP Wolltest du nicht Peking-Ente?

JAKOB Du siehst sie nicht, du hörst sie nicht, du spürst nicht, dass sie sich unwohl fühlen, du liest ihre Nachrichten nicht … Wenn es zum Streit kommt und du wieder einmal »draufkommst«, wie daneben du dich benommen hast, dann kicherst du immer, und zwar so, als wäre dir deine Taktlosigkeit peinlich, aber in Wirklichkeit kicherst du darüber, wie gleichgültig dir die Angelegenheiten der anderen sind …

ALFRED Das war gelogen. Ich hab nur Alkohol bestellt. Ich wollte nie nicht mitkommen zum Essen. Aber ich hab eine Ausrede gebraucht, um dich allein zu sprechen. Hast du fünf Euro?

PHILLIP Fünf Euro?

ALFRED Ja, genau, wie gesagt.

PHILLIP Wozu brauchst du fünf Euro?

ALFRED Als Trinkgeld. Glaubst du, die arbeiten hier, weil's ihnen Spaß macht, die armen Einwanderer? Echt, manche Leute haben einfach …

PHILLIP Ja, tut mir leid.

ALFRED Schon gut, nimm dir einen von meinen Caipirinha. Ich bin gleich wieder da. Wenn du dich einsam fühlst, kannst ja meine Frau wieder anrufen.

JAKOB Die sind ja selber schuld, wenn sie dir im Weg stehen oder wenn sie nicht begreifen, dass du das letzte Stück Käse am Frühstücksbuffet nun mal dringender brauchst als sie, oder wenn sie den Sex nicht so großartig finden wie du, wenn du dir wie eine Göttin vorkommst, weil du dich ja eigentlich selber fickst, und so ist das natürlich ein Affront gegen deine Selbstbefriedigung, ein Gespräch darüber führen zu müssen, welche Vorlieben jemand anderer hat …

SYLVIE Jetzt fällt mir wieder ein, wie es ist, mit einem Mann zusammen zu sein, der mich einfach immer nur verletzen will.

JAKOB Dir fällt wieder ein, wie es ist, wenn jemand ehrlich zu dir ist. Frauen orten immer gleich Frauenfeindlichkeit, wenn man sich weigert, sie anzubeten.

SYLVIE Du willst mich nicht verletzen?

JAKOB Das erledigst du schon selber gut genug.

SYLVIE Du bist nicht eifersüchtig, weil ich ohne dich glücklich bin?

JAKOB Hättest du gern, dass ich's bin?

SYLVIE Hattest du nicht vor, mich hier zu ficken?

JAKOB Bist du nicht extra in mein Hotelzimmer gekommen?

SYLVIE Um dich zu ficken?

JAKOB Vielleicht, um Markus eifersüchtig zu machen.

ALFRED So. Wo waren wir stehengeblieben?
PHILLIP Ich hab echt keine Ahnung mehr.

SYLVIE Ich bin hergekommen, um mich von dir scheiden zu lassen.
JAKOB Und trotzdem steht da immer noch keine Unterschrift.
SYLVIE Da hast du sie.

ALFRED Cheers.
PHILLIP Cheers.
ALFRED Sie hat ihr erstes Kind verloren, weißt du.
PHILLIP Wer?
ALFRED Charlotte.
PHILLIP Ihr habt …
ALFRED Nein. Sie und ihr erster Mann. Sie hatte ihn grad wegen mir verlassen, und wir waren in Südamerika. Ein Freund von mir hatte einen Film am Amazonas gedreht, und ich hab ihn überredet, ihr die weibliche Hauptrolle zu geben. Sie war nicht sonderlich talentiert, stellte sich dann heraus.
PHILLIP Ich fand sie gut in dem Film.
ALFRED Ah, du hast ihn gesehen?
PHILLIP Sicher hab ich ihn gesehen.
ALFRED Du und drei andere. Jedenfalls war das in der Bronzezeit, als es noch kein Internet gab, und wir mussten mit dem Motorrad in die nächste Stadt fahren, um zu telefonieren. Und sie hatte ihr Kind verlassen, verstehst du, der Vater wollte es unbedingt bei sich behalten, Lili hieß sie, er wollte nicht, dass Lili von einer Schauspielerin und einem Filmregisseur durch die ganze Welt geschleppt wird. Und Charlottes Karriere war

wichtiger. Verständlicherweise. Eines Tages hat sie zu Hause angerufen und gefragt, ob es was Neues gibt, und ihr Mann, sie waren noch verheiratet, und ihr Mann hat gesagt, dass Lili kurz krank war und dann plötzlich an Pneumonie gestorben ist. Sie hat dir das nie erzählt?

PHILLIP Nein. Wie alt war das –

ALFRED Zwei.

PHILLIP O Gott.

ALFRED Charlotte fing an, viel zu trinken und viel auszugehen. Und jeder hat sich sofort in sie verliebt. Verständlicherweise. Das ist doch klar, oder? Ich hab versucht, mitzuhalten, aber selbst mit meiner eisernen Gesundheit konnt ich nicht … dann war sie viel weg, dann war ich viel weg, wir fehlten uns, wir fickten uns, verzweifelt … sie wurde schwanger, wir wurden schwanger, Lara … echt irre … wie ist der Caipirinha?

PHILLIP Lecker.

ALFRED Großartiges Konzept, oder? Zuckerrohrschnaps. Alkohol, der schon aus Zucker besteht, wird vergoren, destilliert, um noch mehr Zucker draus zu machen, und dann gibt man noch einen Arsch voll Rohrzucker dazu. Vergiss die Limetten aber nicht.

JOHANNE Oskar, wo bist du? Peter wacht nicht auf. Er hat die ganze Scheibe vollgeschmiert. Was steht da? Welcome home … und ein großer Haufen – o Gott. Ich glaube, die haben ihn zu früh rausgelassen. Komm zu mir, Oskar, denk dir einfach eine Ausrede aus. Sie wird das verstehen, sie ist eh betrunken.

ALFRED Als Lara kam, hab ich gedacht, es würde ruhiger werden, wurde es aber nicht. Charlotte hatte noch ein Angebot die schöne Fremde in Australien zu spielen, und es wäre nicht sinnvoll gewesen, Lara aus der Krippe zu nehmen, die war sehr sensibel, also sind wir hier geblieben, sie und ich, und Charlotte ist allein gefahren. Und dann gab's Probleme, und der Dreh hat sich verzögert, und ich war zu Hause und hab gekocht und geputzt und Lara den Arsch abgewischt, und Charlotte hat wochenlang nicht mehr auf E-Mails reagiert und wenn, dann nur mit ein, zwei Zeilen. Keine Ahnung, was sie getrieben hat. Aber ich hab's genossen mit meiner Kleinen, es war friedlich. Als sie zurückkam, hat sie uns eine Kokainsucht mitgebracht, und ich hab mich um beide gekümmert, und sie war immer besorgt, dass Lara etwas zustoßen könnte, sie hat sich verzweifelt an sie geklammert, ihr ein schlechtes Gewissen gemacht, wenn sie mal alleine spielen wollte, sie hatte so Angst, sie zu verlieren, verständlicherweise … Aber die Kleine hat es nur belastet, und es belastet sie immer noch … Charlotte hat Lara überredet, Künstlerin zu werden, vielleicht um ihre verkrachte Karriere zu kompensieren …

PHILLIP Ich hab gehört, die Ausstellung war sehr eindrucksvoll.

ALFRED So kann man's auch sagen. Ich hab einen Kritikerfreund von mir hingeschickt. Der kennt sich richtig aus, hat Gerhard Richter und die ganzen Nasen vorhergesagt. Und der hat mir dann seine ehrliche Meinung über Laras Arbeit mitgeteilt.

PHILLIP Und die war?

ALFRED Dass sie sich zum Affen macht.

PHILLIP Hat er das so gesagt, mit diesen Worten?

ALFRED Das war nicht nötig. Ich hab's an seinen Augen gesehen. Cachaça.

PHILLIP Bitte?

ALFRED Der Zuckerrohrschnaps. Den haben wir in Brasilien entdeckt, am Anfang von Charlotte und Alfred. Charlotte und Alfred haben sich weggeschossen mit Cachaça. Das war unsere Liebe.

PHILLIP Romantisch.

ALFRED Quatsch, ich hatte einfach Panik, dass mich im Urwald eine Schlange beißt. Deshalb musste ich durchgehend besoffen bleiben. Jetzt erzählt sie alle unseren Freunden, dass ich einen an der Waffel habe. Sie hat eine Rundmail geschickt. Und alle gewarnt. Seitdem zeigen mir alle die kalte Schulter.

PHILLIP Wie kam sie denn darauf?

ALFRED Ich geh nicht gern aus dem Hotel. Ich mache jeden Nachmittag exakt um Viertel nach drei ein Foto von demselben Zimmer in derselben Wohnung gegenüber. Ich schreib ihr kleine Nachrichten aus Kekskrümeln von der Minibar, die tu ich ihr jeden Morgen auf den Schreibtisch.

PHILLIP Worum geht's in den Nachrichten?

ALFRED Meistens darum, was ich nachts geträumt habe. Aber das hab ich ihr noch nie erklärt. Das heißt, sie kann gar nicht verstehen, warum da manchmal steht: »Dein Kopf war eine purpurne Blume« oder während des Syrienkrieges »Auf nach Damaskus«.

PHILLIP Aha.

ALFRED Immerhin hab ich Spaß. Weißt du, in einer Beziehung kommt irgendwann der Moment, wo du nichts mehr hast außer dem Spaß, den man sich selber macht. Nicht der spontane Spaß. Der ist vor Jahren abgestorben. Sondern die Manipulation des Lebens hin zu einem Scheinbild von Amüsement. Hin und wieder bring ich sie wirklich zum Lachen, und dann haben wir Sex. Ich hab übrigens einen guten Witz für sie. Wollen wir essen gehen?

PHILLIP Sollten wir wahrscheinlich.

ALFRED Sonst macht uns Charlotte noch eine Szene.

PHILLIP Macht sie das manchmal?

ALFRED Charlotte? Klar. Das sind die Wechseljahre, glaub ich. Die setzen ihr nervlich echt zu. Na komm, teilen wir noch den vierten Caipi.

PHILLIP Gern.

ALFRED Siehst du? Hab ich nicht gesagt, ich trinke zweieinhalb? Ich halte immer Wort. Auf dich, Phillip. Na siehst du, langsam ist es nicht mehr so langweilig mit dir.

PHILLIP Danke, Alfred. Es freut mich, dass du das Gefühl hast, du kannst so ehrlich mit mir sein.

ALFRED Ehrlich?

JAKOB Bitte geh nicht, bitte … Ich brauch dich …

SYLVIE Geh mir aus dem Weg … Fass mich nicht an …

JAKOB Ich brauch dich.

SYLVIE O mein Gott.

JAKOB Ich kann nicht mehr schreiben. Du hast gesehen, wie sie mein letztes Stück zerrissen haben. Ich bin gelähmt.

SYLVIE Geh mir aus dem Weg, Jakob.

JAKOB Bleib nur die eine Nacht bei mir. Vielleicht geht's dann wieder.

SYLVIE Das ist jetzt peinlich.

JAKOB Ich fick dich, wenn du hier bleibst. Du musst mich nur hin und wieder anrufen. Ich ficke dich, so wie du es willst. Ich muss nur deine Stimme hören.

SYLVIE Du willst mich doch gar nicht ficken.

JAKOB Darum geht's doch gar nicht.

SYLVIE Du bist widerlich.

JAKOB Ich hab gewusst, dass du raufkommst. Ich hab gewusst, dass du einen Moment des Abschieds wollen würdest. Ich weiß, wie sentimental du bist, wenn es um Abschiede geht. Ich weiß, du willst, dass Markus mich an dir riecht, wenn du nach Hause kommst. Ich weiß, wie erregend es für dich ist, die Wut eines Mannes in seinen Augen zu sehen. Ich konnte dir das nie geben, tut mir leid.

SYLVIE Nimm deine Hände weg von mir.

JAKOB Ich mach es dir, wie auch immer du willst. So? Oder so? Sag's mir. Du musst einfach nur immer wieder mal vorbeikommen, oder du kannst mich einfach anrufen und mir deine Geschichten erzählen, ich muss deine Geschichten wieder hören, flüster sie mir ins Ohr, gib sie mir zurück, meine Gabe …

SYLVIE Nimm. Deine. Hände. Weg.

JAKOB Ich hab den Fehler gemacht, dich sehen zu lassen, wie ich kotzen wollte, jedes Mal wenn ich dich gerochen habe. Wie ich deinen Körper nur begehren konnte, wenn ich mir vorgestellt habe, ihn zu zerstören. Deine Knochen alle einzeln zu Staub zu zermalmen. Deine elende Schwäche auszulöschen. Das war's, was mich angetörnt hat, diese Gedanken, und auch nur, wenn ich genug Whiskey intus hatte –

SYLVIE Ich hab's gewusst –

JAKOB Aber das hab ich gebraucht. Dein Hirn. Deine Seele. Ich finde einfach keine andere Frau, die interessant genug ist, sie vernichten zu müssen. Also hab ich mich deinem fauligen Geruch und deinen grauenerregenden Angewohnheiten hingegeben, deiner abstoßenden Präsenz …

SYLVIE Ich bring dich um –

JAKOB Ja, sehr gut, sag das, weiter, weiter.

SYLVIE Ich bring dich um.

JAKOB Versuch's. Du jämmerlicher Abklatsch eines Lebewesens …

SYLVIE DU MIESER –

2. AKT

FRAU 1 Hast du die Nachrichten gelesen? In einem Krankenhaus hat eine Frau ihr achtmonatiges Baby umgebracht, und dann hat sie im Park nebenan versucht, sich selbst umzubringen. Hast du's gelesen? Alle fragen sich seit drei Tagen, warum sie das gemacht hat, dann sind sie draufgekommen, es gab wohl zwei Kinder, einen Jungen von acht Monaten und ein vierjähriges Mädchen, und die Frau hat die Vierjährige über Weihnachten zu den Großeltern gegeben, und nachher hat ihr die Tochter erzählt, dass der Großvater sie missbraucht hat. Das Jugendamt hat die Frau und die zwei Kinder ins Krankenhaus gebracht, und dann hat sie das Baby umgebracht und versucht, sich selbst umzubringen. Wollte sie das Kind irgendwie schützen vorm Übel des Erwachsenwerdens? War der Großvater ihr Vater? Hat er sie auch missbraucht, und dann ist sie psychotisch geworden? Und warum hat sie die Vierjährige am Leben gelassen? Weil sie ein Mädchen ist? War der Großvater eigentlich der Vater von ihrem Mann? Hat ihr Mann diese Neigung geerbt, hat sie ihren Sohn angeschaut und bemerkt, dass aus dem auch mal ein Mann wird und dass sie damit nicht leben kann? Ich schau grad hinaus auf die Stadt. Ich sehe die Türme vom Stephansdom durch den Nebel. Im Haus gegenüber sind Leute, die sind beim Abendessen und schauen fern. Sieht sehr gemütlich aus. Vielleicht sollten wir in den Ersten ziehen, wenn wir heiraten. Alle leben einfach weiter, wohl oder übel, sie können gar nicht anders, und ich steck im Pyjama in meinem Hotelzimmer und warte auf dich. Oder deinen Anruf. Oder deine Nachricht, dass du nicht kommst. Und nicht anrufst. Oder nicht willst. Hörst du dir diese Nachrichten eigentlich an? Über ein anderes Gerät vielleicht? Hörst du mich?

GUSTAV Na?

THEA Geh weg.

GUSTAV So eine Begrüßung krieg ich? Nach all den Jahren?

THEA Was machst du hier?

GUSTAV Ich wohn hier im Hotel.

THEA Nein, ich glaube, ich träume.

GUSTAV Du hast die Tür offen gelassen.

THEA Woher hast du gewusst, dass wir hier wohnen? Wie hast du uns gefunden?

GUSTAV Moderne Zeiten. Alles nicht so schwierig heutzutage.

THEA Raus aus meinem Zimmer.

GUSTAV Dein Mann hat hier nächste Woche eine Ausstellung. Ich hab angenommen, dass ihr wahrscheinlich schon etwas früher aus Hamburg herkommt.

THEA Wieso weißt du, dass wir in Hamburg sind?

GUSTAV Und als wir zusammen waren, hast du immer auf dieses Hotel bestanden, also hab ich eins und eins zusammengezählt. Ist das unser Kind?

THEA Das ist nicht dein Kind.

GUSTAV Schläft sie? Darf ich mal gucken?

THEA Raus aus meinem Schlafzimmer.

GUSTAV Ja.

THEA Wir können uns im Foyer unterhalten.

GUSTAV Ich wollte nur das Baby sehen.

THEA Woher weißt du, dass es ein Mädchen ist?

GUSTAV Ich hab da so meine Methoden.

THEA Wir können uns gerne im Foyer unterhalten, ja? Wenn du irgendwas besprechen willst …

GUSTAV Ich hab deinen Mann getroffen.

THEA Du hast was?

GUSTAV An der Bar.

THEA Du warst das.

GUSTAV Ich?

THEA Vorher. Vor der Tür. Das warst du. Ich hab's gewusst.

GUSTAV Hast du meine Stimme erkannt?

THEA Ich hatte gerade einen Albtraum, dass jemand mich erwürgt, und dann bin ich aufgewacht und hab deine Stimme gehört. Hab ich's doch gewusst.

GUSTAV Ich hab dich nie gewürgt.

THEA Ah nein?

GUSTAV Ich bin nie handgreiflich geworden. Auch nicht im Zorn.

THEA War auch nicht nötig dafür.

GUSTAV Er sieht ganz gut aus, würd ich sagen. Wenn man auf den Teenagerlook steht. Wie alt ist er wirklich?

THEA Das geht dich nichts an.

GUSTAV Unter dreißig also.

THEA Nein. Er sieht nur so jung aus.

GUSTAV Ist das der? Mit dem du mich betrogen hast?

THEA Das war nicht nur der eine.

GUSTAV Ich weiß. Er hat's mir erzählt.

THEA Du hast es damals auch gewusst.

GUSTAV Nicht wirklich. Ich weiß, du hast versucht, es mir umständlich mitzuteilen, aber ich war wahrscheinlich zu naiv, deine Bedürfnisse zu erkennen. Es tut mir leid.

THEA Das Kind ist nicht von dir.

GUSTAV Nein?

THEA Nein. Es ist seins.

GUSTAV Nur seins?

THEA Unseres.

GUSTAV Bist du dir da sicher?

THEA Warum bist du hergekommen?

GUSTAV Ich war einfach zufällig in Wien.

THEA Was hast du meinem Mann gesagt?

JULIA Ich will hier weg, Erik.

ERIK Was soll das heißen, Schatz?

JULIA Hier geht irgendwas Schlimmes vor sich.

ERIK Ach was, Julia.

JULIA Ich spür's.

ERIK Du bist nur ein bisschen unausgeglichen. Du hast heute kaum geschlafen.

JULIA Ich schlaf sowieso fast nie.

ERIK Das stimmt nicht.

JULIA Ich liege nur da und mache mir Sorgen um die Zukunft und schalte die Nachrichten ein, und da geht ausschließlich Böses vor sich …

ERIK Schatz, du solltest dir wirklich die Nachrichten nicht ansehen.

JULIA Dieser Familie wird etwas Schreckliches zustoßen.

ERIK Dieser Familie ist schon etwas Schreckliches zugestoßen.

JULIA Du solltest dir überlegen, mich umzubringen.

ERIK Okay. Ich glaube, wir gehen ein bisschen spazieren.

JULIA Ich will nicht spazieren.

ERIK Ein bisschen frische Luft wird dir guttun.

JULIA Es gab mal eine Zeit, da kam die Hoffnung in Wellen. Man konnte immer wieder die Nachrichten gucken und dabei das Gefühl haben, die Welt wird besser. Die Zeit ist vorbei. Sie wird immer nur schlimmer. Bis irgendwann etwas unwiderruflich Schlimmes passiert.

STEFAN Jakob, Jakob, bist du da?

JAKOB Ah, Gott sei Dank.

STEFAN Was ist los?

JAKOB Ich …

STEFAN Jakob.

JAKOB Ich glaube, sie ist …

STEFAN Was?

JAKOB Ich glaube, sie … Ich … Fuck …

STEFAN Was ist?

JAKOB Ich war's nicht … Sie hat mich gepackt und an die Wand gedrückt, und ich …

STEFAN Jakob, bitte, sag mir, was los ist.

JAKOB Sie wacht nicht auf. Ich hab sie geschüttelt und geohrfeigt und ihr Wasser ins Gesicht geschüttet, aber sie wacht nicht auf.

STEFAN Sylvie …

JAKOB Nein, sie wird nicht …

STEFAN Wo ist sie?

JAKOB Da unten. Im Zimmer 114.

Stefan ab.

Soll ich die Rettung rufen?

STEFAN Nein, wart noch ab.

GUSTAV Dieser Ort ist ein Loch geworden. Diese ganze ironische Fünfzigerjahre-Nostalgie aus der Zeit, als wir hier waren, ist flöten gegangen. Jetzt sieht es einfach alt und müde aus. Ist das nicht dasselbe Zimmer? Wo sie uns in den Flitterwochen reingesteckt haben?

THEA Nein. Das kann nicht sein.

GUSTAV Ich glaube schon. 224. Das war's, glaub ich. Und du hast es nicht einmal bemerkt.

THEA Gustav, bitte.

GUSTAV Faszinierende Gestalt, dein Mann. Hat Selbsthass zum Sexsymbol erhoben. Da kommst du nicht dagegen an. Ich war dir viel zu simpel.

THEA Das war nicht der Grund –

GUSTAV Ich mit meinen Vorstandssitzungen und meinen Spendenveranstaltungen, mit den Buchhalter- und Lieferantenbesprechungen, da gibt's nicht viel zu erzählen beim Abendessen. Kein Wunder, dass du immer eingeschlafen bist dabei.

THEA Es war nicht nur, dass du –

GUSTAV Langweilig warst?

THEA Unvereinbar mit mir.

GUSTAV Ich hab dich mit Freuden unterstützt. Damit du deine Flügel ausbreiten kannst. Was ist daraus eigentlich geworden?

THEA Woraus?

GUSTAV Deine Flügel ausbreiten?

THEA Ich arbeite an ein paar Projekten.

GUSTAV Das hast du damals schon gesagt. Vor zehn Jahren.

THEA Ich arbeite eben immer noch daran.

GUSTAV Was sonst?

THEA Hm?

GUSTAV Wenn ich nicht nur langweilig war, was dann noch?

THEA Ich hab unvereinbar gesagt.

GUSTAV Was noch?

THEA Du wolltest mich besitzen.

GUSTAV Das mochtest du nicht?

THEA Nein.

GUSTAV Und Arthur besitzt dich nicht?

THEA Nein. Darf er nicht.

GUSTAV Und das macht ihn scharf?

THEA Es geht nicht nur darum, was ihn scharfmacht.

GUSTAV Nein? Du gehst mit ihm um wie mit einem Kind. Er sitzt da und wartet, dass Mami nach Hause kommt.

THEA Was hat er dir gesagt?

GUSTAV Wow. Dann hab ich's ja genauestens getroffen.

THEA Hör auf.

GUSTAV Er braucht dich. So hast du's gern. Ich hab dich nie gebraucht. Das war das Problem.

JULIA Ich spür's. Spürst du's auch?

ERIK Ich weiß nicht, Schatz, ich hab alles mögliche andere im Kopf.

JULIA Ich mach dein Leben nicht leichter, Erik. Jemand nebenan hat Spaß.

ERIK Darüber werden wir jetzt nicht reden.

GUSTAV Du und ich. Das wäre ein gutes Arrangement gewesen. Viel weniger Stress und weniger Schuldgefühle. Weißt du, die Scheidungsrate ist bei arrangierten Ehen wesentlich niedriger als bei der sogenannten modernen Ehe.

THEA Weil die Frauen alle Angst haben, gesteinigt zu werden.

GUSTAV Diese Aussage ist simplifizierend und ehrlich gesagt, Thea, auch rassistisch. Du trägst noch die Ohrringe, die ich dir zur Verlobung geschenkt habe.

THEA Woher weißt du das?

GUSTAV Hab sie einen Stock tiefer auf dem Gang gefunden.

THEA Woher weißt du, dass das meine sind?

GUSTAV Ich hab sie dir geschenkt.

THEA Die, die du gefunden hast.

GUSTAV Die hab ich extra für dich entwerfen lassen, Thea, weißt du noch? Und auf der Rückseite stehen meine Initialen.

THEA Typisch.

GUSTAV Wie typisch?

THEA Dass du ausschließlich deine Initialen eingravieren lässt.

GUSTAV Da war kein Platz für was anderes. Willst du sie?

THEA Ja, bitte.

GUSTAV Krieg ich einen Finderlohn?

THEA Wie viel willst du?

GUSTAV Ich will unsere Kleine halten.

JAKOB Sie war hier, um die Scheidungspapiere zu unterzeichnen. Wir waren gerade dabei, die Scheidungspapiere zu unterzeichnen. Ich hab sie verlassen, Stefan, ich hab mit Freude unterschrieben, mit Freude …

STEFAN Hat sie was genommen?

JAKOB Woher soll ich das wissen, ich hab sie seit Monaten nicht gesehen.

FRAU 1 Hallo? Michael … M-hm … Was meinst du? … Ja, klar können wir ein andermal, aber ich … Was ist los? Nein, schon okay. Ich versteh schon. Ich wollte nicht so viel Druck machen, das war eine blöde Idee. Moment mal, es war deine Idee. Das war doch deine Idee. Weinst du jetzt? Ich weiß. Ich weiß. Ja, deine Mutter fehlt dir, aber was hat das jetzt mit ihr zu tun? Er war ein Arsch, ich weiß. Ja, weiß ich, hast du mir gesagt, dein Vater war ein Arschloch, m-hm. Aber was hat das mit …

JULIA Sabrinas Leben mach ich auch nicht leichter.

ERIK Wir sind beide sehr glücklich.

JULIA Wenn wir nach Hause kommen, schläfst du besser in einem anderen Bett, finde ich.

ERIK Du willst, dass ich in einem anderen Zimmer schlafe?

JULIA Ich scheiß mich doch nur immer ein und weck dich mit meinem Stöhnen.

ERIK Du musst mir versprechen, dass du keine Nachrichten mehr schaust.

JULIA Es gibt Orte in der Schweiz.

ERIK Ja, ich kenne die Orte in der Schweiz.

JULIA Hast du die auch gegoogelt?

ERIK Ich hab davon gehört. Vor. Vor allem.

JULIA Und du hast nachgegoogelt, stimmt's?

ERIK Nein. Hab ich nicht. Würd ich nie tun.

JULIA Es ist nicht so teuer, wie man denkt. Wir haben was auf der Seite.

ERIK Ich will dieses Gespräch nicht führen. Du hast einen Ausschlag am Kreuz.

JULIA Ich hab überall einen Ausschlag.

ERIK Der hier ist schlimmer geworden.

JULIA Bestimmt vom Reisen.

ERIK Wir müssen das eincremen.

JULIA Wenn ich tot wäre, dann könntest du wieder arbeiten.

ERIK Ich hab keinen Job mehr, den haben sie längst jemand anderem gegeben.

JULIA Dann halt in einer anderen Firma.

ERIK Ich will bei dir sein, Julia.

JULIA Müsstest du aber nicht mehr, wenn ich tot bin.

ERIK Also musst du noch ein bisschen dableiben.

JULIA Sabrina könnte wieder ein normales Leben führen.

ERIK Sie lebt doch vollkommen –

JULIA Nein, das ist kein Leben für eine junge Frau, sich um einen Scheißkrüppel kümmern zu müssen. Sie sollte feiern gehen und Leute kennenlernen –

FRAU 1 Es tut mir leid. Ja, du hast recht. Dein Therapeut ist ein kluger Mann … Lustig über dich? Nein. Bitte schrei mich nicht an. Michael. Michael. Michael. Wenn du schreist, macht es Piep bei mir, und ich schalte automatisch aus …

ERIK Sie hat sich nie beklagt.

JULIA Ja eben. Das müsste sie eigentlich.

ERIK Wir bleiben beide für dich hier, bis die Operation vorbei ist. Und dann wird alles besser, und du wirst wieder etwas mobiler, und dann können wir alle gemeinsam auf eine Reise –

JULIA Es wird keine Reise geben.

ERIK Ich hab eine tolle Ermäßigung für Tahiti entdeckt.

JULIA Tahiti ist ermäßigt?

ERIK Na ja, nicht Tahiti selbst, ich meine, ein Urlaub in Tahi-

JULIA Du bist witzig.

ERIK Ja?

JULIA Sehr.

ERIK Ich hab dich lieb.

JAKOB Was, wenn sie eine Gehirnerschütterung hat? Einen Hirnschaden?

STEFAN Hast du sie geschlagen?

JAKOB Nicht schlimm.

STEFAN Nicht schlimm?

JAKOB Nein, ich … Sie hat mir ins Gesicht geschlagen mit einer Vase, und ich wollte mich einfach wehren mit den Händen, aber dann hab ich sie mit dem Handrücken erwischt, und dann ist sie … Fuck …

STEFAN Sie ist was?

JAKOB Sie ist auf den Couchtisch gefallen. Und hat sich den Kopf am Couchtisch angeschlagen.

STEFAN Ich hab kein Blut gesehen.

JAKOB Aber vielleicht blutet sie ja innen drin?

STEFAN Nein.

JAKOB Im Kopf? Im Schädel drin? Vielleicht hat sie ja innere Blutungen?

STEFAN Nein.

JAKOB Ich hab mich nur gewehrt. Es war nicht mal … ich hab instinktiv reagiert …

STEFAN Warum ist sie erst so spät hergekommen?

JAKOB Sie hatte vorher ein Date. In der Früh hat sie angerufen und gesagt, wir müssen verschieben.

STEFAN Ein Date-Date?

JAKOB Ich hab das Au-pair-Mädchen angerufen und gesagt, dass sie auf Emma und Paulus aufpassen muss.

STEFAN Scheiße, wo sind Emma und Paulus?

JAKOB Immer noch bei dem Au-pair-Mädchen. Sie schläft, aber das Au-pair schickt mir die ganze Zeit SMS, wann Sylvie denn endlich nach Hause kommt.

STEFAN Sie war auf einem Date, bevor sie die Scheidungspapiere unterschrieben hat?

THEA Sie ist nicht dein Kind.

GUSTAV Glaubst du, wir werden einander jemals vergessen, Thea?

THEA Nicht wenn du ständig in meinen Hotels auftauchst.

GUSTAV Es tut mir leid. Ich hätte nicht herkommen sollen. Aber ich war neugierig. Ich wollte sichergehen, dass meine Thea gut behütet ist.

THEA Du Psycho.

GUSTAV Aber was meinst du? Werden wir uns eines Tages wiedertreffen, ganz zufällig –

THEA Also zufällig würd ich nicht glauben –

GUSTAV – mit siebzig oder achtzig und einander nicht wiedererkennen? Glaubst du, das geht?

THEA Keine Ahnung.

GUSTAV Wir werden sehen. Hier ist dein Verlobungsgeschenk, mein Schatz.

THEA Danke.

GUSTAV Krieg ich jetzt meinen Finderlohn?

THEA Du verschwindest jetzt sofort aus meinen Zimmer –

ARTHUR Gustav. Hi. Was? Ich sehe, ihr habt euch schon vorgestellt. Großartig. Und du hast deine Ohrringe gefunden, Thea. Das ist Gustav, von dem ich dir erzählt habe, den ich immer wieder an der Bar treffe. Er hilft mir beim Konzept für die Ausstellung, er ist sehr einfühlsam …

THEA Jetzt reicht's, raus aus unserem Zimmer! Verpiss dich!

ARTHUR Thea, was soll das? Sag mal! Gustav, sie meint das nicht so …

STEFAN Wie das aussieht in der Zeitung.

JAKOB In der Zeitung?

STEFAN Die verkaufen die Geschichten, Jakob, die Sanitäter kriegen ein Honorar, wenn sie wen Berühmten einliefern. Stell dir mal vor, was die Leute denken? Die wissen ja nicht mal, dass du dich scheiden lässt. Nicht mal Papa weiß, dass du dich scheiden lässt. Und dann schlägst du meine Stiefschwester auch noch krankenhausreif?

JAKOB Ich hab sie nicht …

STEFAN Schon klar, aber wonach wird es aussehen?

JAKOB Vielleicht stirbt sie.

STEFAN Sie stirbt nicht. Sie hat immer schon viele Drogen genommen. Wahrscheinlich hat sie einen Haufen Beruhigungsmittel geschluckt und dann Unmengen getrunken bei ihrem Date.

FRAU 1 Schon okay, du hast es grad nicht leicht … Ich weiß nicht, ich kann mich nicht erinnern, ich war ausgeschaltet … Ich? Ich hab dein T-Shirt an und steh in einem Hotelzimmer und höre den Leuten oben beim Sex zu. Glaub ich. Ist jedenfalls nicht so abwegig in einem Hotel um halb zwölf. Nein, das sag ich nicht, damit du ein schlechtes Gewissen hast. Nein, ist klar, das wär jetzt eh keine gute Idee mehr. Mein Bauch ist ganz aufgebläht von der Pizza. Wie bitte? Na die Pizza, die ich dir bestellt hab. Die ist kalt geworden. Na ja, mittlerweile ist sie wahrscheinlich wieder warm, in meinem Magen, aber vorher war sie kalt und *da*vor warm. Betrunken? Nein. Ich trink grad nix. Nur deinen warmen Gin Tonic und eine halbe Flasche Prosecco. Ich weiß, ich weiß, schon klar, Minibar ist Diebstahl, aber den Prosecco hab ich vom Billa. Ich soll grad echt nix trinken, weißt du? Hör auf zu weinen. Red mit mir. Du hast mich versetzt. Wieso therapier ich dich hier am Telefon, komm einfach vorbei, dann könntest du dich an meiner Schulter ausheulen. Willst du nicht? Sicher? Schade, dass du meine Nachrichten nicht abgehört hast, die waren ziemlich tiefsinnig.

STEFAN Hat sie ihn mit nach Hause genommen?

JAKOB Was weiß denn ich?

STEFAN Hat sie's nicht gesagt? Hat sie's nicht benutzt, um dich eifersüchtig zu machen?

JAKOB Nein.

STEFAN Hat sie bei dir was getrunken? Habt ihr zusammen was getrunken?

JAKOB Ein paar Gin Tonic.

STEFAN Aha. Das hat ihr vielleicht den Rest gegeben, und sie ist einfach ohnmächtig geworden.

JAKOB Ja, weil sie sich den Kopf am Couchtisch angeschlagen hat.

STEFAN Bist du dir da so sicher?

JAKOB Na ja, sie ist in die Richtung des Couchtischs gefallen …

STEFAN Aber hast du gesehen, wie sie aufgeschlagen ist?

JAKOB Keine Ahnung.

STEFAN Ich hab kein Blut gesehen.

JAKOB Vielleicht ist sie gar nicht am Couchtisch aufgekommen.

STEFAN Siehst du? Und dann schicken wir sie ins Krankenhaus, und es kommt in der Zeitung, und Papa regt sich total auf, und sie wacht auf und sagt, dass du sie geschlagen hast –

JAKOB Das war instinktiv, ich hab mich einfach nur selbst verteidigt …

STEFAN Papa weiß, dass wir das Restaurant zusammen betreiben, und zieht seine Finanzierung zurück, und wir –

JAKOB Wir sind am Arsch.

STEFAN Wir wären total am Arsch. Sie muss einfach aufwachen.

JAKOB Sie wird aufwachen. Sie muss. Sie fehlt mir.

FRAU 1 Komm einfach her. Michael. Ich muss dir etwas sagen … Nein, nicht jetzt … nicht so, nein … Weil ich mir wie ein verdammter Idiot vorkomme, hier drei Stunden auf einen Mann zu warten in seinem T-Shirt, ich geh den Gang auf und ab, weil das WLAN eine Katastrophe ist und ich nicht mal Netflix reinbekomme und ja, ich könnte eine schnellere Verbindung haben, aber die kostet 24 Euro für zwölf Stunden, und ich bin einfach nicht bereit … Nein, nein, nein, ich bleib jetzt da und genieße das Hotel und das Zimmer und schau mir die Leute gegenüber an, wie sie ihr Leben leben, der eine alte Mann ist immer noch auf und liest ein Buch, und daneben schläft seine Frau, ich erkenn den Titel nicht, ich hab's versucht und rangezoomt mit der Kamera-App, aber es ist alles ganz verschwommen, Michael, ich bin schwanger, ich bin schwanger, und ich schlaf seit einem Jahr mit niemand anderem, und ich bin schon im vierten Monat, zuerst hab ich's gar nicht bemerkt, ich hab nicht damit gerechnet, meine Regel war immer schon unregelmäßig, ja, sorry, aber ich bin im vierten Monat, und jetzt behalt ich's auch, jetzt, wo ich's noch kann.

STEFAN Wir sollten die Scheidungspapiere verbrennen.

JAKOB Warum?

STEFAN Die Leute wissen ja nicht, dass das der Grund ihres Besuches war. Also falls wir die Rettung rufen müssen. Falls.

FRAU 1 Kannst du bitte verdammt nochmal rüberkommen, verdammt nochmal, JETZT BITTE … Michael? … Hallo? … Hallo? … Hast du aufgelegt?

JAKOB Scheiße.

STEFAN Dann kommt vielleicht die Polizei ins Spiel. Und die finden die Scheidungspapiere nicht. Die sind ein eindeutiges Motiv.

JAKOB Ich war's nicht.

STEFAN Ich weiß. Ich glaube dir.

JAKOB Sie ist deine Schwester, verdammt.

STEFAN Ich weiß, Mann. Und wir retten sie. Aber hier steht eine Menge auf dem Spiel. Du kannst nicht alles wegwerfen, du hast zwei Kinder, Jakob. Wir müssen die Scheidungspapiere verbrennen.

JAKOB Aber die Anwälte wissen, dass wir uns scheiden lassen.

STEFAN Deshalb wissen sie aber noch lange nicht, dass ihr euch heute zum Unterschreiben getroffen habt. Vielleicht seid ihr wieder zusammengekommen. Vielleicht hat sie's bereut und ist angekrochen gekommen und hat gebettelt, dass du sie wieder zurücknimmst –

FRAU 1 … Ich weiß schon, das war nicht so abgemacht, aber jetzt ist es zu spät, und ich bin keine zwanzig mehr … Du, was? … Ah … okay … ja gut, wieso schläfst du dann nicht einfach mal eine Nacht drüber … Okay … Nein, dafür ist es zu spät. Das ist mir scheißegal, ob ich das darf in Holland … Nein, ich will nicht mehr … nein, Michael … NEIN … Michael? Michael?

STEFAN Mit wem war dieses Date? Weißt du das?

JAKOB Woher soll ich das denn wissen?

STEFAN Wir müssen auf ihrem Handy nachschauen.

…

Sie war in letzter Zeit sehr viel mit einem Markus …

JAKOB Woher weißt du das?

STEFAN Da im Kalender …

JAKOB Du hast ihr Handy?

STEFAN Der Code ist mein Geburtsdatum.

JAKOB Dein Geburtstag. Zeig mal.

STEFAN Nein, das solltest du nicht. Das macht dich nur eifersüchtig.

JAKOB Zeig mal.

STEFAN Aber heute: kein Date.

JAKOB Bist du sicher?

STEFAN Ja. Im Kalender steht nach wie vor: 18 Uhr Jakob, Scheidungspapiere.

JAKOB Ja. Okay.

STEFAN Was?
JAKOB Ich hab gelogen.
STEFAN Du hast was?
JAKOB Ich hatte das Date.
STEFAN Du hattest …
JAKOB Ich hatte ein Date, hier … Nicht sie. Sie hatte kein Date.
STEFAN Mit wem?
JAKOB So ein Tinder-Ding …
STEFAN Mit wem?
JAKOB Mit einer Frau. Mit irgendsoeiner Frau.
STEFAN Hat sie Sylvie gesehen?
JAKOB Ja. Sie hat ihre Ohrringe vergessen.
STEFAN Scheiß mich an …

FRAU 1 Michael, Michael, bitte … Nein, pass auf, wir reden da in der Früh drüber …

STEFAN … wie kann es sein, dass sie immer noch im Haus war? Hast du das alles echt so knapp geplant? Wieso war sie nicht schon weg?
JAKOB Sie wohnt hier.
STEFAN Wo? Hier?
Hier im Hotel?
JAKOB Ja.
STEFAN Wo?
JAKOB Da unten irgendwo.
STEFAN Sie hat's gehört. Scheiße, sie hat gehört, wie du deine Frau vermöbelst.
JAKOB Ich hab sie nicht –

STEFAN Sie hat's gehört. Sie hat Sylvie gesehen, sie hat dich erkannt. Sie hat dich gegoogelt. Sie hat gesehen, wer Sylvie ist, und dann hat sie gehört, wie du sie totgeschlagen hast.

JAKOB Sie ist nicht tot –

STEFAN Wir sind total am Arsch.

FRAU 1 Ich werde nicht die Frau sein, die sich ein Hotelzimmer genommen hat, um mit ihrem Verlobten zu feiern, dreieinhalb Stunden auf ihn wartet, um sich dann am Telefon anzuhören, dass er nicht mal den Mut hat, ihr ins Gesicht zu sagen … Nein, ich ruf dich in der Früh an, ich ruf dich an. Ich komm in der Früh zu dir. Michael, wir sehen uns in der Früh, und dann können wir … Michael …

SABRINA Entschuldigung, arbeiten Sie hier?

XAVIER Kann ich Ihnen behilflich sein, Mademoiselle?

SABRINA Ich glaub, ich hab meinen Schlüssel verloren.

XAVIER Welche Zimmernummer?

SABRINA Zimmer 223.

XAVIER Dann sind Sie auf der falschen Etage. Kommen Sie, ich zeig's Ihnen.

SABRINA Das wäre wunderbar.

XAVIER Hätten Sie einen Ausweis für mich?

SABRINA Wie bitte?

XAVIER Nur um den Namen zu verifizieren?

SABRINA Ich hab nichts bei mir, ich war einfach unten beim Billa, um für meine Mutter was zu essen zu holen.

XAVIER Sie wohnen hier mit Ihren Eltern?

SABRINA Ja.

XAVIER Die Blomquists sind Ihre Eltern?

SABRINA Nein, die Lindbergs.

XAVIER Lindquist.

SABRINA Nein, die Lindbergs.

XAVIER Aha. Also keine Betrügerin.

SABRINA War das ein Test?

XAVIER So ungefähr.
Wie heißt Ihre Mutter?

SABRINA Julia.

XAVIER Stimmt.

SABRINA Hab ich die Frage richtig, ja? Krieg ich jetzt einen Schlüssel?

XAVIER Warum so eilig?

SABRINA Weil ich da drinnen eine behinderte Mutter im Rollstuhl habe, die seit zwei Stunden nicht aufm Klo war und vielleicht schon Ihre kostbaren Teppiche alle vollgepinkelt hat, und der würd ich wahnsinnig gern was zum Abendessen geben.

XAVIER So kostbar sind die Teppiche gar nicht.

SABRINA Arbeiten Sie überhaupt hier?

XAVIER Natürlich. Ich bin der Concierge.

SABRINA Hab ich Sie irgendwie verärgert?

XAVIER Nein, überhaupt nicht. Sie sitzt also im Rollstuhl? Julia?

SABRINA Woher wissen Sie, wie sie heißt?

XAVIER Ihre Mutter? Das steht in den Unterlagen.

SABRINA Aber mein Vater hat eingecheckt.

XAVIER Hm. Das kann schon sein, aber er hat seine Frau erwähnt.

SABRINA Er erwähnt sie nie. Er schämt sich für sie.

XAVIER Sie sitzt also im Rollstuhl? Ihre Mutter, Julia sitzt im Rollstuhl.

SABRINA Ist das feuerpolizeilich irgendwie bedenklich?

XAVIER Nein. Nein. Interessiert mich einfach.

SABRINA Warum interessieren Sie sich für meine Mutter?

XAVIER Ich hatte mal was mit einer Julia. Die war nicht im Rollstuhl. Die war sehr unglücklich verlobt. Er war viel wohlhabender als ich, und sie hatte Bedenken, einen Studenten zu heiraten. Ich hatte gerade ein Praktikum in der Hotelfachschule in Bad Gastein. Alle drei Tage hat sie mich besucht, und wir waren im Kino oder auf einem Konzert, und dann sind wir zu mir in meinem kleinen Zimmer im Dachgeschoss und haben Liebe gemacht. Und eines Tages hat sie mir eröffnet, dass er mit ihr nach Monte Carlo fliegt, zur Verlobungsfeier …

SABRINA Monte Carlo …

XAVIER Kommt Ihnen das bekannt vor?

SABRINA Wer sind Sie?

XAVIER Nur ein Concierge. In einem Hotel in Wien.

SABRINA Ich brauch jetzt wirklich diesen Schlüssel.

XAVIER Dann lass ich sie sofort rein, ich hab einen Generalschlüssel.

SABRINA Ich glaube, es gibt einen Mann auf einem Foto bei meinen Eltern zu Hause, er sieht genauso aus wie Sie.

XAVIER Vielleicht. Ich war schon überall Concierge.

XAVIER Dann ist ja jetzt alles in Ordnung, oder?

SABRINA Papa, du bist schon hier. Ich hab geklopft.

ERIK Entschuldigung, was machen Sie hier?

XAVIER Wir haben ein kleines Problem vor der Tür gehabt. Aber jetzt ist alles geklärt. Ich hab gehört, die gnädige Frau sitzt im Rollstuhl, da hab ich gedacht –

ERIK Was macht der hier drinnen, Sabrina?

SABRINA Er ist einfach reingekommen, ich konnte ihn nicht aufhalten.

ERIK Würden Sie uns bitte alleine lassen?

JULIA David.

XAVIER Hm?

JULIA Erik. Schau. David.

XAVIER Da liegt wohl ein kleines Missverständnis vor. Mein Name ist Xavier. Meine Mutter war Ballerina, sie war Pariserin. Sie hatte eine kurzlebige Karriere hier beim Staatsballett.

ERIK Entschuldigung, aber können Sie mir bitte verraten, was Sie in unserem Zimmer machen?

XAVIER Der Aufzug ist vorübergehend außer Betrieb, und ich dachte, angesichts der Unpässlichkeit der gnädigen Frau wäre es meine Pflicht, Sie davon in Kenntnis zu setzen – Ich weiß, Menschen wie Sie sind Besseres gewohnt, aber in letzter Zeit vielleicht nicht mehr, angeblich.

ERIK Ja, gut, jetzt wissen wir's, danke.

JULIA David. Das ist David. Er ist wieder da. Er ist es.

SABRINA Ganz ruhig, Mama, das ist nur der Concierge.

XAVIER Ich bitte vielmals, die Störung zu entschuldigen.

JULIA Seid ihr alle BLIND? Das ist DAVID.

ERIK Es ist nicht David.

SABRINA Mama, bitte beruhige dich.

XAVIER Ich könnte Ihnen anbieten, für den Fall, dass Sie gerne gemeinsam heute Abend ausgehen möchten, würde ich mich zur Verfügung stellen, die gnädige Frau die Treppe hinunterzutragen.

ERIK Wir brauchen keine Hilfe. Wir gehen nicht aus. Meine Frau hat morgen früh eine Operation.

XAVIER Eine Operation? Warum das denn?

JULIA WAS WILLST DU VON UNS?

SABRINA Sch-sch-sch. Tief durchatmen. Schau mich an. Alles ist gut.

JULIA Nichts ist gut. David ist da. Er ist mich holen gekommen. Ich hab's gewusst. Ich hab gewusst, dass etwas Schreckliches passiert.

XAVIER Möchten Sie vielleicht lieber in ein ebenerdiges Zimmer umziehen?

JULIA Nein, wir wollen –

XAVIER Nochmals, bedaure zutiefst die Unannehmlichkeit wegen des Aufzugs –

JULIA ICH STERBE.

SABRINA Mama.

JULIA ZU SPÄT. GEH NUR WEG.

SABRINA MAMA.

JULIA DU KANNST NICHTS MEHR VON MIR HOLEN. FÜR DICH IST NICHTS MEHR ÜBRIG.

FRAU 2 Ah, Entschuldigung, arbeiten Sie hier?

XAVIER Nein, ich bin hier für den Jahreskongress der Conciergen.

FRAU 2 …

XAVIER Kleiner Scherz.

FRAU 2 Schon klar.

XAVIER Wie darf ich Ihnen behilflich sein?

FRAU 2 Ich suche das Zimmer meines Mannes. Wir sollten uns hier treffen.

XAVIER Hat er Ihnen die Nummer genannt?

FRAU 2 Das ist eben das Problem, die hab ich vergessen.

XAVIER Vergessen? Verwirrung herrscht gerade in diesem Hotel.

FRAU 2 Ja.

XAVIER Hat er sie nicht vielleicht als SMS-Nachricht geschickt?

FRAU 2 Mein Akku ist leer.

XAVIER Ihrer oder der vom Handy? ’tschuldigung, kleiner Scherz.

FRAU 2 Könnten Sie mir vielleicht die Nummer verraten?

XAVIER Wie lautet denn bitte der Name?

FRAU 2 Friedrichson.

XAVIER Friedrichson?

FRAU 2 Michael Friedrichson. Genau.

XAVIER Die Gattin von Herrn Michael Friedrichson ist schon eingetroffen.

FRAU 2 Ah was?

XAVIER Wer sind dann also Sie?

FRAU 2 Seine Frau.

XAVIER Wer ist dann in seinem Zimmer?

FRAU 2 Seine Schwester.

XAVIER Seine Schwester? Sie hat gesagt, sie sei seine Gattin.

FRAU 2 Das haben Sie sicher falsch verstanden. Wir wollen noch abendessen gehen, und wir sind bei ihm im Zimmer verabredet.

XAVIER Die Höchstbelegung des Zimmers liegt bei zwei Personen. Wenn Sie also alle –

FRAU 2 Es werden nicht drei Leute in dem Zimmer übernachten, das kann ich Ihnen versichern.

XAVIER Das ist ja komisch, dass die Schwester sagt, sie sei die Gattin.

FRAU 2 Das haben Sie sicher falsch gehört.

XAVIER Das kann gut sein. Ich werd links langsam taub.

FRAU 2 Ja, sehen Sie.

XAVIER Es ist das Zimmer direkt hier geradeaus, das zweite links.

FRAU 2 Danke sehr.

XAVIER Aber bitte geben Sie mir umgehend Bescheid, falls diese Person nicht seine Schwester ist. Es wäre mir sehr unangenehm, wenn ich die falsche Person ins Hotel gelassen hätte. Verzeihen Sie, gnädige Frau, das ist ein Nichtraucherhotel.

FRAU 2 Aber es stinkt nach Zigaretten.

XAVIER Ja, wir tun unser Bestes.

FRAU 2 Also soll ich sie ausmachen?

XAVIER Wenn Sie so freundlich wären … Oder vielleicht nehme ich sie? Danke.

XAVIER Ah, schönen Abend.

OSKAR Schönen Abend.

JOHANNE Wieso wacht er nicht auf? Es ist noch früh.

OSKAR Er hat seine Medikamente genommen. Lass ihn schlafen.

JOHANNE Das ist doch lächerlich. Er ist gerade nach Hause gekommen. Und da wacht er nicht einmal für seine eigene Mutter auf?

OSKAR Er kann nicht aufwachen. Er ist auf Beruhigungsmitteln.

JOHANNE Warum hat er damit nicht gewartet? Habt ihr ihm nicht gesagt, dass ich komme?

OSKAR Schon, aber wir wussten ja nicht, wann.

JOHANNE Es hat lang gedauert in der Klinik.

OSKAR Es tut mir leid, dass ich nicht dabei sein konnte.

JOHANNE Schon gut.

OSKAR Ich hab wirklich versucht wegzukommen. Aber Frida ist gerade sehr misstrauisch.

JOHANNE Ist sie?

OSKAR Ich wollte dabei sein.

JOHANNE Ja, du hast mir gefehlt.

OSKAR Gut gelaufen?

JOHANNE Ja.

OSKAR Drüber reden?

JOHANNE Nein. Warum ist er nicht bei sich im Zimmer eingeschlafen?

OSKAR Wahrscheinlich wollte er dir nahe sein.

JOHANNE Das war nicht meine Frage.

OSKAR Wir haben versucht, ihn rauszuholen, aber dann haben Frida und ich uns in der Bar gestritten, und als wir zurückkamen, war er schon im Koma …

JOHANNE Gestritten?

OSKAR Egal.

JOHANNE Worum ging's? Ging's um mich?

OSKAR Nein, um Lissabon.

JOHANNE Was ist mit Lissabon?

OSKAR Weißt du gar nichts von Lissabon?

JOHANNE Natürlich weiß ich von Lissabon. Es ist in Portugal. Aber meinst du?

OSKAR Peter hat es erwähnt. Heute, und ich wusste überhaupt nichts davon.

JOHANNE Von Lissabon?

OSKAR Von dem Typen in Lissabon. Von Fridas Typen in Lissabon.

JOHANNE Das ist doch Jahre her.

OSKAR Aber sie hat's mir nie erzählt.

JOHANNE Was kümmert dich das?

OSKAR Na ja, warum hat sie mir das nie erzählt?

JOHANNE Wieso ist das wichtig?

OSKAR Sie ist meine Frau.

JOHANNE Na und?

OSKAR Es ist nicht … Darum geht's gar nicht. Ich hab nur gedacht, wir sind ehrlich zueinander.

JOHANNE Ah, das hast du … Du hast gedacht, du führst eine ehrliche Beziehung? Aha.

OSKAR Lass das. Wir haben eine ganz eigene besondere Dynamik, und –

JOHANNE Aha, na, das ist aber rührend …

OSKAR Und ich hab gedacht, ich weiß alles über sie, und jetzt bin ich –

JOHANNE Die Geschichte ist ihr einfach wahnsinnig peinlich. Er war fünfzig und einer der ersten Menschen, der sie je wirklich beachtet hat, und natürlich hat sie sich Hals über Kopf in ihn verliebt und ist mit ihm nach Lissabon gezogen und hat gedacht, da wird jetzt was Ernstes draus, und dann hat er angefangen, sich Geld von ihr zu borgen, von ihrem Vater und mir, heißt das, und ich hab ihr gesagt, da ist was faul an dem Typen, aber das hat sie nur noch mehr darin bestätigt, bei ihm zu bleiben, und ihren Vater, sie noch stärker zu stützen, und wir haben hunderttausend in einem Start-up in Lissabon versenkt.

OSKAR Das Geld habt ihr nie zurückbekommen?

JOHANNE Die Firma hat nie existiert. Die haben sich in einem Club Med auf einer griechischen Insel kennengelernt. Frida war in so einem Einsame-Herzen-Retreat. Nachher haben wir von der Polizei erfahren, dass er sich sonst eigentlich an ältere Frauen ranmacht, aber für Frida hat er wohl eine Ausnahme gemacht.

OSKAR Okay, Gott sei Dank.

JOHANNE Gott sei Dank?

OSKAR Ich hab schon gedacht, das ist einer, mit dem sie immer noch Kontakt hat. Sie wollte mir auf gar keinen Fall die Geschichte erzählen.

JOHANNE Wieso beschäftigt dich das?

OSKAR Ich brauche eine Frau, die in mich verliebt ist.

JOHANNE Auch wenn du nicht in sie verliebt bist.

OSKAR Ich liebe sie schon.

JOHANNE Wirklich?

OSKAR Wir passen im Bett gut zusammen.

JOHANNE Wie bitte?

OSKAR Unsere Schlafpositionen, ich halte sie nachts gern im Arm.

JOHANNE Na, das ist doch was.

OSKAR Sie wälzt sich nicht im Bett herum so wie du.

JOHANNE Wird er aufwachen?

OSKAR Was der alles eingeworfen hat.

JOHANNE Küss mich.

OSKAR Hier? Jetzt? Bist du verrückt?

JOHANNE Wieso denn nicht? Du hast gesagt, er wacht nicht auf …

OSKAR Du bist total verrückt.

JOHANNE Bin ich vielleicht. Es war ein harter Tag.

Oskar küsst sie.

Was liebst du sonst noch an meiner Tochter?

OSKAR Wenn sie schläft, ist sie wie ein kleines Mädchen. Sie murmelt so vor sich hin und hämmert mit den Fäusten in die Luft, als ob sie gegen Monster kämpft. Ich kann dann mit ihr sprechen, und wir führen ganze Gespräche, an die sie sich am nächsten Morgen nicht erinnert.

JOHANNE Benutzt du das als Gelegenheit zum Beichten?

OSKAR Ja, manchmal. Sie ist sehr zuverlässig. Und gut organisiert. Unglaublich liebenswürdig. In Bangkok musste sie ständig unser ganzes Geld an die ganzen Bettler verschenken.

JOHANNE Glaubst du, du wirst mit ihr zusammenbleiben?

OSKAR Ja, natürlich. Was soll das heißen? Wir haben gerade erst geheiratet.

JOHANNE Erzähl von deinen Flitterwochen.

OSKAR Unsere Flitterwochen.

JOHANNE Na, unsere waren es nicht.

OSKAR Johanne.

JOHANNE Erzähl mir.

OSKAR Die waren langweilig. Du hast mir gefehlt.

JOHANNE Warum bist du dann gefahren?

OSKAR Weil meine Frau, deine Tochter, Flitterwochen in Thailand wollte.

JOHANNE Von denen sie vier Tage bekommen hat.

OSKAR Was soll man eigentlich auf einer Tropeninsel machen?

JOHANNE Rumliegen, sich romantisch in die Augen glotzen. Sich besinnungslos vögeln, schwimmen gehen, Cocktails trinken, besinnungslos vögeln –

OSKAR Hör auf.

JOHANNE Habt ihr?

OSKAR Was?

JOHANNE Besinnungslos gevögelt?

OSKAR Hör auf.

JOHANNE Habt ihr bestimmt.

OSKAR Na ja, ich musste.

JOHANNE Besinnungslos?

OSKAR Nur, was ich musste.

JOHANNE Hast du an mich gedacht?

OSKAR Ja.

JOHANNE Ist ihr Körper so wie meiner?

OSKAR Hör auf.

JOHANNE Na ja, sie ist meine Tochter. Ich finde, sie hat sich gehen lassen. Mein Körper ist viel besser in Form, und ich bin ein Vierteljahrhundert älter als sie. Küss mich noch mal.

OSKAR Nein.

JOHANNE Nein?

OSKAR Nicht jetzt. Nicht hier.

JOHANNE Irgendwann bin ich dir zu alt.

OSKAR Sag das nicht.

JOHANNE …

OSKAR Wie fühlst du dich?

JOHANNE Alt. Kaputt.

OSKAR Ich meine …

JOHANNE Ich weiß, was du meinst, und das ist die Antwort.

OSKAR Ist der Eingriff gut verlaufen?

JOHANNE Er ist nach Plan verlaufen.

OSKAR Musst du wieder hin?

JOHANNE Warum sollte ich wieder hinmüssen?

OSKAR Ich weiß nicht. Ich kenn mich da überhaupt nicht aus. Also alles erledigt?

JOHANNE Ja. Du brauchst dir keine Sorgen mehr zu machen.

OSKAR Ich hab nicht gedacht, dass eine Frau in deinem Alter noch –

JOHANNE Hat mich auch überrascht.

OSKAR Ich wär sonst vorsichtiger gewesen …

JOHANNE Ich hab meine Kinder immer gehasst, während sie da in mir gewachsen sind. Es ist so widerlich. Die haben mich schwach und krank gemacht. Und sie haben meine Ablehnung gespürt, also haben sie mich getreten und wieder getreten. Es ist das Unnatürlichste, was eine Frau machen kann. Wirklich. Ihren Körper und ihr ganzes Leben einem Eindringling zu überlassen.

OSKAR Mein Gott.

JOHANNE Schockiert dich das?

OSKAR Irgendwann werde ich … Irgendwann wird Frida schon von mir schwanger. Und sie wird eine gute Mutter sein.

JOHANNE Dazu ist sie viel zu empfindlich. Sie wird sie permanent ins Krankenhaus bringen, obwohl nix ist.

OSKAR Und du? Hast du dir nie Sorgen um deine Kinder gemacht?

JOHANNE Doch, ich hab mir schon Sorgen gemacht. Dass sie mein Leben zerstören. Peter hat sich in St. Moritz einmal den Arm gebrochen. Ich wollte den Skiurlaub nicht abbrechen, also hab ich seinen Vater davon überzeugt, dass Peter das nur erfunden hat. Als wir wieder zu Hause waren, bin ich mit ihm ins Krankenhaus, und der Arm war dreifach gebrochen.

OSKAR Und da bist du stolz drauf?

JOHANNE Nichts ist passiert. Sie haben's ja repariert. Und wir mussten nicht unsern Urlaub ruinieren.

OSKAR Du bist schrecklich.

JOHANNE Was ist, wenn er aufwacht und anruft?

OSKAR Wir hatten eine Arbeitsbesprechung.

JOHANNE Wo ist Frida?

OSKAR Bei ihrem besten Freund, Herr Zweigelt, und seinem Nachbarn, Herr Blaufränkisch.

JOHANNE Du bist so lustig. Ich mag deine Art von Humor.

OSKAR Komisch, Frieda lacht nie über meine Witze.

Sie küssen sich.

JOHANNE Wo ist dein Zimmer eigentlich?

OSKAR Da hinten.

FRAU 1 Wer warst du noch mal?

FRAU 2 Oh, tut mir leid, wir kennen uns nicht, ich hab angeklopft, aber die Tür ist von selbst aufgegangen.

FRAU 1 Die Klingel ist kaputt.

FRAU 2 Hab ich bemerkt.

FRAU 1 Ich hab sie rausgerissen.

FRAU 2 Hab ich bemerkt.

FRAU 1 Vor einer Stunde hat jemand mehrmals geklingelt, und ich wollte nicht unterbrochen werden.

FRAU 2 Oh.

FRAU 1 Also hab ich sie rausgerissen.

FRAU 2 Verstehe.

FRAU 1 Ich hab mich unterm Spion versteckt und gewartet, bis sie weggeht, dann bin ich vor die Tür und hab die Klingel rausgerissen.

FRAU 2 Sie?

FRAU 1 Ja, ich hab sie gesehen. Eine ganz winzige Frau, völlig verzerrt.

FRAU 2 Das Zimmermädchen vielleicht?

FRAU 1 Und hat unheimlich ausgesehen.

FRAU 2 Aha.

FRAU 1 Willst du Champagner?

FRAU 2 Ich?

FRAU 1 Die war für einen besonderen Anlass, einen ganz bestimmten, besonderen Anlass …

FRAU 2 Eigentlich suche ich –

FRAU 1 Die hat da oben auf dem Kühlschrank gestanden, ich hab sie extra weit nach hinten geschoben, damit ich einen Stuhl brauchen würde, um sie runterzuholen, um zu verhindern, dass genau so was hier passiert, aber dann –

FRAU 2 Ich glaube, Sie haben –

FRAU 1 Er hat mich angelächelt, ganz süffisant und selbstgefällig von seinem Kühlschrank da oben, und mich angezwinkert mit diesem Blick, du weißt schon, wenn er weiß, dass du mit ihm nach Hause gehst, und du weißt, dass du mit ihm nach Hause gehst, und du denkst, ach, scheiß drauf, was soll's, geh ich eben mit dir nach Hause, nur um zu beweisen, dass ich's nicht nötig hab, mit dir nach Hause zu gehen, du bist mit mir nach Hause gegangen und nicht umgekehrt, du hast gedacht, du nimmst mich mit nach Hause, aber in Wahrheit hab ich dich mit nach Hause genommen, und ich hab gar nix zum Frühstücken eingekauft und das Bettzeug nicht gewechselt seit dem letzten Typen –

FRAU 2 Ich glaube, Sie haben sich verletzt.

FRAU 1 Also bin ich rauf auf den Stuhl, aber dann hab ich vergessen, dass ich auf dem Stuhl war, also hab ich die Flasche da oben auf dem Kühlschrank aufgemacht und hab mich total erschreckt, und dann bin ich auf ein Sektglas gefallen.

FRAU 2 Vielleicht sollten Sie die Wunde säubern.

FRAU 1 Es hat ganz laut Popp gemacht, und plötzlich gab es keinen besonderen Anlass, also hab ich mich erschreckt.

FRAU 2 Okay.

FRAU 1 Und dann war ich auf keinem Stuhl mehr. Aber ich hab mich aufgefangen auf dem Weg nach unten, ein Sektglas hat mich aufgefangen auf dem Weg nach unten.

FRAU 2 Ja, das seh ich.

FRAU 1 Ich musste hierherkommen für die Sektgläser. Ich hab nur normale Gläser zu Hause.

FRAU 2 Vielleicht sollten Sie sich hinsetzen.

FRAU 1 Ich wohne dort seit drei Jahren, und ich hab nur diese normalen Gläser. Und zwei Stühle. Und ein Katzenklo. Aber keine Katze.

FRAU 2 Ich weiß, wer du bist.

FRAU 1 Keine Katze.

FRAU 2 Ich hab dich gesucht.

FRAU 1 Ja, ich mich auch. Darum bin ich hierher gekommen.

FRAU 2 Wie heißt du?

FRAU 1 Hab ich vergessen.

FRAU 2 Ist das ein Witz.

FRAU 1 Wo ist die Champagnerflasche?

FRAU 2 In deiner Hand.

FRAU 1 Willst du?

FRAU 2 Sie ist leer.

FRAU 1 Echt? Ich hab noch eine zweite, aber die ist nicht für einen besonderen Anlass.

FRAU 2 Ist das vielleicht die hier?

FRAU 1 Wo hast du die gefunden?

FRAU 2 Ich hab sie nicht gefunden, du hast sie gerade genommen, und die ist auch leer.

FRAU 1 Das macht nichts, ich kann zum Billa gehen. Was machst du in meinem Zimmer?

FRAU 2 Ich hab dich gesucht.

FRAU 1 Woher weißt du das?

FRAU 2 Weil ich, glaube ich, meinen Mann kenne.

FRAU 1 Bist du verheiratet?

FRAU 2 Ja.

FRAU 1 Gratuliere.

FRAU 2 Danke. Is schon ’ne Weile her.

FRAU 1 Aber du bist immer noch verheiratet?

FRAU 2 Ja.

FRAU 1 Na dann gratuliere. Trink was.

FRAU 2 Die sind leer.

FRAU 1 Ich glaub, ich sollte aufstehen und herumgehen.

FRAU 2 Es ist eine gute Idee.

FRAU 1 Ich hab Kate Bush gehört, kennst du Kate Bush?

FRAU 2 Ja.

FRAU 1 Warst du jung, als Kate Bush jung war?

FRAU 2 Ich war jung, als Kate Bush berühmt war.

FRAU 1 Ich war jung, als Kate Bush nicht mehr berühmt war. Möchtest du mit mir zu Kate Bush tanzen?

FRAU 2 Ich glaub, ich bleib einfach hier stehen.

FRAU 1 Ist das so, wenn man verheiratet ist? Man tanzt nicht mehr zu Kate Bush?

FRAU 2 Ich glaube nicht.

FRAU 1 Ich war fast verheiratet.

FRAU 2 Ach ja?

FRAU 1 Hast du Zigaretten?

FRAU 2 Hier.

FRAU 1 Du bist eine nette Frau. Das seh ich in deinen Augen.

FRAU 2 Ah ja?

FRAU 1 Ich darf nicht rauchen.

FRAU 2 Wieso das?

FRAU 1 Rauchen kann unsere Gesundheit gefährden.

FRAU 2 Entschuldigung, wem gehört diese Kappe?

FRAU 1 Die? Die gehört mir. Ich hab sie gestohlen. Gefällt sie dir?

FRAU 2 Wem?

FRAU 1 Einem Mann. Willst du sie tragen? Ich will sie nicht mehr. Sie riecht nach ihm. Ich hab sie vor ihm versteckt, als er gegangen ist, weil sie nach ihm gerochen hat, aber jetzt will ich ihn nicht mehr riechen. Da, setz sie mal auf. Steht dir. Du solltest immer Basecaps tragen. Ich glaub, ich bin grad hingefallen.

FRAU 2 Hör mal, hast du –

FRAU 1 Die Sterne sehen aus wie meine Hände, und sie brennen. Der Rauch steigt auf und wird uns alle ersticken –

FRAU 2 Hast du was eingeworfen?

FRAU 1 Alle rennen zu den Ausgängen, aber du hast deine Kappe liegengelassen, und du kannst nie wieder zurück, um sie zu holen, sie lassen dich nicht mehr die Notrutschen hinaufklettern, und selbst wenn, dann wäre es völlig unmöglich, eine Notrutsche hinaufzuklettern, denn da ist nur Gummi und Luft und nichts zum Festhalten –

FRAU 2 Schau mich an. He.

FRAU 1 Hast du mal darüber nachgedacht, wie absurd Einbahnstraßen sind?

FRAU 2 Na ja, die helfen den Verkehr regeln.

FRAU 1 Was hast du gerade gesagt?

FRAU 2 Einbahnstraßen, die helfen, ach, ist doch egal.

FRAU 1 Wer hat die Musik abgedreht?

FRAU 2 Da war keine Musik an, als ich reinkam.

FRAU 1 Ja, und warum hast du sie nicht aufgedreht?

FRAU 2 Soll ich sie aufdrehen?

FRAU 1 Ein Plattenspieler, zwei Lautsprecher, drei Teller, eine Viererpackung Gläser, eins zerbrochen, ein Katzenklo, keine Katze, Kate Bush, zehn Kondome, Shampoo, eine Flasche Haarspülung, leer, aber wenn du Wasser reinmachst und schüttelst, geht's noch ein letztes Mal, das Bettzeug ist ganz dreckig, tut mir leid, das sollte man verbrennen, da hat meine Leiche draufgelegen –

FRAU 2 Was hast du genommen?

FRAU 1 Ich geh mal ein Nickerchen machen. Dieses Bett ist so bequem, ich will dieses Bett kaufen. Ich hab zu Hause kein so schönes Bett und keine Sektgläser, die will ich auch kaufen.

FRAU 2 Willst du dich nicht lieber hier hinlegen?

FRAU 1 Ich hatte mal ein Handy und eine Katze. Aber vor einer halben Stunde hab ich die Katze das Klo runtergespült, und das Handy wurde von einem Auto überfahren und ist hierhergehumpelt und dann vor der Tür gestorben. Das war vor einem Jahr, glaub ich. Hast du die Katze noch kennengelernt?

FRAU 2 Ich bin gerade erst gekommen.

FRAU 1 Quatsch. Du hattest die Basecap auf. Deine Fußballmannschaft saß am Ecktisch in der Bar und hat getrunken. Und ihr wart alle schon betrunken und habt irgendwie einen auf Wilhelm Tell gemacht mit Dartpfeilen und Bierdeckeln. Und dann hast du einen von den Tischen demoliert, und der Besitzer hat dich hinausgedrängt, und du hast ihm über die Schulter geschaut und mich entdeckt. Ich hab die Augen verdreht und im Scherz was zu meiner Freundin gesagt. Du hast dem Barbesitzer einen Fausthieb versetzt, als würdest du eigentlich mir eine runterhauen, aber du hast ihn verfehlt, und deine Freunde haben dich auf die Straße hinausgezogen.

FRAU 2 War das dein erster Abend mit meinem Mann?

FRAU 1 Du hast deine Nummer auf einen Zettel geschrieben und ihn draußen ans Fenster gehalten, und ich hab so getan, als würd ich sie aufschreiben, um dich loszuwerden, und du hast gelächelt und mir zugezwinkert, und dann bist du dahingetaumelt, und ich hab sie aber wirklich aufgeschrieben, ich hab nur so getan, als würd ich nur so tun, als würd ich sie aufschreiben, dabei hab ich sie wirklich aufgeschrieben.

FRAU 2 Und dann hast du ihn angerufen.

FRAU 1 Mir war langweilig in der Mittagspause, und keine von meinen Freundinnen hat auf meine WhatsApps geantwortet, also hab ich deine Nummer angesimst. Verkatert, Fragezeichen? Und dann hab ich gesehen, dass du es gesehen hast, sofort, und nicht geantwortet. Ich hab gesehen, wie du anfängst zu tippen, aber dann hast du aufgehört, und zwanzig Minuten später hab ich nachgeschaut, da hast du wieder getippt und dann aufgehört, und eine Stunde später kam 'ne Nachricht: Wer ist das? Und dann hab ich's erklärt, aber du hattest vergessen, und es war dir so peinlich, und du hast dich fürchterlich entschuldigt, und du hast so richtig nett gewirkt, und ich hab ja nicht gewusst, dass du verheiratet bist, und ich –

FRAU 2 Hat er dir das nie erzählt?

FRAU 1 Und du fehlst mir. Darf ich dein Gesicht berühren, ich weiß, du magst es nicht, wenn ich vor dem Frühstück dein Gesicht berühre, aber das ist mir jetzt egal, weil's so scheißlang her ist, komm bleib heut Nacht bei mir, nur heute, und dann darfst du gehen, aber erst wenn ich eingeschlafen bin, aber fick mich erst, und dann darfst du gehen, halt mich fest, bis ich einschlafe, und dann wach ich auf und rieche dich auf mir, wer ist das, wer ruft immer an, schalt einfach das Handy ab, wenn deine Frau anruft, oder geh wenigstens aufs Klo, wenn du ihr schreibst, ich seh, was sie schreibt, ich seh, dass sie dich liebt, ich seh, was ihr euch für Kosenamen gebt, das ist ja echt affig, so affig, du Kind, du bist ein Kind, ihr Kind, ich wär so gern ein Kind, ich hätt so gern ein Kind, ich will dieses Kind, ich will es haben, warum kann ich's nicht haben? Wir könnten ja alle zusammenwohnen. Sie wär unsere Mutter, und wir drei wären ihre Kinder. Sie ist eine liebe Frau, ich seh's in ihren Augen.

Frau 2 ist zurück aus dem Badezimmer mit einer Tablettendose in der Hand.

FRAU 2 Hast du die alle genommen?

FRAU 1 Was ist das?

FRAU 2 Hast du alle diese Tabletten genommen?

FRAU 1 Ist das leer?

FRAU 2 Ja.

FRAU 1 Dann hab ich sie alle genommen. Und einen warmen Gin Tonic.

FRAU 2 Und zwei Flaschen Champagner.

FRAU 1 O ja. Einer war für einen besonderen Anlass.

FRAU 2 Ich ruf die Rettung.

GUSTAV Du sprichst die ganze Zeit von eurer ehrlichen Beziehung, wie offen es ist, wie niemand verletzt wird.

ARTHUR Ja, es hat Höhen und Tiefen.

GUSTAV Aber was ist, wenn sie nur eine Einbahnstraße ist, eure Beziehung.

ARTHUR Was meinst du mit Einbahnstraße?

GUSTAV Was wäre, wenn die Wahrheit nur in eine Richtung fließt? Was wäre, wenn alles, was von der anderen Seite kommt, nur Lügen sind? Was wäre, wenn deine Naivität nur missbraucht wird? Was wäre, wenn jemand anderes, den du überhaupt nicht kennst, die ganze Zeit die Kontrolle über eure Beziehung gehabt hätte? Und was wäre, wenn dieser Mensch dann plötzlich wieder auftaucht? Was glaubst du, würde er dir sagen wollen?

ARTHUR Ich weiß überhaupt nicht, wovon du redest, Gustav.

GUSTAV Ich hätte mir gewünscht, dass deine Frau den Anstand gehabt hätte, es dir selber zu sagen.

ARTHUR Mir was zu sagen?

FRAU 2 Ich wollte eigentlich nur einkaufen fahren. Drum bin ich auch nicht warm genug angezogen für das Wetter. Ich bin ins Auto gestiegen, um zum Supermarkt zu fahren, und hab das Navi eingeschaltet, keine Ahnung, warum, ich kenn mich ja aus in dieser Stadt, aber seit ich ein Navi habe, befolge ich jedes Mal ganz genau, wo diese Stimme mich hinschickt. Ich glaube, diese Frau im Navi ist eine der Letzten, die noch wirklich mit mir reden. Also mach ich sie immer an. Und gehe jedes Mal auf »Letzte Ziele«. Und recht weit oben unter den letzten Zielen war eine Adresse, die hab ich nicht erkannt. Da war ich noch nie. Also in diesen Bezirk komm ich überhaupt relativ selten. Und dann ist mir eingefallen, dass er sich's ausgeborgt hat. Mein Mann. Michael hat sich das Auto ausgeborgt. Also hab ich die Adresse angeklickt und bin der Route gefolgt. Stumm und still bin ich durch die Stadt gefahren. Und plötzlich hab ich einen Hund erwischt. Also dass es ein Hund war, hab ich erst gesehen, als ich aus dem Auto gestiegen bin, aber es war ein Hund, und er hat sich nicht bewegt. Ich hab ihn direkt am Kopf erwischt. Also ich meine, er ist mit dem Kopf voran direkt in den Vorderreifen gelaufen. Und sein halber Kiefer war weg. Ein bisschen wie bei deiner Katze –

FRAU 1 Ich vermisse Michael.

FRAU 2 – nehme ich an. Und er war tot, Gott sei Dank, ich hatte keine Zeit, anzuhalten. Ich hab seinen Puls überprüft, also ich hab ihn dort abgetastet, wo ich gedacht hab, da muss bei einem Hund der Puls sein, und da war nix zu spüren, also hab ich ihn an den Straßenrand gezogen und ihm das Halsband abgenommen, um morgen die Besitzer anzurufen. Damit sich die nicht länger fragen, wo ihr Hund ist. Vielleicht hat er auch genau dort gewohnt, und sie haben ihn längst gefunden und fragen sich jetzt, warum jemand ein Halsband stiehlt. Aber ich konnte meine Fahrt nicht unterbrechen. Ich hab gewusst, es gibt hier etwas, das ich finden muss. Seit wann kennst du meinen Mann? Wie lang ist das her, der Abend in der Bar mit dem Dartspiel?

FRAU 1 Michael …

FRAU 2 Ja, Michael. Wie lang ist das her?

FRAU 1 Michael …

FRAU 2 Wie lang?

FRAU 1 Ich spür meine Finger nicht, berühr ich dich?

FRAU 2 Ja, du hältst dich an mir fest.

FRAU 1 Du fühlst dich kalt an.

FRAU 2 Wann hast du Michael zum ersten Mal gesehen?

FRAU 1 Mir ist kalt. Hast du die Rettung angerufen?

FRAU 2 Als wir uns kennengelernt haben, hat er mir erklärt, dass er ein schlechter Mensch ist. Der viel Schlechtes getan hat früher. Manchmal hat er nachts um drei geweint und gesagt, ich soll ihn so schnell wie möglich verlassen. Vielleicht war das seine Art, mich zu verführen. Ich kann nicht schwanger werden. Das hab ich ihm beim ersten Date erzählt und gesehen, wie seine Gesichtszüge sich entspannt haben, plötzlich ist er viel gesprächiger geworden und persönlich und hat noch eine Flasche Wein bestellt. Da war ich überrascht. Damals hat mich seine Reaktion überrascht.

FRAU 1 Hast du die Rettung gerufen?

FRAU 2 Später hab ich erfahren, dass sein Vater seine kleine Schwester vergewaltigt hat. Einmal ist er früher als geplant nach Hause gekommen. Die haben die Schwester zu Hause unterrichtet, weil sie angeblich autistisch war. Und Michael ist nach Hause gekommen und hat die zwei in ihrem Zimmer erwischt. Er wollte nur rein und sich eine Platte ausborgen und hat sie im Bett erwischt. Dann hat er von seinem Vater einen Nintendo zu Weihnachten gekriegt.

FRAU 1 Ich seh dein Gesicht nicht mehr, redest du noch?

FRAU 2 Also Michael wollte keine Kinder. Einmal hab ich ihn bei seinen Eltern angerufen, und sein Vater hat abgehoben, und ich dachte, es sei Michael, weil die Stimmen genau gleich klingen. Sein Vater hat später Witze darüber gemacht, das hat Michael sehr wütend gemacht.

FRAU 1 Mami. Bitte. Ich krieg keine Luft.

FRAU 2 Ich bin nicht deine Mutter. Ich kann keine Kinder kriegen. Du schon.

FRAU 1 Mami, ich bin schwanger. Es wird ein Junge.

FRAU 2 Ein Junge?

FRAU 1 Ich hab vier Monate gewartet. Er hat gesagt, wir dürfen das Risiko nicht eingehen, ich hab's ihm versprechen müssen, nie, nie, aber dann wollt ich unbedingt ein Kind. Ich bin ja nicht mehr so jung, Mami, weißt du, und da wollte ich eben noch –

FRAU 2 Du hast es ihm heute gesagt?

FRAU 1 Ja, Mami, wie versprochen, ich hab's ihm heute gesagt.

FRAU 2 Und was hat er gesagt?

FRAU 1 Dass er keine Kinder will.

FRAU 2 Das hätt ich dir auch sagen können, Schatz.

FRAU 1 Ich weiß, ich weiß, ich weiß, wir wollten heiraten, er wollte heiraten –

FRAU 2 Was, dich?

FRAU 1 Mich?

FRAU 2 Und seine Frau?

FRAU 1 Michael? Hasst seine Frau.

FRAU 2 Oh.

FRAU 1 Ich hab's versaut, Mami, ich hab's ihm versprechen müssen, als wir zusammengekommen sind, ich hab es versprochen, und ich hab es gebrochen, ich hab gedacht, wenn's mal so ist, dann überlegt er sich's anders, und hab's ihm erzählt, und jetzt will er mich nicht mehr, mir ist echt kalt, die Füße sind weg, alles blau, ist das normal, wenn der Rettungswagen kommt, kann ich neue Beine haben, Mami, Mami –

FRAU 2 Ja, hallo. Ich brauche einen Rettungswagen. Eine junge Frau. Sie ist schwanger. Sie hat eine Überdosis geschluckt. Schlaftabletten, glaub ich. Ich hab sie auf dem Gang gefunden. Ist wahrscheinlich eilig. Die Adresse? Ja, die weiß ich.

CHARLOTTE Du sitzt am Tisch und hast mich zum Trottel gemacht vor meinem Freund und meinem Bruder.

ALFRED Du kannst dich schon selber zum Trottel machen. Dafür brauchst du meine Hilfe nicht.

CHARLOTTE Du bist wirklich verrückt geworden, Alfred, und zwar nicht auf diese kreativ-lustige Art und Weise, die mich ursprünglich angezogen hat, nein, jetzt hat es eine abstoßende Art, etwas Widerliches, es stinkt, es hat so eine klammernde, grapschende Qualität, es hat so was kläglich nach Luft Schnappendes, wie von jemandem, der am Rande einer Klippe hängt und nach Hilfe schreit, du bist vollkommen außer dir, du armer –

ALFRED So viel Empathie von deiner Seite hätte ich nicht erwartet, Liebling, ich komm auch so ganz gut zurecht.

CHARLOTTE Du hast mir ein Glas Rotwein ins Gesicht geschüttet.

ALFRED Du hast es verdient.

CHARLOTTE Du entschuldigst dich nicht?

ALFRED Nein.

CHARLOTTE Sicher?

ALFRED Sicher.

CHARLOTTE Dann zieh ich aus.

ALFRED Wir sind schon ausgezogen.

CHARLOTTE In ein anderes Hotel.

ALFRED Dafür haben wir kein Geld.

CHARLOTTE Ich borg mir was von meinem Bruder. Das ist geklärt, er hat's mir draußen angeboten, als du gerade den Taxifahrer zusammengeschrien hast.

ALFRED Der ist ein verschissener Sozialarbeiter, der kann sich das genauso wenig leisten.

CHARLOTTE Wir betrachten das als Investition.

ALFRED Was soll das denn heißen?

CHARLOTTE Es ist kaputt, Alfred. Der letzte Faden ist endlich gerissen.

ALFRED Wovon redest du, du Durchgeknallte –

CHARLOTTE Meine Geduld. Die ist am Ende, ich habe nichts davon für dich übrig. Wenn die Wohnung fertig ist, möchte ich, dass du ausziehst.

ALFRED Ich? Es ist meine verfickte Wohnung –

CHARLOTTE Es ist unsere Wohnung und die unserer Tochter, unsere Tochter, die dich nicht mehr aushält –

ALFRED Du miese … Lass meine Tochter aus dem Spiel.

CHARLOTTE Du erstickst uns. Wir ersticken. An dir.

Die letzten fünfzehn Jahre haben wir damit zugebracht, auf Zehenspitzen um deine Neurosen herumzuschleichen wie auf einem Minenfeld. Weißt du, was wir machen? Wir haben ein System. Wir schicken einander Emoticons, als Warnung für deine Stimmung. Winzige Variationen des gleichen Wutsmileys, damit wir wissen, wann wir dir komplett aus dem Weg bleiben müssen. Sie ist ausgezogen, weil sie unser endloses Gekeife nicht mehr mitanhören wollte, das Türenknallen, die klirrenden Teller, die Mitternachtsschreie und deine erstickenden Monologe über ihre Zukunft, ihre Hoffnungslosigkeit, ihr fehlendes Talent –

ALFRED Ich hab unsre Tochter immer unterstützt –

CHARLOTTE Du hast sie immer beneidet, du beschissener Feigling, von Anfang an. Wenn sie in der Schule ein Gedicht geschrieben hat, hast du ein Buch vom Regal genommen und ihr gezeigt, welchen Dichter sie grade unwissentlich nachäfft –

ALFRED Ich wollte ihr nur die Zusammenhänge beibringen –

CHARLOTTE Sie war elf, du blöder Idiot, in dem Alter geht's darum, nachzuäffen.

ALFRED Mozart hat nichts nachgeäfft.

CHARLOTTE Mozart ist gestorben mit fünfunddreißig. Er hat überhaupt nicht gelebt. Du hast ihr diese ganzen Beispiele an den Kopf geworfen, um ihr zu zeigen, wie unterdurchschnittlich sie ist, und weißt du, warum? Weißt du, warum?

ALFRED Ich bin mir sicher, du wirst es mir gleich sagen.

XAVIER Entschuldigen Sie die Störung, ich wollte nur darauf hinweisen, dass es schon relativ spät ist und das Hotel auch noch andere Gäste hat –

CHARLOTTE Verpiss dich.

XAVIER Ich fürchte, ich müsste die Polizei rufen, wenn es so weiter –

ALFRED HAST DU NICHT GEHÖRT, WAS SIE GESAGT HAT, VERPISS DICH, MANN.

XAVIER Na gut, ich …

CHARLOTTE Eifersucht. Das ist es. Du hast nicht ertragen können, dass du jemanden gezeugt haben könntest, der dir vielleicht klarmacht, wie undurchsichtig du bist, und dir deine eigene Mittelmäßigkeit vor Augen führt.

ALFRED Du billiges kleines –

CHARLOTTE Okay, du hast aus Trotz meine Karriere abgewürgt – und das ist okay.

ALFRED Ich hab deine Karriere ERSCHAFFEN –

CHARLOTTE Okay, ich hab es zugelassen, weil meiner Generation wurde beigebracht, die Trottel, mit denen wir ins Bett gehen, wie Götter zu verehren, aber mit ihr kannst du das nicht machen. Aber ich werde nicht zulassen; dass du das mit unserer Tochter machst. Lara lebt in einer anderen Welt, wo alles möglich ist. Zumindest vielleicht irgendwann möglich sein wird. Sie hat ein Selbstvertrauen –

ALFRED Selbstbetrug vielleicht –

CHARLOTTE Das ist es. Da haben wir's. Immer, wenn ihr jemand ein Kompliment macht, scheißt du zwanghaft einen riesigen Haufen darauf, als wäre sie deine Erzfeindin, sie ist deine Scheiß-TOCHTER, verdammt, du hast sie im Arm gehalten, als sie aus mir rausgekommen ist, du hast sie an dein Hemd gedrückt, ganz blutig und schreiend, und gehalten und geliebt, und ich hab gedacht: JA, DAS IST ES VIELLEICHT, vielleicht war das das Opfer wert, und ich bin deshalb mit diesem Mann zusammen, weil er zäh ist, entschlossen, weil er dafür sorgen wird, dass sie alles kriegt, was sie braucht, und niemand sich ihr in den Weg stellt, aber ich konnte natürlich nicht ahnen, dass er selbst ihr größtes Hindernis sein würde, IHR EIGENER VERFICKTER VATER –

ALFRED Ich will sie davon abhalten, dieselben Fehler zu machen wie ihre Mutter.

CHARLOTTE Was hast du gerade gesagt?

ALFRED Zu glauben, dass Schönheit Begabung ersetzen kann. Zu glauben, dass der Erfolg dir in den Schoß fällt, wie alle anderen Geschenke von deinem Papi.

CHARLOTTE Fick dich.

ALFRED Sobald irgendwas schwierig geworden ist, bist du verschwunden. Von mir, von der Welt. Du bist in dein Loch gekrochen und hast deine selbstmitleidigen Tränen vergossen und dich gefragt, wieso passiert mir das alles? Weil es uns allen passiert, uns allen.

CHARLOTTE Manche haben mir schon Unterstützung gegeben.

ALFRED O ja.

CHARLOTTE Ja.

ALFRED Leute wie Phillip.

CHARLOTTE Ja und andere auch.

ALFRED Leute, die dir gesagt haben, dass du so einzigartig bist wie eine Schneeflocke?

CHARLOTTE Leute, die Brutalitäten nicht für das beste Gegengift halten.

ALFRED Und was hast du deinen Helfern dafür gegeben, Charlotte? Was versuchst du mir mitzuteilen?

CHARLOTTE Nicht jeder erwartet eine Gegenleistung für Großzügigkeit, Alfred. Nicht jeder ist so gewinnsüchtig wie du.

ALFRED Du hast dich sicher trotzdem außerordentlich großzügig gezeigt in deinem Dank.

CHARLOTTE Überleg dir gut, was du jetzt sagst.

ALFRED Oder was?

CHARLOTTE Hast du Laras Miete bezahlt?

ALFRED Was? Wie bitte?

CHARLOTTE ANTWORTE VERDAMMT NOCHMAL. Hast du. Laras. Miete bezahlt.

ALFRED Ich kann mich nicht erinnern.

CHARLOTTE Seit wann bezahlst du sie nicht mehr?

ALFRED Ich kann mich nicht erinnern.

CHARLOTTE Seit sechs Monaten. Du hast sie seit sechs Monaten nicht bezahlt. Also wurde sie vor die Tür gesetzt. Sie ist heute zu uns in die Wohnung gegangen, weil sie nicht gewusst hat, dass die Kammerjäger da sind. Sie ist bei uns vorgefahren mit einem Auto und all ihrem Zeug und konnte nicht einziehen.

ALFRED Warum ist sie nicht hierhergekommen?

CHARLOTTE Weil sie dich nicht sehen will.

ALFRED …

CHARLOTTE Ich hab zu ihr gesagt, da liegt irgendein Fehler vor, und es wird sich regeln.

ALFRED Ich will nicht, dass sie mit diesen Leuten lebt.

CHARLOTTE Was denn für LEUTE?

ALFRED Rauchen den ganzen Tag Gras, liegen rum, tun gar nichts, ein Haufen Parasiten sind die –

CHARLOTTE Genau wie unsere Mitbewohner, als wir an der Uni waren.

ALFRED Die Welt hat sich verändert, Charlotte, das hast du selbst gesagt.

CHARLOTTE Ich will, dass du ausziehst, Alfred. Lara und ich bleiben in der Wohnung. Sie wird Künstlerin. Du finanzierst ihre nächste Ausstellung.

ALFRED Ich werde nichts dergleichen tun.

CHARLOTTE Du finanzierst ihre Zukunft, Alfred, dafür überrede ich sie, dass sie wieder mit dir spricht. Du gehst zu ihren Ausstellungen und lobst sie dafür, und zwar überschwänglich, aufrichtig –

ALFRED Du kannst mich nicht zwingen –

CHARLOTTE Doch, Alfred, das kann ich, und das werde ich. Wenn du selbst keine elterlichen Gefühle kennst, dann bastel ich dir eben welche. Ich schreib dir die Dialoge, und du musst sie nur lernen und überzeugend spielen. Das wirst du wohl können, oder?

ALFRED Ich werde aus meinem eigenen Zuhause rausgejagt.

Jeden Cent, den diese Wohnung wert ist, habe ich verdient. Dieses Leben habe ich uns aufgebaut. Ich hab das alles möglich gemacht –

CHARLOTTE Aber sie ist meine Tochter, Alfred.

ALFRED Sie ist unsere Tochter, sie ist meine genauso viel wie deine, und ich hab ihr auch noch was zu sagen –

CHARLOTTE Ist sie nicht.

ALFRED Was?

CHARLOTTE Sie ist nicht deine Tochter.

ALFRED …

CHARLOTTE Ich hab versucht, dich zu warnen. Du hast nicht auf mich gehört. Ich hätte es nie erwähnt. Aber du bist zu weit gegangen. Es tut mir leid, Alfred. Gute Nacht.

ALFRED DU HURE …

3. AKT

KLAUS Darf ich dem Herrn mit dem Gepäck helfen?

ALFRED Nicht nötig.

KLAUS Schneit es?

ALFRED Wonach sieht's denn aus?

KLAUS Ha. Ja.

ALFRED Ich hab eine Buchung für zwei Wochen.

KLAUS Lange Reise?

ALFRED Bei uns räuchern sie gerade die Wohnung aus.

KLAUS Ratten?

ALFRED Exakt. Wie kommen sie darauf?

KLAUS Intuition eines Concierge. Aperitif für den Herrn?

ALFRED Es ist neun Uhr morgens.

KLAUS Oh. Stimmt.

ALFRED Der Lift ist kaputt.

KLAUS Der ist leider schon seit Jahren defekt.

ALFRED Warum haben Sie das nicht auf Ihrer Website geschrieben?

KLAUS Das wäre ja auch keine sonderlich kluge Idee, oder? Würden Sie mit einem kaputten Lift werben?

ALFRED Okay, ich werde es in meinem TripAdvisor-Kommentar erwähnen.

KLAUS Wie Sie wünschen.

ALFRED Ich hätte gern ein Zimmer hinten raus, zum Park.

KLAUS Ihr Name?

ALFRED Alfred Holm.

KLAUS Komisch, ich find Sie gerade nicht im System.

ALFRED Das ist nichts Neues.

KLAUS Haben Sie vielleicht Ihre Buchungsnummer parat?

Alfred reicht ihm ein Stück Papier.

Das ist ja eigenartig. Diese Buchung ist drei Jahre alt.

ALFRED Was?

KLAUS Vor drei Jahren waren Sie zwei Wochen bei uns zu Gast. Sie sind übrigens abgereist, ohne die Minibarkonsumation der letzten Nacht zu begleichen. Wir wollten Ihre Kreditkarte belasten, aber die wurde abgelehnt.

ALFRED Ich hab hier noch nie übernachtet.

Auftritt Charlotte und Phillip.

KLAUS Hätten Sie mal einen Ausweis für mich?

CHARLOTTE Oh. Alfred. Was machst du denn hier?

ALFRED Ich hab in der Wohnung auf dich gewartet. Das Taxi ist ewig nicht gekommen. Jetzt hab ich diesen ganzen Scheiß hier durch den Schnee geschleppt.

CHARLOTTE Oh, Alfred. In welcher Wohnung?

ALFRED Na, in unsrer.

CHARLOTTE Oh, Alfred. Ich glaub, du verwechselst da was, wir sind schon seit Jahren …

ALFRED Wer ist das?

CHARLOTTE Das ist Phillip, mein Mann, weißt du nicht mehr?

ALFRED Phillip?

CHARLOTTE Phillip, mein Psychiater.

PHILLIP Freut mich total, dich kennenzulernen, äh –

CHARLOTTE Das ist Alfred. Mein Exmann. Du kennst ihn.

PHILLIP Das ist Alfred?

ALFRED Was soll das heißen, dein *Ex*mann?

CHARLOTTE Übernachtest du hier?

ALFRED Klar, übernachte ich hier, wir übernachten hier, bis sie die Ratten ausgeräuchert haben.

CHARLOTTE Was für Ratten?

PHILLIP Ratten, passiert Ihnen das häufiger, denken Sie öfter darüber nach?

ALFRED Hör auf mit diesem Scheiß, Charlotte. Und lassen Sie endlich Ihre Finger von meiner Frau.

PHILLIP Soll ich anrufen? Also wegen den Ratten. Wenn Ihnen das häufiger passiert.

CHARLOTTE Wir müssen leider weiter, Alfred, wir müssen uns noch duschen und umziehen vorm Abendessen.

ALFRED Charlotte …

PHILLIP War schön, dich kennenzulernen, äh … ja …

ALFRED Charlotte …

CHARLOTTE Ich ruf Lara an, die kümmert sich um dich. Klaus, könnten Sie uns einen Wagen rufen?

KLAUS Sehr gerne, gnädige Frau.

ALFRED Charlotte? Klaus?

KLAUS Ja, das bin ich?

ALFRED Was machst du denn hier im Hotel?

KLAUS Ich bin hier der Concierge. Schon immer gewesen.

ALFRED Du bist ein verschissener Sozialarbeiter.

KLAUS Nein. Nein. Concierge.

ALFRED Na ja, okay. Warum hast du deine Schwester nicht mal begrüßt?

KLAUS Meine Schwester? Ich habe keine Schwester. Meine Mutter hätte immer gern ein Mädchen gehabt. Als ich klein war, musste ich immer Mädchenkleider tragen, wenn mein Vater nicht zu Hause war. Als ich in die Pubertät kam, musste ich mir jeden Tag die Beine rasieren. Sie fand es immer sehr schade, dass ich ein Junge war.

ALFRED Xavier. Der Concierge heißt Xavier.

KLAUS Xavier? Xavier heißt kein Österreicher.

ALFRED Seine Mutter war Pariserin, Ballerina am Staatsballett.

KLAUS Ballerina. Verrückte Welt.

ALFRED Soll das heißen, ihr habt kein Zimmer frei?

KLAUS Lassen Sie mich nachsehen. Ach so, Moment. Ihr Name ist gar nicht Alfred Holm. Meine Güte. Es tut mir furchtbar leid, ich hätte Sie ja gleich erkennen sollen, ich hab sehr schlecht geschlafen heute, meine Katze hat damit angefangen, nachts auf mein Kissen zu urinieren und –

ALFRED Wovon redest du in Gottes Namen?

KLAUS Ich hätte wissen sollen, dass Sie unter Pseudonym reisen, Herr Kemeny, das leuchtet natürlich vollkommen ein, wir haben eine wunderschöne Suite für Sie, nach hinten raus –

ALFRED Na gut, nach hinten raus.

KLAUS und Ihre Band ist auch schon da,

ALFRED Ich hab eine Band?

KLAUS die sind ja bereits gestern Abend angereist –

ALFRED Kemeny?

KLAUS Wäre es Ihnen lieber, ich würde Sie duzen und Holger nennen? Ich wollte nicht übermäßig förmlich sein.

ALFRED Holger?

KLAUS Ich Trottel, echt, dass ich dich nach deinem Ausweis frage.

ALFRED Gib mal her. Holger Kemeny.

KLAUS Ich bringe dein Gepäck natürlich persönlich aufs Zimmer.

ALFRED Was zum Teufel ist hier los …

KLAUS Ah, fast hätt ich's vergessen. Die junge Dame ist bereits hier.

ALFRED Welche junge Dame?

KLAUS Sie wartet schon seit geraumer Zeit. Sie sagt, sie hat dich schon früher erwartet.

ADELE Holger.

ALFRED Lara?

ADELE Wer ist Lara?

ALFRED Was machst du hier? Hast du nicht heute eine Vernissage? Wir kommen, deine Mutter und ich, wir –

ADELE Ich bin's. Adele.

ALFRED Adele?

ADELE Du wirst aber nicht jetzt schon dement, oder? Ich hab gehofft, das dauert noch ein paar Jahre.

ALFRED Okay, cool, ich bin Musiker.

ADELE Natürlich bist du Musiker.

ALFRED Ich hab eine Band.

ADELE Natürlich hast du eine Band.

ALFRED Und wir nehmen eine Platte auf.

ADELE Ja, das weiß ich.

ALFRED Und du bist hier, weil …

ADELE Weil du das unbedingt wolltest. Und mir einen Flug gebucht hast, bevor ich nein sagen konnte. Hast du das ganz vergessen? Warst du echt so betrunken?

ALFRED Ich … Na ja, vielleicht …

ADELE Holger … Ich hock hier seit Stunden rum wie ein Loser …

ALFRED Das tut mir leid. Das war mir echt nicht bewusst.

ADELE Willst du mich nicht in deine Suite mitnehmen?

ALFRED Natürlich, ich –

KLAUS Ich bring euch dann euer Gepäck.

ALFRED Das kann ich selber tragen.

KLAUS Nein, nein. Bitte.

ALFRED Ich will es selber tragen.

KLAUS Ich bin stolz auf meine Arbeit, Herr Kemeny, Holger, und ich würde dich bitten, mich der gediegenen Feinheiten, die meine Profession mir gestattet, nicht zu berauben.

Jakob tritt auf.

JAKOB Sylvie.

ALFRED Was will dieser Typ von dir? Kennst du diesen Mann?

JAKOB Sylvie.

ALFRED Entschuldigen Sie, sie heißt nicht Sylvie, Sie irren sich.

JAKOB Warum kommst du nicht zurück, ich warte schon die ganze Zeit.

ADELE Lass uns sofort hoch gehen. Wie ist die Zimmernummer?

KLAUS Zimmer 666.

ALFRED Das ist nicht dein Ernst, oder?

KLAUS Es ist die beste Suite, die wir haben.

JAKOB Sylvie.

ADELE Mach keine Witze, Holger. Lass uns jetzt sofort hoch gehen.

ALFRED Ja gut, okay, Adele, wir gehen hoch.

JAKOB Nein, nein, nein, nein, nein …

Thea tritt auf.

Ah, du bist es

THEA Hallo noch mal.

JAKOB Sorry, ich hab deinen Namen vergessen.

THEA Den hab ich dir nie gesagt.

JAKOB Ich wollte auf Tinder nachschauen, aber mein Akku ist leer.

THEA Da steht nicht mein richtiger Name.

JAKOB Aber wie hast du … Braucht man da nicht einen Facebook-Account?

THEA Ich hab einen falschen Facebook-Account kreiert.

JAKOB Bist du berühmt? Wie heißt du? Halt, sag's nicht. Ich denk mir was aus. Eva.

THEA Eva?

JAKOB Die erste Frau.

THEA Ich bin deine erste Frau?

JAKOB Nein, Paradies und Garten Eden und der ganze Scheiß. Bist du Christin?

THEA Nein.

JAKOB Ich auch nicht, mein Vater war strenggläubiger Alkoholiker.

THEA Witzig.

JAKOB Hab ich grad Alkoholiker gesagt? Katholik, Katholik, Katholik …

THEA Ich dachte, das war ein Scherz.

JAKOB Ich scherze nie.

…

Darf man hier rauchen?

THEA Willst du eine?

JAKOB Ich habe Asthma.

THEA Aha.

JAKOB Und mein Vater ist an Lungenkrebs gestorben.

THEA Tut mir leid.

JAKOB Mir nicht. Er war ein Arsch.

THEA Ich mache sie aus.

JAKOB Nein, nein, rauch nur. Ich mag den Geruch.

…

Eva. Neununddreißig. Geboren 1978. Geschieden, zwei Kinder, die sie hasst.

THEA Ich hab nur ein Kind.

JAKOB Ganz egal. Ich erzähl dir eine Geschichte über dich. Eine neue Geschichte. Ich bin Dramatiker. Gewesen.

THEA Weiß ich.

JAKOB Du hast gewusst, wer ich bin?

THEA Ja.

JAKOB Scheiße. Man weiß ja nie heutzutage.

THEA Was?

JAKOB Ob die Leute ins Theater gehen oder nicht.

THEA Ich geh nicht ins Theater. Ich hab den Artikel in der Zeitung letzte Woche gesehen.

JAKOB Ich sollte besser los.

THEA Weil ich nicht ins Theater gehe?

JAKOB Ich bin total im Arsch.

THEA Was ist passiert?

JAKOB Ich will nicht drüber reden.

THEA Du siehst im echten Leben schlanker aus.

JAKOB Der Artikel? Ach so, ja. Die Wichser haben ein altes Archivbild genommen. Da kam ich gerade aus der Psychiatrie. Ich durfte da drin nix trinken, also hab ich den ganzen Tag Schokolade gegessen … Jetzt geh ich jeden Tag ins Fitnessstudio … Meine Mutter hieß Eva … Deine Stimme erinnert mich an sie … oder auch vielleicht nur an die Idee einer Mutter … wie eine Mutterstimme klingen sollte …

JOHANNE Isst du gar nix?

PETER Hab keinen Appetit mehr.

JOHANNE Soll ich dir ein Ei bestellen? Du musst nicht die Sachen vom Buffet nehmen, wenn du nicht willst, ich kann dir ein Ei im Glas bestellen wie immer.

PETER Ich hab nie Ei im Glas gegessen. Das war Frida. Ich war immer Spiegeleier.

JOHANNE Bist du sauer auf mich?

PETER Warum sollte ich denn sauer auf dich sein, liebste Mutter?

JOHANNE Ich bin reingekommen in dein Zimmer und hab versucht, dich zu wecken.

PETER Wann war das?

JOHANNE Weiß nicht, so kurz vor Mitternacht.

PETER Ich muss um neun ins Bett.

JOHANNE Es tut mir so leid.

PETER Um halb acht nehme ich drei Alprazolam, und bis neun bin ich im Koma.

JOHANNE Okay.

PETER Das stand in einer meiner E-Mails. Weil besucht hast du mich ja nie.

JOHANNE Ich hab dich besucht.

PETER Wann war das?

JOHANNE Irgendwann im Sommer …

PETER Ein halbes Jahr nach meiner Einweisung.

JOHANNE Soll ich dir ein paar Spiegeleier bestellen? Egal, wenn's extra kostet.

PETER Und warum kann ich mich daran nicht mehr erinnern? Ich weiß, ich war vollgestopft mit Beruhigungsmitteln, aber das zumindest hätte ich bemerken müssen, dass meine Mutter mich endlich mal besucht.

JOHANNE Du warst auf einem Ausflug im Zoo.

PETER Aha.

JOHANNE Ich hab auf dich gewartet, aber der Bus hatte wohl Verspätung.

PETER Hast du nicht vorher nachgeschaut? Ob ich überhaupt kann?

JOHANNE Weil scheinbar ein Mädchen in den Schimpansenkäfig gehüpft ist.

PETER Oder vielleicht hast du ja nachgeschaut. Und festgestellt, dass ich an diesem Tag weg bin, und dir genau diesen Tag ausgesucht, damit du mich nicht sehen musst.

JOHANNE Wie kannst du nur so etwas sagen.

PETER Das war dort nicht *Einer flog über das Kuckucksnest*. Da gab's nix, wofür man sich schämen musste. Wir waren alle einigermaßen anständig.

JOHANNE Willst du nichts zu essen?

PETER Und wolltest du mich nicht abholen, als ich rausgekommen bin?

JOHANNE Ich bin in der Firma aufgehalten worden.

PETER Und am Telefon warst du nicht erreichbar.

JOHANNE Es war ein bisschen ein Notfall …

PETER Oskar hat's mir erzählt. Den siehst du wohl ziemlich viel.

JOHANNE Was soll das denn heißen?

PETER Na ja, jetzt wo er dein Direktionsassistent ist.

JOHANNE Ach so. Ja.

PETER Warum hat er's geschafft?

JOHANNE Hm?

PETER Wenn bei euch so eine Notsituation geherrscht hat, warum konntest du dann auf den Direktionsassistenten verzichten?

JOHANNE Irgendwer musste dich ja abholen.

PETER Du hast ein Opfer gebracht.

JOHANNE Ich hab getan, was ich konnte.

PETER Du hast Oskar für das Wohl deines Sohnes geopfert.

JOHANNE Ja, hab ich.

PETER Er sieht ziemlich gut aus.

JOHANNE Ja? Ist mir gar nicht aufgefallen.

PETER Oh, eifersüchtig?

JOHANNE Also nichts zu essen?

PETER Frida und Oskar schlafen aus. War wohl ’ne lange Nacht.

JOHANNE Ah ja?

PETER Ich glaube, der ganze Stress mit mir hat sie zusammengeschweißt.

JOHANNE Die sind verheiratet, da gibt’s nix mehr zu schweißen.

PETER Stimmt nicht, Frida hat mir viel von ihren Problemen erzählt. Dass er immer abwesend ist. Körperlich und geistig. Und im Bett harmonisieren sie nicht.

JOHANNE Es heißt harmonieren, Schatz.

PETER Ja, das kennst du.

JOHANNE Ich weiß nicht, was du meinst.

PETER Aber immer wieder gibt’s Momente, da explodiert unverhofft die Begierde.

JOHANNE So. Das reicht jetzt.

PETER Aber gestern Abend haben wir uns die Zeit vertrieben, während du weg warst, und da hab ich bemerkt, wie sich zwischen ihnen so eine scheue Empfindsamkeit entwickelt.

JOHANNE Halt jetzt die Klappe.

PETER Bitte?

JOHANNE Entschuldige. Ich halte die zwei da drüben nicht aus. Die sind so laut.

PETER Mir scheint, die sind total leise.

JOHANNE Egal. Eier jetzt, ja oder nein?

PETER Offenbar mussten die nur mal so richtig ausschlafen. Es geht also aufwärts, Gott sei Dank. Wir müssen uns nicht mehr so viele Sorgen um Frida machen.

JOHANNE Toll.

PETER Und um mich auch nicht. Ich hab jetzt einen Job im Hotel.

JOHANNE Im Hotel. Hier? Hier im Hotel?

PETER Ja, ich mach Zimmer sauber.

JOHANNE Schatz, das ist aber wirklich nicht nötig.

PETER Ich will aber. Mir gefällt das hier. Ich hab mit dem Concierge gesprochen. Der mag mich auch. Diese Uhr geht zwölf Minuten vor.

JOHANNE Welche Uhr?

PETER Das Problem werde ich lösen, wenn ich hier angestellt bin. Es wird Cola geben, in jeder Blumenvase, wenn ich hier arbeite. Als Überraschung für die Neugierigen. Weißt du, dass Papa mich vor seinem Tod angerufen hat?

JOHANNE Was hat er?

PETER Mich angerufen.

JOHANNE Warum hat er mich denn nicht angerufen?

PETER Weil du ihn verlassen hast.

JOHANNE Er ist ausgezogen, nicht ich.

PETER Er hat mich angerufen und mir alles erzählt.

JOHANNE Er hat dich in der Klinik angerufen, als es dir so schlechtging, psychisch, und du so viele Tabletten genommen hast?

PETER Dass du jetzt mit Oskar schläfst.

...

Deshalb hat Papa auch versucht zu verhindern, dass Frida ihn heiratet.

...

Und deshalb habt ihr alle diese Kampagne gegen ihn gestartet. Das hat ihn langsam fertig gemacht, bis sein Haus ihm nicht mehr gehört hat. Und er ausziehen musste.

JOHANNE Peter.

PETER Ja?

JOHANNE Ich glaub, die haben dich zu früh rausgelassen.

PETER Was? Die haben mich überhaupt nicht rausgelassen, Mami.

JAKOB Sie hat mich nie berührt. Als wär sie irgendwie allergisch. Außer wenn ich eine Ohrfeige nötig hatte …

THEA Dein neues Stück läuft gerade.

JAKOB Versprich mir, dass du's dir nie anschaust.

THEA Okay.

JAKOB Sag's.

THEA Versprochen.

JAKOB Okay. Dankeschön.

THEA Du bist ein merkwürdiger Mann.

JAKOB Ich hab dir doch gesagt, ich war mal geisteskrank.

THEA Wie, und jetzt nicht mehr?

JAKOB Nein. Ich geh jeden Tag ins Fitnessstudio.

…

Wie lang wohnst du schon hier?

THEA Eine Woche.

JAKOB Komisch, dass ich dich bis gestern Nacht noch nie gesehen habe.

THEA Wir begegnen uns jeden Morgen beim Frühstück.

JAKOB Moment mal, bist du die Frau mit dem Hund?

THEA Die ist Mitte fünfzig.

JAKOB Komisch. Ich seh immer nur den Dackel.

THEA Wieso überrascht mich das nicht?

JAKOB Wie bitte?

Sie wird mir die Kinder wegnehmen, wenn sie aufwacht.

THEA Wer?

JAKOB Meine Exfrau. Wenn sie aufwacht.

THEA Wieso sollte sie nicht aufwachen?

JAKOB Und wenn sie nicht aufwacht, dann nehmen sie mir sowieso meine Kinder. Würdest du mir deine Kinder anvertrauen?

THEA Dazu kann ich nichts sagen.

JAKOB Na ja, es gibt diese Akten, von meiner Einlieferung, die sind nicht sehr schmeichelhaft. Ich habe ein Messer gegen meinen Sohn erhoben, als wäre er Isaak, hab ihn über den Küchentisch gehalten, vorher so Plastikfolie ausgelegt wie in den Gangsterfilmen und ihm das Messer an die Kehle gehalten und gesagt: Glaubst du, Gott wird dich retten? Glaubst du das wirklich? Hörst du seine Stimme? Seine Mutter ist ein Jesus-Freak, genau wie mein Vater war, und der arme Junge hatte auch schon die ersten Symptome, also musste ich ihm einen Gegenbeweis liefern, ein bisschen Überzeugungsarbeit, hat funktioniert … Er hat ein bisschen geblutet am Hals, aber es ist nicht mal 'ne Narbe geblieben …

FRIDA Hey Spiderman. Wo ist Mama?

PETER Sie ist weg. Ich glaub, ich hab sie verschreckt.

FRIDA Was meinst du damit?

PETER Frida, ich muss dir was sagen.

FRIDA Ich will's nicht wissen.

PETER Wieso nicht?

FRIDA Ich weiß, was du sagen willst, und ich will's nicht wissen.

PETER Wie lange bist du schon auf?

FRIDA Ich war beim Anwalt. Wegen des Testaments.

PETER Oh.

FRIDA Vater hat alles uns beiden vermacht.

PETER Oh.

FRIDA Er hat Mama aus dem Testament gestrichen.

PETER Hm.

FRIDA Warum hat er Mama aus dem Testament gestrichen?

PETER Du hast gesagt, du willst es nicht wissen.

FRIDA Hm.

PETER Aber du weißt es.

FRIDA Ich weiß es.

PETER Willst du's wissen?

FRIDA Ich seh schon, wie die Frauen auf Oskar schauen. Ich seh auch, wie er sie anschaut. In den Flitterwochen bin ich einmal früh ins Bett, weil ich davor am Strand eingeschlafen bin und einen Riesensonnenbrand hatte, aber dann bin ich um drei Uhr morgens aufgewacht, und er war nicht da, also bin ich an die Bar direkt am Wasser, da waren zwei Südamerikanerinnen, und mit denen hat er geflirtet … Ich bin hinter die Bar, niemand hat mich bemerkt, ich bin hinter die Bar, hab das Messer genommen und bin auf sie zu mit dem Messer und hab sie gefragt, ob sie gerne noch etwas wollen, freundlich und ruhig, wie eine Kellnerin … Du hättest ihre Gesichter sehen sollen …

PETER In meinem Kopf spielt sich immer wieder dieselbe Szene ab. Ich treffe mich mit Greta in einem Hotel zum Unterschreiben der Scheidungspapiere …

FRIDA Darüber solltest du nicht nachdenken.

PETER Und wir fangen an zu streiten. Und ich kann nicht anders. Ich bringe sie um. Jedes Mal bringe ich sie um, gegen meinen Willen.

FRIDA Papa hat uns alles vermacht …

PETER Ich kann doch keine Firma leiten.

FRIDA Ich auch nicht.

PETER Vielleicht ist es okay so, wie es ist.

FRIDA Es ist nicht okay. Es geht einfach nicht, dass irgendwer meinen Mann anfasst.

HOLGER Und was machen wir jetzt?
ADELE Keine Ahnung.
HOLGER Willst du fernsehen?
ADELE Nein, danke.
HOLGER Hast du Hunger?
ADELE Geht schon.
HOLGER Durst?
ADELE Hab ’ne Wasserflasche.
HOLGER Wollen wir runter in die Bar und was trinken?
ADELE Ich bin ein bisschen müde.
HOLGER Möchtest du dich kurz hinlegen?
ADELE Ja, ich glaub, das mach ich.
HOLGER Wie war dein Flug?
ADELE Gut. Hab die meiste Zeit geschlafen.
HOLGER Schön. Schön. Soll ich dich alleine lassen?
ADELE Nein.
HOLGER Oder willst du nicht alleine sein?
ADELE Nein.
HOLGER Hast du gestern Party gemacht?
ADELE M-hm.
HOLGER Wie war’s?
ADELE Cool.
HOLGER Ah ja? Erzähl.
ADELE Es war wie immer.
HOLGER Okay. Cool.
ADELE Das ist unsere erste Nacht.
HOLGER Okay. Cool. Brauchst du einen Pyjama?

ADELE Bist du okay, Holger?

HOLGER Holger? Ich? Ja. Klar.

ADELE Ist das komisch?

HOLGER Was? Nein.

ADELE Es ist irgendwie komisch.

HOLGER Komisch, warum?

ADELE Du hast mich aus Berlin zu dir hergeholt.

HOLGER Und, ist das was Seltsames?

ADELE Mir war nicht klar, dass du in einem Hotel wohnst.

HOLGER Nur bis das Album fertig ist.

ADELE Okay.

HOLGER Die räuchern meine Wohnung aus.

ADELE Okay.

...

Willst du mich küssen?

HOLGER Ich dich? Ja klar.

ADELE Okay, dann küss mich.

Holger küsst sie.

Hast du mir letzte Woche einen Antrag gemacht?

HOLGER Vielleicht schon, ja.

ADELE Du warst also nicht betrunken.

HOLGER Vielleicht schon, ja.

ADELE Aber du weißt es noch?

HOLGER Ja, Lara.

ADELE Ich heiße Adele. Und?

HOLGER Ich brauch echt was zu trinken. Und du machst dein Nickerchen.

BENNO Guten Morgen.

ANNIKA Sie ist da.

BENNO Und auch dir einen guten Morgen, Benno.

ANNIKA Hast du gehört, was ich gesagt habe?

BENNO Wer ist da?

ANNIKA Dein Vater und seine Freundin. Ich hab sie im Foyer getroffen. Sie sieht sehr jung aus.

BENNO Schön für ihn. Ich schlaf weiter.

ANNIKA Wann bist du nach Hause gekommen?

BENNO Weiß nicht. So um zwei/drei am Nachmittag. Dann haben Holger und ich noch ein bisschen gespielt.

ANNIKA Ich dachte, du kommst kurz nach mir.

BENNO Ist Axel mit dir nach Hause gegangen?

ANNIKA Ja. Wir haben noch einen Döner gegessen.

BENNO Ah, ein Königreich für einen Döner.

ANNIKA Wie kannst du nur so ruhig bleiben?

BENNO Ich versuch zu schlafen, Annika.

ANNIKA Du weißt schon, was das bedeutet?

BENNO Was?

ANNIKA Schau dir dein Leben an.

BENNO Ich bin nicht in der Stimmung für existentielle Diskussionen, Baby.

ANNIKA Nein. Schau dir dein Leben an. Was machst du eigentlich?

BENNO Ich bin Experte für deutsche Übersetzungen von Michel Foucault.

ANNIKA Und wie viel Geld verdienst du damit?

BENNO Mein Blog hat dreitausendzwei Follower.

ANNIKA Wie viel Geld?

BENNO Also der eine … wahnsinnundgesellschaft29 … hat mir zu Weihnachten einen Kuchen geschickt …

ANNIKA Und was tust du sonst noch?

BENNO Du weißt ganz genau, dass ich kiffe und PlayStation spiele, wenn ich nicht gerade am Blog arbeite.

ANNIKA Und wer zahlt dafür?

BENNO Daddyboy Holger.

ANNIKA Und wovon lebt der?

BENNO Von seinen Tantiemen.

ANNIKA Von einem Lied aus den frühen Siebzigern.

BENNO Ja.

ANNIKA Und auf einmal lernt er ein Mädchen um die zwanzig kennen, und die zieht ein, und …

BENNO Na und?

ANNIKA Sie wird irgendwann schwanger werden …

BENNO Wäh. Er ist Mitte sechzig.

ANNIKA Ja. Und sie wird ein Kind von ihm kriegen, und eines Tages stirbt er an einem Lungenemphysem, und dann kriegt sie seinen Nachlass.

BENNO Seinen was? Das ist bestimmt nicht legal.

ANNIKA Aber wenn er's in sein Testament schreibt.

BENNO Er kann nicht … er würde nicht …

ANNIKA Doch …

BENNO Also entschuldige, ich bin immer für ihn da. Ich fahr ihn überall hin, ich hol ihm mittags immer seine belegten Brote, das spricht doch ein bisschen für mich, oder? Ich meine, sogar wenn ich am Vorabend total lang weg war, stell ich mir am nächsten Tag immer rechtzeitig den Wecker für die belegten Brote …

ANNIKA Aber sie hat das Kind.

BENNO Scheiße.

ANNIKA Scheiße … Wir müssen uns jetzt alle einen Job suchen.

BENNO Ich kann das nicht. Ich bin für nix qualifiziert. Hm, ich könnte lernen, wie man im Supermarkt Regale einräumt. Ich stell mir vor, das wäre dann wie einkaufen, nur umgekehrt.

ANNIKA Zieh dich an. Wir gehen rüber und sagen hallo.

BENNO Jetzt? Die sind wahrscheinlich grad am …

ANNIKA Komm.

HOLGER Sie kommen.

BENNO Zimmerservice!

HOLGER Wer ist da?

ANNIKA Nur wir, Benno und Annika.

ADELE Ist das dein Sohn?

HOLGER Ja, vielleicht ist das mein Sohn.

BENNO Nicht Benno, Zimmerservice.

HOLGER Moment …

ANNIKA Hey. Wir wollten nur sagen: Hallo und willkommen.

HOLGER Ja, das ist Adele.

BENNO Hi, ich bin … einen Moment, also …

ANNIKA Was starrst du so?

BENNO Ich, nein. Ich bin Benno.

ADELE Hallo, Benno.

HOLGER Sie macht ein Nickerchen, Leute.

BENNO Ich folg dir auf Instagram.

ADELE Du, was?

BENNO Instagram.

HOLGER Ihr kennt einander?

ADELE Du hast nichts an.

ANNIKA Du hast nichts an.

BENNO Ja. Du bist ein Fan von Holger.

HOLGER Ist sie nicht.

ADELE Wir haben uns am Flughafen kennengelernt. Ich hab ihn für einen Sportler gehalten.

HOLGER Sie hat mich für einen Sportler gehalten. Aber ich bin kein Sportler, ich bin Musiker.

BENNO Du hättest mir sagen sollen, dass du zum Flughafen musst.

HOLGER Ich wollte alleine hinfahren.

BENNO Seit ich meinen Führerschein habe, bist du nicht mehr zum Flughafen alleine gefahren, Daddyboy.

ANNIKA Wann habt ihr euch kennengelernt?

ADELE Vor über einem Jahr.

BENNO Die Mami ist grade gestorben.

HOLGER Deine Mutter ist vor zwei Jahren gestorben.

ADELE Zwei Jahre? Hast du nicht gesagt, es ist länger her?

HOLGER Adele versucht, ein Nickerchen zu machen.

ANNIKA Was machst du so, Adele?

ADELE Was ich so mache?

BENNO Deine Arbeit meint sie.

ADELE Ich hab keine Arbeit.

BENNO Was, so wie wir?

ADELE Ihr habt keine Arbeit?

HOLGER Nein, nicht so wie wir. Sie studiert.

BENNO Das ist nicht so, als ob ich nichts zu tun habe, ich habe einen Blog, ich hab Holgers Fanseite … *Improvisiert.*

ANNIKA Wofür ihn niemand bezahlt. Wie alt bist du, Adele?

ADELE Neunzehn.

BENNO Du bist … Halt, warte …

HOLGER Ja, okay.

BENNO Mir kommt vor, du hast gerade neunzehn gesagt.

HOLGER Okay, können wir einfach …

BENNO Das wäre ja dann ganze vier Jahre jünger als ich … Und ganze …

HOLGER / ANNIKA Fünfundvierzig.

BENNO … fünfundvierzig Jahre jünger als du, das heißt, rein biologisch betrachtet bist du ihr Großvater …

HOLGER Abraham hat mit über hundert …

BENNO Abraham.

ADELE / ANNIKA Abraham aus der Bibel.

BENNO Ich weiß, wen du meinst, ich hab nur kurz vergessen, dass ich einen vierundsechzigjährigen Punk-Rocker vor mir habe.

ADELE Ehemaligen Punk-Rocker.

BENNO Ein Punk-Rocker ist nie ehemalig.

ANNIKA Er schon.

BENNO Scheiße, NEUNZEHN?

HOLGER Könnten sich bitte alle mal beruhigen. Adele macht ein Nickerchen.

ADELE Ich glaub, ich bin wieder wach.

BENNO So toll ist sie auch wieder nicht …

ANNIKA Wer?

BENNO Diese Adele.

ANNIKA Woher weißt du das?

BENNO Ich hab sie gefickt. Tsss.

ANNIKA Was?

BENNO Ich war in Berlin, und sie folgt mir auf Instagram, und ich hab ein Foto vom Berghain gepostet, und sie so, OMG, ich bin auch hier, treffen wir uns?

ANNIKA Wie lang ist das her?

BENNO Äh …

ANNIKA Sie ist neunzehn?

BENNO Äh …

ANNIKA Wir sind seit vier Jahren zusammen, also …

BENNO Warte … äh …

ANNIKA Also wenn es vor uns war, war sie höchstens fünfzehn …

BENNO Ja, na ja …

ANNIKA Also bist du entweder pädophil oder hast hinter meinem Rücken rumgevögelt.

BENNO Ich verweigere die Aussage.

ANNIKA Wir sind nicht in Amerika, Süßer.

BENNO Na gut, dann werd ich wohl einfach …

ANNIKA Okay, Moment. Sie weiß, dass du mit ihr gevögelt hast. Aber sie hat so getan, als ob sie nicht weiß, dass sie mit dir gevögelt hat. Sie weiß auch, dass du weißt, dass du mit ihr gevögelt hast. Aber sie weiß nicht, dass ich weiß, dass ihr miteinander gevögelt habt. Und Holger weiß sowieso überhaupt nichts. Und ihr wisst beide, dass Holger sowieso nichts weiß. Wir alle drei wissen, dass Holger überhaupt nichts weiß. Die Frage ist: Was würde Holger machen, wenn er es wüsste.

HOLGER Was würde ich machen?

BENNO Was ist los mit dir?

ANNIKA Übrigens: Ich krieg einen Freibrief für mindestens dreimal.

BENNO Warum für dreimal? Das war ja nur ein Abend im Berghain.

ANNIKA Okay, nur einer, und ihr habt's nur einmal gemacht.

BENNO Okay, dann für dreimal.

ANNIKA Und Axel und ich haben uns gestern geküsst.

BENNO Was? Habt ihr nicht einen Döner gegessen?
Und dann geküsst?
Ja?
In unserem Zimmer?

ANNIKA Nein, in seinem Zimmer. Ich hab ihn nur zugedeckt.

BENNO Gott sei Dank.

ANNIKA Aber dann ist er zu uns ins Zimmer gekommen, weil er nicht schlafen konnte, und hat mich gefingert.

BENNO Ja, genau. Axel hat dich gefingert. Er ist mein bester Freund.

ANNIKA Wer weiß … wer weiß, vielleicht war ich interessiert und bin es jetzt nicht mehr … oder ich hab ihn vorher nicht durchschaut, jetzt aber schon … aber vor allem hat er sich nie für mich interessiert, aber ich hab immer auf ihn gewartet, und jetzt nimmt er mich endlich richtig wahr …

BENNO Ich glaub, das Zeug macht mich ganz paranoid.

ANNIKA Nein, nein, mein Schatz, du hast schon ganz gute Gründe für deine Paranoia.

AXEL Sylvie?

ADELE Sylvie? Wer bist du denn?

AXEL Wer bist du denn?

ADELE Adele.

AXEL Adele.

ADELE Wieso bist du nackt?

AXEL Wieso bist du nackt?

ADELE Wieso bist du ein Elefant?

AXEL Wie bitte?

ADELE Wollt nur sehen, ob du alles wiederholst, was ich sage. Wie heißt du eigentlich?

AXEL Ich weiß nicht mehr. Ich bin grad erst aufgewacht.

ADELE Ja, das seh ich.

AXEL Bist du auch grad erst aufgewacht?

ADELE Nein, grad erst angekommen. Ich mach ein Nickerchen.

AXEL Von wo bist du angekommen?

ADELE Berlin.

AXEL Wozu?

ADELE Um hier zu wohnen.

AXEL Wo? Hier? Im Hotel?

ADELE Ich bin Holgers Verlobte.

AXEL Holger? Ich glaub, ich leg mich noch mal hin, und wenn ich wieder aufwache, war das hoffentlich alles ein Traum.

ADELE Soll ich mitkommen?

AXEL Wie bitte?

Benno kommt herein.

BENNO Axel, da bist du.

AXEL Ja, hier bin ich. Axel.

BENNO Hast du gut geschlafen?

AXEL Ich hab … geschlafen … Ich bin ein bisschen durcheinander, was wirklich ist und was nicht …

BENNO Kenn ich.

AXEL Das ist Adele.

BENNO Ja. Die kenne ich schon.

AXEL Ist sie real?

BENNO Hab gehört, du hast meine Frau gefingert.

AXEL Ich, was? Also hab ich das nicht geträumt?

BENNO Scheinbar nicht. Sagst du nicht sorry?

AXEL Mann, das tut mir jetzt total leid, ich – Vielleicht sollten wir mal reden …

BENNO Verpiss dich einfach, Mann.

BENNO Warum hast du nie auf meine Nachrichten geantwortet?

ADELE Ich check die Zusammenhänge erst jetzt.

BENNO Du checkst WAS? Du hast gesagt, du kennst mich nicht. Vor allen. Die denken, ich bin verrückt –

ADELE Ich wollte deinen Vater nicht in Verlegenheit bringen.

BENNO Ich weiß, dass du weißt, wer mein Vater ist.

ADELE Natürlich tue ich das, er ist mein Verlobter.

BENNO Ich meine, ich weiß, dass du gewusst hast, wer er war, als du ihn kennengelernt hast. Dein Verlobter? Dein was? Dein Verlobter?

ADELE Ja.

BENNO Nein.

ADELE Ja.

BENNO Lassen wir das für eine Minute … Wir haben uns kennengelernt, als du dich bei Daddys Fanseite registriert hast.

ADELE Was für eine Fanseite?

BENNO Holgers Fanseite. Die ich administriere. Du hast dich dort registriert. Und mir Nachrichten geschickt: OMG, ich bin voll verknallt in Holger. Das weiß ich noch genau. Aber als du ihn dann am Flughafen getroffen hast, hast du so getan, als hättest du nie von ihm gehört. Du hast so getan, als würdest du Holger für einen Sportler halten. Mach den Bademantel zu.

ADELE Warum?

BENNO Ich muss mich konzentrieren.

ADELE Worauf?

BENNO Auf das, was hier abgeht, verdammt nochmal. Wir hatten fünf wunderschöne Tage in Berlin, und dann hast du einfach nicht mehr zurückgeschrieben.

ADELE Ich hab gar nicht gewusst, dass du ’ne Frau hast.

BENNO Was hat das jetzt mit irgendwas zu tun?

AXEL Annika?

ANNIKA Ja? Axel?

AXEL Es tut mir leid. Ich war wohl echt besoffen und hab Sylvie vermisst.

ANNIKA Du hast dabei an Sylvie gedacht?

AXEL Ich weiß echt nicht, was in mich gefahren ist. Ich kann mich kaum erinnern. Vielleicht war ich einfach einsam. Ich hab in letzter Zeit mit vielen Leuten geschlafen, und mir geht's echt nicht gut. Vielleicht bin ich süchtig. Ich kann mich bei der Arbeit nicht konzentrieren, ich schreib immer zumindest mit vier oder fünf Frauen, manchmal hab ich an einem Abend mehrere Dates in Folge, und dann bin ich so leer.

ADELE Willst du Cola?

BENNO Trink die nicht. Wir dürfen nicht an die Minibar.

ADELE Ich schon. Hat Holger gesagt.

BENNO Stell sofort die Scheißcola da wieder rein. Wenn ich keine Cola darf, darfst du auch keine Cola. Tu die wieder rein.

ADELE Sonst?

BENNO Komm, gib … gib einfach her … komm … Fuck …

ADELE Du hast mich komplett mit Cola bekleckert.

ANNIKA Er will immer nur mit mir schlafen, wenn er gesehen hat, dass mich im Club jemand anfassen durfte. Oder wenn er draufkommt, dass irgendwer mir Nachrichten schreibt. Wenn du nicht da bist, kifft er und spielt PlayStation. Oder liest Foucault. Wenn du da bist, kämpft er um meine Aufmerksamkeit.

AXEL Ich muss hier raus, es wird mir zu kompliziert.

ANNIKA Bitte nicht. Bitte lass uns nicht allein. Es ist so viel besser für alle, wenn du da bist.

AXEL Ich, das Aphrodisiakum für die Beziehung der anderen.

ANNIKA Nein, es ist mehr als das.

AXEL Ich glaube nicht, dass mir das reicht.

BENNO Willst du mir wirklich erzählen, dass das reiner Zufall ist, dass du mit zwei Männern aus derselben Familie geschlafen hast? Aus derselben Familie, die zufällig jedes Jahr mehrere Millionen Dollar verdient und wo gerade zufällig die Mutter gestorben ist, und dann begegnest du zufällig meinem Vater irgendwo am Flughafen?

ADELE Ja.

BENNO Glaub ich dir nicht.

ADELE Ich bin in Holger verliebt.

ANNIKA Bist du also doch ein bisschen eifersüchtig?

BENNO Du bist in … ha … verarschen kann ich mich selber …

AXEL Kann schon sein. Ja. Ich meine, ich stell mir schon vor, was ihr so macht, wenn ich höre, wie ihr nachts die Tür zumacht.

BENNO Der ist voll der alte Mann …

ADELE Ich steh auf alte Männer …

BENNO Bullshit.

AXEL Und ja, ich schau dir nach, wenn du von mir weggehst oder wenn du dich über den Tisch beugst, obwohl ich weiß, ich sollte das nicht tun, und ihr ertappt mich wahrscheinlich beide dabei. Ein halbes Jahr lang hatt ich ein Foto von euch als Bildschirmhintergrund auf meinem Handy …

ANNIKA Ein Foto von uns?

AXEL Na ja, von dir …

ANNIKA Axel.

BENNO Ich hab mich die ganzen Jahre um Holger gekümmert.

AXEL Deine Lippen sind so unglaublich küssbar.

BENNO Ich bin sein Fahrer,

AXEL Und deine Augen sind schmerzhaft,

BENNO sein Fitnesstrainer,

AXEL deine Blicke tun richtig weh.

BENNO sein Roadie,

AXEL Und ich denke an den Schwung deiner Hüften, wenn ich mit einer anderen vögle.

BENNO sein Bandkollege,

AXEL Und manchmal halt ich's nicht aus im gleichen Raum mit dir,

BENNO sein Produzent, sein persönlicher Assistent.

AXEL weil ich Angst hab, dass ich jeden Moment über dich herfallen könnte, vor deinem Mann, und –

ANNIKA Moment, Axel.

BENNO Ich bin sein bester Freund.

AXEL Ich bin im Arsch. Ich bin komplett im Arsch. Es ist eine Krankheit. Ich muss mich in jemanden verlieben.

ANNIKA Axel.

BENNO Und ich werde nicht zulassen, dass du daherkommst und diese traumhafte Symbiose kaputtmachst.

AXEL Ich bräuchte eine nette, unkomplizierte Beziehung mit einem netten, unkomplizierten Mädchen, um einfach –

ANNIKA Axel. Schau mich an.

AXEL Okay.

BENNO Allein schon, dass du hier bist, zerstört die Symbiose. Er hat dich vom Flughafen abgeholt, er ist SELBST GEFAHREN. Weißt du, was das bedeutet?

ANNIKA Schau mich an.

AXEL Ich schau ja.

ANNIKA Es ist alles gut.

ADELE Warum regst du dich so auf?

BENNO Du hast keine Ahnung, wie schwierig es ist, sich um Holger zu kümmern. Das überlebst du keinen Monat.

ADELE Was wetten wir?

BENNO Meine Frau hasst dich.

AXEL Moment mal. Was treibt dein Mann da drüben?

ADELE Warum bloß?

ANNIKA Der treibt's wahrscheinlich mit dem Groupie. Hoffentlich kriegt Holger das wenigstens mit.

AXEL Stört dich das nicht?

ANNIKA Es nervt schon.

BENNO Warum ziehst du dich aus?

ADELE Ich geh duschen. Ich bin noch ganz verschwitzt vom Fliegen.

AXEL Du bist gar nicht verliebt in ihn.

ANNIKA Bist du wahnsinnig? Ich hätt ihn nie geheiratet, wenn ich in ihn verliebt wäre.

BENNO Warum ziehst du dich hier aus? Ich bin immer noch hier im Zimmer.

ADELE Es muss ja nicht nur eine Qual für dich sein, dass ich jetzt hier bin.

BENNO Was soll das heißen?

AXEL Ich nehm's zurück. Es tut mir nicht leid. Es tut mir nicht leid, dass ich dich geküsst habe und dass ich dich … seit ich aufgewacht bin, denk ich an nichts anderes.

ANNIKA Ich warne dich, Axel. Ich habe vor langer Zeit gesagt, ich könnte nie mit jemandem zusammen sein, in den ich verliebt bin.

ALFRED Das ist meine Geschichte … Ich erteile euch keine Erlaubnis, sie zu hören. Es ist alles durcheinandergekommen … Und dann haben die die Fakten durcheinandergebracht … Fickt euch doch … Ich weiß, wovon ich rede … Ich bin immer noch klüger als all diese Idioten … Das ist meine Geschichte. *Alfred zitiert/singt aus* The Pure and the Damned *(Oneohtrix Point Never featuring Iggy Pop).*

ERIK Wer lacht da oben?

JULIA Ich bin's.

ERIK Julia? Was machst du da?

JULIA Ich tanze.

ERIK Quatsch, du kannst nicht laufen.

JULIA Natürlich kann ich. Sonst könnte ich ja nicht tanzen.

ERIK Wer ist das?

JULIA Das ist David.

ERIK David?

JULIA Es ist David, und es war David, er hat's nur nicht zugegeben. Dass du David nicht erkannt hast …

ERIK Wie soll ich denn wissen, wie David als alter Mann aussieht? Ich kenn ihn nur als jungen.

JULIA Er ist zurückgekommen, um mich zu holen.

STEFAN Ich bin zurückgekommen, um sie zu holen.

ERIK Ich halluziniere.

JULIA Du hast mir nie was zugetraut, geschweige denn Tanzen. Ich kann tanzen, ich kann tanzen, so viel ich will. Und David hat immer gewusst, wie er mich zum Schwingen bringt.

ERIK Hör sofort auf.

JULIA Immer wenn du deinen halbschlaffen Penis in mich reingesteckt hast in der Hoffnung, dass er noch steif wird, hab ich von der Zeit mit David geträumt, seiner Sorgfalt und wie er mir immer Zeit gelassen hat, wie er mich verstanden hat –

ERIK Das findet hier nicht wirklich statt.

DAVID Ich komme nur für einen letzten Tanz, Erik. Keine Sorge, du kriegst sie wieder, bevor sie stirbt.

ERIK Sie stirbt nicht.

JULIA Doch, Erik, und dann werd ich erleichtert sein, dass ich dein Gesicht nicht mehr sehen muss.

DAVID Du hast gedacht, ich vergesse es, Erik, nach vielen Jahren, aber ich hab's nicht vergessen. Ich bin nicht für deine Frau gekommen, ich bin für dich gekommen. Du hast mir mein Leben gestohlen. Und jetzt stehle ich dir deins. Ich war nie ein guter Mensch. Daran bestand nie Zweifel. Aber du auch nicht. Du hast dem Mädchen die Drogen gegeben. Und als sie bewusstlos war und du mit ihr fertig warst, hast du mich überredet, auch mit ihr zu schlafen. Wir haben das gemeinsam gemacht. Ich hab nie behauptet, dass es nur dein Plan war. Ich hatte keine Ahnung, dass deine Familie dich bestechen und mir alles in die Schuhe schieben würde. Du bist zurück auf die Uni gegangen, du wurdest ein berühmter Autor, du hast dein Leben gelebt. Ich bin ins Gefängnis gegangen. Und als ich rauskam. Nach fünf Jahren. Als ich rauskam. Warst du verlobt. Und ich hab deine Verlobte gefunden. Ich hab mir Zeit gelassen. Sie zum Essen eingeladen. Ihr meine Aufmerksamkeit geschenkt, wenn du gerade weg warst. Es war nicht so schwierig, den größten Schaden hattest du schon selbst angerichtet, sie hat dich schließlich gehasst, weil sie dich so gesehen hat, weil sie dich so gesehen hat, wie ich dich nie sehen konnte, und –

JULIA Jetzt hör mal ganz genau zu, Alfred.

ERIK Alfred?

DAVID – und dann bin ich mit ihr ins Bett gegangen. Ich bin mit ihr ins Bett gegangen und hab sie geschwängert.

JULIA Hörst du, Alfred? Phillip hat mich geschwängert. Nicht du.

ERIK Phillip? Ich hab gedacht David?

DAVID Sie ist nicht von dir. Deine Tochter. Sie ist von mir.

ERIK Wer bist du?

DAVID Deine Tochter ist meine Tochter. Meine Tochter ist nicht deine Tochter.

ERIK NEIN. DAS FINDET HIER ALLES NICHT STATT. RAUS MIT EUCH ALLEN HIER. RAUS.

JAKOB Raus, alle raus! Das ist meine Geschichte! Sie gehört mir! Ich hab sie erfunden! Sie gehört mir!

LARA Papa?

ALFRED Lara?

LARA Ja. Ich bin's.

ALFRED Wo warst du?

LARA Ich besuch dich jeden Tag.

ALFRED Besuch?

LARA Jeden Tag. Wollen wir deine Übungen ein paarmal durchgehen, bevor die Therapeutin kommt?

ALFRED Was für eine Therapeutin?

LARA Na komm, üben wir ein bisschen. Versuch mal, den Arm zu bewegen.

ALFRED Wovon redest du?

LARA Versuch's noch mal. Ein kleines bisschen musst du ihn doch bewegen können für mich. Als kleines Geschenk für Papas Liebling.

ALFRED Wo ist deine Mutter?

LARA Darüber haben wir geredet. Mama kommt nicht mehr. Sie hat dich vor drei Jahren verlassen.

ALFRED So eine Fotze.

LARA Papa.

ALFRED Deine Mutter ist eine blöde Fotze.

LARA Wenn du solche Dinge sagst, bist du nicht mein Vater.

ALFRED Ich bin nicht dein Vater?

LARA Nicht, wenn du so redest.

ALFRED Sag das noch mal. Ich bin nicht dein Vater.

LARA Jetzt beruhige dich bitte, sonst muss ich die Schwester rufen.

ALFRED Sie hat's dir auch gesagt, oder? Du hast es die ganze Zeit gewusst, was?

LARA Ruhig, sonst muss ich dich verlassen.

ALFRED ALLE verlassen mich. Ein Haufen mieser PARASITEN seid ihr alle.

JAKOB Sylvie.

ALFRED Wer ist das? Mit wem redest du? Hallo, wer ist da drin?

SYLVIE Hi Jakob.

JAKOB Ist alles wieder okay?

SYLVIE Nein.

JAKOB Nein? Wo bist du?

SYLVIE Auf dem OP-Tisch.

JAKOB Es gibt zwei von dir.

SYLVIE Nein. Nur eine.

JAKOB Scheiße.

SYLVIE Du hast mit einer anderen geschlafen.

JAKOB Das war nur … Ich konnte dich nicht finden.

SYLVIE Hast du die ganze Nacht gesoffen?

JAKOB Wie spät ist es denn?

SYLVIE Kurz vor zehn.

JAKOB Abends?

SYLVIE Da war ich schon längst im Koma.

JAKOB Morgens?

SYLVIE Ja.

JAKOB Ich hab die ganze Nacht gesoffen.

ALFRED Ich weiß das alles. Das ist meine Geschichte. Diese Geschichten sind alles meine Geschichten. Die könnt ihr mir nicht wegnehmen. Die gehören mir.

SYLVIE Du solltest besser raufgehen, duschen.

JAKOB Ich hab mein Zimmer verloren.

SYLVIE Jedes Zimmer ist okay. Such dir ein leeres und dusch dich.

ALFRED DAS GEHÖRT ALLES MIR. ICH HAB HIER DAS SAGEN. HÖRT IHR MICH? ICH HAB HIER DAS SAGEN.

JAKOB Ich vermisse dich.

SYLVIE Ich weiß. Das hast du immer schon getan. Mich vermissen. Am Morgen danach hab ich dir immer gefehlt.

JAKOB Ich wollte dich nicht um …

SYLVIE Das glauben wir beide nicht, Jakob, also bitte erspar uns den Scheiß. Der Neurochirurg versucht gerade, die Flüssigkeit aus meiner Hirnschale zu entfernen. Er hat letzte Nacht nicht viel geschlafen, muss immer Überstunden machen, er versucht, sich zu konzentrieren, seine Hand zittert ein bisschen, nicht so stark, dass es jemand bemerkt, aber viel zu stark für das, was er vorhat.

// **JAKOB** *dazwischen* Ich muss … Nein, ich muss …

JAKOB Es war keine Absicht, ich wollte wirklich nicht –

SYLVIE Hör auf, Jakob. Du wolltest, dass mich kein anderer haben kann.

JAKOB Nein, das –

SYLVIE Obwohl du dich einen Scheiß für mich interessiert hast, als wir zusammen waren –

JAKOB Nein, ich –

SYLVIE Du hast mich auf den Müll geworfen, aber dann ist dir klargeworden, dass mich jemand anderer nehmen könnte, also hast du deinen Fehler bemerkt, und du musstest mich komplett zerstören, damit niemand dein kleines Spielzeug haben kann, es gehört nur dir für immer, besser ich existiere nicht als –

JAKOB Nein, Sylvie.

ALFRED Was machst du hier?

CHARLOTTE Lara hat mich hergeschickt. Ich bin ihretwegen hier.

ALFRED Was, mich auslachen?

CHARLOTTE Es freut mich wirklich nicht, dich hier so zu sehen.

ALFRED Lass mich in Frieden.

CHARLOTTE Es tut mir leid, dass ich das zu dir gesagt habe.

ALFRED Was?

CHARLOTTE Wegen Lara. Das war boshaft von mir.

ALFRED War's gelogen?

CHARLOTTE Weiß ich nicht.

ALFRED Du weißt es nicht? Na, dann geh vielleicht und FIND'S RAUS?

CHARLOTTE Warum spielt das eine Rolle?

ALFRED WARUM SPIELT DAS EINE ROLLE? Siehst du nicht, was du mit mir gemacht hast? Siehst du das?

CHARLOTTE Das hast du schon ganz allein gemacht, Alfred.

SYLVIE Markus sitzt im Wartezimmer mit Stefan. Er sitzt da und weint. Weinst du auch?

JAKOB Ich würde gerne, glaub ich.

SYLVIE Weißt du noch, wie du ins Badezimmer gerannt bist, an dem Tag, als deine Mutter gestorben ist, du bist in Tränen ausgebrochen und weggerannt, und ich hab gedacht, du schämst dich, vor mir zu weinen, dabei wolltest du einfach wissen, wie das aussieht, wenn man weint, und ich bin reingekommen, um dich zu trösten, und du hast dir im Spiegel beim Weinen zugeschaut –

JAKOB Bitte, Sylvie –

SYLVIE Wissen es die Kinder?

JAKOB Ich war noch nicht zu Hause.

SYLVIE Du hast Angst davor.

JAKOB Ja.

SYLVIE Ist das Au-pair-Mädchen auch dort?

JAKOB Ja.

SYLVIE Willst du, dass das Au-pair-Mädchen es den Kindern sagt?

JAKOB Wahrscheinlich.

SYLVIE Verzeihen sie dir, glaubst du?

JAKOB Nein.

SYLVIE Nein, bestimmt nicht.

JAKOB Wirst du aufwachen?

SYLVIE Was hättest du denn gerne, Jakob?

JAKOB Ich weiß es nicht.

SYLVIE Wenn ich dir sagen würde, Jakob, dass schon allein dein Wunsch, mich tot zu sehen, ausreichen würde, mich umzubringen, die zitternde Hand mit dem Skalpell ein bisschen nach links zu schieben, in mein Hirn hinein, genau dorthin, wo meine Erinnerung an letzte Nacht liegt, komplett ausradiert, das Denken, das Sprechen und jede Regung …

// **ALFRED** Ausradieren, alles rausschneiden, es muss alles raus …

JAKOB Das will ich nicht.

SYLVIE Betest du für mich?

JAKOB Du weißt, dass ich das nicht kann.

SYLVIE Warum bist dann immer in die Kirche mitgekommen?

JAKOB Aus Neugier.

SYLVIE Du stehst auf Rituale.

JAKOB Und auf die Musik.

SYLVIE Weißt du noch, das erste Mal, als wir das *Miserere* von Allegri gehört haben? In der Kathedrale in Padua?

JAKOB Da hab ich fast verstanden, was das ganze Getue immer soll.

SYLVIE Ich muss jetzt gehen, Jakob.

JAKOB Warum?

SYLVIE Versprich mir was.

JAKOB Was?

SYLVIE Dass du die Kinder zu meinen Eltern gibst. Du interessierst dich sowieso nicht für sie. Du hast alles an ihnen beobachtet, was du für dein Schreiben brauchst. Lass sie einfach los.

JAKOB Das kann ich nicht.

SYLVIE Lass sie los. Sonst verfolg ich dich.

// **STEFAN** Jakob … Jakob …

JAKOB Das kannst du nicht. Ich lass dich nicht. Ich werde dich nicht sehen.

SYLVIE Was glaubst du, was gerade jetzt passiert?

JAKOB Ich hab die Kontrolle hier.

// **ALFRED** Rausschneiden! Ich hab die Kontrolle hier!

SYLVIE Glaubst du?

JAKOB Sylvie –

SYLVIE Auf Wiedersehen, Jakob.

STEFAN Jakob.

JAKOB Hm?

STEFAN Hörst du, was ich sage?

JAKOB Hm?

STEFAN Sie ist tot.

ALFRED Sie ist was?

JAKOB Aber ich hab sie doch nicht besonders fest getroffen.

STEFAN Sylvie ist tot.

JAKOB Ich wollte überhaupt nicht –

STEFAN Die Polizei ist auf dem Weg.

JAKOB Nein nein nein nein nein nein nein.

PETER Nein nein nein nein nein nein nein.

JOHANNE Hör auf zu schreien, Peter, um Himmels willen, was ist denn los?

PETER Sie wacht nicht auf. Sie wacht nicht auf, Mama, sie wacht nicht auf, sie hat was genommen, sie hat meine ganzen Tabletten genommen, meine Tabletten, Mama, sie wacht nicht auf – Was hast du mit ihr gemacht?

JOHANNE Ich, gar nichts, was soll der Blödsinn. Ruf die Rettung, verdammt nochmal, deine Schwester stirbt, du Idiot.

PETER Du hast ihr das angetan. Sie hat Bescheid gewusst. Sie hat's gewusst.

JOHANNE Ruf die ScheißRETTUNG.

PETER Wir haben's alle gewusst. Von Anfang an. Was du für eine bist.

JOHANNE Gib her, verdammt nochmal.

PETER DU BIST SCHULD.

JOHANNE HALT DIE KLAPPE, DU VOLLTROTTEL!

THEA Arthur, wo gehst du hin?

ARTHUR Weg. Ich sag die Ausstellung ab, was ich schon fertig habe, wird rausgeschmissen. Ich lass dich in Ruhe. Dann kannst du wieder zu ihm ziehen, wenn du willst.

THEA Spinnst du? Ich will überhaupt nicht zu ihm.

ARTHUR UND ALFRED Ich will dich nie wiedersehen.

ARTHUR Das Kind will ich auch nie wiedersehen. Und ruf mich nicht an.

THEA Arthur, was hat er zu dir gesagt?

ARTHUR Das weißt du ganz genau.

THEA Du bist ja paranoid. Er hat genau gewusst, was er sagt. Begreifst du's nicht? Du bildest dir das alles nur ein. Vertrau mir.

ARTHUR Vertrauen? Dir VERTRAUEN? Wie soll ich denn bitte wissen, dass du mir auch nur einmal die Wahrheit gesagt hast?

THEA Warum ist das so wichtig.

ARTHUR Warum ist das so wichtig! Du bist genau wie alle anderen. Ihr seid alle derselbe Scheiß.

ALFRED Du bist genau wie alle anderen!

JAKOB Das ist nicht. Das ist nicht wirklich. Das ist hier alles nicht die Wirklichkeit. Das ist nicht echt. Das findet hier echt alles nicht statt. Das ist. Ich bin nicht hier. Das ist alles in meinem Kopf. Ich hab das geschrieben, ich hab das selbst geschrieben, ich hab das unter Kontrolle. Und das Licht kam wie eine Flut aus dem Himmel, und Saulus fiel auf die Knie, und er hörte die Stimme. Und er gehorchte der Stimme. Und Paulus ist kein so schlechter Name, man muss nur einen einzigen Buchstaben ändern, es ist sehr leicht, sich das zu merken, und alles ist ganz anders, ich bin ganz anders, seht ihr nicht, ich schwör's dir, ich bin ein neuer Mensch, ich bin ganz verändert, bitte macht den Lärm aus, sonst hör ich mich nicht denken, dreht die Gedanken alle ab, alles bitte abdrehen, einfach Schluss damit, bis zum letzten Stück, ich erinnere mich an meine Geburt, ich erinnere mich an die Neonröhren an der Decke im Kreißsaal, ich erinnere mich an die Korridore, durch die ich gefahren wurde, ich erinnere mich an das Wasser, in dem sie mich gebadet haben, ich erinnere mich an den Klang meiner Stimme, ich erinnere mich, ich habe geschrien, ich erinnere mich an dich, du hast mir die Brust gegeben, ich erinnere mich an den Geschmack, ich weiß das Gefühl, ich erinnere mich noch, ich erinnere mich noch, ich erinnere mich noch, ich erinnere mich noch, ich erinnere mich noch.

ALFRED Das sind meine Geschichten. Und ich erteile euch nicht die Erlaubnis, sie zu hören. Sie haben alles durcheinandergebracht, verwirrt und missdeutet. Alle haben alles falsch verstanden. Niemand legt hier viel Wert auf die Wahrheit, also könnt ihr alle scheißen gehen, ihr Scheißer. Fickt euch doch alle, ihr miesen Ficker. Scheiße, schaut mich nicht so an, ich weiß, wovon ich rede, ich kriege immer noch einen ganzen Satz raus, mein Hirn läuft besser als die meisten Hirne der anderen Idioten hier, ja, schickt mir nur die Polizei, ist mir egal, ich bring auch noch die letzte Fotze um, ohne Prozess haben sie mich hier verurteilt, meine Frau hat mich hergebracht, sie war's, und meine Exfrau auch, die steckt da auch mit drin und die vorige Ex auch wahrscheinlich, ist zwar tot, ich weiß, aber wahrscheinlich hat sie einen Scheißgeheimbrief hinterlassen, die wissen alle genau, was sie tun, die darf man nie unterschätzen, und meine Mutter war die Erste, Schläge waren die einzige Berührung, stillen wollte sie mich auch um keinen Preis, also bin ich nicht normal gewachsen, und alle in der Schule haben nur »der Liliputaner«, »der Liliputaner«, »der Minimensch« zu mir gesagt, einmal hab ich ein Mädchen ins Kino eingeladen, und sie hat gesagt, wir treffen uns dort, und alle anderen waren da auf der anderen Straßenseite und haben mich ausgelacht, weil ich dagestanden bin, und sie erwartet hab, sie war auch dabei, das Mädchen, und meine Mama war auch dabei, und sie hat auch gelacht, als junger Mann war ich auch schon mal verrückt, aber ich hab's überlebt, und meine Mama hat gesagt, du Idiot, wie kannst du ihr das glauben, meine Ex, die hab ich umgebracht oder hab ich das nur erfunden oder hab ich's zuerst geschrieben und dann gemacht, und drum bin ich jetzt hier oder hat sie sich umgebracht mit meinen Schlaftabletten oder war das meine Schwester, als ich jünger war, war das Frida?, ich bin zu spät gekommen und hab sie gefunden in der Wohnung oder sie hat mich zuerst angerufen sie hat mich angerufen ich hab ihr das Kissen auf den Kopf gedrückt nein aufs Bett gedrückt hab ich sie nein ich hab eine andere geheiratet und die ist gestorben oh die fehlt mir die Mama warum ist die weg warum hat sie mich nie … die fehlt mir Sylvie fehlt mir auch Sylvie … Charlotte … fick dich fick dich fickt euch alle … das einzig Wertvolle, was ich je getan hab, war das Kind eines anderen großzuziehen … ich war ein guter Vater … alles Lügen, von Anfang an … diese Schlacht ist nicht zu gewinnen … da ist was komisch bei dem Licht, ich seh euch nicht mehr … sie hat's verdient, sie haben's alle verdient … es ist nicht meine Schuld, es ist nicht meine … was schauen die alle, wo schauen diese Leute alle hin … ein Mann hat doch ein Recht auf Würde … ein Mann hat doch ein Recht auf Würde – oder?

Caroline Peters

HOW TO DO THINGS WITH WORDS

Das erste Mal, dass ich ein Stück von Simon Stone sah, war in meinem Wohnzimmer. Ein ungünstiger Ort für eine erste Begegnung. Es war *Die Wildente*, eine Aufführung aus Sydney, und sie fand statt auf meinem Laptop.

Ich bin kein Freund von Aufzeichnungen von Theaterabenden jeglicher Art. Die durch Kamera-Einstellungen notwendige Zerstückelung des gesamten Theatervorgangs kann ich nur schwer anschauen. Ich sehe nicht gern Großaufnahmen von schwitzenden, unendlich verzerrten Gesichtern von Schauspielern, deren gesamter Körper gerade das Burgtheater oder das Hamburger Schauspielhaus zum Beben bringt, aber im Bild sind sie nur rot angelaufene Talking Heads. Ich verstehe meist den gesamten Sinn von Aufführungen nicht, wenn sie mir so präsentiert werden. Aber ich hatte das Gastspiel der australischen Truppe verpasst, und ich sollte die Arbeit von Simon Stone kennenlernen, um später eventuell mit ihm zu arbeiten.

Ich saß also in meinem Wohnzimmer und stellte den Laptop an. Hinter der Bildschirmoberfläche wurde ein Glaskasten, eine Art zweite Bildschirmoberfläche sichtbar. Darin saß ein junger Mann mit Bart mit einem anderen Mann, und die Sätze flogen zwischen ihnen hin und her. Kein Entree, kein Vorspiel, kein Bild in einem mir geläufigen Sinne. Einfach von der ersten Sekunde an Sätze, mit großer Leichtigkeit der Stimme, weil durch Mikroports verstärkt, um außerhalb der Glaswände im

Zuschauerraum aus Boxen zu den Zuschauern zu dringen. Kleine Geräusche wie etwa ein Tennisball, mit dem während des Sprechens leichtfertig gespielt wird, übertrugen sich ebenfalls. Was ich sah und hörte, war über alle Maßen abstrakt und konkret zugleich. Und so schnell, dass ich jede persönliche Form der Distanz sofort fallenlassen musste, um auf der Höhe des Geschehens bleiben zu können.

Ich kannte den Plot von Ibsens *Wildente* einigermaßen gut, aber hier tauchten aus meiner Sicht hauptsächlich Motive und Namen auf, die mir vertraut waren, weniger Plots und Beziehungen. Und so rutschte ich auf diesem Teppich aus Sprache wie auf einer endlosen Rutsche durch eine sich mehr und mehr entfaltende Geschichte, bis hin zu einem sehr unglücklichen kleinen Mädchen, deren Erzählung mich am Ende tief berührte. Ich war auch nicht mehr in meinem Wohnzimmer und vor einem Laptop, aber ich war auch in keinem Film oder Theaterstück. Ich war einfach in meinem ersten Simon-Stone-Abend. Und das ganz ohne Theater um mich herum.

Dieses Erlebnis hat mich sehr interessiert, und ich habe bei den dann beginnenden Proben zu *John Gabriel Borkman* oft darüber nachdenken müssen. Was sind das für Dialoge oder Zweier-Textflächen, die da vor mir und zwischen mir und meinen Partnern stehen, und was macht mein Körper dazu auf der Bühne?

How to Do Things with Words – ist der Titel von John Langshaw Austins Buch über seine Theorie vom Sprechakt. Ein Buch, in dem ich gerne immer wieder neu lese, wenn ich mich frage, was ich auf der Bühne gerade mache. Es handelt von den vielen verschiedenen Handlungen, die man durch den Sprechakt vollziehen kann.

Bei meinen ersten Begegnungen mit Simon Stone Texten und

Proben kamen mir diese Sätze und dieses Buch immer wieder in den Sinn.

In *Die Wildente* entstand alles über den Dialog. Den gemeinsamen Sprechakt. Zwei Schauspieler weben durch Worte und Sätze und Fragen und rhythmisierende Wiederholungen eine Art Wort- oder Semantik-Teppich, der alles erscheinen lässt, was den Zuschauer beschäftigen soll oder was er erleben soll. Der Schauspieler ist nicht aufgefordert, durch seine Textgestaltung Realität zu imitieren oder dies oder das zu erfinden. Es ist eher ein gemeinsames Textsprechen und dabei die verschiedenen Handlungen, die Sprache vollzieht, durchprobieren. Wahrheiten, Aufforderungen, Bekenntnisse, Manipulation, Witz. Einfach alle Möglichkeiten, die Sprache bietet, nutzen, und nie festgelegt sein auf einen Stil, eine Sprache einer Figur oder andere gängige Formen von Sprachverwendung auf dem Theater.

Die Entstehung von *John Gabriel Borkman* war meine erste Probenzeit mit Simon, aber es war sehr viel genau so, wie ich es in anderen Proben später auch erlebt habe:

Zuerst spricht man viel miteinander und liest klassische Texte. Man spricht in der Gruppe über Inhalte, über das Stück, das man als Vorlage ausersehen hat. Über Beobachtungen im Alltag oder in anderen Stücken oder Filmen. Man trägt am Tisch sitzend Anekdoten und Gedanken zusammen, Schicht um Schicht. Man lacht gemeinsam oder streitet über irgendwas. Man versucht, Beobachtungen zu teilen. Das Interesse der Kollegen mit Erzählungen zu wecken an Themen, die man auf der Bühne besprochen wissen möchte. Eines Tages verschwindet Simon dann und schreibt. Dann wird nachts noch oder am frühen Morgen der Übersetzer ins Feld geführt. Der übersetzt, unter großem Zeitdruck, denn die kommende Probe beginnt gleich. Die frisch ausgedruckten Texte werden auf den Tisch im Probenraum gelegt, auf dem bisher nur Kekse und Obst und Stifte und unsere Erzählungen und Mitteilungen lagen.

Der Text wird von den Schauspielern, denen er zugedacht wurde, laut gelesen. Und dann fängt die Arbeit an: Ist jedes Wort das bestmögliche? Ist es wirklich das, was an dieser Stelle semantisch, inhaltlich, bildlich oder emotional am passendsten zu wählen ist? Ist die englische Sprache nicht viel mehrdeutiger als die deutsche? Ist diese oder jene Wiederholung rhythmisierend genug an der Stelle oder muss sie anders getaktet sein?

Es entstehen komplizierte Diskussionen über winzige Wendungen, die man so oder so verstehen kann. Viele dieser Diskussionen bleiben mir bis zur letzten Vorstellung im Gedächtnis, jedes Mal, wenn man den dann beschlossenen Satz hört oder spricht.

Bei diesen scheinbar nur die Übersetzung betreffenden Gesprächen entsteht ein dichtes Netz aus Andeutungen, Gedanken und Emotionen, den gefundenen Worten gegenüber. Nachher lernt man den Text auswendig, und das gefundene Netz zeigt sich als Basis dessen, was man da demnächst performen wird.

Man gewöhnt sich an die Stimme des Partners und den Partner an die eigene Stimme. Man fängt an, sich gegenseitig zu rhythmisieren und miteinander Musik zu machen. Es lastet nicht mehr die Aufgabe von naturalistischem Spielen auf einem Darsteller, eine »Figur« SEIN zu müssen. Ein Vorgang, der mir immer fremd war, was aber oft ein Manko war.

Man spricht zusammen möglichst naht- und ansatzlos diesen Text in den Raum, und darauf schwebt dann schon alles.

Ich empfehle jedem, der dieses Buch in die Hand nimmt, die Dialoge und Monologe laut und schnell vorzulesen und keine Pausen zwischen den Zeilen zu machen. Nicht das in Schauspielschulen, ich glaube, auch heute noch vorgegebene »Aufnehmen – bewerten – reagieren«-Spiel zu spielen. Sondern eine Frage, eine Beobachtung, eine Gemeinheit durchlassen und schneller antworten, als man denken kann. Dann fängt es an, Spaß zu machen. Und man kann sich nicht verfangen, in dem Irrweg etwas »spielen« zu wollen. Man existiert durch die Sprache, die man an sich und den Partner hängt.

So entstehen Szenen und das ganze Stück aus: einer Mischung aus Vorlage und Gesprächen. Aus den zusammengetragenen Erzählungen der Situationen, die wir um uns herum erleben.

Borkman wurde ein Stück ohne Mikroport, und der Blick der Zuschauer auf die Spieler wird durch ständig rieselnden Schnee abgeleitet. Der Körper der Sprechenden beschäftigt sich mit der Herstellung der Stimme, des Sprechens, der Rhythmisierung deutlich sichtbarer als an anderen Abenden. Dieser Abend unterscheidet sich für mich dadurch sehr von Abenden wie *Hotel Strindberg* oder *Medea*, die mit Mikroports gespielt werden. Die Verwendung oder Nicht-Verwendung von Ports hat großen Einfluss auf die Möglichkeiten des Textes. Die Abstraktion, die die für den Zuschauer entstehende Trennung von Körper und Stimme hervorbringt, kann je nach Stoff sehr nützlich sein.

Bei *Medea* kommt zusätzlich noch die Kamera zum Einsatz und eine auf- und abfahrende Leinwand. Man sieht die Figuren auf der Bühne sehr klein auf einer weißen Folie. Man hört ihre leisen, ruhigen Stimmen viel lauter, als es der Realität entspricht. Und ab und zu gibt es einen Close-up. Körper, Gesicht und Stimme werden die ganze Zeit auseinandergenommen und wieder zusammengesetzt. Man kann sich eigentlich zurücklehnen als Spieler und alles, was man so an Mitteln kennt, vergessen und sich mit seinem Denken und seinem Körper dem gemeinsamen Weberschiffchen des ununterbrochenen Sprechens überlassen.

Entsprechend geht es auf der inhaltlichen Ebene zu – es wird *Medea*, der Stoff aus der Antike von Euripides, herangezogen in unsere alltägliche Nähe, ein überlieferter Stoff, der durch die Jahrhunderte immer Wegnahmen und Hinzufügungen erlebt hat. Und dem wir nun auch etwas hinzufügen. Eine weitere Geschichte. Die aber den Umstand berücksichtigt, dass diese Geschichte alt und oft erzählt ist. Und dass sie in einer Art Stille-Post-Verfahren zu uns gedrungen ist, um sich in unserer Zeit auf ihre Art niederzuschlagen. Deswegen heißt das Stück *MEDEA* und nicht ANNA. Es handelt von Anna und Lukas und ihren Kindern. Aber es spiegelt sich im Spiegelraum MEDEA.

In dem antiken Stoff spiegelt sich eine Geschichte, die Simon während der Proben in einer Zeitung las oder in einem Podcast hörte. Die Geschichte einer Wissenschaftlerin, die ihr eigenes Haus anzündete und dem letzten überlebenden Kind vom Garten aus zurief, es solle aus den Flammen fliehen durch einen Sprung aus dem Fenster in ihre Arme. Das Kind sprang darauf, aber sie fing es nicht auf. Sowie die Geschichte von dem Mann, der sein Kind am Spielfeldrand eines Nachmittags beim Fußballspiel ermordet. Aus der Ferne sieht man einen Vater sein Kind umarmen, aus der Nähe ist es ein schreckliches Verbrechen.

So entstand die Idee bei *Medea*, die Menschen mikro-klein werden zu lassen in einem großen leeren weißen Raum. Und ab und zu einen ganz nahen Blick durch Kameras auf die Augen, auf das Gesicht der Spieler. Nah und fern. Gleichzeitig. Abstrakt und konkret. Die Verwendung der Mikroports unterstützt diesen Prozess. Die Stimme der Agierenden auf der Bühne dringt von allen Seiten an den Zuschauer heran, sie wird erkennbar leicht verwendet und fühlt sich ganz nah an. Viel näher, als ich sie eigentlich hören könnte, wenn jemand so weit entfernt von mir auf der Bühne so leise spricht. Und dieser Widerspruch schreibt sich in das Erleben des Abends mit ein.

Simon interpretiert nicht als Regisseur die Texte. Sondern als Autor liest er Situationen und Erlebnisse in seiner Gegenwart, Situationen der überlieferten Kultur an den Rändern unserer Aufmerksamkeit. Ob etwas von ihm oder einem Spieler selber erlebt oder ob es in einem Film gesehen oder in der Zeitung gelesen oder bei Shakespeare oder Ibsen oder Marivaux gelesen wurde, spielt keine Rolle.

Aber gelesen irgendwo spielt eine Rolle. So wie er auch Schauspieler liest. Während man zusammensitzt und spricht und trinkt und viel lacht und von ihm auch viel erzählt bekommt, wird man gelesen. Um dann an einem anderen Ende auf einer anderen Fläche verschnitten und als Version wieder herausgebracht zu werden. Oft auch gespielt von einer anderen Person.

Dieser Prozess macht mir Spaß, weil ich das Leben, den Alltag, die Informationen um uns herum auch oft als kontinuierliche Erzählung wahrnehme, in der jeder zu jeder Sekunde etwas spielt.

Bei der Entstehung von *Hotel Strindberg* gab es andere Überlegungen, die den Ausgangspunkt definierten. Am Anfang gab es die Idee eines Bühnenbildes, welches mehrere Apartments gleichzeitig sichtbar abbildet. Und den Wunsch, sich mit dem misogynen Werk August Strindbergs auseinanderzusetzen. Der Probenbeginn lag bei diesen Überlegungen noch in weiter Ferne. Ich war begeistert von der Idee, weil ich seit einiger Zeit eine Obsession habe mit Strindbergs Stück *Der Vater*. Es ist so boshaft und grotesk im Umgang der Partner miteinander, in der Frage nach der richtigen Erziehung der gemeinsamen Tochter, dass ich eigentlich immer laut lachen musste, als ich es las. Ich hatte ein großes Bedürfnis, diesen Text als Komödie spielen zu dürfen. Anders als der Blick des Kanons auf Strindberg, der ihn als tiefsten Denker und melancholischen Philosophen ausweist. Wenn man über Strindberg spricht, sagt man schon dazu: »Der war ja ein ganz schöner Frauenhasser.« Aber es tut der Bewunderung für seine genialen Gedankengänge keinen Abbruch. Das hat mich seit der Schauspielschulzeit immer überrascht. Oder eigentlich getroffen.

Der tatsächliche Probenbeginn lag dann zufällig kurze Wochen nach dem Harvey-Weinstein-Ereignis und am Beginn der MeToo-Bewegung. Ein neuer und sehr guter Grund, nun überprüfen zu wollen, wie es ein offensichtlich stark frauenfeindlicher Autor bis in den Kanon schaffen konnte und bis heute zutiefst darin geschätzt wird.

Simon setzte sich mit uns Schauspielern zusammen, und gemeinsam lasen wir Strindberg. Seine Stücke sowie seinen Monolog oder Roman *Plädoyer eines Irren*. Tagelang, und in verteilten Rollen. Wir mussten viel lachen. Die Wut, die Rage der Eifersucht und die boshaften Unterstellungen, die Strindberg in jedem seiner Stücke Frauen macht, waren aufreizend und auf merkwürdige Art lächerlich und zugleich anrührend, oder eher bewegend. Auf jeden Fall nicht egal.

In jedem Stück fanden wir nach kurzer Zeit die Figuren, die offensichtlich seine Konstellation mit seiner Frau Siri von Essen wiedergaben. Dieses Moment wurde maßgeblich für die Arbeit an unserem Stück.

Mit der Konstruktion im Kopf, ein Mietshaus auf der Bühne zu haben, ging es irgendwann nicht weiter. Die Fülle der Strindbergschen Konstellationen und Situationen brauchte mehr Raum und mehr Szenen, mehr Auftretende und Handelnde, als sie in drei oder sechs Apartments unterzubringen gewesen wären. Eines Abends kam Simon mit der Hotel-Idee an. Das Bühnenbild wurde umgeschrieben, und ab da ließen sich alle Figuren addieren und multiplizieren. In jedem Zimmer konnten zu jeder Zeit sehr verschiedene Sprechende mit sehr verschiedenen Hintergründen dieselben Konflikte austragen: Die Frauen reklamieren für sich, genauso zu leben wie die Männer. Der Autor Stone stellt das nicht in Frage, aber Strindberg, der aus jedem Mann an diesem Abend spricht und vor allem aus Alfred, in der Gestalt von Martin Wuttke, ist vollkommen schockiert und entsetzt über diese weibliche Annahme, sie könnten gleichberechtigt sein. Strindberg hat sich in seinen Stücken vervielfältigt, und im *Hotel Strindberg* haben wir Strindbergs Rage vervielfältigt.

Dass diese verheerende Gestalt von Martin Wuttke verkörpert wird und nicht von einem Spieler, den man unsympathisch, plump oder dumm darstellen lässt, hat viel mit der Regie des Autors Stone zu tun. In all seinen Stücken haben immer alle Sprechenden auf unheimliche Art recht. Man steht als Zuschauer nie Protagonist und Antagonist gegenüber. Nie wird Partei ergriffen, und einer hat nie mehr recht als der oder die Andere. Alle sprechen, und alle stehen unter dem persönlichen Schutz eines sie verteidigenden Autors. Das macht die Rezeption nicht leichter. Aber sehr viel komplexer.

Die Konstruktion war nun entdeckt, und Simon fing an, die Szenen zu schreiben. Sobald eine da war, ging man zaghaft mit ihr in die provisorisch errichteten Hotelzimmer auf der Probebühne. Die Zimmer waren realistischer ausgestattet als andere Bühnenbilder, in denen ich bisher gestanden habe, und ich war nicht sicher, wozu der Körper und die Stimme jetzt aufgerufen sind. Mit Nachdruck beglaubigen, was der Raum und die Sätze sowieso schon signalisieren – das könnte es irgendwie nicht sein. Simons erster Vorschlag war, sich so langweilig wie nur irgend möglich zu verhalten. Erst mal nicht das, wozu ein Schauspieler sich gern aufgerufen fühlt. Aber so begonnen, ergaben sich daraus Melodie und Rhythmus, und Satz folgte ohne Anstrengung auf Satz. Nahtloses Sprechen erzeugt nahtloses Denken, egal, ob der Raum darum herum realistisch anmutet oder abstrakt.

Das Nachdenken, wie der Sprechende auf der Bühne von einem Gedanken zum nächsten gelangt ist, wird an den Zuschauer delegiert. Und schon fand ich mich und meinen Körper wieder in diesem Stone-Netz aus Sätzen, Worten und Dialogen und Trialogen.

Dann kam der Umzug auf die Bühne, der Einzug in das fertig gebaute Hotel Strindberg. Die Räume im Hotel sind durch Wände voneinander abgetrennt, wie in einem richtigen Haus. Zum Zuschauerraum hin befindet sich eine Wand aus Panzerglas. Wir konnten uns gegenseitig nur hören, wenn wir direkt voreinander standen, was aber nur selten der Fall sein sollte. Also bekamen wir In-Ear-Monitoring. Jeder hört über einen Knopf im Ohr sämtliche Kollegen sprechen zu jeder Zeit, an jedem Ort vor und hinter der Bühne. Man hört das Ende der Szene, die vor einem liegt, und tuned sich in die letzten Sätzen rein, um eine Überlappung zu schaffen, um dann erst ganz da zu sein.

Die Texte mussten dem angepasst werden: Die wichtigen Informationen oder Gedanken willst du nicht in die verwuschelte Überlappung reinsprechen, sondern erst wenn du ganz da bist. Oder es wird sichtbar, dass der wichtigste Satz deiner eigenen Szene gerade als Schlusssatz der Szene davor gefallen ist, und du musst ihn nur aufgreifen in Gedanken und mitnehmen.

Durch die Räume und die realistischen Kostüme wirkt alles sehr viel naturalistischer als beispielsweise im *John Gabriel*

Borkman, wo die Schauspieler allein im Schnee stehen. Oder *Medea*, wo wir klein in einem riesigen weißen Raum stehen, der sich einzig durch einen Strom fallender Asche von der Decke anfüllt und die gesprochenen Worte. Anna steht die meiste Zeit auf der Bühne und begegnet immer anderen Sprechenden, die für ihre Talfahrt am Ende des Stückes einen wichtigen Baustein hinzufügen. Die Szenen gehen unmerklich ineinander über, und es gibt sehr wenig sichtbare Auf- oder Abtritte. Alles arbeitet vom ersten, scheinbar harmlosen Satz hin auf das katastrophale Ende hin.

In *Hotel Strindberg* erzeugt der Realismus den Sog, einen denken zu lassen, hier könnte alles noch normal sein, und irgendwie verhandelbar.

Dann gibt es kurz vor Ende des zweiten Teils einen betrunkenen Exzess zwischen Alfred und Charlotte, zwischen Martin Wuttke und mir.

Die Probe zu dieser Szene war für mich exemplarisch für die Arbeit. Zu Beginn gibt es die vielen Gespräche, die Gedanken. Die Meinungen zu Strindbergs Verhältnis zu Frauen, zu Drogen, zu exzessiven Gefühlspräsentationen. Dann kommt das Hotel dazu, die wechselnden Rollen, die In-Ear-Monitore, die Mikroports. Dann lerne ich den Text auswendig, und wir gehen kurz vor der Premiere damit ins Bühnenbild. Wir fangen einfach an und verhalten uns zueinander, zum Treppenhaus und zu den Worten. Simon steht draußen vor der Glasscheibe und ruft in unsere Monitore im Ohr Vorschläge, z. B. »Das ist nicht euer Zimmer«. Wir beschließen darauf, immer weiter dem Text der Szene folgend, das gegenwärtige Zimmer zu verlassen und ein anderes Zimmer aufzusuchen. Martin reißt eine Tür auf, und im Bett liegen nackte Statisten – was ist hier los? Wann haben die sich ausgezogen? Hat das irgendwer geplant, oder haben die das vor Stunden einfach so gemacht, weil ihnen bei viel Warterei langweilig geworden ist. Egal, der Text geht ja weiter. Wir müssen wieder runter, die Nackten wollen unser Bett nicht verlassen. Im Hass und im Vorbeigehen im Treppenhaus gibt es plötzlich einen fahrigen, luftigen Kuss zwischen den Betrunkenen und dann den entscheidenden Moment der Nüchternheit: Charlotte will, dass das zu Ende ist. Dass solche Szenen nie wieder passieren. Während sie noch eine Minute davor ganz im Fahrwasser und in der Routine von Eifersuchtsszenen mit Alkohol-Befeuerung geschwommen ist. Und dann will der Text auf einmal, das Charlotte Alfred sagt, dass ihr gemeinsames Kind nicht sein Kind ist. Der männliche Erzeuger-Mythos explodiert.

An dieser Stelle der Probe oder des Durchgangs entstand die Frage, wie man nun von einem Fahrwasser in das nächste gerät – und Simons Antwort war wie seine Texte: von einem Satz zum nächsten.

Von einem Satz zum nächsten Satz ist einfach alles anders. Es gibt keine Überleitung, Entwicklung, Auf- und Abtritt. Es passiert jetzt, und eben war es noch nicht da, und gleich wird es wieder weg sein.

In allen drei Stücken wird dieses Konzept verfolgt, des Nicht-Auftretens und Nicht-Abtretens. Es trägt dazu bei, so gleichwertig auf der Bühne zu erscheinen. Die konventionellen Vorstellungen von einem guten Auftritt oder einem guten Abgang, die eine Szene entscheiden sollen, werden unterlaufen.

In solchen Momenten tritt auch die gemeinsame Musikalität einer Aufführung in Kraft. Konkret im *Hotel Strindberg* hieß das für diesen speziellen Moment der »mind-explosion«, dass kurz die Band übernimmt.

In einem Zimmer des Hotels ist eine Band situiert, und jeder

Schauspieler, der gerade keine Szene spielt, findet sich dort ein und spielt in der Band. In dem Moment, in dem Strindbergs/Alfreds »mind« – es passt hier wirklich das englische Wort besser, es ist nicht sein Kopf, nicht seine Seele, nicht sein Geist, sondern sein »mind« explodiert, nimmt die Band die Situation kurz zu sich, legt eine wunde, musikalische Atem-Pause von wenigen Sekunden für alle ein, um dann sofort wieder loszuschlagen. Und im Geschehen im Zimmer der Betrunkenen fliegen die Gegenstände in Wuttkes Hand, die er Charlotte oder DER FRAU hinterherschreien und -werfen wird, während ich mich in Gestalt der Charlotte wegschleiche. In diesem Moment wird der lang vorher aufgebaute Realismus gemeinsam zerbrochen, und wir sind in einem anderen Level der Aufführung angekommen.

Nach der Pause folgt nun die Auflösung von Alfreds Denken, seinem und aller männlicher Figuren im Stück. Die Grenzen werden verwischt, so wie wir es beim Lesen der Strindberg-Stücke wahrgenommen haben: Egal, was passiert auf der Bühne, egal, welche Handlung gerade simuliert wird, egal, welche »Figuren« gerade zueinander sprechen: Irgendwo ist immer Strindberg zu hören, wie er seine Frau zu vernichten versucht, dafür, dass sie dasselbe Leben verlangt, dieselben Rechte wie ein Mann.

Und als Schauspieler ist man wieder befreit von dem Gedanken, Realität herstellen zu müssen. Man ist wieder da, wo man hingehört im Theater – im Imaginären und gleichzeitig auf der Bühne konkret Handelnden.

Das macht für mich das Besondere an Simon Stones Dialogen aus. Ich benutze eine Sprache, die alltäglich und konkret erscheint und gleichzeitig nie das ausspricht, was gerade verhandelt wird. Es wird eigentlich immer eine Oberfläche hergestellt, die den Inhalt gleichzeitig versteckt und zeigt. Ich muss mich als Spieler nie verwandeln, sondern ich muss schnell sein im Kopf und in der Sprache und flexibel im Körper, damit der dann die Stimme herstellt, die ich gerade brauche, und dann entsteht alles andere ganz von allein. Den »Nachdruck« oder »Ausdruck«, den man als Spieler manchmal meint in Gang setzen zu müssen, bzw. häufig aufgefordert wird, in Gang zu setzen, gibt es hier nicht. Irgendwo im Gewebe des gemeinsam hingelegten Textes und Geschehens ist der »Ausdruck« einfach abgefallen. Und die schiere Menge der Worte und auch der gedanklichen und thematischen Umwege, die der Dialog einschlägt, macht es unmöglich, jedes Wort realistisch anschieben oder untermalen zu wollen. Und je weiter man sich von scheinbar realistischer Untermalung entfernt, umso interessanter gelingt das Geschehen. Je weniger der Ton zur Aussage passt, um so praller werden die Begegnungen.

Oft schlägt der Text mitten auf seinem Weg in die Tragödie in komische Wendungen aus dem Umfeld von so etwas wie Stand-up-Comedy um. Der Sprechende verlässt vollkommen die Spur und redet über Dinge, die einen in andere Welten entführen und zum Lachen bringen.

In *Drei Schwestern* z.B. gibt es mitten in einem bekenntnishaften, sehr unglücklichen Monolog eine Erzählung über eine Erfindung: »Historical Street View«. Eine App, die die Figur gern erfunden hätte, aber daran gescheitert ist. In meinem Kopf als Zuschauer bilden sich die Straßen um das Theater, in dem ich gerade sitze, in Windeseile historisch auf einer Google-Map ab. Ich sehe die Schönheit dieser Idee, und ich muss lachen, über die Gedanken, die dahintergestanden haben müssen, um überhaupt die Initiative dazu zu ergreifen. Während das alles in mir vorgeht, ist die Figur auf der Bühne schon zwanzig Schritte weiter und bereits mit seinem Leben gestolpert und in eine ausweglose Lage gefallen. Es ist aber erst zwei Sätze her, dass auf der Bühne »Historical Street View« ausgesprochen wurde. Ich zoome als Zuschauer zurück ins Geschehen und sehe ein Desaster, das zwei Sekunden zuvor nicht da war. Während ich im Hintergrund Historical Street View aufgebaut habe, muss vorne irgendwas passiert sein, dessen Ausläufer für mich sichtbar und spürbar werden.

Das ist ungefähr die Geschwindigkeit, in der ich als Zuschauer Aufführungen von Simon Stone erlebe.

Als Darsteller erlebe ich die Geschwindigkeit durch den Impetus der Sprache, der mich wie in der Komödie zwingt, einen Gedanken nach dem anderen zu servieren. Den vergangenen Gedanken sofort zu vergessen und zugunsten des nächsten, wahrscheinlich vollkommen widersprüchlichen Gedankens fallenzulassen und etwas Neues zu sagen. Dadurch fühle ich mich befreit von gängigen Vorstellungen von psychologischem Realismus – ich mache keine komplizierteren Gefühlswege sichtbar und nachvollziehbar. Ich springe von Satz zu Satz, von Gedanke zu Gedanke, eigentlich absurderweise in der dialogischen Manier von Screwball-Comedies.

Screwball-Komödie bezeichnet eine spezielle Unterart der Filmkomödie Hollywoods, die ihren Höhepunkt von Mitte der 1930er bis Anfang der 1940er Jahre erlebte. Der englische Slang-Ausdruck *Screwball* beschreibt eine Person mit eigenartigen bzw. skurrilen Angewohnheiten. Der Begriff stammt ursprünglich aus dem Baseball-Sport und bezeichnet dort einen angeschnittenen Ball, der ebenso unberechenbar ist.

So beschreibt Wikipedia diese Form der Sprachbehandlung, und für mich hat das Bild viel mit dem Sprechen in einem Simon Stone-Stück zu tun: der angeschnittene Ball, der unberechenbar ist. Und mit dieser Waffe in der Hand, dem Ball aus Worten, den man jederzeit unberechenbar und scharf werfen kann, macht man sich an die überlieferten Themen des klassischen Theaterkanons ran, um sie weiterzuschreiben. Um sie wie bei dem Kinderspiel »Stille Post« weiterzugeben. Etwas aus der Vergangenheit hat uns Strindberg ins Ohr geflüstert, und ich gebe das weiter, was mir durch den Filter meiner Gegenwart, meiner Sichtweisen und Erlebnisfähigkeiten davon hängenbleibt. Ich bewahre es und verändere es. Mit den Texten von Autor Stone. Dabei wird der zu Beginn dargestellte Prozess des Übersetzens so wichtig. Simons Filter im Kopf und im Ohr sind andere als meine oder als die des Übersetzers oder jedes anderen Spielers. Jeder hat seine eigenen, und die müssen integriert werden und trotzdem zueinander sich produktiv verhalten. Und bestimmte einzelne Worte können den Verlauf des angeschnittenen Balls bestimmen. Es gibt Signalwörter wie Historical Street View. Oder Füllwörter, die Tempo erzeugen in kurzer Knappheit. Fragen, die Stimmung provozieren, und Fragen, die Antworten generieren, die nicht zu ihnen passen. Ein Beispiel aus *Borkman*:

ELLA Britney Spears.
GUNHILD Britney Spears?
ELLA *Hit Me Baby One More Time*.
GUNHILD Hä?
ELLA Das war doch die Hitsingle im Jahr '99.
GUNHILD Ach ja?
ELLA Und dann hat sie sich die Haare abrasiert.
GUNHILD Wieso?
ELLA Ich weiß nicht. Sie hatte Drogenprobleme. Und Stefan Raab.
GUNHILD Stefan Raab hatte Drogenprobleme?
ELLA Nein, der hatte *Maschendrahtzaun*.

GUNHILD Er hat was?

ELLA Der hat *Maschendrahtzaun* gemacht. Das war die andere Hitsingle 1999.

GUNHILD Du siehst dünner aus.

ELLA Ja, ich hab abgenommen.

GUNHILD Warst du im Fitnessstudio?

ELLA Nein, kein Fitnessstudio.

GUNHILD Vor ein paar Jahren gab's mal im Radio so eine Werbesendung mitten in der Nacht für einen Cross-Trainer, und ich hab angerufen und einen bestellt.

ELLA Du trinkst immer noch?

GUNHILD Geht dich nichts an.

ELLA Benutzt du ihn?

GUNHILD Wen?

ELLA Den Cross-Trainer?

GUNHILD Ich hab vergessen, wo er ist.

ELLA Ja. Ende der Neunziger ist alles den Bach runtergegangen.

GUNHILD Die Popmusik?

ELLA Unser Leben.

GUNHILD Ich will nicht darüber reden.

Und so hört es sich dann an:

Britney Spears. Britney Spears? *Hit Me Baby One More Time*. Hä? Das war die Hitsingle im Jahr '99. Ach ja? Und dann hat sie sich die Haare abrasiert. Wieso? Ich weiß nicht. Sie hatte Drogenprobleme. Und Stefan Raab. Stefan Raab hatte Drogenprobleme? Nein, der hatte *Maschendrahtzaun*. Er hat was? Der hat *Maschendrahtzaun* gemacht. Das war die andere Hitsingle 1999. Du siehst dünner aus. Ja, ich hab abgenommen. Warst du im Fitnessstudio? Nein, kein Fitnessstudio. Vor ein paar Jahren gab's mal im Radio so eine Werbesendung mitten in der Nacht für einen Cross-Trainer, und ich hab angerufen und einen bestellt. Du trinkst immer noch? Geht dich nichts an. Benutzt du ihn? Wen? Den Cross-Trainer? Ich hab vergessen, wo er ist. Ja. Ende der Neunziger ist alles den Bach runtergegangen. Die Popmusik? Unser Leben. Ich will nicht darüber reden.

Die Sätze verschwimmen zu einem gemeinsamen Text, der aus den verschiedensten Richtungen angreift. Das beste Beispiel dafür ist die Szene 18 aus *Medea.*

Während Anna Lukas aufs Band spricht, wie sie seine neue Freundin und ihren Bruder erstochen hat, sprechen die Lebenden und die Sterbenden mit ihr den Text. Sie springen in scheinbar realistische Dialog-Möglichkeiten, die durch die Anordnung angeschnitten und ins Chaotische gekippt sind. Anna kann die beiden Sterbenden gleichzeitig zitieren, überraschen und sich von ihnen einschüchtern lassen. Es gibt die Szene, und es gibt sie nicht. Am Ende gelangt Anna in eine längere Passage, in der sie das Sterben ihrer Rivalin, ihres Mordopfers, beschreibt. Ihre Sprache ist hier rhythmisiert und mit Wiederholungen versehen. Nicht mit Pathos, Schmerz oder irgendeinem erkennbaren Sentiment. Aber sehr plastisch in der Darstellung: »Ihr Mund war voller Blut, durch das hindurch sie versuchte, etwas zu glucksen.« usw. Man sieht, hört und schmeckt, was vor sich geht, und macht immer weiter. Als Nächstes kommen die Kinder auf Anna zu und wollen wissen, was passiert ist. Gerade hat sie noch den Mann geküsst, dessen Freundin sie erstochen hat, jetzt muss sie schon die Leichen verstecken und ihre Kinder beschützen. Sie will überlegen, was mit den Kindern passieren soll. Es gibt aber keine Zeit zum Überlegen. Der Text geht ja weiter. Es kommt immer der nächste und immer schon der nächste Satz. So springt Anna wieder in das Telefonat mit Lukas, diesmal bevor er aufgelegt und die Mailbox für sich hat antworten lassen.

Zeit und Raum verschwimmen, die Asche fällt zu Boden, und es kommt immer noch ein Satz und noch ein Satz.

How to Do Things with Words – auf diese Weise tun die Handelnden auf der Simon-Stone-Bühne Dinge mit Worten. Und die Worte, die Sprache, werden in alle Richtungen untersucht und verwendet: als Screwball, als rhythmisiertes Frage-Antwort-Spiel. Als Waffe zur Denunziation und Verletzung und Manipulation. Als Informationsdienst, als Aufklärer.

Wenn man Sprache und ihre verschiedensten Instrumente und Möglichkeiten sehr liebt, dann ist man bei Simon Stone sehr gut aufgehoben. Und wenn man der Komödie erkenntnistheoretische Größe zugestehen kann und gern von einem Moment in den nächsten kippt, dann findet man sich in diesen Texten wieder.

Caroline Peters gab ihr Theaterdebüt 1995 an der Berliner Schaubühne. Es folgten Stationen am Deutschen Schauspielhaus in Hamburg und der Volksbühne Berlin, wo sie häufig mit René Pollesch arbeitete. Aktuell ist sie am Burgtheater in Wien engagiert. Sie arbeitet auch für Film und Fernsehen. Von 2008 bis 2013 war sie mit der ARD-Serie *Mord mit Aussicht* außerordentlich erfolgreich. *Theater heute* kürte sie 2016 und 2018 zur Schauspielerin des Jahres für ihre Rollen in den Simon Stone-Produktionen *John Gabriel Borkman* und *Hotel Strindberg*.

ANMERKUNGEN DER HERAUSGEBERIN

In diesem Sammelband sind sechs Meilensteine in Simon Stones beachtlicher Karriere von 2011 bis 2018 versammelt: *Die Wildente* [*The Wild Duck*], *Die Orestie, John Gabriel Borkman, Yerma, Drei Schwestern* und *Hotel Strindberg.* Stones Theaterstücke erscheinen in diesem Band zum ersten Mal auf Deutsch. Alle Stücke außer *Yerma* werden hier überhaupt zum ersten Mal in einem Buch abgedruckt veröffentlicht.

Simon Stone wurde bisher dreimal zum Berliner Theatertreffen eingeladen (2016, 2017 und 2019), zweimal zu den Mülheimer Theatertagen (2018 und 2019) und 2017 auch zum Festival d'Avignon. Er wurde zudem schon mit seiner ersten deutschsprachigen Inszenierung *Die Orestie* für den deutschen Theaterpreis DER FAUST nominiert. Außerdem erhielt er 2015 den NESTROY-Preis für die beste Regie für *John Gabriel Borkman*, und seine Inszenierung von Tony Kushners *Engel in Amerika* gewann 2016 den NESTROY-Preis für die beste deutschsprachige Aufführung. 2018 wurde Stone auch der Kunstpreis Berlin verliehen. Diese Vielzahl von Preisen sowie der Umstand, dass er in den letzten Jahren für die großen deutschsprachigen Bühnen und für renommierte Theater in London, Paris und Amsterdam geschrieben und inszeniert hat, dokumentieren die hohe Anerkennung für seine Arbeit.

Stones Werke sind vom Kanon inspiriert. Er sucht – und findet – das Aktuelle sowie das Immerwährende in seinen Vorlagen und versetzt die Handlung aus der Antike – oder dem späten 19., frühen 20. Jahrhundert – in das Jetzt. Aus der unfruchtbaren Bauersfrau in Federico García Lorcas *Yerma* zum Beispiel wird in Stones *Yerma* eine erfolgreiche Journalistin, Redakteurin und Bloggerin, die mit IVF versucht, ihren Kinderwunsch zu verwirklichen und die, wie ihre Vorlage, an den vielen Jahren des erfolglosen Versuchens zerbricht.

Bevor Simon Stone anfängt, ein Stück zu schreiben, sitzt er mehrere Tage, manchmal sogar mehrere Wochen lang, mit seinen Schauspielern an der Vorlage und überlegt sich mit ihnen zusammen, wie man diese Geschichte in das Hier und Heute übertragen sollte. Stone schreibt dann mit seinen Schauspielern vor Augen Szenen auf Englisch, die sich allerdings im Zusammenspiel mit den Schauspielern oft noch bis kurz vor der Premiere weiterentwickeln. Es fließen Bezüge aus Popkultur und Politik ein und auch Begebenheiten aus seinem oder dem Leben seiner Schauspieler (das Spielplatz-Holzschiff, an das sich Orest erinnert, zum Beispiel, entstammt Simons Erinnerung an seine frühe Kindheit in Basel). Die Tragödien, die so entstehen, sind zeitgenössisch, umgangssprachlich, in Teilen sehr witzig, und oft auch mit Schimpfwörtern interpunktiert.

Simon Stone hat das erste Stück in diesem Band, *The Wild Duck*, 2011 als Hausregisseur am Belvoir Theatre in Sydney geschrieben und inszeniert. In *The Wild Duck* (später auch die Vorlage für Stones Spielfilm *The Daughter*) wurde Ibsens *Die Wildente* verheutigt und in eine namenlose Stadt versetzt. Das Stück und das Ensemble wurden sehr positiv rezensiert und mit Preisen überhäuft; im Jahr darauf gab es eine Wiederaufnahme am Malthouse Theatre in Melbourne, diese Inszenierung wurde zum Internationalen Ibsenfestival in Oslo eingeladen. 2013 war *The Wild Duck* auch bei den Wiener Festwochen und dem Holland Festival zu sehen.

Durch diese internationalen Gastspiele geriet Stone zum ersten Mal ins Visier des deutschsprachigen Theaters und wurde als Erstes in der Spielzeit 2013/14 vom Intendanten Peter Carp eingeladen, ein Stück am Theater Oberhausen zu inszenieren. Weil er ein paar Jahre davor erfolgreich *Thyestes* überschrieben hatte, entschloss er sich, in ähnlicher Herangehensweise eine *Orestie* zu schreiben. Da er jetzt zum ersten Mal auf Deutsch inszenieren sollte und sich seiner Deutschkenntnisse nicht so sicher war, vereinbarte er mit Carp, dass ich – seine Schwester – aus Sydney mitkommen würde, um während der Proben zu dolmetschen und das, was er auf Englisch schrieb, auf Deutsch zu übersetzen. Alice Babidge hatte für Stone eine quadratische *theatre in the round*-Bühne entwickelt, über der ein schwarzer Kubus hing, der sich nach jeder Szene über das Geschehen senkte. Auf Laufbändern an den Seiten dieses Kubus waren die Zwischentexte zu lesen, die hier auch Bestandteil des Textes sind. Für die Oberhausener Inszenierung wurden mehrere Szenen gestrichen, die in die Fassung der *Orestie* in diesem Band wiederaufgenommen wurden.

Im folgenden Jahr wurde Simon Stone Hausregisseur am Theater Basel in der neuen Intendanz von Andreas Beck. Sein erstes Stück in Basel – eine Koproduktion mit den Wiener Festwochen sowie dem Burgtheater Wien – war eine Überschreibung von Ibsens *John Gabriel Borkman* mit Caroline Peters, Martin Wuttke und Birgit Minichmayr in den Hauptrollen, übersetzt von Martin Thomas Pesl. In Stones Stück wird der Bankier Borkman zu einem verlotterten Verschwörungstheoretiker mitten in einer zeitnahen Finanzkrise, das Ganze spielt bei ständig rieselndem Schnee, der sich im Laufe der Inszenierung auf der Bühne aufhäuft. Auch dieses Stück gewann diverse Preise und wurde von *Theater heute* zur Inszenierung des Jahres gewählt.

Im August 2016 hatte Stones Stück *Yerma* am Young Vic Theatre in London Premiere. In seiner Version ist die Hauptfigur *Sie* eine gegenwärtige Karrierefrau, die an ihrem unerfüllten Kinderwunsch zugrunde geht. Die Inszenierung von *Yerma*, mit Billie Piper in der Hauptrolle, war ein großer Hit. So gab es im folgenden Jahr eine Wiederaufnahme am Young Vic und 2018 eine weitere bejubelte am Park Armory Theatre in New York. In der für diesen Band entstandenen Übersetzung wurde die Handlung auf Wunsch des Autors von London nach Berlin verlegt.

Später im Jahr 2016 hatte Stones Überschreibung von Tschechows *Drei Schwestern*, wieder in der Übersetzung von Martin Thomas Pesl, in Basel Premiere und war 2017 zum Theatertreffen eingeladen. In seinen *Drei Schwestern* wird aus Tschechows Landhaus ein modernistisches Ferienhaus, das Warten, die Probleme und die Lebenslügen der Geschwister bleiben in aktualisierter Form die gleichen.

Das letzte Stück in diesem Band, *Hotel Strindberg* (2018), ist das Produkt einer neuen Arbeitsweise, in der Simon Stone gleich mehrere Stücke als Vorlage nimmt und die er zum ersten Mal bei *Ibsen huis* (*Ibsenhaus*) 2017 für die Toneelgroep Amsterdam anwendete. Für *Hotel Strindberg* ließ er sich von diversen Theaterstücken und anderen Schriften des notorischen Frauenfeinds August Strindberg inspirieren, um eine Tragödie zu schaffen, in der sich Frauen und Männer missverstehen und bekriegen und die Zuschauer ihnen durch die Fenster eines dreistöckigen Hotels dabei zusehen. Die Inszenierung – eine weitere Koproduktion zwischen dem Theater Basel und dem Burgtheater Wien – hatte im Januar 2018 in Wien Premiere und wurde 2019 zum Theatertreffen eingeladen.

Simon Stone ist einer der wichtigsten zeitgenössischen Regisseure und Dramatiker, dessen Stücke bisher weder nachgelesen noch nachgespielt werden konnten. Höchste Zeit, das zu ändern!

Brangwen Stone, The University of Sydney